"十二五"国家重点图书出版规划项目

关学文库 总主编 刘学智 方光华

韩邦奇评传

魏 冬 著

西北大学出版社

总 序

张载(1020—1077),字子厚,宋凤翔府郿县(今陕西眉县)人,祖籍大梁,宋仁宗嘉祐二年(1057)进士。张载出身于官宦之家。祖父张复在宋真宗时官至给事中、集贤院学士,死后赠司空。父亲张迪在宋仁宗时官至殿中丞、知涪州事,赠尚书都官郎中。张迪死后,张载与全家遂侨居于凤翔府郿县横渠镇之南。因他曾在此聚徒讲学,世称"横渠先生"。他的学术思想在学术史上被称为"横渠之学",他所代表的学派被后人称为"关学"。张载与程颢、程颐同为北宋理学的创始人。可以说,关学是由张载创立并于宋元明清时期,一直在关中地区传衍的地域性理学学派,亦称关中理学。

关学基本文献整理与相关研究不仅是中国思想学术史的重要课题,也是体现中国思想文化传承与创新的重要举措。《关学文库》以继承、弘扬和创新中华文化为宗旨,以文献整理的系统性、学术研究的开拓性为特点,是我国第一部对上起于北宋、下迄于清末民初,绵延八百余年的关中理学的基本文献资料进行整理与研究的大型丛书。这项重点文化工程的完成,对于完整呈现关学的历史面貌、发展脉络和鲜明特色,彰显关学精神,推动传统文化创造性转化、创新性发展无疑具有重要意义。在《关学文库》即将出版发行之际,我仅就关学、关学与程朱理学的关系、关学的思想特质、《关学文库》的整体构成等谈几点意见,以供读者参考。

一、作为理学重要构成部分的关学

众所周知,宋明理学是中国儒学发展的新形态与新阶段,一般被称为新儒学。但在新儒学中,构成较为复杂。比较典型的则是程朱理学与陆王心学。南宋学者吕本中较早提到"关学"这一概念。南宋朱熹、吕祖谦编选的《近思录》较早地梳理了北宋理学发展的统绪,关学是作为理学的重要一支来作介绍的。朱熹在《伊洛渊源录》中,将张载的"关学"与周敦颐的"濂学"、二程(程颢、程颐)的"洛学"并列加以考察。明初宋濂、王祎等人纂修《元史》,将宋代理学概括为"濂洛关闽"四大派别,其中虽有地域文化的特色,但它们的思想内涵及其影响并不限于某个地域,而成为中华思想文化史上重要的一页,即宋代理学。

根据洛学代表人物程颢、程颐以及闽学代表人物朱熹对记载关学思想的理解、评价和吸收,张载创始的关学本质上当是理学,而且是影响全国的思想文化学派。过去,我们在编写《中国思想通史》第四卷、《宋明理学史》上册的时候,在关学学术旨归和历史作用上曾作过探讨,但是也不能不顾及古代学术史考镜源流的基本看法。

需要注意的是,张载后学,如蓝田吕氏等,在张载去世后多归二程门下,如果拘泥门户之见,似乎张载关学发展有所中断,但学术思想的传承往往较学者的理解和判断复杂得多。关学,如同其他学术形态一样,也是一个源远流长、不断推陈出新的形态。关学没有中断过,它不断与程朱理学、陆王心学融合。明清时期,关学的学术基本是朱子学、阳明学的传入及与张载关学的融会过程。因此,由宋至清的关学,实际是中国理学的重要组成部分,它是一个动态的且具有包容性和创新性的概念,它开启了清初王船山学术的先河。

《关学文库》所遴选的作品与人物,结合学术史已有研究成果,如《宋元学案》《明儒学案》《关学编》及《关学续编》《关学宗传》等,均是关中理学的典型代表,上起北宋张载,下至晚清的刘光蕡、民国时期的牛兆濂,能够反映关中理学的发展源流及其学术内容的丰富性、深刻性。与历史上的《关中丛书》相比,这套文库更加丰富醇纯,是对前贤整理文献思想与实践的进一步继承与发展,其学术意义不言而喻。

二、张载关学与程朱理学的关系

佛教传入中土后,有所谓"三教合一"说,主张儒、道、释融合渗透,或称三教"会通"。唐朝初期可以看到三教并举的文化现象。当历史演进到北宋时期,由于书院建立,学术思想有了更多自由交流的场所,从而促进了学人的独立思考,使他们对儒家经学笺注主义提出了怀疑,呼唤新思想的出现,于是理学应时而生。理学主体是儒学,兼采佛、道思想,研究如何将它们融合为一个整体,这是一个重要的课题。从理学产生时起,不同时代有不同的理学学派。

比如,在"三教融合"过程中,如何理解"气"与"理"(理的问题是回避不开的,华严宗的"事理说"早在唐代就有很大影响)的关系?理学如何捍卫儒学早期关于人性善恶的基本观点,又不致只在"善"与"恶"的对立中打圈子?如何理解宇宙?宇宙与社会及个人有何关系?君子、士大夫怎么做才能维护自身的价值和尊严,又能坚持修齐治平的准则?这些都是中国思想史中宇宙观与人生观的大问题。对这些问题的研究和认识,不可能一开始就有一个统一的看法,需要在思想文化演进的历史进程中逐步加以解决。宋代理学的产生及不同学派的存在,就是上述思想文化发展历史的写照,因而理学在实质上是中国思想文化的传承创新,具有重要的历史意义。

张载关学、二程洛学、南宋时朱熹闽学各有自己的特色。作为理学的创建者之一,张载胸怀"为天地立心,为生民立命,为往圣继绝学,为万世开太平"的学术抱负,在对儒学学说进行传承发展中做出了重要的理论贡献。北宋时期,学者们重视对《易》的研究。《易》富于哲理性,他通过对《易》的解说,阐述对宇宙和人生的见解,积极发挥《四书》义理,并融合佛、道,将儒家的思想提升到一个新的高度。

张载与洛学的代表人物程颢、程颐等人曾有过密切的学术交往,彼此或多或少在学术思想上相互产生过一定的影响。宋仁宗嘉祐元年(1056),张载来到京师汴京,讲授《易》学,曾与程颢一起终日切磋学术,探讨学问(参见《二程集·河南程氏遗书》卷二上)。张载是二程之父程珦的表弟,为二程表叔,二程对张载的人品和学术非常敬重。通过与二程的切磋与交流,张载对自成一家之言的学术思想充满自信:"吾道自足,何事旁求!"(吕大临《横渠先生行状》)

因为张载与程颢、程颐之间为亲属关系,在学术上有密切的交往,关学后传不拘门户,如吕氏三兄弟吕大忠、吕大钧、吕大临、苏昞、范育、薛昌朝以及种师道、游师雄、潘拯、李复、田腴、邵彦明、张舜民等,在张载去世后一些人投到二程门下,继续研究学术,也因此关学的学术地位在学术史上常常有意无意地受到贬低甚至质疑(包括程门弟子的贬低和质疑)。事实上,在理学发展史上,张载以其关学卓然成家,具有鲜明的特点和理论建树,这是不能否定的。反过来,张载的一些观点和思想也影响了二程的思想体系,对后来的程朱学说及闽学的形成也有重要的启迪意义,这也是客观的事实。

张载依据《易》建立自己的思想体系,但是,在基本点上和《易》的原有内容并不完全相同。他提出"太虚即气"的观点,认为没有超越"气"之上的"太极"或"理"世界,换言之,"气"不是被人创造出的产物。又由此推论出天下万物由"气"聚而成;物毁气散,复归于虚空(或"太虚")。在气聚、气散即物成物毁的运行过程中,才显示出事物的条理性。张载说:"太虚不能无气,气不能不聚而为万物,万物不能不散而为太虚,循是出入,是皆不得已而然也。"(《正蒙》卷一)他用这个观点去看万物的成毁。这些观点极大地影响了清初大思想家王船山。

张载在《西铭》中说:"乾称父,坤称母。予兹藐焉,乃混然中处。故天地之塞,吾其体;天地之帅,吾其性。民,吾同胞;物,吾与也。"天地是万物和人的父母,人是天地间藐小的一物。天、地、人三者共处于宇宙之中。由于三者都是气聚之物,天地之性就是人之性,所以人类是我的同胞,万物是我的朋友,归根到底,万物与人类的本性是一致的。进而认为,人们"尊高年,所以长其长;慈孤弱,所以幼其幼。圣,其合德;贤,其秀也。凡天下疲癃残疾、茕独鳏寡,皆吾兄弟之颠连而无告者也"。这里所表述的是一种高尚的人道主义精神境界。

二程思想与张载有别,他们通过对张载气本论的取舍和改造,又吸收佛教的有关思想,建构了"万理归于一理"的理论体系。在人性论方面,二程在张载人性论的基础上进一步深化了孟子的性善论。二程赞同张载将人性分为"天地之性"和"气质之性"。但二程认为"天地之性"是天理在人性中的体现,未受任何损害和扭曲,因而是至善无瑕的;"气质之性"是气化而生的,也叫"才",它由气禀决定,禀清气则为善,禀浊气则为恶,正因为气质之性不可避免地受到了"气"的侵蚀而出现"气之偏",因而具有恶的因素。在二程看来,善与恶的对立,实际上是"天理"与"人欲"的对立。

朱熹将张载气本论进行改造,把有关"气"的学说纳入他的天理论体系中。朱熹接受"气"生万物的思想,但与张载的气本论不同,朱熹不再将"理"看成是"气"的属性,而是"气"的本原。天理与万事万物是一种怎样的关系?朱熹关于"理一分殊"的理论回答了这一问题。他认为:"太极只是个极好至善的道理。人人有一太极,物物有一太极。"又说:"太极非是别为一物,即阴阳而在阴阳,即五行而在五行,即万物而在万物,只是一个理而已。"(《朱子语类》卷九四)"理一分殊"理论包括一理摄万理与万理归一理两个方面,这与张载思想有别。

总之，宋明理学反映出儒、道、释三者融合所达到的理论高度。这一思想的融合完成于两宋时期。张载开创的关学为此做出了重要的学术贡献。正如清初思想家王船山所说："张子之学，上承孔孟之志，下救来兹之失，如皎日丽天，无幽不烛，圣人复起，未有能易焉者也。"（《张子正蒙注·序论》）船山之学继承发扬了张载学说，又有新的创造。

三、关学的特色

关学既有深邃的理论，又重视实用。这可以概括为以下几个方面：

首先，学风笃实，注重践履。黄宗羲指出："关学世有渊源，皆以躬行礼教为本。"（《明儒学案·师说》）躬行礼教，学风朴质是关学的显著特征。受张载的影响，其弟子蓝田"三吕"也"务为实践之学，取古礼，绎其义，陈其数，而力行之"（《宋元学案·吕范诸儒学案》），特别是吕大临。明代吕柟其行亦"一准之以礼"（《关学编》）。即使清代的关学学者王心敬、李元春、贺瑞麟等人，依然守礼不辍。

其次，崇尚气节，敦善厚行。关学学者大都注意砥砺操行，敦厚士风，具有不阿权贵、不苟于世的特点。张载曾两次被荐入京，但当发现政治理想难以实现时，毅然辞官，回归乡里，教授弟子。明代杨爵、吕柟、冯从吾等均敢于仗义执言，即使触犯龙颜，被判入狱，依旧不改初衷，体现了大义凛然的独立人格和卓异的精神风貌。清代关学大儒李颙，在皇权面前铮铮铁骨，操志高洁。这些关学学者"穷则独善其身，达则兼善天下"，体现出"富贵不能淫，贫贱不能移，威武不能屈"的"大丈夫"气节。

最后，求真求实，开放会通。关学学者大多不主一家，具有比较宽广的学术胸怀。张载善于吸收新的自然科学成果，不断充实丰富自己的儒学理论。他注意对物理、气象、生物等自然现象做客观的观察和合理的解释，具有科学精神。后世关学学者韩邦奇、王徵等都重视自然科学。三原学派的代表人物王恕以治易入仕，晚年精研儒家经典，强调用心求学，求其"放心"，用心考证，求疏通之解，形成了有独立主见的治国理政观念。关学学者坚持传统，但并不拘泥传统，能够因时而化，不断地融合会通学术思想，具有鲜明的开放性和包容性特征。由张载到"三吕"、吕柟、冯从吾、李颙等，这种融会贯通的学术精神得到不断承传和弘扬。

四、《关学文库》的整体构成

关学文献遗存丰厚,但是长期以来没有得到应有的保护和整理,除少量著作如《正蒙》《泾野先生五经说》《少墟集》《元儒考略》等在清代收入《四库全书》之外,大量的著作仍散存于陕西、北京、上海等地的图书馆或民间,其中有的在大陆已成孤本(如韩邦奇的《禹贡详略》、李因笃的《受祺堂文集》家藏抄本),有的已残缺不全(如《南大吉集》收入的《瑞泉集》残本,现重庆图书馆存有原书,国家图书馆仅存胶片;收入的南大吉诗文,搜自西北大学图书馆藏《周雅续》)。即使晚近的刘光蕡、牛兆濂等人的著述,其流传亦稀世罕见。民国时期曾有宋联奎主持编纂《关中丛书》(邵力子题书名),但该丛书所收书籍涉及关中历史、地理、文学、艺术等诸多方面,内容驳杂,基本上不能算作是关学学术视野的文献整理。20 世纪 70 年代以来,中华书局将《张载集》《蓝田吕氏遗著辑校》《关学编(附续编)》《泾野子内篇》《二曲集》等收入《理学丛书》陆续出版,这些仅是关学文献的很少一部分。全方位系统梳理关学学术文献仍系空白。

关学典籍的收集与整理,是关学学术研究的重要基础,文献整理的严重滞后,直接影响到关学研究的深入和关学精神的弘扬,影响到对历史文化的传承和中国文化精神的发掘。

现在将要出版的《关学文库》由两部分内容组成,共 40 种,47 册,约 2300 余万字。

一是文献整理类,即对关学史上重要文献进行搜集、抢救和整理(标点、校勘),其中涉及关学重要学人 29 人,编订文献 26 部。这些文献分别是:《张子全书》《蓝田吕氏集》《李复集》《元代关学三家集》《王恕集》《薛敬之张舜典集》《马理集》《吕柟集·泾野经学文集》《吕柟集·泾野子内篇》《吕柟集·泾野先生文集》《韩邦奇集》《南大吉集》《杨爵集》《冯从吾集》《王徵集》《王建常集》《王弘撰集》《李颙集》《李柏集》《李因笃集》《王心敬集》《李元春集》《贺瑞麟集》《刘光蕡集》《牛兆濂集》以及《关学史文献辑校》。

二是学术研究类,其中一些以"评传"或年谱的形式,对关学重要学人进行个案研究,主要涉及眉县张载、蓝田吕大临、高陵吕柟、长安冯从吾、朝邑韩邦奇、周至李颙、眉县李柏、富平李因笃、户县王心敬、咸阳刘光蕡等学人,共 11 部。它们分别是:《张载思想研究》《张载年谱》《吕大临评传》《吕柟评传》

《韩邦奇评传》《冯从吾评传》《李颙评传》《李柏评传》《李因笃评传》《王心敬评传》《刘光蕡评传》等。此外,针对关学的主要理论问题与思想学术演变历程进行研究,共3部。这些著作分别是:《关学精神论》《关学思想史》《关学学术编年》等。

在这两部分内容中,文献整理是文库的重点内容和主体部分。

《关学文库》系"十二五"国家重点图书出版规划项目,国家出版基金项目、陕西出版资金资助项目,得到了中共陕西省委、陕西省人民政府和国家新闻出版广电总局的大力支持。本文库历时五年编撰完成,凝结着全体参与者的智慧和心血。总主编刘学智、方光华教授,项目总负责徐晔、马来同志统筹全书,精心组织,西北大学、陕西师范大学、中国人民大学、华东师范大学、郑州大学等十余所院校的数十位专家学者协力攻关,精益求精,体现出深沉厚重的历史使命感和复兴民族文化的责任感;他们孜孜矻矻,持之以恒,任劳任怨,乐于奉献,以古人为己之学相互勉励,在整理研究古代文献的同时,不断锤炼学识,砥砺德行,努力追求朴实的学风和严谨的学术品格。出版社组织专业编辑、外审专家通力合作,希望尽最大可能提高该文库的学术品质。我谨向大家卓有成效的工作表示衷心的感谢。由于时间紧迫、经验不足等原因,文库书稿中的疏漏差错难以完全避免。希望读者朋友们在阅读使用时加以批评指正,以便日后进一步修订,努力使该文库更加完善。

张岂之

2015年1月8日

于西北大学中国思想文化研究所

目 录

总　序 ·· 张岂之(1)
楔　子 ·· (1)

上　编　生平考述

第一章　行年概略

第一节　家　世 ··· (10)
一、族系血脉 ··· (10)
二、祖辈遗风 ··· (15)
三、比肩德操 ··· (18)

第二节　早　年 ··· (23)
一、出生 ··· (23)
二、就学 ··· (23)
三、早慧 ··· (25)
四、举业 ··· (28)

第三节　初　仕 ··· (29)
一、京师 ··· (30)
二、山西 ··· (32)
三、浙江 ··· (34)
四、诏狱 ··· (35)
五、削籍 ··· (39)

第四节　复　起 ··· (41)
一、第一次复起 ··· (41)
二、第二次复起 ··· (42)
三、第三次复起 ··· (45)
四、第四次复起 ··· (46)

1

五、第五次复起 …………………………………… (51)

　第五节　里　居 ……………………………………… (55)
　　一、第一次里居 …………………………………… (55)
　　二、第二次里居 …………………………………… (56)
　　三、第三次里居 …………………………………… (56)
　　四、第四次里居 …………………………………… (57)
　　五、第五次里居 …………………………………… (59)
　　六、陨落 …………………………………………… (61)

　附：韩邦奇入仕里居履历简表 ……………………… (64)

第二章　生事分述

　第一节　著　述 ……………………………………… (67)
　　一、《性理三解》单行与合刊本 ………………… (67)
　　二、《易占经纬》及其附录刻本 ………………… (75)
　　三、《苑洛志乐》及其节要版本 ………………… (79)
　　四、《苑洛集》及其节要版本 …………………… (82)
　　五、其他著作 ……………………………………… (86)

　第二节　门　人 ……………………………………… (89)
　　一、早期门人 ……………………………………… (89)
　　二、中期门人 ……………………………………… (90)
　　三、晚期门人 ……………………………………… (91)
　　四、其余弟子 ……………………………………… (92)

　第三节　交　游 ……………………………………… (93)
　　一、友人 …………………………………………… (93)
　　二、同僚 …………………………………………… (102)
　　三、乡党 …………………………………………… (109)

　第四节　述　评 ……………………………………… (111)
　　一、时人至评 ……………………………………… (111)
　　二、后世追述 ……………………………………… (112)
　　三、当今研究 ……………………………………… (116)

下 编 理学精蕴

第三章 推阐朱蔡

第一节 《禹贡详略》 ……………………………（137）
一、概述评说 ……………………………………（137）
二、节次体例 ……………………………………（139）
三、文献价值 ……………………………………（145）

第二节 《律吕直解》 ……………………………（153）
一、直解概略 ……………………………………（153）
二、律吕要论 ……………………………………（157）

第三节 《启蒙意见》 ……………………………（167）
一、《本图书》 …………………………………（168）
二、《原卦画》 …………………………………（179）
三、《明蓍策》 …………………………………（182）
四、《考占变》 …………………………………（195）

第四节 《洪范图解》 ……………………………（197）
一、主旨概略 ……………………………………（197）
二、篇首图说 ……………………………………（200）
三、筮法要解 ……………………………………（207）

第四章 返归横渠

第一节 天人之际 …………………………………（219）
一、《西铭》：立论契要 ………………………（219）
二、本同一气 ……………………………………（224）
三、造化之实 ……………………………………（231）

第二节 性道阐微 …………………………………（238）
一、性道一物 ……………………………………（238）
二、辨析诸儒之误 ………………………………（244）
三、批评佛老之弊 ………………………………（248）

第三节 修身精义 …………………………………（251）

一、《东铭》：功夫总纲 …………………… (251)
二、养心 …………………………………… (256)
三、养德 …………………………………… (261)
四、人格 …………………………………… (264)
第四节　处事之方 …………………………… (267)
一、交友 …………………………………… (267)
二、理政 …………………………………… (268)
三、教化 …………………………………… (273)
第五节　政务大略 …………………………… (279)
一、政事 …………………………………… (280)
二、人才 …………………………………… (286)
三、边务 …………………………………… (293)
第六节　经艺概论 …………………………… (308)
一、易学 …………………………………… (308)
二、乐学 …………………………………… (332)
三、书学 …………………………………… (345)
四、礼学 …………………………………… (348)
五、文学 …………………………………… (350)
略　结 …………………………………………… (354)

参考文献 ……………………………………… (357)

楔 子

关中沃土，承物无疆，岭河锁钥，磅礴苍茫。
华夏苗裔，源溯斯乡，人文肇始，根系兹方。
上古渺淼，五帝三皇，禹汤迭兴，周继殷商。
有圣者出，采邑凤翔，制礼作乐，辅国安邦。
敬德保民，四海归向，圣道中天，流布八荒。
惜乎厉幽，祖训既忘，宗室衰微，天下板荡。
凤德如衰，斯文何丧，六经所传，尽在鲁乡。
时俟孔圣，祖述虞唐，洙泗毓秀，岱岳重光。
若尔夫子，英发中央，礼乐大成，文武宪章。
十五志学，谦敬恭让，三十而立，德正业煌。
四十不惑，礼仁兼彰，五十知命，修齐朝纲。
既不仕矣，周游列邦，贤者影从，泽被万方。
政之为大，踟蹰徜徉，老归故里，允执有常。
儒门四科，桃李吐香，弟子三千，德艺芬芳。
哲人其萎，仁义未殇，孔曾思孟，礼教播扬。
汉定一尊，号为素王，金声玉振，隋韶唐光。
有宋一朝，儒学复倡，关中道脉，横渠先创。
二铭四为，示我居广，民胞物与，后学所尚。
范苏承训，三吕举张，不绝如缕，金元三杨。
王马吕韩，论道庙堂，一冯三李，讲学序庠。
敦仁崇德，泽教其匡，孕育我民，诚朴淳良。
绝学复继，源远流长，子孙不肖，夫子何伤。
躬逢盛世，国家富强，寰宇清宁，百姓击壤。
中华崛起，亿兆所望，至圣先贤，今人景仰。
承先启后，吾侪担当，循古圣教，开来继往。
清明时节，寰宇复阳，华岳重翠，渭水叠浪。

> 天佑华夏,和谐永康,为祷为祈,伏惟尚飨。

上一篇赋文,是壬辰年(2012年)春四月清明节之际,古都西安各届名士贤达会聚于关中书院礼敬至圣先师,余奉师命而作的。关中书院者,昔明末关西夫子少墟先生冯从吾讲学之地也。吾师者,今陕西师范大学刘学智教授也。吾师向来注重传承先圣思想行事,以内养德性为先而不张扬于外。然为风化世教,故受众邀而主其事,并嘱不才属文。余疏散庸陋,于孔圣之学,尚未窥及门墙,于横渠之学及其源流,亦若以斛量海也。然虽不能至,心向往之,故敬奉师命,谨持笔劳。文初成,经师审阅,陕西孔子研究会诸师友,亦为润泽斟酌。祭时定稿文,余已入藏,惜而未见。故录草成之作于斯,以志其事。

以余陋见,关中土厚水深,民风笃实。孔子西行虽未至秦,然上古炎黄之根脉、中古文武周公之制作,皆有渊源于此。至有宋一朝,理学复兴,张子横渠以苦心孤诣,穷究天人,殚精竭虑,造道关中。而三吕践行倡扬于蓝田,二程相与唱和于洛阳,苏昞、范育诸子受教谨持,牢不可拔,于是具有关中地方特色之儒家理学学派,遂然而成。此固无可置疑之事实也。然俟后张子中殁,其后学寄投于洛学门下,继而金戈南下,关中沦落,有元一代,关中传承张载之学者,寥寥无几,关学之血脉,几近绝矣! 故当今学者,亦有"张子之后无关学"之说。然至于明时,关中之地先后有王恕、王承裕父子开其先,吕柟、马理、韩邦奇承其后,一时蔚为风气,海内瞩目。至清初,黄氏宗羲撰《明儒学案》,亦特开一篇,以述其学问源流。至于明末则有关西夫子冯从吾授学长安,清初则有二曲、雪木、天生三先生倡道关中,亦为儒门之龙象,一时之俊杰,朝野戴望,海内瞻仰,关中之学,灿然复兴。冯从吾又特著《关学编》,以述其事,明其学,标其志。关学之有名,溯乎此也。

以冯氏之心,明代关中之理学,不可不谓为关学也。然明代及嗣后关学,与张载所创之宋代关学,确无直接师承之关系,何以能谓此为关学也? 此关学研究之第一重大问题,第一难解问题。此理不明,关学不正。于是有张岱年、陈俊民、赵吉惠、刘学智、林乐昌、丁为祥诸先生先后继起而辨其义。大抵而言,重在原"学"。即学派之谓,非仅以师承而谓也,凡学术之传承、学风之禀受、价值之认同、经典之继述,有以能证其先后承接关系者,辅之以当时关中之地域为限,固可名之于一学也。其间或有时代风气之变迁、学术主流之影响，而风姿不同，形态各异，亦是一时之熏染，一人之趣向，如一户之中，虽九子不同，然自有血脉之贯通，无伤其为一家也。

张子关学，尚虚崇实，穷究天人，不滞一偏，叩其两端而竭焉。学无辨理，其名难立；理无其征，其实难副。辨理立名，前之诸先生已举述其要矣，然征之以何也？子曰："夏礼吾能言之，杞不足征也；殷礼吾能言之，宋不足征也。文献不足故也。足，则吾能征之矣。"故关学之实，有待征之以文献也。今关学自张子而下800余载，其间典籍充盈，非不足征也；然多版刊零落，非易征也。故诸先生倡其事，吾辈鼎其力，以期汇诸编而成《关学文库》，不惟征之文，搜罗典籍，详加点校而成诸种文集也；亦征之以献，编缀其事，概述其学以成诸种评传也。余惶而受命，既集校《禹贡详略》《性理三解》《易占经纬》《苑洛志乐》《苑洛集》而编《韩邦奇集》，又采撷史传笔记，既文且献，略以管窥，撰此《韩邦奇评传》。是书略分上下二编，上编《生平考述》，侧重于史事，略作《行年概略》《生事分述》两章，以撮述邦奇之家世、行年、著述、门人、交游及后人追思言述之概略；下编《理学精蕴》，侧重于思想，亦作《推阐朱蔡》《返归横渠》两章，概述邦奇思想之发展变化及其要旨所在也。本乎文献，由史与思，因思究史，《易》曰："复，其见天地之心乎？"此亦可见横渠之心乎？此亦可见苑洛之心乎？非敢也，以俟来学。

上 编

生平考述

緒論

晚明时期,关中大儒冯从吾曾撰《关中四先生咏·苑洛韩先生》(《少墟集》卷十七),其诗云:

伟矣韩司马,造物钟奇异。读书探理窟,著作人难企。

生平精乐律,书成双鹤至。立朝著伟节,居乡谭道义。

繄有五泉子,孝弟称昆季。嗟余生也晚,景行窃自愧。

诗中所盛赞的"苑洛韩先生""韩司马",即是本书传主韩邦奇。因其曾任南京兵部尚书之职,故冯氏尊之为"韩司马"。"司马",古官职名,主掌军政、军赋。殷商初置,位次三公,当与六卿,与司徒、司空、司士、司寇并称五官。隋唐以后为兵部尚书之别称。韩邦奇官至南京兵部尚书,故冯氏如此而称之也。

韩邦奇(1479—1555),字汝节,号苑洛,明代中期陕西朝邑(今陕西省大荔县朝邑镇)人,生于成化,学于弘治,入仕里居,则当于正德、嘉靖年间。父绍宗,号莲峰先生,以善治《尚书》著称,官至福建按察司副使。邦奇年少即禀受家学,聪明颖慧,善治《易》《书》,早有《蔡传发明》《禹贡详略》《启蒙意见》《律吕直解》等著作问世,堪称少年才俊,故冯从吾赞其"造物钟奇异"。除上述著作之外,韩邦奇还有《本义详说》《易占经纬》《洪范图解》《正蒙拾遗》《苑洛志乐》《苑洛集》等多种,所涉范围极为广泛。《四库全书总目》称其:"不必沾沾求合于古人,而记问淹通,凡天官、地理、律吕、数术、兵法之属,无不博览精思,得其要领。故其征引之富,议论之核,一一具有根柢,不同缀拾浮华。……其他辨论经义,阐发易数,更多精确可传。盖有本之学,虽琐闻杂记,亦与空谈者异也。"故冯从吾又赞曰:"读书探理窟,著作人难企。"而邦奇当时最为瞩目之学问成就,即是以《苑洛志乐》一书为代表之乐学。传说此书一成,有双鹤落至邦奇庭院,故冯氏谓邦奇"生平精乐律,书成双鹤至"也。

古人有三立:立德、立功、立言。此三者以立德为上,立功次之,立言为下。韩邦奇一生,亦至于是矣。其著作虽多,然非仅以著书立说为限也,亦以立德、立功为职志也。其一生出入仕途凡50余年,进则登庙堂,历边关,劲节自持,尽心国事;归则退乡野,述圣学,孝悌谨身,授教讲学。大抵从30岁(正德三年,1508年)中进士入仕以来,先后任吏部考功司主事、浙江按察司金事、山西左参政、四川提学副使、南京太仆寺丞、南京兵部尚书等职,其先后考功京师,决狱平阳,主试顺天,巡抚大同,坐镇南京,可谓宦迹遍布塞外江南,节名扬于两京海内。从政期间,韩邦奇不仅忠于王事,恪于职守,而且曾多次严拒营私舞弊,抨击贪污恶行,表现出关中学人重气节,尚操守,刚正不阿的可贵品质。邦奇一生凡里居者五,每次归退乡里,都潜心于讲学授教,一时学者云集门下。时人称为"韩门二杨"之杨爵、杨继盛,即是其门下最著名者。故冯从吾赞曰:"立朝著伟节,居乡谭道义。"于家庭,韩邦奇最与其弟韩邦靖交好,兄弟二人,感情甚笃,不仅同年中举授职,并立于朝,而且进退经历,亦大致相同,且以孝悌友爱闻于乡里,时人称之"二韩"云。故冯从吾曰:"繄有五泉子(五泉子,为韩邦靖号),孝弟称昆季。"又叹曰:"嗟余生也晚,景行窃自愧。"其对韩邦奇敬仰之情,溢于言表,跃然笔端。本编杂取文献,以考论韩邦奇之家世风范、生平行年以及著述、门人、交游、后人评述等诸事项,以为论其学术思想,做以便引先导。

上编　生平考述

第一章　行年概略

凡一人之学,有禀受,有自得,有传承,有创见。因早年所学而渐趋成熟,经多年所得而渐趋完善,故学问思想,随人生际遇而成熟变迁也。人之学问宗主,固未有终其一生不变,而有随其经历而变迁者,故人生际遇,乃思想变迁、学术成熟之现实根柢也。际遇乃是一大因缘,欲了解韩邦奇之人格、学术,需先了知其一生所为何事,所发何论。知其言而观其行,则其人格学术,方可得之。故需先撰此《行年概略》。

韩邦奇之行年事略,原当有编年事状。明许宗鲁谓:"鲁读《苑洛先生编年事状》,乃知公学具体用,非世所谓道学者比也。究心于理而不立异,临事以道而不苟同,进无所跲,退无所疚,古之所谓儒者,殆庶几焉。"①(王学谟《续朝邑县志》卷六《人物志》)由此知韩邦奇原当有编年事状,但今已不传。故考其行年,当据文献搜求。据考,韩邦奇家世及生平之主要文献,除见于韩邦奇之著作《苑洛集》等之外,还散见于《明实录》之《世宗实录》卷四四三、明人冯从吾之《关学编》,清代黄宗羲《明儒学案》之《恭简韩苑洛先生邦奇》、张廷玉《明史》卷二百一(列传第八十九),民国初期张骥编《关学宗传》亦对韩邦奇生平事迹有专文记载。相互对照便可发现,后三者所载内容与《关学编》所载大同小异,似皆参考《关学编》而作。此外,有关韩邦奇生平轶事之记载,则散见于明代许相卿《云村集》卷七之《送韩金事序》、明代田汝成《西湖游览志余》卷七,清代沈佳《明儒言行录》卷四、清代《大清一统志》卷一百九十一、清代《浙江通志》卷一百四十八等文献中,此类文献记载相对简洁,内容较少,主要记录了韩邦奇生平中的某些具体事件。

值得一述的是,今人周喜存硕士论文《韩邦奇及其〈苑洛集〉研究》(西北大学中国古典文献学专业 2007 级硕士论文)、章晓丹《韩邦奇哲学思想研究》(陕西师范大学中国哲学专业 2008 级博士论文)后各自编有《韩邦奇年谱简

---

① 许宗鲁,字东侯,号少华,别号思玄道人、青霞道士,陕西咸宁人。生于弘治三年庚戌(1490 年),卒于嘉靖三十八年己未(1559 年),大略与韩邦奇同时。

编》,而金宁芬先生所著《明代中叶北曲家年谱》其中亦有《韩邦奇年谱》(中国大百科全书出版社2012年9月第1版)一编。相较而言,以金所著年谱,考述最为详细完备。兹据以上文献、年谱,并结合韩邦奇生命轨迹,以家世、早年、初仕、复起、里居等为题,略述韩邦奇行年。

第一节 家 世

韩邦奇出身官宦人家,其家世亲族之基本资料,主要见于韩邦奇自撰《叔祖考朴庵府君暨叔祖妣陈孺人合葬墓志铭》(《苑洛集》卷六)《叔祖考武清县知县墓表》(《苑洛集》卷七)《堂弟县学生韩汝聪墓表》(《苑洛集》卷七)《韩邦靖传》(《苑洛集》卷八)《韩氏三世贞节传》(《苑洛集》卷八)等,以及王九思撰《大明中顺大夫福建等处提刑按察司副使封中宪大夫莲峰韩先生墓碑》(《渼陂集》卷一一,黄宗羲《明文海》卷四百四十七),吕柟《福建按察司副使封中宪大夫莲峰先生韩公墓志铭》(《泾野先生文集》卷二三),冯从吾《关学编·苑洛韩先生》,王学谟《续朝邑县志》卷六《人物》等。今人金宁芬所著《韩邦奇年谱》(见其《明代中叶北曲家年谱》,中国大百科全书出版社2012年9月第1版),章晓丹《韩邦奇哲学思想研究》(陕西师范大学中国哲学专业2008级博士论文,后于2011年由陕西人民出版社出版),周喜存《韩邦奇及其〈苑洛集〉研究》(西北大学中国古典文献学专业2007级硕士论文)等,也有对韩邦奇家世之考述,具有一定参考价值,但论述多数过于简略。故本章结合以上所见资料,重为梳理考述,以见其详。且以常理推之,韩邦奇对其家世情况,应较他者及后人所知更加全面、准确,故以韩述为主,荐引他人论述以补正,以见其家世门风概略。

一、族系血脉

(一)远祖长辈

韩邦奇《叔祖考朴庵府君暨叔祖妣陈孺人合葬墓志铭》以极为自豪的语气,追溯了其家族的起源:

惟我韩氏,世扬武烈,肇基有宋,迈迹先元,镇于蒲关,封兹朝邑。
至于鼻祖,志违肤敏,守东陵之节,乐首阳之薇,始罢武阶,齐于编户。

其《韩邦靖传》则以平白之语气,道明自家自先祖以来之传承:

> 其先为庆阳府安化县人。宋元以来,世以武宦,元末以金牌万户镇蒲关。蒲关,即今朝邑东境也。洪武初,至髯翁始罢武阶,为齐民,遂为朝邑人。髯翁者,韩氏朝邑始祖,多髯,家史失其名,故子孙相传为"髯翁"云。髯翁生平辅,平辅生得春,得春生恭,恭生整,整生显,赠奉政大夫刑部山东司郎中。显配张氏,封太宜人,旌表节妇。生绍宗,字裕后,号莲峰,乡学士以莲峰长者,呼为"莲峰先生"云。莲峰先生起家进士,累官按察副使加封中宪大夫。莲峰先生配阎恭人。

综此两段,可见韩氏祖籍原为庆阳府安化县。宋元以来,以武职为宦,镇于蒲关,今朝邑东境也。至始祖髯翁之时,始罢武阶,为齐民,遂为朝邑人。髯翁,韩氏朝邑始祖,失其名,因多髯故,子孙相传为髯翁、髯祖。髯翁生平辅,平辅生得春,得春生恭,恭生整,整生显,显配张氏,生绍宗,绍宗配阎氏,至邦奇,已嗣传八代矣。

正德十四年,韩邦奇父韩绍宗卒,王九思作《大明中顺大夫福建等处提刑按察司副使封中宪大夫莲峰韩先生墓碑》(《渼陂集》卷一一),吕柟作《福建按察司副使封中宪大夫莲峰先生韩公墓志铭》(《泾野先生文集》卷二三)《祭莲峰韩先生文》(《泾野先生文集》卷三五),可补韩记之不足,吕氏所作《福建按察司副使封中宪大夫莲峰先生韩公墓志铭》曰:

> 初,公远祖多髭髯,生宋季,谱失其名,世称髯翁。髯翁生三子,遭金之乱,乃使仲子避居庆阳安化之白合,季子避居洛南之恒山,曰:"幸有来日,无忘朝邑也。"朝邑则先人域在焉,又当潼、蒲二关之冲,士马所必争,故命伯子不避去。厥后仲、季之嗣皆繁硕。而伯子几世孙仕元,为万户矣,然亦失其名,独其冢在南阳洪之马枋头,里人犹呼为"金牌韩万户冢"云。万户几世孙名平辅,生得春,得春配孟氏,生恭,配不详,生整。整字子肃,以字行,配白氏,生五子。其第二子曰显,赠奉政大夫刑部郎中,配张氏,封太宜人,是生公而以获贵者也。

据此,则知髯翁子三,因遭金乱,分避三处:仲子避居庆阳安化之白合,季子避居洛南之恒山,伯子则守先人之域朝邑而不避。又可知得春配孟氏,其孙整字子肃,配白氏,生五子。其第二子即显,邦奇祖考也。

《叔祖考朴庵府君暨叔祖妣陈孺人合葬墓志铭》复又补述其历代先祖功业及繁衍诸支系:

> 我先祖平辅府君,不违光德;得春府君,乃构肯堂。惟我高祖府君恭,克类惟肖,不陨厥问;惟我曾祖府君整,聿将厥家,用宏兹贲。曾祖生五子:长,我伯祖考府君希孟;次,我祖考奉政大夫府君显;次,我叔祖考武清令府君伦;次,即我叔祖考朴庵府君;次,我叔祖考府君俞。

由是亦可知,韩氏自邦奇曾祖整以来,分为五系:长,希孟;仲,显;季,伦;次,英,即文中朴庵府君也,配陈孺人;末,俞。邦奇父绍宗,显所出也。

韩邦奇《堂弟县学生韩汝聪墓表》亦有关于其家世之相关史料:

> 我韩氏本庆阳府安化县人,宋、元以来,世以武贵。至元中叶,以金牌万户镇蒲关,关今隶朝邑。又数世,卜垄于邑南马坊头……洪武初,髯祖者,始罢武阶,为齐民,亡入洛南县。家史失其名,但相传"髯祖"云。后念朝邑垄在焉,携长子平辅祖归朝邑,留余子于洛南,今其族亦甚繁盛云。又四世,至祖显,奉政大夫、刑部郎中,赠通议大夫、都察院右副都御史。配张淑人,初封太安人,继封太宜人,赠淑人,旌表节妇。生伯父珏,义官。伯母白孺人生汝聪,少颖敏,美姿容。

由此记"洪武初,髯祖者,始罢武阶,为齐民"可见,朝邑韩氏先祖髯翁,当为元末明初人,而吕氏所作《福建按察司副使封中宪大夫莲峰先生韩公墓志铭》曰"公远祖多髭髯,生宋季",其间或有未确。其"亡入洛南县。……后念朝邑垄在焉,携长子平辅祖归朝邑,留余子于洛南,今其族亦甚繁盛云"一语,亦与吕柟所云因遭金乱,分避三处时间不和,待考。然显之子名珏者,为绍宗兄长、邦奇伯父可知也。

(二)同室手足

邦奇之父韩绍宗子女甚多。据韩邦靖《朝邑县志》载:

> (韩绍宗)四子,长邦彦,次苑洛先生邦奇,次五泉先生邦靖,季邦翊。邦彦,字汝哲,正德丁卯举人,官至郑州知州。苑洛、五泉详《前志》。邦翊,太学生,固始县丞。

由此可知,韩邦奇于家中排行第二,有兄弟三人:兄邦彦、弟邦靖、邦翊。兄邦彦字汝哲,正德丁卯举人,官至郑州知州。弟邦靖,韩邦奇《苑洛集》卷八有《韩邦靖传》。邦翊,太学生,固始县丞。另,《苑洛集》卷八《韩邦靖传》记载:"(韩邦靖)事伯兄知县邦彦及邦奇、二姊,抚弟监生邦翊,情文俱尽",按"二姊"推断,韩绍宗应该还有一至两个女儿。

再据吕柟所作《福建按察司副使封中宪大夫莲峰先生韩公墓志铭》,则可见韩邦奇兄弟姐妹详细情况:

> 三子者,今仪封知县邦彦、浙江佥事邦奇、工部员外邦靖也。……子四人:仪封,丁卯举人,娶刘训导女;佥事,初受考功主事,改文选,升员外郎,调平阳府通判,升佥事,以忤权宦去,娶张教谕女,封安人;工部,初受虞衡司主事,升都水司员外郎,以谏言去,娶屈氏,即都御史公女也,封安人;其第四子曰邦翊,国子监生,娶仇教谕女,再娶史氏。三女:长夭死,次适国子生李德元,次适王锐。孙男三:仲议,仲让,仲详。孙女三。

由是知韩邦奇有兄弟三人:兄邦彦,弟邦靖、邦翊。姊妹三人。长姊,早死,名不详。次妹,见韩邦奇《光禄寺良醖署署丞李公暨配东孺人合葬墓志铭》(《苑洛集》卷六)。据该墓志言:"李公长子德源娶邦奇之妹韩春桂",此处"德源"当是吕柟文中之"德元"也。故知妹名春桂。三妹,即适王锐者,名不详。

今据以上考述,可绘"韩邦奇族系略图"如下:

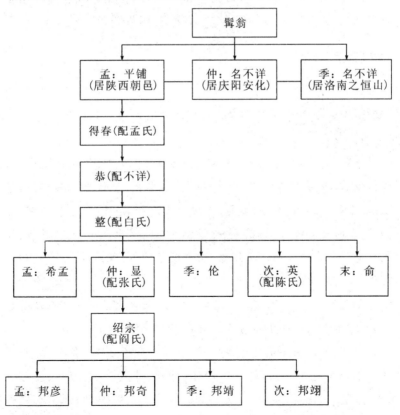

据上图表,可知邦奇远祖髯翁,父系血脉直接承嗣为:髯翁→平辅→得春→恭→整→显→绍宗→邦奇。邦奇于家中排行第二,其兄弟三人:兄邦彦,弟邦靖、邦翊。姐妹三人,一名春桂,余二人名不详。另据韩邦奇《堂弟县学生韩汝聪墓表》,知韩邦奇还有堂弟韩邦达,字汝聪,系邦奇父绍宗同宗兄长韩珏之子。曾过继于韩绍宗,以蔡沈书补县学廪膳生。

(三)所出子女

韩邦奇之子女,文献多载之不详。唯其文《外孙廪膳生南阳张士荣墓志铭》云:"(张士荣)父腾蛟,累应秋试,充岁贡。母吾女,外祖吾,参赞机务尚书。"可知韩邦奇有一女,适同邑南阳张腾蛟。又《续朝邑县志》曰:"韩仲撰,尚书恭简子,入监读书",可知邦奇有子名仲撰,然生卒事迹不详。又黄瓒《赠韩公邦奇七十寿序》(《雪洲集》卷七)言:"予友太学生陈君克载者以《易》授诸生里中,而韩公邦奇与其子希鲁实馆之。希鲁请于克载,曰:'吾父明年寿且七十,宜得叙如黄君其可?'克载曰:'然'。迈与俱来致前意焉。"由此可知邦奇有子名"希鲁"者,此或仲撰之字,或他子,待考。

(四)旁系至亲

邦奇同宗旁系,除知其季祖父韩伦有子继宗外,则多不详。唯其叔祖韩英及其配陈氏之生卒及后辈,邦奇《叔祖考朴庵府君暨叔祖妣陈孺人合葬墓志铭》亦有记载:

> 子男一:继宗,娶仇氏,继孟氏。女四:长适谢闾,次适仇便,次适白儒,次适贾宗学。孙男六:邦宪,县学生,娶许氏。邦忠,国子生,娶王氏。邦树,承差,娶赵氏,仇所出。邦召,生员。邦望、邦本,尚幼,孟所出。曾孙:邦宪男一,仲让,生员,聘李氏。女二,采苹,字生员樊藻。采繁。邦忠男仲谦,聘樊氏。仲讲,聘程氏。仲诵,聘孟氏。女二,采莲、采芃。朴庵府君生于正统庚申正月二十日,卒于嘉靖二年九月二十一日,寿八十有四。陈叔祖妣生于正统己未四月二十五日,卒于嘉靖四年七月二十五日,寿八十有七。

由此可知,韩邦奇另有堂兄弟六人:邦宪、邦忠、邦树、邦召、邦望、邦本,均系其叔祖韩英之子。另有堂侄:仲让、仲谦、仲讲、仲诵;堂侄女:采苹、采繁、采莲、采芃。另据韩邦奇《韩氏三世贞节传》云:"弟妇许氏又继之……许氏年二十四,夫韩邦仁卒",知韩邦奇有堂弟名韩邦仁。其余虽不可考,然其家族之繁盛,由是亦可见也。

另据韩邦奇《嘉议大夫总督漕运兼巡抚淮扬等处地方都察院左副都御史西溪屈公传》(《苑洛集》卷八):"公讳直,字道伸,姓屈氏,号西溪。女曰淑,适山西布政司参议朝邑韩邦靖。"及吕柟《福建按察司副使封中宪大夫莲峰先生韩公墓志铭》:"公(韩绍宗,邦奇父)自幼时即为提学江西伍公福所器重,呼为小友。既举成化甲午乡试,遂开讲于华阴云台观,弟子数十人,后皆大显贵,都御史屈公直,固其一也。"可知韩邦奇之父韩绍宗有弟子名屈直者,其女为邦奇弟韩邦靖之妻也。因邦奇早年即与屈直有交,且与其弟邦靖感情甚笃,先后为之作传,故志之。

又韩邦奇《韩氏三世贞节传》载其先婶雷氏,为韩继宗之妻,大名府同知雷爵之妹。韩邦奇曾作《朝邑三廉吏传》,称赞雷爵。且于《韩氏三世贞节传》称雷氏与其兄:"清修苦节,老而弥笃,可谓难兄难妹矣。"故志之。

二、祖辈遗风

《易》曰:"积善之家,必有余庆。"邦奇历代先祖,皆有美德。据邦奇所记,其始祖髯翁"志违肤敏,守东陵之节,乐首阳之薇",先祖平辅"不违光德",得春府君"乃构肯堂",高祖恭"克类惟肖,不陨厥问",曾祖整"聿将厥家,用宏兹贲"。而叙事切详者,莫过于其祖父显、叔祖父韩伦、叔祖父韩英、父韩绍宗,兹举其要以述之。

(一)祖父韩显

韩邦奇祖父显之事迹,略见于吕柟《福建按察司副使封中宪大夫莲峰先生韩公墓志铭》,其曰:

> 韩氏自平辅来,皆豪于财,而赠君(即显也)少辄奉义克断。有兄弟析者,不能决一缶,赠君时才八龄,即笑而克之,各付之半,父老大惊其非常。衙前张豁齿好折辱人,横行邑里,莫敢撄,赠君往骂其门,无怨言,但曰:"是八岁克缶者也。"父性不嗜同州水,赠君置车一乘,日三十里往汲之。家有瓶金,白夫人常取之以与诸女,赠君瞰其将罄也,又益之。正统间,尝输粟五百以赈饥,例当表宅里,县官以他怨不表,而赠君亦不请。然年仅二十九岁殁。

评曰：邦奇之祖父显，能奉义克断，为乡里所服，恶人不敢撄之，足见其刚义也。又能侍父尽孝，日汲水三十里，不辞劳苦；事母尽心，益金而不竭，赈济乡里，急公好义也；官不表而不请，疏于名也。如此可谓"孝义而刚"者也。

（二）叔祖父韩伦

韩邦奇叔祖父伦之事迹，见于邦奇自撰《叔祖考武清县知县墓表》。韩邦奇称其"性介直，执义蹈矩，动以礼检"。兹举其文中事例以见之。

其一，任武清县知县时，"梁昉，威势倾宇内，宠贵震朝廷"，"牧马斯地，为害百端"。韩伦不为应付，昉怒，缚里正，悬高杆以示之。曰："知县岂不见此？"韩伦乃擒昉头目者，亦杆而悬之，曰："释里正则释头目矣。"昉不得已释之。

其二，罢归后，杜门不出，县尹以礼致之不能。县尹为致之，以苦其子继宗。韩伦则曰："彼县官自苦里正，于我何预焉？"竟不见。后尹愧悔，言之分守车平章。平章曰："尹差矣！致贤岂以威力哉？"率尹踵门，请数次，始一见示。

其三，邦奇父绍宗生而孤，表伯李贞，少失母，韩伦皆躬抚教之。先君登进士，贞亦中乡试。其"见子侄亦具大衣，庶几可谓幽独无愧影衾。言不妄发，色不假人，见世之多文饰者，则以为诈云。"

评曰：韩伦之性格，以介直为正也；韩伦之人格，以礼义为归也。邦奇曰："叔祖侃侃谔谔，终于放逸，夫岂有所不足哉！"又曰："我叔祖藏居田里，成教于家；我先君表伯，孤哀无告者也，皆至成立。今我韩氏联翩科甲，衣冠济济，皆我叔祖之余也。"韩氏之兴，韩伦有功焉。吕柟《福建按察司副使封中宪大夫莲峰先生韩公墓志铭》谓"公（韩绍宗）稍长，受蔡沈《尚书》于叔父武清知县伦"，"武清君刚毅能沮权势，而又疏通致远也，故公（韩绍宗）尽得其传"。亦见其人格、学术之传承也。

（三）叔祖父韩英

韩邦奇叔祖父英之事迹，见于邦奇自撰《叔祖考朴庵府君暨叔祖妣陈孺人合葬墓志铭》。据该墓志铭，邦奇之祖父显"方逾弱冠，奄忽捐殒"。而其父绍宗："晬未及周，呱呱而泣。"其曾祖乃命长子希孟持家，三子伦攻学，四子英经商，五子俞力田。"怡如威如，庭无间言，故我先君雍容力学，臻于大成。

诸祖考拥翊之功,于兹宏矣。"其下赞其叔祖韩英曰:

> 惟我朴庵府君,玉立长身,沉毅善智,既奉我曾祖之命,远服贾,酌财费,修宗族之恩,广乡间之义,外礼宾亲,交纳当世贵人,而吾韩氏益以大矣。又尝先身解厄士之难,煮谷活殍人之饥,返枉判之田,诛不义之仆,望庐息争者之讼,迎门多长者之车。而我朴庵府君,令闻广誉,盖于一乡矣。

评曰:韩英之业虽在商,但能秉承大义,为宗族乡里,多为善事。如此可见其孝义之大也。

(四)父韩绍宗

韩邦奇父韩绍宗,字裕后,号莲峰。受蔡沈《尚书》于叔父武清知县伦,起家成化年间进士,授刑部主事,升员外郎、郎中,至福建按察副使。冯从吾《关学编·苑洛韩先生》称其"学识才品,当世推重",王学谟《续朝邑县志》卷六《人物志》称其"居官有为,执法平恕",而其生平大略,则见载于吕柟《福建按察司副使封中宪大夫莲峰先生韩公墓志铭》。兹择数例以见其人格。

其一,在刑部时,寿宁侯有门官举人樊某,倚仗权势,交结权贵,府中一切奏章,都出自其笔下,然多无据,故招致怨恨而被告发,韩绍宗擒之下狱。一日,绍宗出门,获一札子,具悉樊恶,且云:"必杀樊,庶无后虞。"即呼樊来,曰:"尔何自声其罪乎?"樊声色俱动,而不肯自首。公曰:"从实招来,罪不至死。"樊曰:"公神明也。"即告之实情。对曰:"韩公者,非可以权势动迫,期生必死,今言必死者,计策也。"于此可见绍宗执法之明察秋毫也。此事又载明冯梦龙《智囊全集》之《智能篇·得情卷》。

其二,在福建按察司副使任上时,韩绍宗"率纲纪其大者,其余不劳而正"。有王金事理政,未数月,神采瘁然,而道政亦理。王问下人曰:"外议我署道何如韩公?"对曰:"使君不减韩使君,但韩使君稍闲暇耳。"王喜而投笔曰:"得如此足矣!"由是可见其为政之大凡也。又"公虽和易近人,至居官守法,毫发不可回,祸福不可动。若民苟无罪,虽鞭朴亦不妄施。"虽严于执法,然于民宽宥也。又数召诸生,讲授文义,甄拔士子,大显于时。平日公怡然自得,读书谈道,暇日则从戚党友朋之会,无累也。

其三,居家时,"天性刚明,少辄异人。既读书,日记千言不忘"。公暨诸子至贵显,恶侈靡,轻财利,慎取予。在福建巡历所部,数不御肉食。所配阎氏,封恭人矣,未尝置翟冠雀服。而诸子既举,皆不衣紬帛。独念宦游,不侍张太宜人,每岁时伏腊,辄呜咽泣下,时遣人问起居、致甘旨。其所得俸金,尽以遗兄,以奉太宜人,虽在福建万里之外犹尔也。至其教子,一以义方。公若在堂,诸子非呼召,不敢过其前。佥事为文选时,尝寄衣一袭,辄戒之曰:"但当尽心官事,勿念及此也。"疾且革,犹以忠孝道德命诸子。

评曰:韩绍宗为人刚明节义,教子严于礼,侍母尽于孝,执法严明,不畏权贵;理政宽宥,得乎民心也。吕柟曰:"夫仪封(韩邦彦)笃而广,佥事(韩邦奇)信而法,工部(韩邦靖)朴而茂,一代之良也。"绍宗德育遗风,于兹见也。

(五)韩门贞节

韩邦奇曰:"孟子曰:'故人乐有贤父兄也,然亦乐有贤姑嫜也。'内德之教,其感尤深也。"又曰:"易曰:'男正乎外,女正乎内,'吾韩氏之兴,不有由哉!"故其不仅特书其家世贤父兄之事迹,亦开篇以记表其韩门之贞节烈女,是为其《韩氏三世贞节传》。文中略述其祖母张淑人、先婶雷氏、弟妇许氏贞节之事,皆"至贞恒一"。并为之赞曰:

慷慨杀身易,从容就义难。四五十年间,春花秋月,夜雨鸡鸣,非铁石肝肠,金玉操履,其能堪乎!我祖母当易箦之时,发死不同穴之命,则五十年来兢业自持可知矣,然尚处顺境也。雷氏则当其逆,然有子可依;许氏则无子矣,更何所乎?《诗》曰:"人之秉彝,好是懿德。"信矣夫!

评曰:母仪之教,内德之感,古今尚矣。韩氏之门,有贞节若是,其沐于家风而化邪?其于后辈亦德被之教也。

三、比肩德操

韩氏一门,不惟注重读书向学以持世,亦更注重贞节忠烈以传家。至邦奇一代,此种风节,愈加光显。就《苑洛集》所载而见,韩邦奇与其弟韩邦靖、堂弟韩汝聪、其外孙张世荣等,对此家风,均有继承和风扬。邦奇姑且按下不论,先载其兄韩邦彦、堂弟韩汝聪、其弟韩邦靖之行事,以见韩门教化所及、邦奇比肩盛德。

(一)长兄韩邦彦

韩邦奇撰《朝邑三廉吏传》(《苑洛集》卷八),其中提及其兄韩邦彦。

其曰：

> 郑州知州韩公，讳邦彦，字汝哲，乡试中式，授仪封知县。正法度，节浮冗，均徭役，公听断，仪封称治。守制归，仪人少保浚川王公抵予书曰："民思旧尹不置也。"起复，授高阳，以奏荐调河间。时方议行取，有不悦者尼之曰："知县简傲不恭。"尚书张公为御史时，曾按河间，曰："韩知县居官自有家法，应行之礼未曾缺少，但无奴颜婢膝耳。"然竟不果取。迁郑州知州，发政皆如仪封。时公三尹大县，一典名州，归之日，诸兄弟问曰："俸资若何？"公曰："六十两耳。"诸兄弟不信，谓公避富有之名也。安有尹三县守一州，俸金止六十两乎？后遭火灾，诸兄弟曰："银经火虽销而不耗，所积在何处？"公指之，诸兄弟于灰中得之，镕为一饼，权之，果六十两。诸兄弟皆大哭，曰："有官如此！"竟而沈谢。

评曰：韩邦彦为人尚礼而无媚骨，善政事，在仪封时，"正法度，节浮冗，均徭役，公听断，仪封称治"；迁郑州知州，发政皆如仪封而无所贪，安于道者是也。

（二）堂弟韩汝聪

韩邦奇堂弟韩邦达，字汝聪，多才而位弗偶，资秀而嗣弗续，且不以中寿已矣。卒，邦奇为之表其墓，略及其事，曰：

> 初，汝聪赴同州岁试，伯父偶得暴疾，急召汝聪，归已易箦不能言。汝聪号哭，计无所出，跪吮伯父，喉中痰出，乃张目一视，曰："汝归矣。"遂卒。汝聪谦让能忍，纳交时豪，门多长者车辙。然严毅有智略，人多畏而不敢犯。里中有争，皆赴诉，多不之官。一判则人不敢再辞，再辞则倾财。助直者必令胜。白犢人之丧，远近贤杰无弗吊送者，宗人以为吾韩氏驾海之梁云。

评曰：汝聪跪吮父痰，可谓至孝矣。且谦让能忍，严毅有智略，可谓刚直且智者也。

（三）长弟韩邦靖

韩氏兄弟中，韩邦靖最为聪颖好学，人称神童。14岁，即先于其兄邦彦、邦奇中举；21岁时，又与邦奇同年中进士。入仕后，以直言指斥时政，触怒武宗,下锦衣卫狱,夺职为民。家居8年,复诏起分守大同,任上革奸除弊、赈济饥民,多次上疏陈述民情,不报而愤归。归而卒。邦奇亦因论时政缺失而谪平阳,又因揭发宦官祸民而下诏狱。兄弟二人,命途何其相似也!邦奇每于病中,皆邦靖在侧服侍,衣不解带;仕途路上,天各一方,作诗寄信,感情甚笃。邦靖殁后,邦奇为之挥泪撰传,足见兄弟情深。兹举邦靖事略,以见其人格、精神之丰茂。邦奇曰:

> 靖生而灵异,三岁能哦诗百余首,四岁莲峰先生命之读《孝经》,未终篇即能自诵,小学即了大义。五岁,莲峰先生抱之读《文王至德》篇,忽掩卷若有所思。莲峰先生问之。对曰:"即如是,武王非矣。安得同为圣人?"莲峰先生大奇之。

邦奇3岁能吟诗百余首,4岁读《孝经》能终篇自诵,5岁读《论语》能有所思,盖生而敏悟,异于常人也。又曰:

> 精思绝人,童时先辈试其能,以百余钱掷于地,命一视即收钱。即答曰:"钱若干。"皆如其数,虽百试不差。尝与客弈,背坐不视局,以口对弈者,始终不差一着。学有渊源,自幼即以经济为志,其言曰:"人之所以自重而易退者,急于进而欲济时也。人所以重生者,欲待其死所也。不然苟生何为?"

由此可见,幼年邦靖,不惟聪颖,且有大志。"其八岁通举子业,十四举弘治辛酉乡试。二十一登正德戊辰进士。己巳,二十二,除工部虞衡主事,升都水员外郎。"早年而有所成也。

邦靖在虞衡时,为官刚直不阿,秉公办事,敢于抗拒权贵,为民请命。上任之初,奉部檄监收十库。时"宦势正炽,大废旧典,部官往,下吏视之。靖至库,群宦不为礼,乃自取坐前席。"群宦不平,绐曰:"部尚书至,因起彻坐。"靖诘之,答曰:"部官故事:无前席者,然止一饭,无预库事也。"靖曰:"然则我当回耳?"答曰:"当署案。"靖曰:"部官无预库事者,安得复署案?"群宦不得已,卒如旧礼。既而又檄监,收黑窑厂,厂亦宦者主之,厂弊尤甚。靖至厂数日,群宦款以厚燕而不言公事。靖曰:"可临事矣。"乃身自视秤,群宦笑曰:"部官领数耳。奈何琐琐如此?吾辈厚费而来,此欲何为?"靖弗顾。群宦始动以祸福,次诱以情礼,终不移。后来,韩邦靖到浙江一带监收赋税,发现主管宦官中饱私囊,加大税额。邦靖带领官员严查督办,引起镇守刘太监之怒而弹劾之。邦靖遭此诬陷,自劾归。已而升员外郎,檄往直隶、陕西、山西查征历

年匠班值。既见其民贫甚,乃建言宜罢征。朝廷反对,几至下狱。是时,乾清宫火灾,武宗于是以灾异下诏求直言。靖归,上疏略曰:

> 夫民者,乐安而思治,恶危而厌乱,向背之际,甚可畏也。臣窃见陛下自即位以来,朝政不修,经筵罔御,盘游无节,狎近群憸,摧折骨鲠之臣,闭塞谏诤之路,百度乖违,庶事丛脞,府库空竭,闾阎流散,寇贼灾异,荐至迭兴。危乱之形已成,社稷之忧将大倾者,乾清宫灾,陛下下诏求言,在位群臣疏论,剀切时政缺失,指陈略尽。天下之人皆以为天心仁爱,启佑圣衷,必将延览听纳。革既往之愆,图维新之化,泽润生民,永昌社稷,在此一举。不意陛下徒事虚文,不修实政,凡诸过举,仍遵往辙,臣工章疏,固有施行,而部官黄体行,乃又以言罢去。天下人心,莫不嚣然沮丧,以为陛下遭此大异,因循恬安,尚复如此,是陛下无悔悟之期,天下无治安之日,涣散支离,不可收拾。《书》曰:"民可近,不可下。"下尚不可,而况使之离哉? 夫亲离者家散,民离者国摇。故汉儒有土崩之言,先哲有抟沙之喻。臣每念及此,实怀隐忧。伏望陛下以社稷为念,将各官章疏,采择施行,将前后言事、得罪之人,并黄体行取回录用。于以收既散之人心,迓将来之福泽,天下国家不胜庆幸!

如是之言批评皇帝,旷古以来,实为罕见。疏中所述,事事翔实,件件耸闻,言辞之间,慷慨激昂,无所畏惧。疏上,天子震怒,系锦衣卫狱。幸给事中李君铎率众论救之,免死,乃得夺官为民,家居8年余。

削籍归家之后,邦靖足迹不至城市,明农之暇,闭门自检而已。初,莲峰先生既里居,邦奇亦遣为民,人皆以靖性敏年青,劝之专意读书。靖曰:"己欲资见闻而以劳事遗父兄,岂其情哉?"遂躬亲农亩,胼胝自甘,乐如也。九川吕子曰:"五泉子可谓孝弟力田矣。"韩邦奇曰:"靖虽一动一言之细,亦矜名节,然孝弟友恭,尤为切至。"事父母,终身不违颜色。父病,汤药必亲尝,起居必亲扶掖,昼或忘食,夜不解衣。越4月余而莲峰先生卒,哀毁几死,水浆3日不入口。未葬之3月,席草枕块,枢下腰绖不除。时盛夏,虮虫丛积,振衣跃落,形瘵骨立,见者泣下。莲峰先生既葬,兄邦奇庐于墓。邦靖倚庐于中门之外以奉母,朝夕至墓与邦奇焚香哀泣,陪邦奇必分夜。事长兄知县邦彦及邦奇二姊,抚弟监生邦翊,情文俱尽。邦奇疾于庐几一载,汗恶之气,人咸不堪。靖侍侧,未尝顷刻离。饮食必亲奉,汤药必分饮之,以察其寒暖补泻之宜;至于秽溺必谛视之,以观其清浊燥润之色。姊李孺人患恶疾四五年,邦靖事之极其尽力。抚爱诸侄,一饭之顷,未尝或忘。乡士夫为立孝悌碑,为乡间式。邦奇曰:"当先君大故及吾病甚时,吾弟痛楚酸苦之情,忧劳悴迫之状,吾不能言,而文不能尽也。"

嘉靖元年,世宗即位,起擢韩邦靖山西布政司左参议,分守大同。靖起自废黜,感恩图报,单身之任,不挟童仆,精白展布,知无不为。革奸弊,恤民隐,轻徭薄敛,讼狱平允,权豪敛迹。又以边陲之地,兵粮所系,乃上疏,援提学水利例,请给关防。时又以朝廷修定策功赏议,内阁外戚潜邸臣将封爵。靖以高皇帝定万世之策,兄终弟及,今上乃天叙所宜,诸臣何功之有。亦上疏论之。皆不报。高山、阳和等卫军人开垦草场数千余顷,皆为豪家占种,靖皆夺之,归于官,招人佃种。乃上疏。疏奏,亦不报。未几,大同岁饥,人相食。又奏议乞发内帑赈济。事下该部,部不许,且驳之。靖怃然辍食,将再论之。或曰:"君之心尽矣。其不行者,责有所归君?何自苦如此?"靖曰:"言而不复,自谓己责已尽而委咎于人,此诈臣之自便而钓名者之为也。"乃复抗疏论列。其中详陈大同民苦,且直言之"此而不恤,必至无民,若苟无民,岂有大同?既无大同,岂复有京师!""一疏不允,再疏请之;再疏不允,三疏请之;三疏不允,则以身为之。去就继之者,又复如是!"复下该部,部司颇不悦。靖亦不顾。八月,靖疾作,虽已平,复虑或春深复发,遂上疏乞休。初,军民闻公去,皆跪泣遮留之。靖绐曰:"吾赴省,顷当即回。"众曰:"吾民不敢久留使君,愿将明年均徭一派而去可也。"靖抚慰而行。次年二月初十日,韩邦靖回到故里朝邑。四月,乡人为之立孝悌碑落成。二十日,病卒。病中托其兄邦奇为之撰传,并嘱言:求真,勿过誉。韩邦靖既卒,其兄邦奇墨泪而作传。其中曰:

> 靖深沉有谋略,而济以勇果之气,虑定而发,据理而行,排山倒海,万夫莫御。识见宏远,而济以英伟之才,故事至物来,众方议拟未定,而靖已处分矣。平居处众,坦夷平易,退焉如懦,至于当取予进退死生大节,确然不可夺。……使天假之年而大其位,其功业岂止于是而已邪?呜呼惜哉!

评曰:邦靖孝悌刚正,不畏权佞,直节抗疏,烁震古今。又聪而灵颖,机敏善悟,虽少邦奇10岁,然能与之同登甲科,并列于朝。其所作诗文,为吕柟、王九思、何大复等称引,其所作《朝邑县志》,文采焕炳可诵,亦一时名作,堪与康海《武功县志》媲美,位列陕西八大名志之一,可谓才绝一世也。然天妒英才,年方卅六,戛然而逝,不亦悲乎!

略曰:"蓬生麻中,不扶而直。"韩氏一门,自髯翁而邦奇,居朝邑八代,累以风范世家。祖辈以上,其事略矣,自其祖父显,皆有事迹可述,而以刚毅、节气、孝廉、悌友传家。邦奇生于斯门,既沐化于世德家风,又父子兄弟相为感召,其为人刚直无私,孝悌节义,其为学勤勉不息,夙夜有成,概有所自也。

第二节 早 年

韩邦奇早年,即自其出生至登科出仕之前一段时间。邦奇于30岁中进士,从此正式步入仕途,此前主要为进德修业之学习阶段。此一时期,邦奇主要从其父兄问学,他勤学善悟,早有著述,于经义、辞章建树颇多。及至三十而立,焕然登科出仕。本节即以出生、就学、早慧、举业为题,略述韩邦奇30岁前之基本状况。

一、出生

韩邦奇之出生具体时间无文献记载。唯《苑洛集》卷十七录韩邦奇致仕二疏,其一《久病不时举发再乞天恩休致事》曰:"臣见年五十五岁",末署"嘉靖十二年二月"。又同卷《旧疾大作乞恩休致事》曰:"臣见年五十七岁",末署"嘉靖十四年九月十七日"。而《冯恭定公全书》卷二二《苑洛韩先生》又曰:"乙卯,会地震,卒,年七十七。"据以上记载推算,其出生应在宪宗成化十五年(己亥1479)。另杨继盛《寿大司马苑洛韩公七十序(代龙湖公作)》(《杨忠愍公文集》卷二)言:"嘉靖二十有七年,大司马苑洛公年七十矣,辰在秋八月十有二日。"由是可推知,韩邦奇生于宪宗成化十五年(己亥1479)秋八月十二日。

二、就学

韩邦奇早年就学于何人,无考。然据冯从吾《关学编》等记载,当出于其家学。据《关学编》所述,韩绍宗与韩邦奇(汝节)、韩邦靖(汝庆)等"父子兄弟以学问相为师友",他们相互切磋学问,亦师亦友。冯从吾《疑思录》中亦有"朝邑韩苑洛讲学,其父莲峰老人督之"①,可见在学业上,韩绍宗对韩邦奇严格要求,对其讲课授学必亲自指导,严肃对待。在这样的家庭环境下,韩邦奇受其父影响甚大,以发愤好学为职志。而其所学内容,主要是程朱理学的著作,受家学影响,韩邦奇早年尤长于对《尚书》的研究。据载,韩绍宗精通《尚书》,王九思《韩莲峰墓碑》记载说:"(韩绍宗)十岁读书,日记千言,盖受《尚书》武清令伦所。武清令伦者,先生之叔父也,精通《尚书》。以此尽传其秘,十六而为学官弟子。"②韩绍宗之叔父武清令韩伦精通《尚书》,韩绍宗10岁开始读书,并跟随其叔父学习《尚书》,得到秘传。韩邦奇自幼跟随其父学习《尚书》,10余岁之后即有所著作,并能开席讲授。冯从吾云,其"为诸生治《尚书》时,即著有《蔡传发明》《禹贡详略》《律吕直解》,见者叹服"③。

韩邦奇从小灵俊异常,受其家庭熏陶,年少时即有志于圣学。大约在韩邦奇14岁的时候,韩绍宗任职福建按察司副使,韩邦奇就跟随父亲在其任上,故而能时时得到父亲的言传身教。王九思《大明中顺大夫福建等处提刑按察司副使封中宪大夫莲峰韩先生墓碑》(《渼陂集》卷一一)言:"(韩绍宗)其后迁为福建按察副使……其在福建凡七年。"吕柟《福建按察司副使封中宪大夫莲峰先生韩公墓志铭》(《泾野先生文集》卷二三):"未久,竟升公福建按察司副使,为弘治壬子也。……公在福建七年。"唐龙《五泉韩子墓表》(《唐渔石集》卷三):"莲峰为福建按察司副使,携家往。"由是可知,孝宗弘治五年(壬子1492),韩邦奇14岁之时,因其父迁福建按察司副使,遂阖家赴福建,在闽7年,方归于陕。在韩邦奇16岁时(孝宗弘治七年,甲寅1494),其侍父按察副使入觐,驻于通州邸。《嘉议大夫总督漕运兼巡抚淮扬等处地方都察院左副都御史西溪屈公传》(《苑洛集》卷八)云:"甲寅,朝邑韩邦奇侍父福建按察副使莲峰先生入觐,驻通州邸。"其时,他与韩绍宗门生屈直有一次值得记载的接触:

> 甲寅,朝邑韩邦奇侍父福建按察副使莲峰先生入觐,驻通州邸,命邦奇讯公。时邦奇来自闽七千里,又莲峰先生与公新结男女之好也。公留食,出生韭一品、汤粟数盂,邦奇饱食之。公曰:"子饥甚也。"邦奇曰:"尊公以古人自处,亦以古人待邦奇,不敢不饱也。"明

---

① 转引自:《陕西通志》卷九十八,影印文渊阁《四库全书》本第556册,第105页。
② 王九思撰:《韩莲峰墓碑》,《明文海》卷四百四十七。
③ 冯从吾撰:《苑洛韩先生(弟邦靖附)》,《关学编》卷四。

日,邦奇反命,莲峰先生方与同觐者参政陈公弈,邦奇言陕西有人屈秋官不负门墙,盖公莲峰先生授经生也,因言留食事。邦奇时年十七,陈公以手执棋,熟视邦奇,谓莲峰先生曰:"怪哉此子!颜子之志也,若他儿,必恨其简矣。"

屈直清廉公正,安贫乐道,不负门墙,韩邦奇深深敬仰并以之为榜样,不负家教,故被誉为有"颜子之志",备受嘉勉。可见韩绍宗对韩邦奇的言传身教多是在潜移默化中进行,这种教化也多体现在修养行为上。

附及一事:韩邦奇自幼身体欠佳,早有学医之志。韩邦奇《赠张乾沟序》(《苑洛集》卷二)自云:"予年十四学医。"又邦奇弟子樊得仁《韩五泉孝弟记》云:"弘治中,苑洛疾甚,五泉时年十三……持药泣告于天……药进而苑洛苏,人咸奇异之。"韩邦奇弟韩邦靖少邦奇 10 岁,是年,邦奇 22 岁。病重,邑无良医,弟邦靖侍药以诚,疾愈。《赠张乾沟序》又载韩邦奇 29 岁(武宗正德二年,丁卯 1507)时,又得了一场重病,众名医束手无策,得形容朴野之张乾沟治疗而愈:

> 正德丁卯,予病甚,百计迎杨来,并蒲之名医数人。环视嗟叹,弗能治。有张乾沟者,自言能愈疾。张形容朴野,众皆笑之。杨问曰:"汝能究病源、察脉理乎?"曰:"不能。""汝能识药性、审天时乎?"曰:"不能。"杨曰:"汝皆不能,来何为者?"张曰:"但能愈疾耳。"乃出药十余丸。杨曰:"此丸之后,更何药乎?"张曰:"无。"杨曰:"此疾愈后,调理尚须百贴。"张不答。诸医知予疾难治也,托张而散。予弟五泉大夫计无所出,持药告诸天,曰:"吾兄之病笃矣,而命医者又山人也,惟神其佑之。"药进而予苏。明日,烦懑不能寐,张以竹叶糯米麦门冬煎汤,与之而安,问余药,曰:"米粥少加白煮肉耳。"遂辞去。

韩邦奇与其弟韩邦靖感情笃深,非仅出于一庭而教育、人格、仕途相近,亦得之于其每次病中韩邦靖之悉心照料。而后邦奇文中多次言及医术,如曰:"其他文字皆可著作,惟医药之书不可轻为一字,苟一字不当,杀人多矣。其罪与杀一家非死罪三人者等,学者可不慎哉!"(《苑洛集》卷十八),当与此相关。而邦奇多次致仕,疏中多言其病,当为实事,非虚托辞也。

三、早慧

上已言及,韩邦奇从小灵俊异常,受其家庭熏陶,跟随其父学习《尚书》,

10余岁之后即有所著作,冯从吾谓他:"为诸生治《尚书》时,即著有《蔡传发明》《禹贡详略》《律吕直解》,见者叹服"①。

韩邦奇之《蔡传发明》《禹贡详略》,均是秉承宋儒蔡沈之《尚书》学而来。韩门主治蔡氏《尚书》学,由其叔祖父韩伦,授教于其父韩绍宗,再传之于邦奇兄弟,可见《尚书》之学,为韩门之家学。韩邦奇之此二书,亦是研习《尚书》并意在教授子弟之作。其《蔡传发明》具体撰述时间,已不可考;而《禹贡详略》则作于韩邦奇19岁(孝宗弘治十年,丁巳1497)时。此见《禹贡详略》序:"略者,为吾家初学子弟也。复讲说者,举业也。详释之者,俟其进而有所考也。弘治丁巳苑洛子书。"

《律吕直解》一书,亦是韩邦奇对蔡沈之父蔡元定之《律吕新书》所做之注解。是书完成于韩邦奇26岁时。《四库全书》本《律吕直解》序文有:"弘治十七年三月中旬苑洛子韩邦奇识。"是年韩邦奇年当二十有六,故知是书当作于是年。按:《续朝邑县志》卷六《人物志》云:"乃以《书》举第二人。会试不第,归著《律吕直解》,见《志》。"此说误。是年秋中举,会试应在明年,而邦奇自序为是年三月,则当完成于中举前。

又,韩邦奇早年不唯重视《尚书》《律吕》之学,亦兼治张子、朱子之学。其有《正蒙解结》一书,是对关学宗师张载《正蒙》所作之注解,当作于20岁之前。《苑洛集》卷一《〈正蒙拾遗〉序》曰:"弘治中,余尝为《正蒙解结》。""弘治"共18年,其"中"当在9年左右,此时韩邦奇年当十七八,故言20岁之前也。至于朱子之学,韩邦奇侧重于治《易》。其有《启蒙意见》一书,《四库全书》本《〈启蒙意见〉原序》中有:"弘治十六年仲春苑洛人韩邦奇书。"弘治十六年,韩邦奇年当25岁,故知是书作于是年。

早年之韩邦奇,亦擅长文学。其《苑洛集》中收有此时之文《木轩墨迹记(弘治甲寅)》、曲《雁儿落联得胜令·闽中秋邀杨乔夫饮(弘治乙卯)》、七律《甲子梦中(弘治十七年)》《驻马听·饯尧甫举人 时在关中(弘治乙丑)》,"弘治甲寅""弘治乙卯""弘治十七年""弘治乙丑",先后当韩邦奇16岁、17岁、26岁、27岁。兹略录之,以见少年邦奇诗文风采:

木轩墨迹记　弘治甲寅

木轩,余友也。其缔交也,志合陈雷,情投胶漆之好。墨迹者,

---

① 冯从吾撰:《苑洛韩先生(弟邦靖附)》,《关学编》卷四。

木轩漫笔也。及其别也，白楼沧海，不胜云树之思。偶检箧笥中，得墨迹焉。展而玩之，明珠拱璧，犹照颜色。乃装潢成轴而悬之，且为之记。木轩，浙东天台人也，秀称人杰，粹禀清资；余，关内长春人也，志在四方，情笃友谊，乃于弘治中，岁维壬子，月应黄钟，相遇于福州南台之上。……斯时也，余与木轩年各二七，鬓未缨冠，问道登萧、朱之门，论文分王、杨之席，昼倚芸窗，夜烧薰蓻，未尝顷刻之相违也。而梅亭风雨之宵，时酬丽句；芋原莺花之候，每倒芳樽，盖五年于兹焉。一旦碧箫吹月，声断阳关，锦瑟华年，歌残南浦，烟帆画舫，木轩之北下也，梦绕荆门；雨盖雕鞍，眇末之西归也，魂销灞水。物存人远，睹物思人，爱其人而亦爱其物，见其物而如见其人，墨迹之记也如此。

按：据《木轩墨迹记》，木轩，浙东天台人。二人相遇于福州，志趣相投而成胶漆之交，别后以木轩之墨迹装裱成轴，悬挂室中。

雁儿落联得胜令　闽中秋邀杨乔夫饮　弘治乙卯

研霜螯，紫蟹鲜，倾秋露，芳樽满。

小园中，绿橘垂，疏篱下，黄花绽。

碧亭亭，窗外两峰寒，却不觉、身在瘴江边。

金陡潼关道（予家也），

天台玉瀑泉（乔夫家也），

望乡园，万里云山远。

且追欢，

醉如泥，

锦瑟前。

按：据注，杨乔夫家天台，《木轩墨迹记》所记木轩亦天台人，木轩者，即杨乔夫乎？

七律　甲子梦中　弘治十七年

自入云宣两月程，风光渐异独伤情。

戍楼月落城门闭，野塞风寒战马行。

幕府神兵传号令，沙场鬼火乍鲜明。

玉关人老真堪笑，谁息狼烟致太平。

驻马听　饯尧甫举人　时在关中　弘治乙丑

夜色苍苍，

酒满芳樽，

恨转长。

那堪声沉玉漏，

香尽金炉，

烛冷银缸。

离情才说两三行，

檐前却早鸡三唱。

休题起行装。

却早把、残魂销尽，

不须到，

灞陵桥上。

四、举业

韩邦奇举业应试，当在孝宗弘治十一年（戊午1498），其20岁时。韩邦奇《中顺大夫夔州府知府韩公墓志铭》(《苑洛集》卷五)曰："弘治戊午，予与公应试长安，会旅邸。盖蒲多士冠也，见其方直《乐》《易》，心爱重之。"由是可知，韩邦奇当年在长安应试。此时，韩邦奇始留心礼乐。《苑洛集》卷二十二有门人张文龙之后记曰："当弘治之盛，自庆身际升平，复留心于礼乐。"

3年后，韩邦奇23岁。与兄邦彦、弟邦靖又同试于长安，并与吕柟同居于一寺，后结为至交。吕柟《福建按察司副使封中宪大夫莲峰先生韩公墓志铭》(《泾野先生文集》卷二三)："弘治辛酉，柟与公之三子同试长安，邸一寺，朝夕游。三子者，今仪封知县邦彦，浙江佥事邦奇，工部员外邦靖也。"吕柟又有《祭莲峰韩先生文》，其文曰：

惟灵天授英哲，政成刚明，觉我后学，既有典刑，柟于先生，不啻前辈乡曲之情也。矧伊诸郎，立德明道，并鸣熙时，声闻海岳。伊昔弱冠，义气相召，柟于诸郎，不啻同年兄弟之好也。今公已矣，奚胜悲悼，絮酒束辞，用申虔告。尚享！

韩邦奇父莲峰先生去世，吕柟不仅为之作《福建按察司副使封中宪大夫莲峰先生韩公墓志铭》以表之，又作《祭莲峰韩先生文》以吊之，其于邦奇父则云"栴于先生,不啻前辈乡曲之情也",于邦奇诸兄弟,则称"栴于诸郎,不啻同年兄弟之好也",可见韩、吕之交,情感甚笃。然遍观邦奇之文,不见一语言及吕柟,异哉!或如邦奇弟子张文龙《刻〈苑洛先生文集〉跋》所曰:"(邦奇)凡诗文则随意应答,稿多不存。又先生抚宣时,以其稿付侄生员仲谐,会造火灾,盖尽焚之"哉?存疑待考。

孝宗弘治十七年(甲子1504),韩邦奇26岁。是年秋,以《尚书》中举。冯从吾《苑洛韩先生》(《冯恭定公全书》卷二二):"弘治甲子,以《书》举第二人。"王学谟《续朝邑县志》卷六《人物志》:"韩邦奇……弘治甲子乃以《书》举第二人。"刘於义修、清代沈青崖纂《陕西通志》卷三十一载:"弘治十七年甲子科:胡谧,同州人;韩邦奇,朝邑人。"大约于中举之后,韩邦奇开始学界之交游。武宗正德元年(丙寅1506),28岁的韩邦奇在关中,谒州大夫。《苑洛集》卷三之《同州重修州廨记》曰:"正德初,予谒州大夫……"次年,韩邦奇送别陕西提学副使王云凤,王作《黄河西岸别胡谧牛斗韩邦奇邦靖》。王云凤(1465—1517),字应韶,号虎谷,山西和顺人。成化二十年进士。于弘治十一年冬,为陕西按察司金事,提督学校,后升副使,改提学;正德二年升山东按察使,离陕。其诗存《虎谷集》卷九。诗云:"晓看太华半山雨,晚步黄河两岸风。七载宦游无可述,一时佳士远相从。谈经训诂词章外,论道精粗巨细中。此地不堪重回首,沙云初起夕阳红。"

正德三年(戊辰1508),韩邦奇30岁。是年,韩邦奇以二甲五十七名①,与吕柟、弟邦靖同中进士,授吏部考功司主事。吕柟《泾野先生文集》卷二三《福建按察司副使封中宪大夫莲峰先生韩公墓志铭》:"比正德戊辰,同三子试礼部,而金事、工部皆又同柟举进士,仕京师。"王学谟《续朝邑县志》卷六《人物志》:"正德戊辰成进士,授吏部考功司主事。"冯从吾《关学编·苑洛韩先生》曰:"正德戊辰,成进士,拜吏部考功主事,寻转员外郎。"至此,而立之年的韩邦奇完成其早年学业生涯,正式步入仕途。

第三节 初 仕

初仕,即韩邦奇自30岁登仕任吏部考功司主事至38岁因得罪宦佞被诬

---

① 朱保炯、谢沛霖主编:《明清进士题名碑录索引》,上海:上海古籍出版社,1979年版,第2496页。

下狱削籍返乡的8年时间。此一阶段,韩邦奇劲节自持,严明风纪,表现出关中学人刚直不阿、忧心国事、关心民生的高贵品格。然而也因此连续得罪朝廷权佞,以至一贬再贬,最后竟被诬下诏狱,削籍为民,最后退居还乡。本节即以京师、山西、浙江、诏狱、削籍为题,略述韩邦奇此一时间之仕途经历。

一、京师

武宗正德四年(己巳1509),31岁的韩邦奇在京师,任吏部考功司主事。后转选部员外郎,《苑洛集》卷六之《中顺大夫四川夔州府知府刘公德征墓志铭》曰:"正德丁卯……明年……时朝邑韩邦奇为选部员外郎……"此时的韩邦奇,正如其门人张文龙之所说:"比登仕,则正德矣,乃幡然于性命道德之学。"(《刻〈苑洛先生文集〉跋》),已经由20岁时的"留心于礼乐",转而提升为"幡然于性命道德之学",这是韩邦奇思想的重大转变。而其崇尚节义,不事擅权宦官的刚直气节,亦表现出来。《陕西通志》卷五五《人物·圣贤·名臣》:"刘瑾乱政,朝士多往谒,邦奇卒不往。时人重之。"

次年,刘瑾就擒。邦奇弟邦靖奉命榷木浙江。据唐龙《五泉韩子墓表》(《唐渔石集》卷三)云,邦奇弟邦靖督课浙江时,"太监刘璟怙势张威,触者辄糜烂"。韩邦奇作长诗《刘中镇萃美》(《苑洛集》卷一一,或作于正德十一年前后),讽刺宦官为虎作伥①。五月,刘瑾之党羽、吏部尚书兼文渊阁大学士焦芳致仕,邦奇作《送焦少师阁老致仕》,称其"事业存青史"。八月,刘瑾事败被诛。朝廷谕祭因不礼、不贿刘瑾被诬而愤死的曹凤,韩邦奇为撰《嘉议大夫都察院右副都御史西野曹公墓志铭》(《苑洛集》卷四),以表彰其刚正之德。韩邦奇不礼刘瑾,并作诗为文批评刘璟之猖獗,表彰曹凤之刚烈,然却作诗送刘瑾之党羽焦芳,是官场应酬之作,还是怜其最后失掉刘瑾宠而乞归?抑或是韩邦奇初登仕途,尚未了解官场浊暗?存之以待考。

武宗正德六年(辛未1511),韩邦奇33岁。是年韩邦奇奉命考察都御史,不留情面。调文选司主事,又因秉公办事,忤太宰意。表现出秉公办事的刚直人格。《冯恭定公全书》卷二二《苑洛韩先生》、王学谟《续朝邑县志》卷

---

① 据《明史》卷二〇一载,正德十一年前后,邦奇在浙江按察佥事任上时,时为浙江左布政使的方良永曾上疏揭发倖臣钱宁在浙不法事,中有"镇守太监王堂、刘璟畏宁威,受役使"句,则是时刘璟仍为镇守。韩邦奇此诗或作于正德十一年前后。

六《人物志》均载其事。王学谟《续朝邑县志》卷六《人物志》曰:

> 辛未考察,都御史私袖小帙窃视,邦奇曰:"考覆公事,有公籍在,何以私帙为?"乃掣其帙封贮不检,都御史为逊谢。同曹郎皆缩项失色。寻调文选司。太宰托意为官择人,欲发视缺封,邦奇执不可,曰:"发则有私。"诸曹咸依阿,邦奇执愈厉,卒不更。太宰衔之。

是年,因邦奇秉公而使父母蒙荫,父受赠封中宪大夫,母、妻皆受封赠。吕柟《福建按察司副使封中宪大夫莲峰先生韩公墓志铭》(《泾野先生文集》卷二三):"以佥事为文选时,又受副使封所谓中宪大夫也。所配阎恭人者始封安人,再封宜人,其恭人亦文选封也。"

在京师期间,关于韩邦奇著作之一重大事件,即为《律吕直解》得以刊刻。《苑洛集》卷一《〈律吕直解〉序》:"弘治间,余为举子时,为之直解。正德己巳,佥宪西蜀王公刻之濮州,尚书昆山周公为御史时刻之平阳,都宪蒲田方公为布政时刻之杭州,州幕洪洞岳君溥刻之同州。"此书刊行之后,仪封王廷相偶得之,谓"读之皎然,启发来学,盖不徒作者也",并致书请教其未明之处。其来信《与韩汝节书》曰:

> 蜀中偶得执事《律吕直解》,读之皎然,启发来学,盖不徒作者也,甚善!中有一二未能融达,敢因请教,何如?且律之为管,何以作声如箪篥乎,如洞箫乎?其一律一声乎?将数声乎?律非笛,作孔或者止一声尔。一声为主,以余声为役,要不过十二调尔。说者谓六十调,何也?或曰:"各有子律,率以相因成之。"然细推声理,亦不能足数。执事应有灼见也。候气之说,尤所未喻。天地之气,升则上升,降则下降,若如邹衍之说,气皆上升,无复下降,然乎?若曰:"阳气升自仲吕而止。"阴气即乘之,不知阳气既至半途,当归何所?使日渐上升,不几于动阴律之灰乎?此事理之决不通者,吾实未喻焉。
>
> 嗟夫!乐经亡而雅音绝,声律之学,不传也久矣。秦汉之儒,述其枂梗,义舛而寡合,言繁而蔑实,听则美矣,行则无闻,是故由今之钟律考击无证,未免有疑尔。惟执事教之!大抵声音之道,浊者常有余,清者常不足,故宫商遍于四声,徵羽寡于入韵,何也?为声之地,有浅深故也。以是而求调,思过半矣。发于宫,达于徵,返于商,极于羽,而收于角,故角者,气平之声,声之终事也。以是而合律,亦

思过半矣。夫声气者,自然之神理,非人力之强和,苟不达于是而言律吕者,不过画古人之葫芦尔。安能窥夔、旷之妙奥也哉!执事精察律数,必有默会神理之术,望有以教之!①

由此文中,可略见韩邦奇律吕之学当时之影响也。亦可证得韩邦奇与王廷相之相识交往。后韩邦奇于嘉靖十四年(乙未1535)入都察院,佐时任尚书之王廷相振肃台纲。二人同有著作传述张载之学,其或有相互探讨切磋欤? 待考。

京师期间,韩邦奇亦有诗文之作,除上述之外,还有词《踏莎行·夜饯良谋进士入函谷(己巳)》、散曲《满庭芳·送宗周举人(己巳京师)》。此均作于武宗正德四年(己巳1509)韩邦奇31岁时。又,武宗正德五年(庚午1510),弟邦靖在浙,作《寄苑洛兄》(《韩五泉诗》卷二)。诗云:"兄弟江南北,时违怅望深。共为糊口计,常有畏人心。但可开家酿,无劳问远岑。团圆归计是,早晚与同寻。"次年,弟邦靖在浙得代归,韩邦奇作《闻舍弟至》(《苑洛集》卷一一)。诗云:"去年送汝下杭州,吴水燕山万里愁。青草忽惊灵运梦,白河即报李膺舟。艰危蓬役经年别,漂泊萍踪此世浮。已办新醅期共醉,征骖急策莫淹留。"兄弟俩互相关切、担忧之情,溢于言表。

二、山西

武宗正德六年(辛未1511)十一月戊午日,京师地震。韩邦奇上疏极论时政阙失,被谪山西平阳府通判。《明史·武宗本纪》《明史·韩邦奇传》《明儒学案》、冯从吾《关学编·苑洛韩先生》并载其事。而《明史·韩邦奇传》记其事较详,曰:"六年冬,京师地震,上疏陈时政阙失。忤旨,不报。会给事中孙祯等劾臣僚不职者,并及邦奇。吏部已议留,帝竟以前疏故,黜为平阳通判。"赴任之际,弟邦靖与友人何大复、孟望之、刘子静为邦奇送行,并作诗以赠之。②

次年,韩邦奇在平阳,决滞狱,倡理学,号一时卓异。王学谟《续朝邑县志》卷六《人物志》:"谪平阳府通判。决滞狱,倡理学,号一时卓异。"吕柟撰

---

① 王廷相著:《王氏家藏集》卷二九,台北:伟文图书出版有限公司,1976年版。
② 所赠诗文参见韩邦靖《韩五泉诗》卷二《送二兄赴平阳席上同何仲默孟望之刘子静分韵》、卷三《苑洛兄以语言得罪孟无涯夜语》,孟望之《孟有涯集》卷一〇《送韩汝节》与卷五《送韩汝节左迁平阳别驾》。

七律《赠韩平阳汝节》(《泾野先生别集》卷一二),批评时事,赞许邦奇。诗云:"翰苑铨曹俱近臣,渭河漆水复相邻。几年妖变遭污染,千里暌违负素心。翠柏苍松看岁晏,青蝇贝锦付舆论。夷吾谁识葵丘事,聂尔高奚是所真。"邦奇作七绝《平阳四首 时予以吏部谪判平阳》(《苑洛集》卷一一),又作散曲《驻马听·寄答世宁进士(壬申)》(《苑洛集》卷一二)。

平阳四首 时予以吏部谪判平阳
汾水春深落晚霞,沿堤十里尽桃花。
画船箫鼓游人醉,谩说风流是杜家。

熏风绿沼碧荷香,玳宴歌儿舞袖长。
一醉襄陵倾百盏,不知风景是平阳。

姑射泉边万竹稠,来青楼外四山秋。
重阳醉后归来晚,黄菊纷纷插满头。

清晓寒霜候早朝,小童羸马禁天遥。
平阳判府催征出,荣戟重罗过豫桥。

驻马听 寄答世宁进士 壬申
别意悠悠,又是西风万里秋。
那堪云迷白雁,露冷黄花,月满朱楼。
柳条折断水东流,思君一夜,把潘腰瘦。
多少离愁,轻尘弱草,人非如旧。

由此可见,邦奇诗、曲之风格,已渐脱离少年烂漫之艳体而趋近于坦然平易,近乎杜体也。

武宗正德八年(癸酉1513),韩邦奇35岁。参与山西乡试命题。撰《山西乡试策问》。《山西乡试第二问》《山西乡试第三问》《山西乡试第四问》《山西乡试第五问》均为公所出。此见《苑洛集》卷九《正德八年山西乡试》,主要内容是:(1)律吕:元声与器数;(2)时政:用人(进贤退不肖,唯有道而已);(3)时政:法与人(马政的问题不在法,而在人);(4)时政:食货、戎兵。每题均为一问一答,其后附有邦奇所撰答卷。作为明代中期乡试之第一手资料,此不仅可见邦奇之经学素养,亦对明代中期科举制度及人才选拔标准之研究有重要价值。

三、浙江

武宗正德九年(甲戌1514),36岁的韩邦奇迁浙江按察佥事,巡两浙。《苑洛集》卷七《明提督操江南京后军都督府都督佥事陈公墓表》《明史·韩邦奇传》《明儒学案》、冯从吾《关学编·苑洛韩先生》均载其事。唯冯从吾《关学编·苑洛韩先生》载之详,其曰:

> 甲戌,迁浙江按察佥事。时逆厮钱宁以钞数万付浙易银,当事者敛馈恐后,先生檄知县吉棠散其敛,卒不馈。宸濠将举逆,先命内竖假饭僧数千人于杭天竺寺,先生立为散遣。濠又以仪宾托名进贡,假道衢州,先生召仪宾诘曰:"进贡自当沿江而下,奚自假道?归语尔王,韩佥事在此,不可诳也!"后三年,濠果通镇守欲袭浙江,赖前事发,奸不竟逞。

此一番记载,亦体现出韩邦奇刚直不阿的为政风格和洞察秋毫的远见卓识。然此一时韩邦奇已由初谪平阳而再贬浙江,远离京师政治斗争之漩涡,对官场之腐败认识更为清楚,于明之南都金陵(南京),韩邦奇作《折桂令·金陵》(《苑洛集》卷一二),感叹古代繁华"都做了一场话柄"。曲词曰:

> 上高城,叹息金陵。
> 望不尽,万树楸梧。
> 何处是,六代宫庭?
> 陈宋繁华,齐梁文藻,王谢流风,
> 都做了,一场话柄,
> 还落不得,半个虚名。
> 只有那,江汉多情,依旧朝宗。
> 寂寞杀,夜半石头,潮打空城。

而这一时期,韩邦奇弟邦靖因上疏言罢征、时弊,天子震怒,先系锦衣卫狱,后夺官为民。邦奇身居他乡,心中充满思乡念弟之惆怅,故多与好友相互诗歌唱酬,互为安慰。《送邃谷子诗序》(《苑洛集》卷二)《浙上送邃谷》、七律《送邃谷子》《偕邃谷子登映江楼》《再过邃谷子》《邃谷将行话别》《再会邃谷关潮阁》《会邃谷子天然阁》《留邃谷子》《九日约邃谷子饮邃谷子游胜果寺,余二人不能从》《登保俶寺》《邃谷将行饯之》《丽水道中答慧岩》《怀慧岩》《桐庐舟中》《兰溪夜坐呈慧岩》《闻舍弟下狱》等序、诗,以及《满江红·吴中秋》《满江红·客思》《玉楼春·客中春》《踏莎行·秋江》等词,多作于赴浙、在浙时,其中多言游子之愁,盼归之心切。可见邦奇已厌倦宦途奔波,归乡心切。

也在这一时期,邦奇仍潜心著述,此间不但《启蒙意见》得以付梓,《洪范图解》也得以完成。此据乾隆本《性理三解》中李沧所作《跋〈启蒙意见〉后》"正德甲戌孟春既望平阳府同知古檀李沧书"及韩邦奇所作《〈洪范图解〉序》"正德乙亥六月中旬苑洛子韩邦奇书"二落款可以证之。《洪范图解》的完成,是韩邦奇对蔡沈《洪范皇极内外篇》的研究成果,标志着邦奇易学和尚书学的贯通。《四库全书总目》卷一一〇《洪范图解(二卷)提要》云:"是编因蔡沈《洪范皇极内外篇》复为图解。于每畴所分之九字,系以断语,俾占者易明。其揲蓍之法,与《易》之蓍卦相同。所言休咎,皆本于《洪范》,亦与易象相表里。盖万物不离乎数,而数不离乎奇偶,故随意牵合,无不相通云。"

四、诏狱

武宗正德十一年(丙子1516),是38岁的韩邦奇仕途生涯中极为重要的一年。是年,韩邦奇在浙力持风纪,因浙江等处太监王堂、市舶太监崔瑶、织造太监晁进、督造太监张玉及其参随人等,以进贡为名勒索、贪赃,以致民不聊生,相聚为乱,故上疏《苏民困以保安地方事》(《苑洛集》卷一三),揭发镇守恶行,并请停贡。又作《富阳民谣》(《苑洛集》卷一〇),反映了人民疾苦。其《苏民困以保安地方事》疏曰:

> 浙江等处提刑按察司佥事臣韩邦奇谨奏:为苏民困以保安地方事。
>
> 臣巡历至严州府建德等县、杭州府富阳等县地方,据军民人等禀称:"本处地方虽出鱼鳔茶绫等物,人民艰苦。肆府太监差人催督,扰害地方,鸡犬不得安生,要行禁约。"等因到臣。为照前项鱼茶绫鳔系供用之物,未敢擅专。又访得镇守太监王堂、市舶太监崔瑶、织造太监晁进、督造太监张玉,各差参随人等在于杭、严二府地方催攒前项进贡,固已勒要收头银两,而不才有司官吏及粮里人等倚是贡物,无敢稽察,任意科敛,地方被害,人不聊生。而肆太监伴贡之

物,动以万计。是陛下所得者一,而太监即所得者十,参随人等所得者百,有司官吏所得者千,粮里人等所得者万。利归于私家,怨归于朝廷。上供者一而下取者万,况此等之物品不甚奇,味不甚美,何足以供陛下之用哉? 及照建、富等县地方,地瘠民贫,山枯乏樵猎之饶,江清鲜鱼虾之利,兼以近年以来,水旱相仍,征科肆出,军民困瘁已极,故前岁流民相聚为乱,一呼千百,几生大变,幸赖无捕而安,今尚汹汹未靖。往事在鉴,实可寒心。伏望陛下敕下该部,将前项贡物特从停止,仍行巡按御史并按察司及该道分巡官揭榜戒谕,今后敢有指称进贡名色,在于各地方需索财物,骚扰为害,应参奏者奏请究治,应拿问者径自拿问,庶民困可苏,而地方可保无虞矣。为此专差,谨具奏闻。

其《富阳民谣》云:

富阳江之鱼,富阳山之茶。

鱼肥卖我子,茶香破我家。

采茶妇,捕鱼夫,

官府拷掠无完肤。

昊天胡不仁,此地亦何辜!

鱼胡不生别县,茶胡不生别都!

富阳山,何日摧?

富阳江,何日枯?

山摧茶亦死,江枯鱼始无。

山难摧,江难枯,

我民不可苏!

疏上后,户、礼二部覆题:准免。然太监王堂等于是年十月,构陷韩邦奇以"沮格上供,作歌怨谤"之罪,致韩邦奇下诏狱,除名为民。苏民复进贡。关于此事经过,《明史·韩邦奇传》《浙江通志》卷一四八《名宦》《陕西通志》卷五五《人物·圣贤·名臣》《明儒学案》《冯恭定公全书》卷二二《苑洛韩先生》《国榷》均有记载。其间有细节几许,以见邦奇人格。

其一,《陕西通志》卷五五《人物·圣贤·名臣》:"邦奇谓镇守为浙蠹,镇守衔甚,诬奏诽谤下狱为民。""镇守以怨谤奏,被逮。府县争赠官校金,祈勿械,邦奇斥之曰:'死则死耳,何以金为?'"邦奇为人之刚直,于此可见。

其二,蒋一葵《尧山堂外纪》卷九〇载:"正德末,韩汝节为浙江按察佥事,廉劲自持。时镇守太监王堂怙势害人,如茶笋鲥鱼,种种勒办,民不聊生。汝节数裁抑。堂遂以阻遏进贡诬之,诏锦衣械治。百姓感泣,哀动城市,汝节为诗云:'非寸尸位圣恩深,士庶何劳泪满襟。明主昌言神禹度,斯民直道葛天心。还看匣有平津剑,更喜囊无暮夜金。惆怅此时不忍去,且维轻舸越江浔。'"百姓感恩邦奇,为其被诬,哀动城市,邦奇亦惆怅不忍去,然仍以宽慰民心为重,语之"士庶何劳泪满襟",可见其胸怀之大也。

其三,患难中谢却浙江崇德县尹洪异赠金。《苑洛集》卷一一《谢却洪尹赠金》诗前小序云:"至崇德,洪尹异以白金为赠,且曰:'此某之俸金,非取之民者。'余曰:'感君高义,但司县之际,恐终非法也。'异曰:'患难中非平时比。'余曰:'君不读《论语》乎?颠沛必于是。'异乃持去,且遍以予言告诸士民。异平素喜节好义,昔宿户部得罪,且将死,亲朋不敢近。异时为举子,为之侍汤药四十日,宿得生还。固非密令比也。"诗曰:"洪尹高情太古音,艰危昏夜赠行金。为仁君子存颠沛,不是当年伯起心。"

其四,《苑洛集》卷一一《鲁桥神》小序曰:"鲁桥猿仙神者,时传其能预言人祸福。官校孙百户等谒神且布施,神一见即曰:'汝辈非拿韩佥事者乎?'众曰:'诺。'神曰:'韩公大好官,好人。浙江民以青天呼之。王镇守无天理。我近日来自京,科道部寺无一人不惜其枉。世界如翻饼,时当不久,此人异日当大用,尔辈当小心待之。'众应曰:'不敢。'神怒曰:'张某狡猾无状,不念尔六岁鳖脖子儿乎?'张股栗叩头。盖张实遇余少礼,年六十余,始得是儿,项短,故神言之。官校既回,皆诣予贺,自是待余愈恭,而张某尤谨。"诗曰:"尸素何曾有寸劳,虚名空使万民谣。圣朝法度山难转,不似仙神在鲁桥。"此事虽近乎荒诞,然其诗中一句"圣朝法度山难转,不似仙神在鲁桥"则将邦奇对当朝颠倒是非之愤恨及无望,表露无遗。

诏狱之后,韩邦奇或在械系途中,或在狱中,多有诗词之作,以述胸怀,表情志。其中《狱成坐狱诽谤》云:"狱吏传招下,文罗亦大深。青蝇闻点璧,黄口果销金。"感叹小人得志之猖狂。《诏狱过慧岩里》云:"去年送子越江西,几度相思梦转迷。"转述思念好友之心情。狱中作诗《下狱 余既自浙系至南司,闻诏下,送北司。天威赫怒。故事:下锦衣狱者,不过四十,乃杖之八十,且命人监视之》云:"欲将忠孝酬明世,敢为艰危惜此身。"《狱中有感》云:"万死自甘明主弃,一官多与世情违。山妻旧补牛衣在,何日重披上钓矶。"《狱中

忆五泉舍弟 时五泉先以谏下狱罢归》以见其兄弟情深。狱中，韩邦奇与同监的徐文华，共以诗言志，言所思所感，互勉互励，相得甚欢。成联句诗10余首，俱载《苑洛集》卷十。而《苑洛集》卷一《北司狱中联句序》则可见其当时情志：

> 余既为守臣状论，征诣京师，下锦衣北司狱。越二十余日，东岩以《言礼》并系。又二十余日，于是各出所怀，相得甚欢。或物感，必为诗，诗必联，联止尽意，不求工也。故虽拷掠禁锢，不觉有愁苦状。余与东岩相闻已久，今日则动静饮食须臾不违，语所谓"造次颠沛"之时，于是相知始真矣。东岩曰："斯及也，又何幸也，乃得东北之朋，可以世讲矣。"顾余夷坦疎逸，虽弗若东岩之沉毅渊默，然昔则同年也，平生则同心也。今又同守坎血之需，而不违明夷之道，以达其变也。况余之得罪，不在于守臣之状；东岩之得罪，不专于《言礼》之章。天下容有详之者，其事复偶有相同矣。君子以同道为朋，诚若东岩之云哉！夫古之人不轻于定交，亦不轻于绝交，惟其终之不可以轻绝，故其始不轻定交于可绝之人。若其本同而末异，违忠孝之节，触贪残之禁，怀谗谄之奸。"友"，以义合者也，请终绝之，何恤朱穆之贞孤！其一言一行，出入小德之中，将由涓涓以成江海，虽在千里，勿忘箴规，亦不得为苏章之矫激，"友"之时义大矣哉！昔管、华并学，齐名海内，夫何未几，一则秉服道德为天下高士，一则躬亲恶逆为千古罪人，一念之萌远矣。又尝见古今豪杰之士，一为时所弃斥，遂荒唐旷达，寄情于神仙曲蘖之间，自以为迥出风尘之外，而不知已落风尘之下矣，此尤今日责善之切务也。余与东岩，其懋勒之别矣，各录其诗一通以志意，而复为前说云。

出狱之后，韩邦奇被罢黜为民。归乡途中，韩邦奇恍如隔世。其内心既有对家乡的亲切地感受，又有对自己投身宦海的悔意和反省，遂作诗词，以赋其怀。

其词曰《满江红·广武道中》，云：

> 漠漠霜天，孤城下，九秋时节。飘零处，寒灯独照，荒山几叠。渺渺长空哀雁叫，凄凄野戍悲笳咽。望秦川，今夜到明朝，头应白。来时候，柳可折。才回首，流芳歇。叹玉关人老，岁光奔迫。代马踏残青海草，塞风吹落云中月。愧浮沉，今已负平生，应悲切。（《苑洛

集》卷一二)

其诗曰《出狱至蒲》,云:

驱车下蒲坂,云树见吾家。覆苑堤堤柳,沿河曲曲花。生还仍故国,客去几天涯。不寐今宵月,鸡鸣问渡槎。(《苑洛集》卷一〇)

五、削籍

武宗正德十一年(丙子1516),38岁的韩邦奇因为在浙江任上力持风纪,上疏弹劾宦官,并作民谣以申民苦,被构陷下诏狱,械系京师,而后削职为民。在这段削籍为民的日子里,韩邦奇仍保持自身节操,以讲学授徒,著述撰文为职事。并与其弟侍奉双亲,至亲孝悌,传之乡里。

时宸濠意欲谋反,遣宗元和尚为说客,请见,邦奇不许。作《梅 答宗元》《竹 题宗元画轴》(见《苑洛集》卷一一)。前诗小序曰:"正德丙子,宗元和尚自谓通文武学,宿于村庙,请见,六日不许。会五泉弟他出过庙,宗元邀入庙讲论,至夜深,指天曰:'一天新星象。'五泉归告予。明日宗元再请见,亦不许。宗元以画梅一轴请诗,宗元见诗曰:'不可致矣。'明日去。"其前诗云:

凌霜傲雪不凡才,直到严冬烂漫开。

不为春光便改色,莺莺燕燕莫相猜。

后诗云:

劲节虚心本自奇,四时常见绿猗猗。

笑他江上罗浮树,只放寒花三两枝。

按:蒋一葵《尧山堂外纪》卷九〇载:"宸濠令一士诈为羽客,往说韩副使邦奇,假以所绘松请题。韩为诗曰:'劲节贞心本自奇,四时常见绿猗猗。笑他江上桃花树,为放春光三两枝。'士喻意不敢言而退。"内所录诗,即《竹》(文字有别),云"以所绘松请题",误。若此记有据,则此事当发生在是年邦奇于浙江任上,后诗亦当作于是年尚在任时。宸濠欲谋反,遣门客宗元和尚见邦奇,以示拉拢之意,其曰:"一天新星象",心意明矣。邦奇以二诗答之,以示不改节操之意。据此可见邦奇为人之正直。

武宗正德十一年(丙子1516)年末削职放归后,谢客讲学,四方学者负笈日众。《冯恭定公全书》卷二二《苑洛韩先生》:"既归,谢客讲学,四方学者负笈日众。"《陕西通志》卷五五《人物·圣贤·名臣》:"既归,谢客讲学。负笈者甚众。"此当为韩邦奇里居后讲学之始,当时先后就学于邦奇之弟子有:

赵芳,于当年从学于《易》。《苑洛集》卷五《乡进士赵子春墓志铭》:"正德丙子,苑洛子之家食也。子春执《羲经》而问焉。……遂手著《本义详说》二十六卷以授之,俾诵习焉。"

尚道,于次年从学于《书》。《苑洛集》卷六《处士一庵尚公暨配郭孺人王孺人合葬墓志铭》:"正德丁丑,(尚公)谓道曰:'……吾闻苑洛子者,授生徒于河西,尔往从之。'苑洛子为《蔡沈尚书传义》二十卷,俾道诵习焉。"

杨爵,约于武宗正德十五年(庚辰1520)始游于邦奇门下。后与杨椒山称"韩门二杨"。《杨忠介集附录》卷一收孙丕扬《杨御史传》:"斛山杨先生,余富平人也。名爵,字伯修。官御史时,以直谏显。……时苑洛韩大司马方以理学倡明关陕,先生独师事之。韩观其貌行朴如也,已而叩其衷,避席敛衽。同时学者皆自以为不及云。"同卷收吴时来所撰《传》云:"年二十八,闻朝邑韩先生讲性理学,躬辇米往拜其门。"卷四李祯《墓表》:"二十八岁,闻朝邑汝节韩先生讲性理学,躬辇米往拜其门。韩先生睇先生貌行行壮也,欲却束脩礼。父莲峰老人谓曰:意若非凡人。数日叩其学,诧曰:纵宿学老儒莫是过,吾几失人矣。既省语言,践履铮铮,多古人节,叹曰畏友也。同门传习者皆自以为不及。"冯从吾《冯少墟集》卷二二《斛山杨先生》:"(按:杨爵)年二十八,闻朝邑韩恭简公讲理学,躬辇米往拜其门。公睇先生貌行,行壮也,欲却之,父莲峰老人谓曰:'意若非凡人。'数日,叩其学,诧曰:'纵宿学老儒莫是过,吾几失人矣!'既省语言,践履铮铮,多古人节,叹曰:'畏友也!'同门学者皆自以为不及。后与杨椒山称'韩门二杨'云。"以上记载皆言杨爵28岁从邦奇游,却又云邦奇欲却之,其父莲峰先生促成之。而邦奇父已于上年去世,或杨爵从游应在上年之前?

此期间,邦奇除授徒讲学外,仍勤于著述为文。其最为重要者,即在武宗正德十三年(戊寅1518)40岁时,编成《正蒙拾遗》。刘世纶《读〈正蒙拾遗〉篇》曰:"是编也,先生谓'三代之下,独横渠识天道之实',此千古卓越之见。今即造化,与《正蒙》对观之,了然矣。至于'周公狼跋'之说,'佛氏归真'之论,'有道术以通''过涉灭顶'诸篇,不过千言,而因时达变,抚世御物,《易》之妙用,在盈缩之中,先儒未之及也。学者详玩熟察,而有得焉,则知世纶非阿私已尔。正德戊寅赐进士承德郎户部主事门人岷山刘世纶拜书。"此书编成,标志着韩邦奇哲学思想体系的基本完成。

此期间,韩邦奇所作诗文有:《闻车驾幸北边》(《苑洛集》卷一〇)《河中书院记》(《苑洛集》卷四)《西河散人墓志铭》(《苑洛集》卷六)《卢氏县训导张公传》(《苑洛集》卷八)《太行逸人墓志铭》(《苑洛集》卷六)《秋旅》(《苑洛集》卷一一)《张云霄墓志铭》(《苑洛集》卷六)《王安人传》(《苑洛集》卷八)。

正德十四年(己卯1519),韩邦奇父韩绍宗病逝。王九思撰《大明中顺大夫福建等处提刑按察司副使封中宪大夫莲峰韩先生墓碑》(《渼陂集》卷一一)、吕柟撰《福建按察司副使封中宪大夫莲峰先生韩公墓志铭》(《泾野先生文集》卷二三)《祭莲峰韩先生文》(《泾野先生文集》卷三五)。邦奇以父逝哀毁成疾,几一年。弟邦靖亲尝汤药,精心侍疾。事见韩邦奇《苑洛集》卷八《韩邦靖传》、唐龙《唐渔石集》卷三《五泉韩子墓表》、张廷玉《明史·韩邦靖传》、樊得仁《韩五泉孝弟记》等。

第四节 复 起

武宗正德十一年(丙子1516)年末削职放归后,韩邦奇的人生进入时起时归相互交织的阶段。造成这种现象的原因,极为复杂。一方面是因为韩邦奇经历早年的仕途沉潜特别是38岁的诏狱事件之后,对当时政治的黑暗混乱认识得更为清醒,心中已有退居之意而不愿出仕;另一方面则在于他关切国事民生的儒家情怀并未泯灭,在国家极度需要的时候仍要出仕,但出仕不久又因为刚直的品格或羸弱的身体而再度引退。范仲淹谓:"居庙堂之高则忧其民;处江湖之远则忧其君。是进亦忧,退亦忧。"这种内在交织的儒家情怀,正是韩邦奇时进时退的仕途生涯的真实写照。子曰:"君子无终食之间违仁,造次必于是,颠沛必于是。"(《论语·里仁》),此亦邦奇内心之写照乎!此录邦奇再仕轨迹以见之。

一、第一次复起

正德十六年(辛巳1521)三月十四日,武宗朱厚照驾崩于豹房。四月二十二日,世宗朱厚熜即位。五月,录废籍,起用韩邦奇为山东布政司参议。《明儒学案》:"世宗即位,起山东参议。"王学谟《续朝邑县志》卷六《人物志》:"辛巳,世庙诏起为山东布政司参议。"《国榷》:"正德十六年五月,再录废籍:右副都御史李昆、员外郎韩邦靖、佥事韩邦奇等。……韩邦奇为山东布政司参议。"

十一月,因"圣母(世宗生母兴献王妃)驾过山东,韩邦奇因高唐州同知金波供应有缺,陛下诏锦衣卫官校挐至京师"事,上疏《慎刑狱以光新政事》(《苑洛集》卷一三)。"疏上,都察院覆题:'先是抚按、三司皆认罪,时出巡在外不知也。'奏下,抚按三司皆不悦。故上《乞恩休致事》(《苑洛集》卷一七),以脾疾之攻,自陈致仕。吏部覆题:'奉圣旨,韩邦奇暂准致仕,病痊之日,有司奏来起用。'"遂致仕归。归里途中,作诗《山东参议致仕归·时年四十三》(《苑洛集》卷一一),感怀古人,以明隐归在家读经之志。诗曰:

乡国清幽万景奇,

年来每动古人思。

首阳月照夷齐墓,(在吾家东三十里,一奇也)

渭野风飘尚父丝。(在吾家南二十里,一奇也)

才捧纶音膺帝命,(奉诏起用才两月)

却将迂论起人疑。(时差官校拿高唐州官,以供应缺失也。抚按三司皆认罪,予在省外不知,上疏谏止之。圣明不较,而同时者以为立异)

归来家有书千卷,

独取羲经日玩辞。

此期间,朝邑知县王道为刻《洪范图解》一书。此书前有序,署"时七年冬月上吉也古燕门人邓镗顿首谨识"。其后有邦奇自序,署"正德乙亥六月中旬苑洛子韩邦奇书"。末有王道后序,署"正德辛巳夏六月之吉知朝邑县事陵川王道序"。又作散曲《北双调·新水令·别仲华进士(辛巳)》(《苑洛集》卷一二)。

二、第二次复起

世宗嘉靖三年(甲申 1524)八月,大同兵变,荐起山西左参政分守大同。王学谟《续朝邑县志》卷六《人物志》:"甲申,复用言官荐,起山西左参议。"《明儒学案》:"甲申大同兵变,起山西左参政分守大同。"

是年八月,韩邦奇出雁门,至大同。单车入城,首恶就戮,人心少安。《冯恭定公全书》卷二二《苑洛韩先生》:"甲申,大同巡抚张文锦阶乱遇害,时势孔棘,复以荐起山西左参议,分守大同。人皆危之,先生闻命即行,将入城,去二舍许,逆者使二人露刃迎,且故毁参将宅以慑之。先生奋然单车入,时诸司无官镇,人闻先生入,皆感激泣下,人心少安。既而巡抚蔡公天佑至代州,先生亲率将领,令盛装戎服,谒蔡于代。蔡惊曰:'公何为如此?'先生曰:'某岂过于奉上者!大同变后,巡抚之威削甚,大同人只知有某耳,不身先降礼,何以率众?'蔡为叹服。"王学谟《续朝邑县志》卷六《人物志》《陕西通志》卷五五《人物》以及《明儒学案》所记大略相同。

十一月,朝廷复遣胡瓒以总督出师,讨大同叛卒。公谏侍郎胡瓒善待兵变将士,胡不听,以残酷手段镇压之,终留后患。《明史·世宗本纪》:嘉靖三年"冬十一月己卯,户部侍郎胡瓒提督宣大军务,都督鲁纲充总兵官,讨大同叛卒。"冯从吾《关学编·苑洛韩先生》曰:"甲申,大同巡抚张文锦阶乱遇害,时势孔棘,复以荐起山西左参议,分守大同。人皆危之,先生闻命即行,将入城,去二舍许,逆者使二人露刃迎,且故毁参将宅以慑之。先生奋然单车入,时诸司无官镇,人闻先生入,皆感激泣下,人心少安。既而巡抚蔡公天佑至代州,先生亲率将领,令盛装戎服,谒蔡于代。蔡惊曰:'公何为如此?'先生曰:'某岂过于奉上者!大同变后,巡抚之威削甚,大同人止知有某耳,不身先降礼,何以帅众?'蔡为叹服。会上遣户部侍郎胡公瓒提兵问罪,镇人闻之复大噪。先生迓侍郎于天城,以处分事宜驰白巡抚。诸军闻言出于先生,信之,始解。翌日,首恶就戮,先生谓侍郎曰:'首恶既获,宜速给赏以示信,庶乱可弭宁。不然,人心疑惧,将有他变。'侍郎不听,先生遂致仕归。后果如其言。"

世宗嘉靖四年(乙酉1525)七月,因与总督胡瓒意见不合,致仕归。《国榷》:嘉靖四年七月辛巳,山西按察副使韩邦奇致仕。《苑洛集》卷一七《恳乞天恩休致事》:"山西等处提刑按察司副使臣谨奏,为恳乞天恩体致事。吏部覆题:奉圣旨韩邦奇准致仕,疏遗。"王学谟《续朝邑县志》卷六《人物志》:"(去岁邦奇平山西之乱)几两月,城镇虽稍安,人不自坚。因事屡变,邦奇率以诚信感格,不至成乱。十一月,上遣户部侍郎胡公瓒提兵问罪,疏其姓曰:罪人得获,即日班师。镇人闻之大噪,复谋残虐。邦奇迓侍郎于天城,以处分事宜,驰白都御史。诸军闻言,出于公信之诚口兵,翌日传首军门。邦奇谓侍郎曰:首恶既获,宜速给赏,使城人畏威怀德,乱可弭宁。侍郎不听,复生他变。……乙酉,竟致其事而归。"韩邦奇《大同兵变记》(《苑洛集》卷八)详细记载了自己亲历之大同兵变始末,其详可参。

此次出仕期间,韩邦奇先后作七律《入晋阳》(《苑洛集》卷一一)、五律

《云中道》(《苑洛集》卷一〇)及《金菊对芙蓉·阅兵雁门登城》《鹧鸪天·镇房台宴诸将》《西江月·镇房台宴诸将》(《苑洛集》卷一二)等词,描写了"风高闻昼柝,日薄结秋冰。渡水愁沙陷,登山畏石崩"的边关之景,抒发了"十年高卧希夷峡,此日还登镇房台""生擒开罕,招徕冒顿,约束楼兰"的豪情。大约与胡瓒意见不合先后,邦奇虽自信有排山倒海的能力,但感受到功名路上是非多,作散曲《寄生草·晋阳怀归》以抒怀。其中有"到此时,看破了黄粱梦。""谎杀人,鹤唳华亭叹,愁杀人,鸟尽淮阴怨。聪明人,须早过是非关。英雄汉,挑不起功名担。""肯排山,山能撼;肯倒海,海可翻。只是我意儿里不要紧,心儿里懒。""我本是钓鳌人,做不起攀龙客。千万般,怕负了皇恩大。二十年偿不尽,经纶债,两三番,空惹得青山怪。归来一啸海天空,醉时节,还觉得乾坤窄。""渭滨河曲,与渔樵伴。对知音,还取古琴弹,散幽情,细把羲经点"等句。致仕后,韩邦奇作七律《晋阳致仕时年四十五》《山西副使致仕》(《苑洛集》卷一一)。前诗曰:

封章七上许归田,
深感皇恩自九天。
衰病岂缘三黜直,(一谪,一为民,两致仕)
迂庸敢谓二疏贤。
山园赤枣堪酿酒,(邑人以枣为酒)
家沼金鳞不用钱。
更有云霄南去雁,
相随同到华峰前。(时家兄亦致仕)

后诗云:

偶因衰病乞闲身,
敢向明时学隐沦。
十度拜官多弃斥,(下狱二,为民一,致仕二)
七年窃禄半风尘。(官虽十任,止历俸七年)
但能知足皆为乐,
幸得归来岂患贫。
遥忆到家正重九,
黄花无数满篱新。

诗文之间,其摆脱官场之纷扰纠葛,回归田园之喜悦,油然可见。又复函同年友张文魁,强调进或退,"洁其身而已矣!"(见《苑洛集》卷五《通议大夫都察院右副都御史张公墓志铭》)在为张文魁所做墓志铭中说:"余时致仕将归,公怃然抵余书曰:'君兹归矣!文魁退且未能,进则弗达,将若之何哉?'余复公曰:'或去或不去,归洁其身而已矣。'公翻然曰:'我道无怨无尤,余将付之天也。"此亦可见邦奇洁身之志。

三、第三次复起

嘉靖六年(丁亥1527)十月,韩邦奇起四川提学副使。《国榷》:"嘉靖六年十月辛亥,起韩邦奇四川提学副使。选提学官,四川韩邦奇,湖广许宗鲁,广东萧鸣凤。"

嘉靖七年(戊子1528),改右春坊右庶子兼翰林修撰。《明儒学案》:"戊子,起四川提学副使,改右春坊右庶子,兼翰林修撰。"王学谟《续朝邑县志》卷六《人物志》:"戊子,起为四川提学副使,寻改右春坊右庶子兼翰林院修撰。经筵启沃,关系重大。"

八月,主试顺天。九月,以命题为执政不悦,谪南京太仆寺丞。《苑洛集》卷一《顺天府乡试录序》:"嘉靖戊子,当乡试之期,顺天府府尹臣黎奭以考试官请,上命右庶子臣韩邦奇、臣方鹏主其事。"《冯恭定公全书》卷二二《苑洛韩先生》:"戊子,起四川提学副使,寻改右春坊右庶子兼翰林院修撰。其秋,主试顺天,因命题为执政所不悦,嗾言者谪南太仆寺丞。"王学谟《续朝邑县志》卷六《人物志》:"主顺天乡试,命题斥当时权力。柄事不悦,言者承风旨,谪南京太仆寺丞。"以邦奇命题为执政者不悦而遭谪。然《明史》卷二百一载:"七年,(韩邦奇)偕同官方鹏主应天乡试坐试,录谬误,谪南京太仆丞,复乞归。"《国榷》:"嘉靖七年八月丁未,右春坊右谕德兼翰林修撰韩邦奇、方鹏主试顺天。嘉靖七年九月,右春坊右庶子韩邦奇谪南京太仆寺丞,以进试录错误也(用经文错乱一三语,截除数字)。"《明儒学案》《明儒言行录》《明实录》均记为"以录序引用经语误差"。焦竑《玉堂丛语》于此事则载之甚详。其曰:"时戊子顺天乡试,韩邦奇汝节、方鹏时举俱以按察司副使改春坊庶子,兼修撰,主试事。韩前序引经'元首起哉,股肱喜哉',又曰'帝光天之下,万邦黎献,共惟帝臣'。倒节其语。提学御史周易因劾韩,经语本'股肱喜哉,元首起哉','帝光天下',至于'海宇苍生',而韩引云云,亦误书'海隅'为'海宇'。内批捃其失,两谪之,四方相传为笑。然周劾虽当,实因韩序不载其名而发。"按：审读《苑洛集》卷一《顺天府乡试录序》，果如焦竑言。其策问见《苑洛集》卷九《嘉靖七年顺天府乡试》。

谪南京太仆寺丞后，友人欧阳德作七律《送韩苑洛庶子谪南太仆寺丞》（《欧阳南野文集》卷二九）。诗云："秋日苍茫去国迟，圣明恩重远人知。泉涵庶子兼天净，山拥琅琊入座奇。驿路风枝吹袅袅，谁家露菊湛垂垂。醉翁亭下春回早，采采芳荪慰所思。"按：欧阳德（1496—1554），字崇一，号南野。泰和人。嘉靖二年进士，官至礼部尚书。尝从王守仁学，其学务真知实践。

嘉靖八年（己丑 1529），韩邦奇再疏请归，里居。《冯恭定公全书》卷二二《苑洛韩先生》："己丑，再疏归。"王学谟《续朝邑县志》卷六《人物志》："己丑，再疏而归。"《苑洛集》卷一《北几乡试同年叙齿录序》："戊子，余及矫亭方公被命主考顺天乡试。明年，中式诸君子以其齿录而刻之，时余已里居。"

此大约两年间，韩邦奇除政事而外，主要为友人撰文。先撰：《送介溪宗伯承天祀陵》（《苑洛集》卷一〇），望其于祀陵时，能"问俗周郊甸，观风驻骆胭。民情与吏治，还望达枫宸。"按：介溪，严嵩之号。《明史·严嵩传》："嘉靖七年，历礼部右侍郎，奉世宗命，祭告显陵。"显陵，世宗父兴献皇帝陵，在湖北钟祥县东。又撰《刻〈关西奏议〉序》（《苑洛集》卷二）。按：《关西奏议》即《关中奏议》，为杨一清先后四次莅关西经略之疏。又因友人刘文焕卒，为其撰《中顺大夫四川夔州府知府刘公德征墓志铭》（《苑洛集》卷五）。按：据《中顺大夫四川夔州府知府刘公德征墓志铭》，刘文焕（1482—1528），字德征、子纬，号兰村，定州人。正德三年进士，后补客部、仪部员外郎、郎中，东昌府知府，以得罪大将军调夔州，夔州称治，又以得罪贵人、直忤上司，被指有病罢官。

四、第四次复起

嘉靖十一年（壬辰 1532）四月，韩邦奇由河南、山东按察副使，迁大理寺左少卿。《国榷》：嘉靖十一年四月戊戌，"河南按察副使韩邦奇为大理寺左少卿。"《国榷》嘉靖三十四年十二月壬寅又曰："己丑，乞归。起山东副使、大理左少卿，以左佥都御史巡抚宣府。"《国朝列卿纪》卷九四《大理寺左右少卿年表》："嘉靖十一年，任左少卿。"佚名《南京兵部尚书韩邦奇传》："……历山东、河南副使，征入为大理寺丞。"按：《河南通志》卷三一《职官》《山东通志》卷二五《职官》，均载韩邦奇曾为河南、山东按察副使，惜未记时间。据其本传,任河南副使当在山东之前。然其具体时间不明,俟考。

从此时起到世宗嘉靖十七年(戊戌1538)六月韩邦奇多次乞休获准之前,是韩邦奇一生政务最为繁忙的时期。其事可略分为以下几个时期:

1. 世宗嘉靖十一年(壬辰1532)

初,韩邦奇自嘉靖初年多次起用之后,未加重用,故心有退居之意。即使出仕,大多时间亦在为人撰文。是年虽升迁,但重点仍在文字之间。至京师后,因顺天乡试中式诸君之请,撰《北几乡试同年叙齿录序》(《苑洛集》卷一)。又撰《赠大司寇贞庵周公考绩归南都序》(《苑洛集》卷二),历叙其政绩,赞其"弼亮三世",有"宰相器也"。又作《大理左寺题名记》(《苑洛集》卷三),强调刑官应做到:清、公、明、勤、仁。又撰《光禄寺良醢署署丞李公暨配东孺人合葬墓志铭》(《苑洛集》卷六)。从何大复得阅咸宁刘玑《正蒙会稿》,见其"难易兼备",乃取先年自作《解结》而焚之,并为之作《〈正蒙会稿〉序》(《苑洛集》卷一)。

此间,韩邦奇于嘉靖十一年(壬辰1532)八月、十月又两次上疏,自请罢黜休致,均未获准。见《苑洛集》卷十三之《自陈不职乞赐罢黜以消天变事》及《苑洛集》卷一七《久病不时举发再乞天恩休致事》。

其时,邦奇或滞留京师,蔡瑷始之从游。胡向《御史蔡公传》(载《洨滨蔡先生文集》卷首):"登己丑进士。初任行人,从韩苑洛、湛甘泉二先生讲学。"按:《御史蔡公传》言其为行人时,尝从邦奇游,则当于邦奇在京时。

2. 世宗嘉靖十二年(癸巳1533)至嘉靖十三年(甲午1534)

嘉靖十二年(癸巳1533),韩邦奇55岁,以左佥都御史巡抚宣府。二月间,韩邦奇上《自陈不职乞赐罢黜以公考察事》(《苑洛集》卷一三)《久病不时举发再乞天恩休致事》(《苑洛集》卷一七)二疏,"以驽骀之品、衰病之体","久病不时举发",不堪宣府重镇之任,自请罢黜,均未获准。时大同再变,王师出讨,百凡军需倚办,宣府悉力经理,有备无乏。《冯恭定公全书》卷二二《苑洛韩先生》:"寻起山东按察副使、大理左少卿,以左佥都御史巡抚宣府。时大同再变,王师出讨,百凡军需倚办,宣府悉力经理,有备无乏。"《明史·韩邦奇传》曰:"以左佥都御史巡抚宣府。"

自世宗嘉靖十二年(癸巳1533)至次年十月,为防边御敌,韩邦奇政务极为繁忙,先后具疏上奏《乞给马匹以实营务事》《预处边储以济缺乏以备急用事》《举将才以裨边务事》《分守官员兼理道事以裨地方事》《墩军大缺盔甲器械不便瞭报防守事》《邻境官员杀死总兵官员事》《怯懦将官烧荒遇敌奔败事》《亲王至镇欲要赴阙事》《实边镇以振兵威以防敌患事》《选军给马暂团营务以实边镇事》《逆军引诱北敌大举入侵邻境预防边患事》《久缺极边要路参将官员事》《地方疲惫乞处税粮以苏民困事》《议处年久泡烂预备仓粮以济时艰事》《安设兵马防御敌骑以明烽墩以固地方事》(以上俱见《苑洛集》卷一三),至世宗嘉靖十三年(甲午1534)七月,即奉命还都察院前后,韩邦奇为充实营务边镇、裨边务地方、处边储、举将才、振兵威、防敌患,奔走操劳,可谓于国尽瘁矣!

此间,韩邦奇仍抽暇为文。先后因马理之请,为其祖父撰《赠中大夫光禄寺卿马公墓表》(《苑洛集》卷七);应户部主事间仲宇之请,为其母撰《间太安人墓志铭》(《苑洛集》卷五);应县学生屈征之请,为表其父墓撰《四川泸州吏目屈君墓表》(《苑洛集》卷七)。且对《启蒙意见》重加更定,再刻于上谷,苏祐为之撰跋。又作散曲《绵答絮·边城春到迟》《绵答絮·边城秋来早》,《朱履曲·边城夜雨》(《苑洛集》卷一二),抒发吊古思乡之情。

前曲:
  昏昏漠日下荒台。望遥天、极目凄凄,
  春尽边山花未开。对寒杯。百感兴怀。
  家乡万里,白发还催。
  何处是渭水,秦城雪满,红崖雁不来。

二曲:
  边沙惨惨逐人来,见西风、才报新秋,
  赤叶萧萧霜已催。上高台。百感兴怀。
  你看那、燕关赵塞,都做了、古往今来。
  当不得、吊古思乡,野戍凄凄,却又画角哀。

后曲:
  对寒灯,边城今夜,
  望长安,家山在那些。
  雁南归,人没个去时节。
  风瑟瑟,催残漏,
  雨潇潇,打红叶。
  多管是,替愁人来添闷也。

3. 世宗嘉靖十四年(乙未1535)至世宗嘉靖十七年(戊戌1538)

嘉靖十四年(乙未1535)韩邦奇入都察院,佐尚书王廷相振肃台纲。四月,升右副都御史,巡抚辽东,改巡抚山西。《冯恭定公全书》卷二二《苑洛韩先生》:"乙未,入佐院事,寻改巡抚山西。时羽檄交驰,先生躬历塞外,增饬战守之具,拓老营堡城垣,募军常守以代分番,诸边屹然可恃。"王学谟《续朝邑县志》卷六《人物志》:"乙未,入左院事,与掌院尚书王公廷相同寅协恭台纲振肃。寻改巡抚山西。"《国榷》:"嘉靖十四年四月,左佥都御史韩邦奇为右副都御史,巡抚辽东。改韩邦奇巡抚山西。"《明史·韩邦奇传》:"入佐院事,进右副都御史。"巡抚辽东时辽东兵变,侍郎黄宗明言邦奇素有威望,请假以便宜,速初定乱。帝方事姑息,不从。命与山西巡抚任洛换官。"至山西,为政严肃,有司供具悉不纳,间日出俸米易肉一斤。"雷礼《国朝列卿纪》卷七九《都察院左右佥都御史年表》:"韩邦奇……嘉靖四年出抚辽东。"卷一一九《巡抚辽东附敕使左右副佥都御史年表》:"嘉靖十四年以右副都御史任。"卷一二二《敕使山西侍郎都御史年表》:"嘉靖十四年以右副都御史任。"

是年,韩邦奇已倦行役。其五律《再过霍州》(《苑洛集》卷一〇)可见之。诗云:

> 此地吾尝治,风尘几度游。
>
> 道随汾水折,云拥霍山浮。
>
> 昔往黄梅雨,今来白雁秋。
>
> 萍踪倦行役,何处是沧州。

是年入秋后,因痰湿之疾加剧,九月十七、九月三十日又两上《旧疾大作乞恩休致事》《旧病大作再乞天恩休致事》,恳请休致,均未获准。

世宗嘉靖十五年(丙申1536)春,巡视边关。为富民强兵,以遏敌患,韩邦奇上《议处通敌要堡以遏敌患以卫地方事》(见《苑洛集》卷一四,以下奏疏同卷);建议选择堪任守备及知县等职之官员,上《添择紧要县分官员以备地方事》;为解决庆王府久悬未决之讼,乞差官急救,以伸大冤,上《恶逆攒害尊长搆贼杀死多命贿官杠法故勘肆狱淹禁生灵乞恩差官急救以伸大冤以决久讼等事》;为修理王府的夫匠请命,上《下情急切恳乞天恩愿辞料价早赐夫匠修理府第以全母子居处事》;为体恤穷民,上《地方灾异自陈不职严究庶官以图消弭事》;为太原府粮仓积存年深之粮陈朽不堪,奏陈处理意见,请旨上《仓粮事》;为保边地安全,遏制敌人深入之举,上《传报大举声息事》;为防治边患,据来降人口传信息,敌可能正复谋入边,上《来降人口传报声息事》;为革奸弊,禁豪强,解决边兵钱粮紧缺问题,上《请官专管库藏以便收放防革奸弊事》;为北敌屡次深入而援兵不至,连续上奏《大举声息事》《十分紧急重大敌人累次深入攻围城堡事》;为安置官员,经理盐政,上《风宪官员患病危迫事》;为荐举贤才,上《荐举地方贤才事》。为明赏罚,鼓士气,上《北敌大举深入官军奋勇追杀斩获队长徒众首级夺获战马军器等事》《自劾不职乞恩罢黜举劾将官不能遏敌以致残伤地方事》(见《苑洛集》卷一五,以下奏疏同卷);为皇长子诞生,吉服望阙叩头拜疏称贺,上《大庆事》;为勘明宗室祸害地方事,上《擒斩贼徒地方已宁事》;悯孝思,为教谕宋刚求近职,以便禄养老母,上《教职亲老恳乞调任以全禄养事》。

世宗嘉靖十六年(丁酉1537),韩邦奇提督雁门等关兼巡抚山西地方右副都御史。所任副都御史之职:不仅管理边境地方事务,并兼管山西腹地1省3府16州70县。是年正月,因所属三关地方,大敌深入杀掠人畜,朝廷命科部官员查勘,上疏《乞恩回避事》(《苑洛集》卷一五),乞恩还原籍以回避,未准。二月,上《恤灾固本事》;六月,上《公荐举以备任用事》;得情报,小王子图与黄毛敌人乌梁海合兵来抢,上《为敌中走回男子传报军情乞讨火器以防侵掠事》,奏陈所闻,乞讨火器千付,以防敌至。八九月,因北敌大举入侵、官军奋勇抵敌、敌军终于退遁之军情,连上《大举声息事》《大举敌人出边事》《大势敌人拥众深入急调邻兵会合迎敌官军奋勇斩获首级夺获战马军器人口等事》(《苑洛集》卷一六,以下奏疏同卷);九月、十二月,为防边患,保卫地方,连上《钦遵敕谕因时察势益兵据险以防敌患以卫中华事》《慎重边疆以保安地方事》,奏陈意见。

世宗嘉靖十七年(戊戌1538)正月,上《举荐文学官员以备擢用事》(《苑洛集》卷一六),举荐山西等处提刑按察司佥事赵廷松;三月,因病笃,上《久病危笃调理不痊乞恩休致事》(《苑洛集》卷一七)。前疏未准,又上《久病不痊再乞天恩休致事》(《苑洛集》卷一七),是年六月获准。《明史·韩邦奇传》评曰:"至山西,为政严肃,有司供具悉不纳,间日出俸米易肉一斤。居四年,引疾归。"《陕西通志》卷五五《人物·圣贤·名臣》评曰:"寻起大理少卿,巡抚宣府,改巡山西。时羽檄交驰,邦奇躬历塞外,增饬战守之具,拓老营堡城垣,募军常守以代分番,诸边屹然可恃。四疏乞休致仕。"

即便在此等边务繁忙之际,韩邦奇仍不忘撰述。先为宗师王云凤刊印

《虎谷集》,作《刊〈虎谷王先生墓志〉序》(见《虎谷集·王公行实录》)。《刊〈虎谷王先生墓志〉序》曰:"奇尝闻之先正曰:'当朝真儒,惟薛文清一人'。奇亦谓:'文清之后,亦惟先生一人。'先生秉正嫉邪,道高寡与,流俗憎忌,遂遭黯黯。此泽野犷所以为先生志也。奇尝谓泾野子曰:'此志当刊之万本,流布于世,庶后之正史君子有考焉。'兹故刊之晋阳。嘉靖十四年九月二十四日门生苑洛韩邦奇书。"由此可见邦奇与王云凤、吕柟之深厚友谊。

而后,韩邦奇抚晋阳,再入汾谒王,为王《孝行图》作《〈永和孝行图〉序》(《苑洛集》卷一),赞王之仁义。同舍友雷复亨卒,为撰《登仕郎临汾县主簿幽斋雷君暨配刘氏合葬墓志铭》(《苑洛集》卷六),赞其贤。又撰《通议大夫大理寺卿龙湫王公墓志铭》(《苑洛集》卷五)。过沁州(今山西沁县),作五律《晚至沁州书怀》(《苑洛集》卷一〇),诗云:

> 昔岁蒲关度,淹留直至今。
> 病来改蓬鬓,春到益乡心。
> 万壑迷寒雨,孤城隔远林。
> 须臾悲角起,怅望一沾襟。

五、第五次复起

嘉靖二十三年(甲辰1544),韩邦奇66岁。荐起总理河道。从此年至嘉靖二十六年(丁未1547)四年间,韩邦奇由刑部右侍郎改吏部右侍郎,迁南京右都御史,掌院事,再迁南京都察院右都御史,复进南京兵部尚书,参赞机务,直到嘉靖二十八年(己酉1549)十二月,于71岁时请归,获准致仕。凡6年。

嘉靖二十三年(甲辰1544),韩邦奇66岁。荐起总理河道。寻升刑部右侍郎。《明儒学案》:"甲辰,荐起总理河道。"《冯恭定公全书》卷二二《苑洛韩先生》:"甲辰,复用荐起总理河道,升刑部右侍郎。"王学谟《续朝邑县志》卷六《人物志》所记同。雷礼《国朝列卿纪》卷一〇二《总理河道尚书侍郎都御史年表》:"嘉靖二十三年,以右副都任。"《河南通志》卷三一《职官》:"韩邦奇,陕西朝邑人,进士。都察院右副都御史,总理河道。"雷礼《国朝列卿纪》卷五九《刑部左右侍郎年表》:"韩邦奇……嘉靖二十三年任右。"友人刘储秀撰五言排律《寄赠大中丞苑洛复起巡视河道》(见《刘西陂集》卷四)。诗云:"奕世昔称贤,济川今借力。白首尚传经,丹心元许国。风帆攒鹢舟,露冕凭熊轼。粮道已通南,枫宸犹望北。运海抱余谋,立朝看正色。更怜京赋外,边饷何乃亟。"其卷三另有七言律诗《秋夜昌平寺与同年少司寇苑洛话旧》《送昆渚吉侍御之留都兼讯苑洛中丞》两首。

嘉靖二十四年(乙巳1545),韩邦奇67岁。是年冬,改吏部右侍郎。雷礼《国朝列卿纪》卷二九《吏部左右侍郎年表》:"韩邦奇……嘉靖二十四年右,二十五年升都,历南京兵部尚书。"《冯恭定公全书》卷二二《苑洛韩先生》:"甲辰,复用荐起总理河道,升刑部右侍郎,改吏部右侍郎,太宰周公用喜得佐理,翕然委重。"《明儒学案》:"甲辰,荐起总理河道,升刑部右侍郎,改吏部。"《国榷》谓进礼部右侍郎,改吏部,误。

嘉靖二十五年(丙午1546),韩邦奇68岁。是年任南京右都御史,掌院事。雷礼《国朝列卿纪》卷七四《南京都察院左右都御史年表》:"韩邦奇……嘉靖二十五年任右都御史,掌院事。"一说嘉靖二十六年升南京右都御史。见下。

嘉靖二十六年(丁未1547),韩邦奇69岁。是年九月,升南京都察院右都御史,复进南京兵部尚书,参赞机务。《国榷》:嘉靖二十六年九月,"丙子,南京右副都御史韩邦奇为南京兵部尚书"。《冯恭定公全书》卷二二《苑洛韩先生》:"丁未,升南京都察院右都御史,复进南京兵部尚书,参赞机务。"《明儒学案》:"丁未,掌留堂,进南京兵部尚书,参赞机务。"王学谟《续朝邑县志》卷六《人物志》:"丁未,升南京都察院右都御史,复进南京兵部尚书,参赞机务。"雷礼《国朝列卿纪》卷四九《南京兵部尚书年表》:"韩邦奇……嘉靖二十六年任。"

此一段时间,韩邦奇先后多次上疏陈病请归。先于嘉靖二十四年(乙巳1545)十月,于刑部右侍郎任上,上《衰病不能供职恳乞天恩休致事》(《苑洛集》卷一七)《谢恩事》(《苑洛集》卷一六),以衰病请归,不准。嘉靖二十七年(戊申1548)二月、十一月,仍上《七十多病乞恩休致事》(《苑洛集》卷一七)《衰病不能供职恳乞天恩休致事》(《苑洛集》卷一七),亦未获准;嘉靖二十八年(己酉1549)五月,再上《衰弱不能供职恳乞天恩休致事》(《苑洛集》卷一七)请归,仍未准。此间,韩邦奇以老迈风残之躯,尽心于国事。先于嘉靖二十四年(乙巳1545)三月,上《举贤才以裨治道事》《遵敕谕专职务举荐所属贤能官员事》(《苑洛集》卷一六)二疏,举贤才刘源清、王道、王崇庆、胡松、王傅、徐鹤龄等多人。后于嘉靖二十八年(己酉1549)六月,针对南京兵备之弊,撰写长篇奏札《陈愚虑以奠江防以固重地事》(《苑洛集》卷一六),陈述已见。直到嘉靖二十八年(己酉1549)十二月,韩邦奇再上《衰年耳暗目昏不能供职恳乞天恩休致事》(《苑洛集》卷一七),方得准致仕。此冯从吾《冯恭定公全书》卷二二《苑洛韩先生》所谓"五疏乞归,是在己酉。益修旧业,倡导来学"者也。既归,友人王维桢作《答韩苑洛司马书》(《王槐野先生存笥稿》卷二二),文中感叹:"自嘉靖来,所登进大臣几何人,能如翁归几何人,则可知达人之稀有,末路之难图也。故桢每见翁乞归疏至,辄以为宜者此也。"按:邦奇与王维桢多有往来,王著中存《答韩苑洛司马书》多封。王维桢(1507—1555),字允宁,别号槐野,陕西华州人。嘉靖十四年进士,选翰林院庶吉士,授检讨,官至南京国子监祭酒。详见万历《王槐野先生存笥稿》附录:瞿景淳《南京国子监祭酒槐野王公行状》。

此间,韩邦奇多应师友同僚之请,为之撰写铭序诗词。按其时间先后顺序,大致为:嘉靖二十三年(甲辰1544),应郃阳(今合阳,后同)县尹李豸之请,作《贺太守吴公初辰序》(《苑洛集》卷二);为澄城县学撰《澄城县重修文庙记》(《苑洛集》卷三);挚友吕经饮恨而卒,撰《前嘉议大夫都察院副都御史九川吕公墓表》(《苑洛集》卷七);应门生任代伯之请,为其父任杰撰《处士任君墓志铭》(《苑洛集》卷六);为堂弟韩邦达撰《堂弟县学生韩汝聪墓表》(《苑洛集》卷七),叹其"多才而位弗偶,资秀而嗣弗续"。嘉靖二十四年(乙巳1545),为徐阶所作《疏凿吕梁洪记》书写篆字(此碑今仍完好保存);为同僚夏邦谟撰《送大司徒松泉夏公之南都序》(《苑洛集》卷二);为户部右侍郎兼都察院右佥都御史赵廷瑞之母撰《赵太淑人墓志铭》(《苑洛集》卷五);叹淳风日漓,作《郭宜人贞节传》(《苑洛集》卷八)。嘉靖二十五年(丙午1546),为吏部尚书许赞作诗《庆源堂松皋阁老》(《苑洛集》卷一〇),为许赞之父许进作诗《世芳楼襄毅少保》(《苑洛集》卷一一),赞颂襄毅少保之功德;应同乡友武库大夫傅学礼之请,为其母撰《傅太宜人墓志铭》(《苑洛集》卷六);应府庠生杨吉之请,为其父杨本深撰《监察御史杨公墓志铭》(《苑洛集》卷六)。嘉靖二十六年(丁未1547),应南京刑部右侍郎秋山之请,为其父母撰《庐州府同知赠通议大夫都察院右副都御史顾公暨配周太淑人合葬墓志铭》(《苑洛集》卷四);应"银台大夫景山公"南京刑部尚书钱邦彦之请,为其父作《贺封考功郎中思竹钱公七十序》(《苑洛集》卷二)。嘉靖二十七年(戊申1548),为同僚兵部侍郎凤岗之母撰《贺沈母太宜人八十序》(《苑洛集》卷二);与南京吏部尚书王崇庆(号端溪)别,撰七律《别端溪尚书》(《苑洛集》

卷一一);同年友于鳌卒,为撰《嘉议大夫贵州按察使云心于公墓志铭》(《苑洛集》卷五),赞其为官,一廉自持。嘉靖二十八年(己酉 1549),应府学生陈应龙之请和墓主生前之命,撰《明提督操江南京后军都督府都督金事陈公墓表》(《苑洛集》卷七);为礼部尚书兼文渊阁大学士张治撰《赠龙湖张公简命礼部尚书兼文渊阁大学士序》(《苑洛集》卷二);为同僚南京吏部郎中史褒善撰《赠南考功正郎沱村史子考绩序》(《苑洛集》卷二)。此中需要注意的是,韩邦奇还为严嵩撰《寿特进少师大学士严公七十序》(《苑洛集》卷二)。按:严公即严嵩,其善于媚上,深受世宗宠幸,他权倾天下,独揽朝政20年,结党营私,诬杀忠臣,害国害民,是明朝著名的权臣。除此文之外,韩邦奇还有《历官表奏序》(《苑洛集》卷一)称颂严嵩之文,《送介溪宗伯承天祀陵》(《苑洛集》卷一〇)送严嵩,邦奇对权相严嵩的态度,值得进一步研究。

这一时期关于韩邦奇著述重大事件之一,即是韩邦奇重要著作《苑洛志乐》付梓刊刻。是书前有王宏《〈苑洛志乐〉序》,曰:"……岁丁未,先生自少宰总县留台。宏以属吏尝侍一记室,偶语《律吕新书》,以所闻问难,先生乃出兹编以示。……若先生者,又讵直关中人物也哉!"由此可知,是书付梓于嘉靖二十六年(丁未 1547)或略后。

这一时期关于韩邦奇授学重要事件之一,即是在嘉靖二十八年(己酉 1549)韩邦奇71岁时,作为"韩门二杨"之一的杨继盛,师从邦奇学律吕之学。《杨忠愍集》卷三《自著年谱》:"己酉年,三十四岁。……是时关西韩公苑洛讳邦奇为南京兵部尚书。此翁善律吕、皇极、河洛、天文、地理、兵阵之学,而律吕为精。子师之。先攻律吕之学……"《明史·杨继盛传》:"嘉靖二十六年登进士。授南京吏部主事。从尚书韩邦奇游,覃思律吕之学,手制十二律,吹之声毕和。邦奇大喜,尽以所学授之。"同年,杨继盛为韩邦奇撰《寿韩苑翁尊师老先生七十一序》(《杨忠愍集》卷二),称韩邦奇"以纯笃之资,果确之志,盖自弱冠时即有志性理之学。其学之原则以精一为宗,其学之要则以培养夜气为本,其学之实则见于《拾遗》《意见》《经纬》《志乐》《六经说》诸书","天下之治,道学之兴,恒必赖之"。另,杨继盛有《〈苑洛志乐〉序》,其中追述邦奇学乐之始末,并称:"昔人谓黄帝制律吕与伏羲画卦、大禹叙畴同功,然卦畴得程朱数子而始著,律吕得先生是书而始明,则其功当不在数子下。"是文见存于《杨忠愍集》卷二。而《苑洛志乐》未录,拟或其文撰于是书刊刻之后?待考。

第五节 里　居

武宗正德十一年（丙子1516），38岁的韩邦奇因为在浙江任上力持风纪，上疏弹劾宦官，并作民谣以申民苦，被构陷下诏狱，械系京师，而后削职为民。此后，韩邦奇虽多次受到朝廷起用，但大部分时间仍在里居。王学谟《续朝邑县志》卷六谓："韩邦奇凡一削籍、五予告，皆讲学著书，四方从游者云集，以其自号苑洛，学者称苑洛先生。生平著作甚富，皆切理学经世。"此节略述韩邦奇里居期间之行事。

一、第一次里居

从武宗正德十六年（辛巳1521）年末，在山东布政司参议任上自乞致仕归，至世宗嘉靖三年（甲申1524）因大同兵变再度起用，为韩邦奇第一次里居。

世宗嘉靖元年（壬午1522），韩邦奇里居。王廷相称吕柟、马理、韩邦奇等人，为"当世迪德蹈道之士"。《王氏家藏集》卷二七《答仇世茂》："如北地李献吉、信阳何仲默……其为诗……皆传世无疑者。仲默已矣，余子尚康强无恙。……观仇氏《雄山集》所载，如乔白岩、王虎谷、何粹夫、崔子钟、吕仲木、吕道夫、马伯循、王锦夫、韩汝节诸公，皆当世迪德蹈道之士……"由"仲默已矣"句，知此书作于何大复去世之后。

是年，邦奇弟韩邦靖自正德九年（甲戌1514）以谏罢归后，再次被起用，擢山西布政司左参议。带病赴大同，革奸平狱，圈豪敛迹。又屡为军士、百姓请命，均不报。疾作，遂上疏乞休，报未下，即行。军民遮留道上，号泣不忍舍去。次年二月，抵家，病重。邦奇日夜侍疾，不解衣者三月。四月二十日，邦靖去世，邦奇衰绖蔬食，终丧弗懈。乡人为立孝悌碑。受邦靖临终之托，邦奇墨泪为作《韩邦靖传》（《苑洛集》卷八）。王九思撰《明故朝列大夫山西等处承宣布政使司左参议五泉韩子墓志铭》（《渼陂集》卷一三）、唐龙撰《五泉韩子墓表》（《唐渔石集》卷三）、樊得仁撰《韩五泉孝弟记》。《明史·韩邦靖传》："邦靖病亟，邦奇日夜持弟泣，不解衣者三月。及殁，衰绖蔬食，终丧弗懈。乡人为立孝弟碑。"冯从吾《关学编·苑洛韩先生（弟邦靖附）》曰："嘉靖改元，（韩邦靖）起山西左参议，以病免。寻卒，年仅三十有六。……所著有

《五泉集》《朝邑志》若干卷。"《苑洛集》卷八之《韩邦靖传》曰:"嘉靖二年春二月十日,靖归自大同,谒孔庙,揖邑宰,拜先垄,牲见于祠堂,与诸兄弟登堂称觞于母氏,欢宴终日。乃是月十八日病,损食不豫。其兄邦奇为之远近迎名医,皆不即功,乃愈益病。四月十日,衣冠如平生,呼邦奇曰:'吾将逝矣,十九日必大雷雨,即为我戒衣衾。'又曰:'先君之归,在是月二十一日,吾强待之,使兄好作忌辰也。'十九日昧爽,天色晦冥,家人恐靖觉雷雨遂逝,令二人力掩其耳,问曰:'掩耳者何也?'邦奇绐之曰:'医谓掩耳息气也。'已而果大雷雨,如在寝室,门庸皆震动,而靖不语矣。邦奇为之正冠,乃摇首,邦奇泣曰:'待二十一日乎?'乃首之。二十日,邦奇问曰:'归期明日乎?'靖不应。邦奇痛哭曰:'吾弟力不能支矣。'乃又首之,俄而遂卒。卒之一月,武功康对山来吊,曰:'往年秦山崩,吾谓三秦豪杰必有当之者,既而何仲默卒。吾谓仲默:'陕西官山之崩在是矣。'今乃知非也,乃应吾五泉子!'"

世宗嘉靖三年(甲申1524)六月初八日,外孙张士荣出生。见《苑洛集》卷六《外孙廪膳生南阳张士荣墓志铭》。

是年,韩邦奇至同州谒侯唐相,作《同州重修州廨记》(《苑洛集》卷三),表彰其贤。《同州重修州廨记》曰:"正德初,予谒州大夫,见廨宇倾圮……正德末,余再谒州大夫,其倾圮视昔加甚。……嘉靖三年,予复诣州谒侯,见其涣然更新。"按:据《同州重修州廨记》,唐相,字舜夫,平谷县人。

二、第二次里居

世宗嘉靖四年(乙酉1525)七月,因与总督胡瓒意见不合,致仕,九月归家。自此年至嘉靖六年(丁亥1527)十月,起四川提学副使,为韩邦奇第二次里居。

此一阶段,韩邦奇主要为乡里及友人撰文。先后撰有《高先生祠堂记》(《苑洛集》卷三)《赠张乾沟序》(《苑洛集》卷二)《冯翊眭公墓志铭》(《苑洛集》卷四)《叔祖考朴庵府君暨叔祖妣陈孺人合葬墓志铭》(《苑洛集》卷六)《王太安人传》(《苑洛集》卷八)《送王侯东归序》(《苑洛集》卷二)等。

三、第三次里居

嘉靖八年(己丑1529)再疏请归后,至嘉靖十一年(壬辰1532)四月,迁大理寺左少卿,为韩邦奇第三次里居阶段。其间,韩邦奇于迁大理寺左少卿之先曾任河南、山东按察副使,然其时月不备,故存而俟考。

此一段时间,韩邦奇主要为乡里及友人撰文。先后撰有《河南府通判王公墓志铭》(《苑洛集》卷四)《大梁驿驿丞张君墓志铭》(《苑洛集》卷六)《纯斋处士杨公墓志铭》(《苑洛集》卷六)《一峰屈先生墓志铭》(《苑洛集》卷四)《郃阳张侯救荒之记》(郃阳,今陕西合阳)(《苑洛集》卷三)《嘉议大夫总督漕运兼巡抚淮扬等处地方都察院左副都御史西溪屈公传》(《苑洛集》卷八)《送判府欧公北归序》(《苑洛集》卷二)《岢岚州判官周公墓志铭》(《苑洛集》卷四)等。

四、第四次里居

世宗嘉靖十七年(戊戌1538)六月,60岁的韩邦奇在多次乞休下,再次获准致仕。从此时到韩邦奇66岁荐起总理河道之前,为其第四次里居。此一时期,韩邦奇之著述大多已完成,其主要精力,在于授徒讲学和撰写时文。

这一时期,韩邦奇授学主要情况是:

嘉靖十七年(戊戌1538),韩邦奇自晋阳归后,年15岁之赵天秩,请从游。授赵天秩《春秋》。事见《苑洛集》卷六《茂才赵生仲礼墓志铭》:"年十五,余归自晋阳,仲礼请从游。世荣以其幼,恐无受教之地,乃涕泣,固请来学。时于《周易》已精且熟。余以《春秋》以来论式示之,数日后课一题,即'单襄公论陈亡'体也,甚奇之,自是学愈勤,无故足不越阈,不妄与人谈立,曰:'光阴可惜也。'庚子治《尚书》,才五十日,而亦精且熟,余乃言之太守兄及紫阳诸弟。召令诵说,终始不讹一字。试以义,若老于《尚书》者。共惊,以为神,乃谋以族孙女妻之。"

世宗嘉靖十八年(己亥1539),61岁。是年,韩邦奇里居讲学。授王赐绂《易》。事见《易占经纬》王赐绂序。序曰:"嘉靖己亥春,先生自抚晋归,绂以《易》往就学焉。"

世宗嘉靖十九年(庚子1540),62岁。是年,韩邦奇里居讲学,又授赵天秩《尚书》。《苑洛集》卷十二《满江红·哀仲礼》下有小注:"仲礼每同诸友雪夜趋讲席者三冬渡洛水,每三鼓始归。"又同卷《踏莎行》题下小注:"赵氏二子仲典、仲礼,皆以奇童称。仲典十七秋试归,病于途死。仲礼十九秋试归,病于途死。二子生时,其母梦紫龙入室即飞去。人见二子奇特,谓必大成,皆天殁,异矣!"

这一时期,韩邦奇撰文情况是:撰《通议大夫都察院右副都御史进阶正奉大夫陈公墓志铭》(《苑洛集》卷五),赞其慷慨任事,为"真都御史";撰《南京刑科给事中首山史公墓志铭》(《苑洛集》卷六),赞其忠直、安贫乐道;撰《席君墓志铭》(《苑洛集》卷六),赞其家族百口同居;撰《故蒲城雷公墓表》(《苑洛集》卷七),表其仁义,为贪利而不思害者鉴;撰《中顺大夫夔州府知府韩公墓志铭》(《苑洛集》卷五),赞其方直不随俗,因忤当道意而解印归;撰《资善大夫都察院右都御史赠工部尚书陈公传》(《苑洛集》卷八),盛赞其为国任怨之忠,忘一身利害之节。又为其门生赵芳撰《乡进士赵子春墓志铭》(《苑洛集》卷五)。为其友人张文魁撰《通议大夫都察院右副都御史张公墓志铭》(《苑洛集》卷五)。为其门生纪道曾祖撰《清轩处士富平纪公墓表》(《苑洛集》卷七)。为其门生赵天秩撰《茂才赵生仲礼墓志铭》,痛其大志未酬而早逝,又作《满江红·哀仲礼》及《踏莎行》词。另作《奉政大夫承天府同知许公墓表》(《苑洛集》卷七)《赠邑侯王君奖励序》(《苑洛集》卷二〇)《赠昭勇将军潼关卫指挥使姚公暨配封太淑人刘氏迁葬墓志铭》(《苑洛集》卷四)等。

值得一提的是,韩邦奇于嘉靖十七年(戊戌 1538)为胡缵宗《鸟鼠山人集》撰《书〈可泉诗集〉后》(见胡缵宗《鸟鼠山人集》)。其文曰:

> 诗以调也,匪意也,匪辞也。《芣苢》之辞淡,《狡童》之意近,而文王之化彰,郑国之淫见矣。草蛇灰线,闻其声不见其形,睹其迹不见其实,其于言意之表者乎?是故得意者忘言,得调者忘意。其次尚意,其下焉者尚辞。尚辞,而诗亡矣,由汉魏而下,可征焉。可泉诗,其调卓矣,铿乎宫商之间,后世其必传也夫!明嘉靖戊戌苑洛韩邦奇书。

按:胡缵宗(1480—1560),初字孝思,更字世甫,号可泉,自号鸟鼠山人。秦安人。正德三年进士,授翰林检讨。正德五年被诬"瑾党",贬为嘉州(今四川乐山)判官,在四川5年,正德十年至南京户部。后历安庆知府、苏州知府、山东、浙江、山西左参政,山西、河南布政使,官至都察院右副都御史。嘉靖十八年免官归里。二十九年被讦奏其迎驾诗为咒诅,杖四十,削籍为民。嘉靖三十九年卒,享年81岁。胡缵宗《有同乡同时六君子·韩司马汝节苑洛》(《鸟鼠山人后集》卷一)诗云:"建牙司马奠岐酆,前有介翁今有公。日出钟山鹤初唳,秦淮花鸟飐东风。"此文体现了韩邦奇"以调为主"的文学思想,值得重视。

另，也在嘉靖十七年(戊戌1538)，韩邦奇为王朝雍妻楷书其所撰《亡妻马氏墓志铭》，刻于石。据中国国家图书馆《碑帖菁华》：拓片题名：王朝雍妻马氏墓志。客观题名："亡妻马氏墓志铭"。责任者：(明)王朝雍撰，(明)韩邦奇正书，(明)邵升题盖，(明)王三省书跋。年代：明嘉靖十七年二月十六日。地点：陕西省大荔县出土。这是目前所见韩邦奇唯一楷书遗迹，弥足珍贵。

同时，这几年也是韩邦奇著作结集的重要时期。先是，于世宗嘉靖十九年(庚子1540)，韩邦奇62岁时，其门人樊得仁将邦奇先前著作《启蒙意见》(5卷)《律吕直解》(1卷)《洪范图解》(1卷)合为《性理三解》而刻之；随后又于嘉靖二十一年(壬寅1542)，将原先《律吕新书》替换为《正蒙拾遗》，即《正蒙拾遗》《启蒙意见》《洪范图解》。此见樊得仁《〈性理三解〉序》(《正蒙拾遗》清嘉庆七年刻本)。此后，韩邦奇《性理三解》的内容，固定为《正蒙拾遗》《启蒙意见》和《洪范图解》。

处于里居的韩邦奇，仍牵挂国事。嘉靖二十二年(癸卯1543)，韩邦奇作七律《杂兴癸卯九月也》(《苑洛集》卷一一)8首，其中有"独卧青山秋欲暮，两河戎马几时除。""休将白眼轻班卫，金印空悬万户侯。""他年青史谁收拾，莫使浮名负简编。""咫尺太原接畿辅，莫教戎马渡滹沱"等句，足见其爱国忧边之心。

是年，马理上《谢恩疏》疏荐贤，其中荐及邦奇，称其"明敏有为，文武俱优"。参见马理《谿田文集》卷一。

五、第五次里居

嘉靖二十八年(己酉1549)十二月，韩邦奇71岁，终获准致仕。自此以至嘉靖三十四年(乙卯1555)十二月十二日夜半，邦奇于关中大地震中罹难而卒，凡6年。此6年，韩邦奇主要在于完善著述，倡导来学，作文撰铭，丕扬风气，即冯从吾所谓"五疏乞归，是在己酉。益修旧业，倡导来学"(《冯恭定公全书》卷二二《苑洛韩先生》)者也。

此一阶段，韩邦奇指导来学之重要事件，其可考者，唯在嘉靖二十九年(庚戌1550)归里前，指导杨继盛肆力于济世之学，至于乐，可待退闲后再整理。《杨忠愍集》卷三《自著年谱》："庚戌年，三十五岁。春，韩师致政归，谓予曰：'子之乐已八九，子之才不止于乐，可旁通济世之学。至于乐，俟子退闲时一整顿足矣。'予遂大肆力于天文、地理、太乙、壬奇、兵阵之学。"

而此一时期所撰之诗文，按时间先后顺序为：嘉靖二十九年（庚戌1550），为杨一清《关中奏议全集》撰序（见《杨一清集》附录二，作于嘉靖二十九年五月）。应时为安庆太守的王崇古之请，为其父王瑶撰《封刑部河南司主事王公墓志铭》(《苑洛集》卷五)。应按察司佥事刘尚义之请，为其母作《刘太孺人墓志铭》(《苑洛集》卷四)。因门生尚道之请，为其父尚秉彝作《处士一庵尚公暨配郭孺人王孺人合葬墓志铭》(《苑洛集》卷六)。应门墙友权朝卿之请，为其父母撰《处士权公暨配党孺人合葬墓志铭》(《苑洛集》卷六)。为乡人四川道试监察御史严天祥撰《文林郎四川道监察御史严君墓表》(《苑洛集》卷六)。嘉靖三十年（辛亥1551）正月，外孙张士荣卒，邦奇"一字千涕且万涕"，痛作长篇《外孙廪膳生南阳张士荣墓志铭》(《苑洛集》卷六)。撰《郃阳增修城学记》(郃阳，今陕西合阳)(《苑洛集》卷三)。作《王安人墓志铭》(《苑洛集》卷六)，盛赞其贤。撰《湖广高窦巡检司巡检赠文林郎山西襄陵县知县尚公墓表》(《苑洛集》卷七)。嘉靖三十一年（壬子1552），撰《文林郎长寿县知县赠承德郎工部虞衡清吏司主事赵先生墓表》(《苑洛集》卷七)。嘉靖三十二年（癸丑1553），作《毕尹祈雨有应》(《苑洛集》卷一〇)。嘉靖三十四年（乙卯1555），作散曲《北双调·驻马听·过北邙》(《苑洛集》卷一二)约作于是年或略前。词中有"五十年一枕梦黄粱，到醒来回首堪惆怅"句，邦奇于30岁时入仕，至今近50年矣。

此一阶段，亦是韩邦奇一生诗文汇编之重要时期。先是，门人张文龙于嘉靖三十年（辛亥1551）汇成《苑洛集》22卷，并撰跋。跋末题："嘉靖辛亥十二月十四日门人潼关张文龙顿首识。"次年，孔天胤作《〈苑洛先生文集〉序》（见《苑洛集》及《孔文谷集》卷四），其中除概述《苑洛集》之内容外，还称韩邦奇为"当代之儒贤"。

其次，于嘉靖三十四年（乙卯1555）九月，门人白璧刊《苑洛先生语录》，并为之作《〈苑洛先生语录〉序》及《读〈苑洛先生语录〉》。其序曰：

夫学，何为者也，所以学为人也。……为人之理，则先达言行，诚不可不讲也。及授官关中，素仰苑洛韩先生。先生时方家居，即往拜求教，是为人之理，平易而切实者也。又数年，先生为少宰，予为其属官，受教日亲，愈见先生事君处友、上下进退之间，无非平易切实之事，而为人之良范在是矣。所恨别离日久，茅塞予心也。又数年,得录先生之说为一书者,读之恍然,如先生之对临也。盖所以学为人之理如前所云者,具在此书。先生平生精力,虽用之甚博,而所求之于要,此亦足得之矣。先生固未尝以言语文字教人也。刻而题之曰《苑洛先生语录》,以时开我心,世之同志,必欲观焉。大明嘉靖三十四年秋九月赐同进士出身山西布政司左参议门人白璧顿首谨序。

六、陨落

嘉靖三十四年(乙卯 1555)十二月十二日夜半,关中大地震,韩邦奇卒。时年 77 岁。关于这次大地震,《续朝邑县志》记载颇详:

> 嘉靖乙卯十二月十二日子刻,地大震,声如轰雷,势如簸荡,一时庐落尽圮,死者无虑数万,町湿之处,地裂泉出,高丈余,因而井竭,洛渭可涉。泉出有鱼、有炭、有积薪,水温可浴。一昼夜动二十余次。大树忽仆忽起,人人自危,面无生气……己未,震扰不止。

《涌幢小品》也对这次地震进行了非常详尽的记载:

> 嘉靖三十四年乙卯,十二月十二日壬寅,山西、河南、山陕同日地大震,声如雷,鸡犬鸣吠。陕西华州、朝邑、三原等处,山西蒲州等处尤甚。或地裂泉涌,中有鱼物,或城郭房屋,陷入地中,或平地突成山阜,或一日连震数次,或累日震不止。河渭泛涨,华岳、终南山鸣,河壅数日,压死官吏军民,奏有名者八十三万有奇。致仕南京兵部尚书韩邦奇、南光禄马理、南祭酒王维祯同日死焉。……其不知名未经奏报者,复不可数计。①

关于此次地震,《陕西通志》卷四十七亦有详细记载,所记与《涌幢小品》略同。《涌幢小品》还专门提到了韩邦奇由于地震身亡的直接原因:"如韩尚书以火厢炕垠其骨。"②《明史·韩邦奇传》:"三十四年,陕西大地震,邦奇陨焉。赠太子少保,谥恭简。邦奇性嗜学,自诸经、子、史及天文、地理、乐律、术

---

① 朱国祯著,缪宏点校:《涌幢小品》卷二十七,北京:文化艺术出版社,1998 年版,第 658—659 页。
② 朱国祯著,缪宏点校:《涌幢小品》卷二十七,北京:文化艺术出版社,1998 年版,第 659 页。

数、兵法之书,无不通究。著述甚富。所撰《志乐》,尤为世所称。"①《明世宗实录》记曰:"赐故南京兵部尚书韩邦奇祭葬,赠太子少保,谥恭简。"②王学谟《续朝邑县志》卷六《人物志》对韩邦奇的逝世发了一些感慨:"乙卯,会地震即逝……岂非地纪绝而哲人萎邪,有识者于是乎有苍生之憾焉。讣闻,赠少保,赐谕祭,谥恭简云。"③乾隆本《朝邑县志》卷四的记载与此类似。佚名《南京兵部尚书韩邦奇传》(收于《国朝献征录》卷四二):"……嘉靖三十六年正月,赐祭葬,赠太子少保,谥恭简。"《冯恭定公全书》卷二二《苑洛韩先生》:"居七年,乙卯,地震卒。年七十七。赠少保,谥恭简。"

关于韩邦奇之葬地,据《同州府志》记载:"韩恭简邦奇墓,在朝邑县西华原南,嘉靖中敕葬。"④另据《大清一统志》记载:"韩邦奇墓在朝邑县西华原南。"⑤

邦奇殁后,其相知好友、门人弟子及后学多撰诗文凭吊。胡松撰《祭苑洛韩公墓文》(《胡庄肃公文集》卷六),曰:

  始余事先生于南,同见先生侃侃愕愕,谓先生贤者,心师之,然未始以为不可及也。比释褐从政,仕学□外以至于今,乃知公诚邦之司直,古所谓正人君子,岂今之人所可几及耶?往先生治河任城,论□□(荐当?)世人物,若武城王公顺渠,澶渊王公海樵,而猥及余小子,谓为海内豪杰。嗟呼,余小子岂其人耶!然业蒙奖,予则亦不敢不重自勖,以求无负于公已……兹蒙恩起参藩政,则先生墓上之草宿久矣。⑥

蔡瓈撰《祭苑洛韩先生雅章》(《洨滨蔡先生文集》卷一○),曰:

  于惟我师,道述孔姬。

  忠孝大儒,道范明时。

  云胡不思,俎豆斯宜。

---

① 张廷玉等撰:《明史》卷二百一,北京:中华书局,1974年版,第5318页。
② 张溶等修:《明世宗实录》卷四百四十三,台北:"中央研究院"历史语言研究所校印本,第7572页。
③ 郭实修,王学谟纂:《续朝邑县志》卷六,清康熙五十一年据明万历十二年纂修本刊刻。
④ 李思继等修,蒋湘南等纂:《同州府志》卷二十三,清咸丰二年刻本。
⑤ 群臣编纂:《大清一统志》卷一百九十,文渊阁《四库全书》本。
⑥ 胡松撰:《胡庄肃公文集》卷六,明万历十三年胡槚刻本。

亦既慕只,亦既戒只,惟其飨像只。

李攀龙撰《祭韩公邦奇》(《沧溟先生集》卷二三),曰:

维公既持丰采,亦崇经术。大节屹然,高名茂实。蚤除铨曹,谗殄是堕。陟明于朝,黜幽于室。地震陈言,极时得失。乃谪平阳,才浮于秩。大狱既讯,藩王迪吉。擢金大臬,愈多异政。钼彊洗冤,浙风用竞。奏罢四府,宦竖敛手。亡何诏系,不理者口。颠沛必仁,皇孚盈击。既归杜门,弥兴孝友。大同之变,畔者什九。公参冀北,叱驭而走。谈笑贼庭,元凶授首。反侧以安,驱此群丑。是时冀北,便宜可否。万夫一身,彼其何有?虽才应捽,气亦足征。帝嘉武功,再陟中丞,总宪上谷,戎狄是膺。利用御房,则莫敢承。改督三晋,愈严边备。图上要害,于深于坚。两移亚卿,执德周怨。惟允敕法,惟明荐贤。寻以高第,召主南台。掌大司马,军国是材。屡建大议,称是良哉!既乞骸骨,著述益精。胡天不吊,失此老成!某仰止匪今,懿厥前修,抚填西郊,文献是求。徒论出处之大较,而景余烈以为休。何斯人殄瘁,逝者如流也!①

百年之后,《关中四先生咏》之《苑洛韩先生》(《少墟集》卷十七),以五言诗的形式,表达了对韩公邦奇的景仰之情。② 诗云:

伟矣韩司马,造物钟奇异。读书探理窟,著作人难企。

生平精乐律,书成双鹤至。立朝著伟节,居乡谭道义。

繄有五泉子,孝弟称昆季。嗟余生也晚,景行窃自愧。

---

① 李攀龙著,包敬第点校:《沧溟先生集》,上海:上海古籍出版社,1992年版,第546—547页。

② 冯从吾撰:《少墟集》卷十七,明天启元年刻本。

附：韩邦奇入仕里居履历简表

本章取诸文献，略考韩邦奇生平事迹。自家世而早学，自早学而初仕，贯通一气，然自削籍而下，邦奇仕居无定，难以时序分节，故剖为"复起""里居"二节而述之。然如此分述，则时间顺序难以相接矣，不便明了。故附此表，以明仕居先后关系。韩邦奇人生履历，据此可略观矣。附表如下：

韩邦奇入仕里居履历简表

时间	入仕	退居
正德三年至十一年（1508—1516）	初仕。先后任吏部考功司主事、吏部员外郎、文选司主事、平阳府通判、浙江按察佥事。其间，初入仕则不礼擅权宦官，时人重之。转选部员外郎，幡然于性命道德之学。作诗讽刺宦官，为文表彰忠臣，考察都御史，不留情面。调文选司主事，秉公办事，忤太宰意。谪平阳府通判，决滞狱，倡理学，号一时卓异。主持山西乡试，命题重古学，尚时政。迁浙江按察佥事，巡两浙。力持风纪，揭批贪宦，为民请命。表现出刚直不阿、秉公执法之正直人格。因得罪宦官入狱，罢归。	
正德十二年至十六年（1517—1521）		削籍。拒宸濠门客宗元和尚请，保持节操。谢客讲学，四方学者负笈日众。赵芳、尚道、杨爵从学。勤于著述，编成《正蒙拾遗》。撰诗文，兄弟侍父以终，孝悌名乡里。
正德十六年（1521）	第一次起仕。任山东布政司参议，上疏《慎刑狱以光新政事》，三司不悦。起用才两月，自乞致仕归。以诗抒怀。王道为刻《洪范图解》。	

续表

时间	入仕	退居
正德十六年至嘉靖三年（1521—1524）		第一次里居。王廷相称之为"当世迪德蹈道之士"。弟韩邦靖去世，墨泪为作《韩邦靖传》。外孙张士荣出生。作《同州重修州廨记》。
嘉靖三年至四年（1524—1525）	第二次起仕。因大同兵变，荐起山西左参政分守大同。终因与主事者意见不合，故致仕归。作诗词曲多首抒怀。	
嘉靖四年至六年（1525—1527）		第二次里居。为乡里及友人撰文数篇。
嘉靖六年至八年（1527—1529）	第三次起仕。先后任四川提学副使、右春坊右庶子兼翰林修撰，其间曾主试顺天。但以命题为执政不悦，谪南京太仆寺丞。为友人撰文数篇。后再疏请归，里居。	
嘉靖八年至十一年（1529—1532）		第三次里居。为乡里及友人撰文数篇。
嘉靖十一年至十七年（1532—1538）	第四次起仕。先后任河南、山东按察副使，迁大理寺左少卿，蔡汝始之从游。嘉靖十二年（1533年）起任左佥都御史，巡抚宣府。大同再变，平之。嘉靖十四年（1535年），入都察院，佐尚书王廷相振肃台纲。升右副都御史，巡抚辽东，改巡抚山西。嘉靖十五年（1536年），巡视边关。嘉靖十六年（1537年），提督雁门等关兼巡抚山西地方右副都御史。为防边御敌，多次上疏。与边事多有风力矣。撰诗文多篇。其间亦多次具奏，自请罢黜乞休，直到嘉靖十七年（1538年）六月才获准。	

续表

时间	入仕	退居
嘉靖十七年至二十二年（1538—1543）		第四次里居。授徒讲学,赵天秩、王赐绂从学。撰文多篇。《性理三解》两次刊刻。牵挂国事,作诗抒怀。马理上疏荐贤,称邦奇"明敏有为,文武俱优"。
嘉靖二十三年至二十八年（1544—1549）	第五次起仕。荐起总理河道,升刑部右侍郎。改吏部右侍郎。任南京右都御史,掌院事。复进南京兵部尚书,参赞机务。多次上疏请归,二十八年十二月获准致仕。	
嘉靖二十九年至三十四年（1550—1555）		第五次里居。指导杨继盛肆力于济世之学。撰诗文多篇。《苑洛集》汇成。《苑洛先生语录》刊行。卒于关中大地震。

第二章　生事分述

余既总和文献,借鉴先贤,作韩邦奇《行年概略》(第一章),苑洛子生平事要,可大备矣。然其著述、门人、交游以及后世追述研究诸事项,若不集中而论述之,则亦失之散漫零碎,不便学者了识也。故再为此韩邦奇《生事分述》,大抵以前《行年概略》之文献、事件为依据,分门别类以述之,如此则邦奇之生事,可了然于胸也。又曰:前者,邦奇之史也;后者,邦奇之志也。前者重考也,此则重述也。有史有志,考述结合,则邦奇人生之大略可识,探其学之门径,可由而得入也。唯因论述之便,前后文献,间有重出,引以为憾,亦不得已而然也。

第一节　著　述

凡论某人之学,当以其著述先之。夫人,有言有行,言则内也,行则外也。言者,心迹之显;行者,事迹之化。观其言而知其行,则其学之大略可得而识也。故先考述其著述。由此见著述之名目、时间、内容大要及版本流传之基本情况也。

一、《性理三解》单行与合刊本

(一)述略

《性理三解》为邦奇对性理学研究3部著作之合刊。是书始刊刻于明嘉靖十九年(庚子1540),韩邦奇62岁之时。为其门人福建道监察御史樊得仁所刻。是书为韩邦奇《启蒙意见》(又名《易学疏原》《易学启蒙意见》)《律吕直解》《洪范图解》3种书合刊,分别是对宋儒朱熹的《易学启蒙》、蔡元定的《律吕新书》、蔡沈的《洪范皇极内篇》3种书之解说推阐。嘉靖二十一年(壬寅1542),樊得仁重刻《性理三解》时,以韩邦奇对张载《正蒙》的解释著作《正蒙拾遗》替换《律吕直解》。此后,韩邦奇《性理三解》的内容,固定为《正蒙拾

遗》《启蒙意见》和《洪范图解》。樊得仁《〈性理三解〉序》对此3种书做了详细介绍,如下:

《三解》者,苑洛先生所著《正蒙拾遗》《启蒙意见》《洪范图解》也。

弘治中,先生著《正蒙解结》,释其难,阑江章先生著《正蒙发微》,详于易,先生欲合为一书,继见近山刘先生《会稿》,曰难易兼举矣,取《解结》而焚之。正德以来,世儒附注于《正蒙》者复数家,后先生乃以张子之大旨未白,一二策尚欠详明,于是作《拾遗》。

孔子赞《易》,于卦画曰:"《易》有太极,是生两仪,两仪生四象,四象生八卦,八卦定吉凶。"定吉凶中已包四千九十六卦矣;于著策曰:"四营而成易,十有八变而成卦。引而伸之,触类而长之。"触类云者,直指四千九十六卦而言也,是谓孔易。传之子夏,传之商瞿,传之孟禧,传之焦氏,《易林》是也。东汉以下无传焉。至宋儒作《启蒙》,取《易林》以为卦变,削其词而隐其名,孔易灭矣。而生卦考占于孔子,庋焉。先生以《易林》附之易爻之下,曰《易占经纬》,别立考变条例,于是作《意见》。

蔡子衍《洪范》之数而作用之法不传,鳌峰氏推而著之而布棋之法未备,先生尝曰:"正数者,天地之正气也,而其吉凶也确;间数者,天地之间气也,而其吉凶也杂。象以偶为用者也,有应则吉;数以奇为用者也,有对则凶。此蔡子之微言也。"于是作《图解》……刻之于朝邑。

(樊得仁《〈性理三解〉序》,韩邦奇《性理三解》清嘉庆七年本)

如上可见韩邦奇《性理三解》中《正蒙拾遗》《启蒙意见》《洪范图解》诸书之著作缘由和内容特点,亦可知韩邦奇《性理三解》一书,就其内容差别而言,先后有二版本:一为《启蒙意见》《律吕直解》《洪范图解》合刊本;二为《正蒙拾遗》《启蒙意见》《洪范图解》合刊本。

(二)各本著述及单行版刻情况

《启蒙意见》《律吕直解》《洪范图解》《正蒙拾遗》4种书,均为韩邦奇早年至中年著作,其大抵在韩邦奇10余岁至40岁之间完成,并在形成《性理三解》合刊本之前,多有刊刻。其情况分别如下:

1.《启蒙意见》

《启蒙意见》,是韩邦奇易学思想之代表作之一。此书完成于弘治十六年(癸亥1503)仲春,韩邦奇25岁时。《四库全书》本有韩邦奇《〈启蒙意见〉原序》下署"弘治十六年仲春苑洛人韩邦奇书",由是知其完成时间也。而本序之内容,又见载于韩邦奇《苑洛集》卷一,其曰:

> 夫《易》,理数辞象而已矣:理者,主乎此者也;数者,计乎此者也;辞者,述乎此者也;象者,状乎此者也。图书者,理之舆也,辞之方也,数之备也,象之显也。是故圣人观象以画卦,因数以命爻,修辞以达义,极深以穷理,《易》以立焉。

> 自夫子称相荡而先天之义微。微之者,后儒失之也。夫相荡者,自八而六十四者也。先天者,加一倍者也。其本同,其末异;其生异,其成同。而汉以下莫能一焉。宋邵康节氏自八而十六,自十六而三十二,自三十二而六十四。朱晦庵氏为之本图书,为之原卦画,为之明蓍策,为之考占变,于是乎《易》之先后,始有其序,而理数辞象之功懋矣。奇也,鲁而善忘,诵而习之,有所得焉,则识之于册,将以备温故焉。奇也,愚而少达,思而辨之,有弗悟焉,则自为之说,将以就有道焉。是故为之备其象、尽其数、增释其辞矣,理则吾末如之何也。弘治十六年仲春苑洛人韩邦奇书。

《四库全书总目》卷五又有《易学启蒙意见(五卷)》提要,云:

> 是编因朱子《易学启蒙》而阐明其说:一卷曰《本图书》;二卷曰《原卦画》;皆推演邵氏之学,详为图解。三卷曰《明蓍策》,亦发明古法,而附论近世后二变不挂之误。四卷曰《考占变》,述六爻不变及六爻递变之旧例。五卷曰《七占》,凡六爻不变、六爻俱变及一爻变者皆仍其旧,其二爻、三爻、四爻、五爻变者,则别立新法以占之。所列卦图,皆以一卦变六十四卦,与焦延寿《易林》同。然其宗旨则宋儒之《易》,非汉儒之《易》也。

由此可知,此书虽讲明乃因朱熹《易学启蒙》而作,却同时引用朱熹《易学启蒙》和《周易本义》中的内容进行详细解释,并阐述其对易学以及宇宙生化模式的观点。此书单行本在历史上之主要刊刻及存佚情况如下:(1)明正德九年(1514年)本。平阳府同知古檀李沧刊刻。已佚。此见《四库全书》本。李沧《跋〈启蒙意见〉后》曰:"夫《易》,广大悉备者也。朱子《易学启蒙》，发前人之未发者多矣。今观苑洛子之所著，亦有以发朱子之未发者。是书也，命梓行之者，大巡周公；序之者，大司徒韩公；校正之者，节推东公；而梓之者，沧也。……正德甲戌孟春既望平阳府同知古檀李沧书。"(2)明嘉靖十三年(1534年)本。巡按直隶监察御史濮阳苏佑刊刻。已佚。此见《四库全书》本。苏佑《跋〈启蒙意见〉后》云："……明兴教洽。苑洛先生早承家学，茂惇素履，极研易道，乃著是编。首本图书，以溯其源；次原卦画，以崇其象；次明蓍策，以极其数；次考变占，以达其用。盖循引姬周之轨辙，而造设观玩之梯航也。《易》之用广矣。昔者孔子作《十翼》以赞《易》，韦编三绝。是书也，非翼之翼耶？屡加更定，劳与勤至，非徒忧焉尔矣，是继志之大者也。旧尝刻诸河东，原卦画缺焉，他多初定。兹获授读，今本始终，条理大备矣。乃遂刻之上谷，尚克博流逊布，与同志者共焉。无使季札聘鲁，始兴易象之叹，非先生之志乎！嘉靖十三年岁次甲午冬十月甲辰日淮阳苏佑谨跋。"(3)清乾隆年间《四库全书》本。《钦定四库全书总目》卷五载有："《易学启蒙意见》五卷，浙江汪启淑家藏本。"现存，"提要"见上。

2.《律吕直解》

《律吕直解》约成书于明弘治十七年(1504年)三月，其时韩邦奇26岁。《四库全书》本《律吕直解》韩邦奇《自序》曰：

"直解"者，何不文之也？何以不文，便初学也。蔡氏之《新书》，固已极备而大明矣。然其为书也，理虽显而文隐，数虽著而意深，初学难焉。此《直解》之所以作也。弘治十七年三月中旬苑洛子韩邦奇识。

此书于正德四年(1509年)为各地广泛传刻。韩邦奇《苑洛集》卷一另有《〈律吕直解〉序》一篇，与上序内容略有不同，其曰：

蔡西山氏上宗班固，斟酌马迁以下诸儒论议，著为《律吕新书》，亦略明备矣。然理虽显而文隐，数虽著而意深。弘治间，余为举子时，为之直解。正德己巳，金宪西蜀王公刻之濮州，尚书昆山周公为御史时刻之平阳，都宪蒲田方公为布政时刻之杭州，州幕洪洞岳君溥刻之同州。

正德己巳，即正德四年(1509年)，由此可见其当时传刻情况。关于是书之内容和特点，《四库全书》本《苑洛志乐》前有《〈律吕直解〉叙》一篇，不题作

者①,其曰:

> 余读韩子《律吕直解》,叙曰:夫神,理之弗著,其器数之亡乎?天生一成万,一上万下,器数下也。由后世以来,弗之详矣,其上焉者,又安有所达哉?是故圣人得一而知万,智者由万以得一。谈一者,虚而寡用;谈万者,广而莫归。要之以知其要,实者为至。夫天地之间者,气也。制而利用曰"器",生之节度曰"数"。神理者,气之宰也。是故气数详则神理日明,而天下之事得矣。此韩子之学也夫!

是书之内容,为对宋代蔡元定之《律吕新书》中之上卷《律吕本原》予以直解。特点在于文中所谓"以知其要,实者为至"。后此书收于《苑洛志乐》之卷二、卷十八、卷十九。此书单行本在历史上之主要刊刻及存佚情况如下:明正德十六年(1521 年)本。中国国家图书馆馆藏有:《律吕直解》,普通古籍,1521 年。又,翁连溪《中国古籍善本总目》记载:"《律吕直解》一卷,明韩邦奇撰,明正德刻本,九行二十字,四周单边白口。现存于:戏曲研究所。《律吕直解》一卷,明韩邦奇撰,明刻本,九行十六字,黑口双黑鱼尾四周双边。现存于:北京大学图书馆。"②可见其单行本主要为以上三者。

3.《洪范图解》

《洪范图解》约作于明正德十年(1515 年),其时韩邦奇为 37 岁。清嘉庆七年(1802 年)谢正原刊刻《性理三解》本此书前后有序,署"时七年冬月上吉也古燕门人邓铠顿首谨识"。其后有韩邦奇自序,署"正德乙亥六月中旬苑洛子韩邦奇书"。末有王道后序,署"正德辛巳夏六月之吉知朝邑县事陵川王道序"。由韩邦奇自题"正德乙亥六月中旬"可知此书约成于正德十年(乙亥 1515),由王道之题"正德辛巳夏六月",可知此书约刊刻于正德十六年(辛巳 1521)。

另,《苑洛集》卷一有韩邦奇《〈洪范图解〉序》一篇,与上序有所不同。其曰:

> 昔者上天式教,出书于洛,大禹因书以第畴,箕子因畴以衍义,

---

① 王宏《〈苑洛志乐〉序》曰:"……岁丁未,先生自少宰总县留台。宏以属吏,尝侍记室,偶语《律吕新书》,以所闻问难,先生乃出兹编以示。宏随请锓梓。……宏谓兹刻也,先生及何大复氏序诸首简,复何言哉?"则此叙文或何景明(字大复)所作邪? 待考。

② 翁连溪编校:《中国古籍善本总目》,台北:线装书局,2005 年版,第 88 页。

九以纲之,五十以纪之,治天下之大经大法,灿然明备,古今所谓洪范者也。有宋蔡九峰氏,因律吕之变,悟洛书之旨,乃推数而赞之辞,由占以致其用,

以上为二序所同者,以下则不同。谢正原刊刻《性理三解》本邦奇序曰:

始于一,参于三,究于九,成于八十一,而六千五百六十一之数备矣。然禹、箕分九畴而稽疑自为一事,蔡子统八筹而并用之稽疑,何也?昔者,文王、周公系卦爻之辞,孔子作两传以翼之,虽未逐卦逐爻以释其义,其所以定天下之业,先天下之用,盖与文、周而同功。是谓"孔子非明八卦",不可也;谓"蔡氏非明九章",亦不可也。同者,理也;不同者,用也。君子岂可语用而遗理哉!正德乙亥六月中旬苑洛子韩邦奇书。

《苑洛集》卷一所载韩邦奇《〈洪范图解〉序》则曰:

泄大禹之神藏,发箕子之妙用,而《范》之为《范》,总于稽疑矣。大哉《范》乎!上配《周易》,洪纤吻合,无毫发爽。其为占也,蓍皆五十,用皆四十有九。《洛书》体方而用圆,圆者用三,故揲以三;《河图》体圆而用方,方者用四,故揲以四。奇以三乘,三三为九,九九八十一,而六千五百六十一之数具矣;偶以四乘,二四为八,八八六十四,而四千九十六之数具矣。至于分挂揲归,终始皆同,自然配合,若天地阴阳,不可少其一。虽康节之经世,亦别为机轴;《太玄》《潜虚》之属,安能涉其波流乎!夫羲、文之学见于《易》,禹、箕之学见于《范》,孔子作《十翼》而《易》以传,箕子既没,不得而传焉。九峰生于二千余年之后,始绍其绝,理由心得,业不师传,其功懋矣!当宋时,五星聚奎,实《范》成之兆。其他诸儒,明道立德,注释经书,固汉、唐以来儒者之常,不得与于斯也。数辞未备而蔡子卒,乃又绝矣。鳌峰氏补其缺辞而训释之,其义复明。然棋有阴阳,蓍惟奇偶,而考占未备焉。至于今,其殆将又绝矣乎?《洪范传》曰:"象以偶为用者也,有应则吉;《范》以奇为用者也,有对则凶。"又曰:"正数者,天地之正气也,其吉凶也确;间数者,天地之间气也,其吉凶也杂。"此《范》学传灯之秘也。著之篇末,以示读《范》之士云。

关于是书之内容,《四库全书总目》卷一一○《洪范图解》提要云:

是编因蔡沈《洪范皇极内外篇》复为图解。于每畴所分之九字,

系以断语,俾占者易明。其揲蓍之法,与《易》之蓍卦相同。所言休咎,皆本于《洪范》,亦与易象相表里。盖万物不离乎数,而数不离乎奇偶,故随意牵合,无不相通云。

此书单行本在历史上之主要刊刻及存佚情况如下:(1)明正德十六年(1521年)本,善本。现存于东北师范大学图书馆。另,此书收录于《四库存目丛书》子部 57 册中。(2)清乾隆年间《四库全书》本。《钦定四库全书总目》卷一百十载有:"《洪范图解》二卷,浙江吴玉墀家藏本。"

4.《正蒙拾遗》

《正蒙拾遗》一书之完成时间,不应晚于武宗正德十三年(戊寅 1518)韩邦奇 40 岁时。此见谢正原刊刻《性理三解》本中刘世纶之《读〈正蒙拾遗〉篇》,其曰:

> 是编也,先生谓"三代之下,独横渠识天道之实",此千古卓越之见。今即造化,与《正蒙》对观之,了然矣。至于"周公狼跋"之说,"佛氏归真"之论,"有道术以通""过涉灭顶"诸篇,不过千言,而因时达变,抚世御物,《易》之妙用,在盈缩之中,先儒未之及也。学者详玩熟察,而有得焉,则知世纶非阿私已尔。正德戊寅赐进士承德郎户部主事门人岷山刘世纶拜书。

由题款时间,知刘世纶已于正德戊寅读过韩邦奇之《正蒙拾遗》,则该书之作,不当晚于此时也。关于此书之要旨,韩邦奇有《〈正蒙拾遗〉序》,见载于其《苑洛集》卷一,其曰:

> 学不足以一天人、合万物,不足以言学。吾读《正蒙》,知天人万物本一体也。
>
> 混沌之初也,一元之气,渣滓融尽,湛然清宁,而万象皆具一极中,《易》所谓"太极",天之性也。及其动静继成之后,气化形生,并育并行,是天率天之性而行,是之谓"天道",夫子所谓"一阴一阳之谓道",《中庸》所谓"道并行而不相悖者也"。人生之初也,天赋之理,无偏不倚,凝然静一,而万行皆备于其中,《书》所谓"降衷",人之性也。及其感通几微之际,形生神发,随接随应,是人率人之性而行,是之谓"人道",子思所谓"率性之谓道",夫子所谓"天下之达道者也"。"鸢飞戾天,鱼跃于渊",流行上下之昭著者。至于蛙鸣蝉噪,蚁走蝇飞,皆天道也。亲亲仁民,忠君敬长,明体适用之大者,至

于一言一动之发,一事一物之处,皆人道也。君子之自强不息,即化育之,川逝如斯夫,道一而已矣。

　　道也者,盖皆指其发见流行,显仁之用,践履制作彰施之功夫,岂论于无声无臭,不睹不闻之际哉!不有卵乎?黄白耳,雏未之见也,羽、血、骨、肉、心、肝、肠、肾,缺一而雏不完,卵则雏之极也。不有核乎?仁种耳,木未之见也,花、叶、枝、干、根、株、果、实,缺一而木不完,核则木之极也。卵、核者,即雏、木之本体,不杂乎雏、木,不离乎雏、木而为言耳。

　　夫天地者,万物之父母;万物,天地之子也。子有不肖父母者乎!天地万物,其始也,先有生,后有成;其终也,先消成,后消生。生而少,少而壮矣,壮而衰,衰而灭矣。天之开也,斯昭昭之多,积一万八百年而天始成;地之辟也,一撮土之多,积一万八百年而地始成,山以渐而高矣,海以渐而大矣。若一开辟焉,天地山海即若是之高且大也,则是人一出乎胎也,即发委地而须拂髾,堂堂七尺之躯,经营干理,通达万变矣。木一出乎核,即合抱参天,果实俱完矣。有是理乎?其消也,天吾知其日削其圆,地吾知其日损其方,山吾知其日卑矣,海吾知其日小矣。但其化几微,人不之觉焉。如今目前之世,万民万物,济济林立,忽一日而尽皆没灭,亦可伤也。

　　是故造化之运,消长之机,方混沌即渐开辟,方开辟即渐混沌,如圜无端,无一息之停。长于子,渐至于巳,开辟极矣;消于午,渐至于亥,复混沌矣。自子至寅,历三时而形象备;自酉至亥,历三时而渣滓尽。然则一元十二辰,混沌者六辰,开辟者六辰,一岁之候,昼夜之道也。唐虞三代,当午之正时,雍风动之,化其盛极矣。前此以来,浑厚敦庞,日进于文明,后此以往,浇漓乖贼,日趋于澌尽。嗟夫!今午日昃,一代降于一代,造化老矣,孰能挽回唐虞三代之治乎?创业之君,守成之贤主,不过服药节食,使少病康强尔,固不能红颜黑发,如少壮之年也。张子曰:"太虚无形,其聚其散,变化之客形尔。"又曰:"知虚空即气则无无。"察乎此,则先儒所谓"道为太极,其理则谓之道",老氏所谓"无",佛氏所谓"空",不辨而自白。孟子曰:"经正则庶民兴。"君子反经而已矣。凡此皆《正蒙》之本旨,诸注之所遗也,谨为之拾。

此书著成之后，一直没有单行本传世。所见者，即《性理三解》合刊本中之《正蒙拾遗》也。

(三)《性理三解》合刊本版刻情况

就《启蒙意见》《律吕直解》《洪范图解》合刊本而言，其最早版本为明嘉靖十九年(1540年)本。是本7卷，福建道监察御史韩邦奇门人渭野樊得仁刊刻。《中国古籍善本总目》载："《性理三解》七卷，明韩邦奇撰，明嘉靖十九年樊得仁刻本，十行二十字，白口左右双边有刻工。包括：《启蒙意见》五卷、《律吕直解》一卷、《洪范图解》一卷。"[1]是书为《性理三解》最早版本，现存于国家图书馆、故宫博物院图书馆、山东省图书馆。另《中国古籍善本总目》载有："《性理三解》七卷，明韩邦奇撰，明刻本，十一行二十字，白口左右双边。包括：《启蒙意见》五卷、《律吕直解》一卷、《洪范图解》一卷。"现存于故宫博物院图书馆[2]。是本与明嘉靖十九年本内容一致而刻版不同，当是其传本。

就《正蒙拾遗》《启蒙意见》《洪范图解》合刊本而言，其最早版本为明嘉靖二十一年(1542年)樊得仁刊刻本，是本为《性理三解》后世定本源头，然已佚。其后世传本大略有二：一为清乾隆十六年(1751年)成邦彦刊刻本，8卷，包括：《启蒙意见》6卷、《正蒙拾遗》1卷、《洪范图解》1卷。陕西师范大学图书馆存5卷：《正蒙拾遗》1卷，《启蒙意见》一、二、五、六卷，缺三、四两卷。二为清嘉庆七年(1802年)谢正原刊刻本，此本亦8卷，包括：《启蒙意见》6卷、《正蒙拾遗》1卷、《洪范图解》1卷。现亦存于陕西师范大学图书馆等处。

如上亦可知，《性理三解》前后不同合刊本所含著述为《律吕直解》《正蒙拾遗》《启蒙意见》《洪范图解》4种。4种书中除《正蒙拾遗》后世无单行本而与前述合刊本版本流传情况相同外，其余3种书各有单行本传世。

二、《易占经纬》及其附录刻本

《易占经纬》4卷，附录1卷。书前有王赐绂序，王序曰：

> 先生自入仕历四十年，罢免里居者四，故士多从之游。嘉靖己

---

[1] 翁连溪编校：《中国古籍善本总目》，台北：线装书局，2005年版，第802页。
[2] 翁连溪编校：《中国古籍善本总目》，台北：线装书局，2005年版，第802页。

玄春，先生自抚晋归，绂以《易》往就学焉。甲辰，先生起总河道，绂南宫不第，归，卒业门下。先生以占变语绂，且命以三百八十四变为经，四千九十六变为纬。经者，《易》爻辞；纬取《易林》以附之，占则一以孔子占变为主。且曰："《易》用变爻皆九六，不变则七八也。《易》无七八之爻，何自而占？且与孔子之旨违焉。"绂乃与窗友张子士荣次第成编。士荣者，先生外孙，随侍先生，且以蔡沈《书》卒业云。嘉靖乙巳春三月朔旦，门人王赐绂顿首拜书。

书后有韩邦奇外孙张士荣所作《〈易占经纬〉后序》，其曰：

孔子曰："动则观其变而玩其占。"斯《易》之大用乎！夫《周易》，为卜筮而作也，是故尚其占焉。《易》之数，老变而少不变，是故观变焉。《易》之爻惟九六，无七八之爻也，是故占变焉。"占不变爻"者，于《易》莫归；"三爻占象"者，于理无取，是故于《易》窒矣。三百八十四爻，四千九十六变，《易》之变，尽于是也。是故《国语》之附会，后儒之议拟，吾不得而知也。用《易林》之变而不用《易林》之辞，吾亦不得而知也。吾之所知，《经纬》而已矣。嘉靖乙巳春三月朔旦，士荣百拜书。

由此可知，是书为韩邦奇弟子王赐绂和韩邦奇外孙张士荣依韩邦奇之意，以《周易》经文及《焦氏易林》错综编纂而成。约始编于嘉靖二十三年（1544年），嘉靖二十四年（1545年）三月完成。书前又有金城之《刻〈易占经纬〉叙》，其曰：

余读左氏《春秋》，喜其占筮其验，疑其辞之不出于《易》也。及玩朱子《启蒙》，卦画变占，悉有源委，与《易》符合，乃知夫理之无二致矣。既得焦赣《易林》，读之其辞冲雅，绝类左氏，作用亦同。岂古有其法而朱子祖述之耶？按汉去古未远，而赣之学，出于商瞿，其殆有所本耶？圣远言湮，《连山》《归藏》已不并存矣，尚奚从考之？苑洛先生作《意见》，以发启蒙，殆无余蕴。兹复取焦语与《易》象爻，错综而经纬之，其意之未尽者，为图为说，渊乎邃矣。夫辞也者，所以明象数也；象数也者，所以明理也。得夫理，象数不足言矣；得象数，辞亦不足言矣。滞糟粕而遗性真，此断轮所以兴叹也。噫！是书也，独筮云乎哉？刻之闽庠，用示来学。嘉靖戊申夏四月丙午，后学济南金城书。

其作"叙"时间题为"嘉靖戊申夏四月",即嘉靖二十七年(戊申1548),此为该书版刻时间。

是书编撰之方法,以三百八十四变为经,取《易》之爻辞附之;以四千九十六变为纬,取《易林》附之。故而此书是韩邦奇贯通汉、宋易学的重要著作。《四库全书总目》卷一百十一之《子部二十一·术数类存目二》载有:"《易占经纬》四卷,江苏巡抚采进本。"其"提要"曰:"兹编专阐卜筮之法,以三百八十四变为经,四千九十六变为纬,经者《易》之爻辞,纬取《焦氏易林》附之,占则以孔子占变为主,盖言数而流于艺术者也。《经义考》载其门人王赐绂序略,此本不录,别有济南金城序,殊不及原序之详。"清代朱彝尊《经义考》卷五十二载:"《易占经纬》四卷,存",随后录有韩邦奇门人王赐绂所写的序。又于《易林推用》条目下引用张云章曰:"朝邑韩恭简公,谭理学,负经济,世称苑洛先生。有《性理三解》行世,内《启蒙意见》四卷,即《易学疏原》也。《易占经纬》四卷,前列卦变图、易占图、焦氏易林占图、易象爻辞,复有附录一卷,明卦爻三变及易林推用之法,经纬云者,以三百八十四变为经,四千九十六变为纬,经者《易》爻辞,纬取《焦氏易林》附之。"由此可见,《易占经纬》其后还附有韩邦奇《卦爻三变图说》和《易林推用》二作。

《易占经纬》附录之一是《卦爻三变图说》。《卦爻三变图说》前有韩邦奇门人张思静所写的《卦爻三变序》。序曰:

思静年十三时,以朱子诗廪于州庠。应秋试,累科不第。己亥,苑洛先生复里居,思静受学焉。庚子,复不第。明年,先生曰:"子之诗亦既成章矣,何进诸?"乃以蔡子《书》授之。癸卯,遂以《书》魁乡试。甲辰会试,南宫不第。先生已起总理河道,思静往卒业焉。又明年,思静请进于《易》。先生曰:"孔子,大圣也,加数年可以学《易》,《易》岂易言哉!然欲学《易》,先以卦爻始。"取《卦爻三变图说》授思静。思静拜手曰:"卦爻之变,尽于是矣。"

伏羲之卦自一而二,二而三,三而四,四而五,五而六,成六十四矣。孔子三而三之,则亦六十四矣。先生画二图而合之。夫生卦之序,士子之常谈也;至于伏羲一加之,孔子三加之,生序先后,无不吻合,则发自先生也,此一变也。夫子三而三之,相荡为六十四,士子之常谈也;以八卦三爻各三变,各为八卦,为六十四,则发自先生也,此第二变也。一卦尽六爻之变,为四千九十六卦,此士子之常谈也;

以六画之上再加六画,即与四千九十六变合且以制用者,则发自先生也,此第三变也。呜呼!尽之矣!先生曰:"义理无穷,安知此外更无变乎?姑藏之以俟精深君子焉。"可也。

由是序中"甲辰会试,南宫不第。……又明年,思静请进于《易》。先生……取《卦爻三变图说》授思静。"可知《卦爻三变图说》亦约于嘉靖二十四年(乙巳1545)完成,如此邦奇方可授予思静也。张思静从韩邦奇学《易》,韩邦奇认为学《易》当从学卦爻开始,于是传授其《卦爻三变图说》与张思静。此书取名《卦爻要图》,内容当为此《卦爻三变图说》。据张思静序所述,《卦爻三变图说》道尽了卦爻之变,综而观之主要有三变:一变是伏羲——相加"加一倍法"与孔子三画而三画"相荡"的生成先后顺序相吻合;二变是八卦三爻各三变,终成六十四卦;三变是"相荡"模式之推演,即六画之上再加上六画而成四千九十六卦。此书在清代朱彝尊《经义考》卷五十二亦有记载,其曰"《卦爻要图》阙卷,存",随后录有张思静所写序。

《易林推用》是《易占经纬》附录之二。关于《易林推用》,韩邦奇《苑洛集》卷一有《〈易林推用〉序》,即此书之序,曰:

> 五星连珠,日月合璧,所谓七曜齐元之法,数之始也。三百六十五日四分日之一,一岁,天运之全数也。微秘不尽,余数也。三百四十八,一岁,月运之数也。三百六十者,六甲相乘,六甲之全数也。月甲之数,非造化之正,而圣人兼取之者,乾坤之大用也。今夫端阳之日,非五气之五日也。诸家之术,用之必验。六甲非气之全,自古纪数必用者,乾坤之用不可遗也。数虽万变不齐,然实不过于三元,再倍而六,得全日三百六十六,虽曰日之所余,历不能齐,于全日无损焉,圣人倚数于此矣。是数也,以天运为体,以月运纪年,以甲子纪日,岁余三时,四余益一。支干起于两,上元之首,三百六十年,一运之始,推自坎中焉。直日之爻,千岁可坐而致矣。为京氏之学者,此其阶也。

《易林推用》之完成时间,无考。大抵可以推知此书当作于韩邦奇晚年,其主要内容是结合历法,阐明京氏易学原理。清代朱彝尊《经义考》卷五十二中载有"《易林推用》,未见",随后附有韩邦奇所写的序,同上。由此可以推知《易林推用》之大致内容。

今《四库存目丛书》子部66册中录有此书,为明嘉靖二十七年金城刻本。

另,中国国家图书馆有此书馆藏:(1)《易占经纬》4 卷,普通古籍,1644 年;(2)《易占经纬》4 卷,普通古籍,1736 年。

三、《苑洛志乐》及其节要版本

《苑洛志乐》是韩邦奇晚年乐律学思想的总结。此书《钦定四库全书总目》之"提要"说:"是书首取《律吕新书》为之《直解》,凡二卷,前有邦奇自序,后有卫淮序。"此言不确。经核查,该书卷二、卷十八、卷十九为韩邦奇早期乐律学著作《律吕直解》。

《苑洛志乐》最晚于嘉靖二十六年完成。最早版本当刻于次年即嘉靖二十七年(戊申 1548),此版刻本现存。王宏《〈苑洛志乐〉序》曰:

……岁丁未,先生自少宰总宪留台。宏以属吏,尝侍记室,偶语《律吕新书》,以所闻问难,先生乃出兹编以示。宏随请锓梓。既而先生晋今秩,其属王君学吾、陶君大年、谷君钟秀、李君迁、林君冕、茅君坤、龙君翔霄、王君嘉孝、李君庶、余君文献、张君洽,相与以继有终。先生以宏齿稍长,命识之。宏谓兹刻也,先生及何大复氏序诸首简,复何言哉?方今称"艺穷书圃、振古述作",关中其选也。先生独绍孔继轲,潜心经述,如《易占经纬》《禹贡详略》《正蒙注解》诸书,具可为时作范,此特其一耳。若先生者,又讵直关中人物也哉!

由其中"岁丁未……先生乃出兹编以示"可见,是书当于嘉靖二十六年(丁未 1547)已完成。由后文,可略知此书当时刊刻情况。关于是书之内容,韩邦奇《苑洛集》卷一有《〈苑洛志乐〉序》,其曰:

昔子华有志于乐,孔子扣之。曰:"非曰能之,愿学焉。"奇,何人也,议及于斯,窃有志而未能也,故曰《志乐》云。

夫乐,生于心者也,有是心而无所寄,宣其意于言,言成章为诗,而犹未足以尽其意也……被之声容,是谓之乐。乐无诗,非乐也,亦无乐也。

古乐之亡久矣!《周礼》失其真,《乐记》遗其制,去籍于诸侯之僭,残坏于秦火之焚,汉儒附会于其前,诸家纷纭于其后,上诬天文,下诬地理,中诬人事,配五行、四时、八卦、四隅、十二辰,此通彼滞,小就大遗,零星破碎,补凑牵合,取其一庶或可用,会其同则见难行。卒皆人为之私夫?岂天然之妙,于人心固已戾矣,又何暇论雅与淫、古与今哉?

是编也,一以质实为体,敷施为用,谐声为止,中律为的,凡宫商之相应,正变之相接,全半之相济,阴阳之相宜,如星之丽天,如风之行水,如织具之经纬乎文绮,虽万象错列而各有条理,皆取诸造化之自然而不敢附之以己意,期于宣人情而承诗歌耳。虽不必屑屑乎考天文、察地理、稽人事,配五行、四时、八卦、四隅、十二辰,自有所符契焉。考之古人制作之极,用之圜丘而天神降,用之方泽而地示出,用之宗庙而祖考格,用之朝廷而庶尹谐,用之房中而宫闱睦。此无他,顺其自然,发乎人心,宫商、正变、全半、阴阳中节而已矣。顾兹薄艺,亦惟可以措之行事,美其观听,不失乎乐之情焉耳!若夫究其功用,极感通之妙,探其本原,继夔伦之志,以承古人之绝学,以备一时之制作,则有子有言:"以俟君子"云。

《四库全书》本《苑洛志乐》亦有此序,文同上。如其卷九所云,该书"取乐之切要者考证删定",对古代之乐律、古乐器、乐曲、乐舞,以文字记述与图解配合的方式做详尽地归纳、解说、注解,并且对音律有着独特的见解。《四库全书总目·经部·乐类》该书"提要"评之曰:"虽其说多本前人,然决择颇允。又若考定度量、权衡、乐器、乐舞、乐曲之类,皆能本经据史,具见学术,与不知而妄作者,究有径庭。"更为难得的是,在该书中,韩邦奇继承了中国传统"乐生于心"的观点,提出音乐应该"取诸造化之自然""顺其自然,发乎人心"的观点,这从本质而言,是其"天人合一"思想在"制礼作乐"上的具体体现。《四库全书总目·经部·乐类》之本书"提要"曰:

《苑洛志乐》,二十卷(浙江汪启淑家藏本)。明韩邦奇撰。邦奇有《易学启蒙意见》,已著录。是书首取《律吕新书》为之《直解》,凡二卷。前有邦奇自序,后有卫淮序。第三卷以下乃为邦奇所自著,其于律吕之原,较明人所得为密,而亦不免于好奇。如《云门》《咸池》《大章》《大夏》《大韶》《大濩》六乐名,虽见于《周官》,而音调节奏,汉以来无能传者。邦奇乃各为之谱,谓黄帝以土德王,《云门》象天用火,起黄钟之徵,以生为用,则林钟也。《咸池》象地用水,起大吕之羽,以土所克为用,则无射也。《大章》《大韶》皆起于黄钟,夏以金德王,林钟律属金商声,故《大夏》用林钟之商,南吕用南吕起声。商以水德王,应钟律属水,羽声,故《大濩》用应钟之羽,夷则用夷则起声。今考旋宫之法，林钟一律以黄钟之徵，为火，以仲吕之商为金，若以月律论之，则是六月之律，而非金也。故邦奇于《大夏》下自注云："相缘如此。"还用夷则，为是则夷则为七月之律，属金，与《大濩》用应钟为十月之律，属水者一例矣。然则林钟、夷则不已两歧其说乎？又谓大司乐圜钟为宫，以南吕起声，一变在姑洗，至六变在圜钟，故云："若乐六变，则天神皆降。"函钟为宫，以应钟起声一变在蕤宾，至八变在函钟，故云："若乐八变，则地祇皆出。"黄钟为宫，以南吕起声，一变在姑洗，至九变在黄钟，故云："若乐九变，则人鬼可得而礼。"今考《左氏传》谓："五降之后，不容弹矣"，则宫徵商羽角五声也，《前汉书·礼乐志》曰："八音七始，则宫、徵、商、羽、角、变宫、变徵，七声也。"凡谱声者，率不越此二端。此书圜钟为宫，初奏以黄钟之羽，南吕起声，顺生至黄钟收宫，凡得十声。次奏用林钟之羽，姑洗起声，而姑洗实为前奏，黄钟之角，所谓用宫逐羽，而清角生也。函钟为宫，用太簇之羽，应钟起声，顺生至本宫，太簇又顺生徵商二律，复自商逆转，徵宫二律收宫，凡得十四声。商不顺生羽而逆转为徵，所谓引商刻羽而流徵成也。黄钟为宫，凡阳律之奏用宫逐羽，阴吕之奏引商刻羽，是以十声与十四声各五奏也。至谓周乐皆以羽起声，本于《咸池》，而于黄钟为宫起南吕，则用黄钟本宫之羽，函钟为宫起应钟，应钟为太簇之羽。太簇为林钟之徵，则又用徵之羽矣。圜钟为宫起南吕，南吕为黄钟之羽，黄钟为圜钟之羽，则又用羽之羽矣。同一用羽起声，而所用之法又歧而为三，推其意，不过误解《周礼》八变九变之文，以函钟为宫当在初奏之第九声方与八变合，即不得不以应钟为第一声，而应钟非函钟之羽也。以圜钟为宫当在初奏之第七声方与六变合，即不得不以南吕为第一声，而南吕非圜钟之羽也。即又不得不谓应钟为羽之羽，南吕为徵之羽矣。由杜撰而迁就，由迁就而支离，此数卷最为偏驳，其他若谓"凡律空，围九分，无大小之异，其九分，为九方分"，"蕤宾损一下生大吕，优于益一上生大吕"，以黄钟至夹钟四清声为可废，以夷则至应钟四律围径不当递减，虽其说多本前人，然决择颇允。又若考定度量、权衡、乐器、乐舞、乐曲之类，皆能本经据史，具见学术，与不知而妄作者，究有径庭。史称邦奇性嗜学，自诸经、子、史及天文、地理、乐律、术数、兵法之书,无不通究。所撰《志乐》尤为世所珍,亦有以焉。末有嘉靖二十八年其门人杨继盛序,据继盛自作《年谱》,盖尝学乐于邦奇,所云"夜梦虞舜击钟定律"之事,颇为荒渺,然继盛非妄语者,亦足见其师弟覃精,是事寤寐不忘矣。

此书历史上之主要刊刻及存佚情况如下:(1)明嘉靖二十七年(1548年)本,善本。《中国古籍善本总目》载有:"《苑洛志乐》,二十卷,明韩邦奇撰,明嘉靖二十七年王宏等刻本,十行二十字二十二字不等,白口四周单边。"①现存于中国国家图书馆。(2)清康熙二十二年(1683年)本,善本。《中国古籍善本总目》载有:"《苑洛志乐》,十三卷,明韩邦奇撰,清康熙二十二年吴无莱刻本。"②现分别存于清华大学图书馆、上海图书馆、内蒙古师范学院图书馆、天一阁文物保管所、湖南省图书馆、四川省图书馆。(3)清乾隆年间《四库全书》本。《钦定四库全书总目》卷三十八载有:"《苑洛志乐》二十卷,浙江汪启淑家藏本。"现存。(4)清嘉庆十一年(1806年)本。陕西师范大学图书馆馆藏有:《(重刻)恭简公志乐》12册,关中裕德堂藏版,清嘉庆十一年本。又中国国家图书馆馆藏有:《(重刻)恭简公志乐》20卷,普通古籍,1806年。

另外,韩邦奇还有《乐律举要》一书。此书收录于《四库存目丛书》经部一百八十二册中。《钦定四库全书总目》卷三十九中录有:"《乐律举要》一卷,编修程晋芳家藏本。"其"提要"说:"此书为《曹溶学海类篇》所载。核校其文,乃从邦奇《苑洛志乐》中摘录十余条,为立此名也。"由此可知,此书乃《苑洛志乐》之部分节要。中国国家图书馆馆藏有此书:(1)《乐律举要》1卷,善本,1831年;(2)《乐律举要》1卷,普通古籍,1831年。

四、《苑洛集》及其节要版本

《苑洛集》乃韩邦奇晚年文章、思想之汇集,是书为韩邦奇门人张文龙汇集而成,始刊刻于明嘉靖三十一年(1552年),其时韩邦奇74岁。关于此书,张文龙又有《刻〈苑洛先生文集〉跋》(《苑洛集》嘉庆七年本),云:

先生少时锐意于诗文,既而当弘治之盛,自庆身际升平,复留心于礼乐。比登仕,则正德矣。乃幡然于性命道德之学。凡诗文则随

---

① 翁连溪编校:《中国古籍善本总目》,台北:线装书局,2005年版,第88页。
② 翁连溪编校:《中国古籍善本总目》,台北:线装书局,2005年版,第88页。

意应答，稿多不存。又先生抚宣时，以其稿付侄生员仲谐，会遭火灾，盖尽焚之。文龙侍先生最晚，始集先生制作为卷二十有二，不可考者过半矣。文章如《江神》《河伯》诸赋，篇皆万余言，今亦遗失。奏议在南都，如拥护孝陵，会内外文武重臣，议履刻石朝阳门外，山西宗室礼部覆有成命，命先生送发高墙，先生以宗室越赴南都，止因贫难，别无他意，宜伴送本处，经该衙门查究收管。此其最大且近者，稿皆不存，他可知矣。斯集也，文龙为门下士，安敢赞一辞？止述其集之始末存失，识岁月云。嘉靖辛亥十二月十四日门人潼关张文龙顿首识。

是书亦有孔天胤所作《刻〈苑洛先生文集〉叙》（《苑洛集》嘉庆七年本），亦为书付梓刊刻所作，时在嘉靖三十一年（壬子1552）冬十月。其文曰：

大司马韩公苑洛先生文集二十二卷，其一卷、二卷为叙，三卷为记，四卷、五卷、六卷为志铭，七卷为表，八卷为列传，九卷为策问，十卷为五言，十一卷为七言及联句，十二卷为填词，十三、十四、十五、十六、十七卷为奏议，十八、十九、二十、二十一、二十二卷为语录。巡抚大中丞樵村贾公取付省中刻之，以表宪一方。若曰："文献为可传耳。"于是外史胤推叙其略。

昔孔子学夏、商之礼，叹文献之不足征，至于周礼，则曰："学之，用之，从之焉。"是有周之文献，昭然可考而据也。然文托献，献纪文。苟非其人，道不虚行矣。苑洛先生，当代之儒贤也，蚤植学于庭闲，崛蜚英于馆阁，敭历恭践，保厘弼承，议制叙物，聪明纯固。所谓亨于天人，娴于大体，位著之表仪，典刑之旧德。故其为文，类非丹腰斧藻之事。盖帝王统治之献，圣贤传心之学，人物之汙隆，风俗之上下，性情之所感，宣闻见之所著录，其辞不一，其陈理析义，卓然一出于正，其扬教树声，翕然一矢乎！圣代之弃，即大夫考政事，士考学闻，乡国之人考孝，友睦因姻之俗，虽不必别求载籍，其经法攸寓，可按集而省焉。然则谓公为当代之文献，不亦信乎？故刻斯集也，允矣，其乘表宪也。时嘉靖三十一年冬十月，河汾孔天胤谨叙。

是书共22卷，分别为：《序》2卷，《记》1卷，《志铭》3卷，《表》1卷，《传》1卷，《策问》1卷，《诗》2卷，《词》1卷，《题奏》5卷，《见闻考随录》5卷。《四库全书总目提要》对此集也有评价说："而记问淹通，凡天官、地理、律吕、数术、兵法之属，无不博览精思，得其要领。故其征引之富，议论之核，一一具有根柢，不同缀拾浮华。……其他辨论经义，阐发易数，更多精确可传。盖有本之学，虽琐闻杂记，亦与空谈者异也。"由此可见此书收集韩邦奇关于军事、乐律、天文、地理、史论、政论、修养以及诸经各种散论，内容庞杂，涉及面广。

此集于明清两朝有过多次刊刻，除上两文外，历次刊刻皆有序言流传至今，先后有乾隆十六年成邦彦《重镌〈苑洛文集〉序》、嘉庆七年朱仪轼《补刊〈苑洛文集〉暨〈性理三解〉〈易占经纬〉序》、嘉庆七年谢正原《补镌〈苑洛文集〉序》、道光八年谢正原《重刻〈韩苑洛集〉序》等。道光八年秋，谢正原所作《重刻〈韩苑洛集〉序》(《苑洛集》道光八年本)，对明清两朝此书的刊刻情况有所总结，其曰：

> 苑洛所存遗书，据原序及跋，始刻于明嘉靖时，分二十二卷，其中已多散佚。国朝乾隆十六年，邑绅重刊之，版藏西河书院，亡何剥蚀又复不少。嘉庆七年，原既补刻邑志，因取《苑洛》二十二卷，并得《性理三解》《易占经纬》及《五泉遗书》同镌补而印之，不下五百余部，一时索散俱尽。既官京师，士大夫复多问者，且无以应之，足见人于两先生，景仰之不啻如昌黎，兼慕之不啻苏文忠昆仲也。比自京师归，板乃尽坏。数年之间，人无定迹，物遂不免存亡。仲尼叹杞、宋无征，伤心远矣，岂独兹集哉！于邑者久之，即思复刻，未暇也。道光戊子，王子葵圃赴家弟仰山成县幕署，临别恳恳以此为言。因取旧本，乞乡先生张翔九翰凌、杨永怀孝陆、李时斋元春、张子范饰，各就其家分校之，校讹付梓，既成，仍于西河书院藏焉。

由此可知，《苑洛集》于明清两朝主要有过4次刊刻，即明嘉靖年间、清乾隆十六年、嘉庆七年和道光八年。

综合各种材料，现将《苑洛集》于历史上之主要刊刻及存佚情况列举如下：(1)明嘉靖三十一年(1552年)本。《中国古籍善本总目》载有："《苑洛集》，二十二卷，明韩邦奇撰，明嘉靖三十一年刻本，十行二十字，白口四周单边。"[①]现存于中国科学院图书馆、中国社会科学院考古研究所、天津市图书馆、吉林省社会科学院图书馆、安徽省图书馆、云南省图书馆、福建省图书馆、东阳县文管会。(2)清乾隆十六年(1751年)本。《中国古籍善本总目》载

---

① 翁连溪编校：《中国古籍善本总目》，台北：线装书局，2005年版，第1405页。

有:"《苑洛集》,二十二卷,明韩邦奇撰,清乾隆十六年刻本,十行二十字,白口四周双边。"①现存于辽宁省图书馆。又,中国国家图书馆馆藏有此书:《苑洛集》二十二卷,普通古籍,1751年。(3)清乾隆年间《四库全书》本。《钦定四库全书总目》卷一百七十一载有:"《苑洛集》二十二卷,副都御史黄登贤家藏本。"(4)清嘉庆七年(1802年)本。陕西师范大学图书馆馆藏有此书:《韩苑洛文集》二十二卷,普通古籍,1802年。(5)清道光五年(1825年)本。中国国家图书馆馆藏有此书:《韩苑洛集》一卷,普通古籍,1825年。(6)清道光八年(1828年)本。陕西师范大学图书馆馆藏有此书:《韩苑洛文集》二十二卷,朝邑西河书院清道光八年刻本。(7)民国二十五年(1936年)金陵卢前饮虹簃本,此版本又有江苏广陵古籍刻印社1979年重印本,现皆存于中国国家图书馆、陕西师范大学图书馆等处。(8)1990年兰州古籍书店本,属于《中国西北文献丛书》第六辑、《西北文学文献》第三卷,本书与明代赵时春《浚谷集》《浚谷文钞》合订。现存于中国国家图书馆等处。

另外,此书亦有节录本两种。

其一为《见闻考随录》。是书为《苑洛集》之卷十八至卷二十二内容。《四库全书存目》有此书,即:"《见闻考随录》无卷数,浙江范懋柱家天一阁藏本。"该书"提要"提到:"是书已载入所著《苑洛集》中,此乃明人钞出别本,中多朱笔标识,上栏又间加评语,如胡守中结交郭勋一条则云'传闻之过',甲申大同之变一条则云'视各书所记为详确',藩臬升迁一条则云'铨法变自杨邃庵',盖别有说,所论亦颇有见,特不知出谁手也。"

其二为《苑洛先生语录》。此书内容与《见闻考随录》大略相同而稍有差异。《四库全书总目提要》曰:"是书皆平日论学之语及所纪录时事,辑为一编。本名《见闻考随录》,已编入所著《苑洛集》中,惟集本5卷,此本作6卷,所载虽稍有出入而大略皆同,盖此本乃邦奇门人山西参议白璧所刊。前有璧序,称刻而题之曰《苑洛先生语录》,疑又为璧所重编矣。"《四库全书存目》子部七录有此书,即:"《苑洛语录》六卷,副都御史黄登贤家藏本。"另《中国古籍善本总目》载有:"《苑洛先生语录》六卷,明韩邦奇撰,明嘉靖三十四年白璧刻本,十行二十字,白口四周单边。"②现存于上海图书馆。

---

① 翁连溪编校:《中国古籍善本总目》,台北:线装书局,2005年版,第1405页。
② 翁连溪编校:《中国古籍善本总目》,台北:线装书局,2005年版,第802页。

五、其他著作

以上诸书均有现存版本。而作为记录韩邦奇生平的最早史料,《世宗实录》卷四百四十三还记载了韩邦奇其他著作,说:

> (韩邦奇)所著有《易说》《书说》《毛诗末喻》《礼记断章》《正蒙拾遗》《新书直解》《洪范图解》《志乐》诸书。

韩邦奇门人杨继盛亦在其《寿韩苑翁尊师老先生七十一序》(杨继盛《杨忠愍集》卷二)中说:

> (韩邦奇)其学之实,则见于《拾遗》《意见》《经纬》《志乐》《六经说》诸书。

另外,冯从吾《关学编·苑洛韩先生》也列举了韩邦奇著作,说:

> (韩邦奇)幼灵俊异常,承训过庭,即有志圣学。……为诸生治《尚书》时,即著《蔡传发明》《禹贡详略》《律吕直解》,见者叹服。……所著有《苑洛语录》《苑洛集》《苑洛志乐》《性理三解》《易占经纬》《易说》《书说》《毛诗末喻》诸书传世。

以上三者所言邦奇著作,除前已提及者外,尚有《禹贡详略》《蔡传发明》《易说》《毛诗末喻》《书说》《礼记断章》《六经说》7种。此7种著述,除《禹贡详略》外,后世皆未见,其他文献也罕有提及。

关于《禹贡详略》,朱彝尊《经义考》卷九十四载:"《禹贡详略》二卷,存。"随后有韩邦奇之自序,曰:"略者,为吾家初学子弟也。复讲说者,举业也。详释之者,俟其进而有所考也。弘治丁巳。"后又录有欧思诚之后序,曰:"《禹贡详略》乃苑洛韩公心得之学,传之家塾者。往岁,愚承乏朝邑,知而求传之,公辞曰:'此特以教我子弟者,非敢传之人人也。'嘉靖乙巳春,适公奉命总理河道于济宁,愚复备属东昌,获伸前请,公诺,愚归郡寿诸梓。俾读是经者,本其说以研经义,考其图以穷源委,庶知公用心之勤、析理之精,有神后学,不为小补云。"由此可以推知,《禹贡详略》成书于明弘治十年(1497年),其时韩邦奇年19岁,然刊刻面世时已经是时隔48年后之嘉靖二十四年(1545年),其时韩邦奇67岁。此书现存陕西省图书馆,善本。《陕西省志》第七十一卷《著述志》曰:

> 《禹贡详略》二卷,明韩邦奇撰。明刻本,二册,每半页十二行,行二十二至二十三字,白口,上下单边,《四库全书总目》著录。此书

根据地理著作《尚书·禹贡篇》，辑录全国各地山岭、河流、薮泽、郡县、土壤、贡赋、物产、美玉等，并详加注释和考证。其中对黄河流域考证较详。卷末有《九州岛赋歌》六十余首，地域图二十余幅。是书卷前有韩邦奇跋云："此为乡塾私课之本，特以教吾子弟，非敢传之人人。"①

后余于2013年5月间，在西北大学出版社马平先生和陕西省图书馆徐大平副馆长的帮助下，阅得此书，与《著述志》所言相合。另，《苑洛集》卷二十二中还有关于《尚书·禹贡》的多条语录，经考证，其内容主要出于《禹贡详略》一书。然其与《蔡传发明》之关系，亦不可得知。

此外，据《苑洛集》卷五《乡进士赵子春墓志铭》，韩邦奇还著有《本义详说》26卷。《乡进士赵子春墓志铭》言：

> 正德丙子，苑洛子之家食也，子春执《羲经》而问焉。……遂手著《本义详说》二十六卷以授之，俾诵习焉。

从书名，大略可以推知此书可能是本于朱熹《周易本义》而作解释，然此书今以不存，内容难考。然而值得注意的是，《苑洛集》卷二十和卷二十一中录有韩邦奇对《周易》六十四卦分别逐个的完整解释，其内容涉及《周易》卦辞、爻辞以及《易传》。《本义详说》及上言之《易说》与《苑洛集》中《周易》解释内容关系如何，尚待考证。

韩邦奇还著有《蔡沈尚书传义》20卷。此见《苑洛集》卷六《处士一庵尚公暨配郭孺人王孺人合葬墓志铭》：

> 正德丁丑，（尚公）谓道曰："……吾闻苑洛子者，授生徒于河西，尔往从之。"苑洛子为《蔡沈尚书传义》二十卷，俾道诵习焉。

由此可知，邦奇曾于武宗正德十二年（丁丑1517）左右，著有《蔡沈尚书传义》一书，并传之于门人尚道，然是书今亦不传，其与上言《书说》之关系，亦不可得知。

另，清代朱彝尊《经义考》卷一百二十七载有："韩氏邦奇、魏氏校《周礼义疏》，未见。"随后录有沈懋孝序曰：

> 《周礼义疏》者，苑洛韩先生、庄渠魏先生所手定，驾部郎韩君凝

---

① 陕西省地方志编纂委员会编：《陕西省志》第七十一卷《著述志》（上册），西安：三秦出版社，2000年版，第183页。

甫得其稿，校而传焉。序之曰：《周礼》之传久矣，是之者以为周之书，疑之者以为汉氏之书，有缺者、补者、删正者，疏其义而发之者，亦各一家之说耳。如欲用之，宜何从？请衷以孔子之论。"①

据此可知，《周礼义疏》为韩邦奇研治《周礼》之作，然其亦佚失，与上言《礼记断章》之关系，也难以明确。

除以上经学著作外，韩邦奇还在年轻时潜心张载《正蒙》之学，著有《正蒙解结》一书。韩邦奇《〈正蒙会稿〉序》（《苑洛集》卷一）称：

……初，弘治中，余尝为《正蒙解结》，大抵先其难者。……今见《会稿》，则难易兼备矣，乃取《解结》焚之。

由是可见，韩邦奇约于弘治年间完成《正蒙解结》一书，是书当与其《禹贡详略》《启蒙意见》《律吕直解》等大略作于同一时期，然因随后观得刘近山之《正蒙会稿》于是书更胜一筹，故取而焚之。是书今亦不传。

除此之外，韩邦奇还取春秋至唐宋论典，编为论式之书，以备弟子从学应举。此见其《苑洛集》卷一《〈论式〉序》一文。邦奇曰：

因取自春秋以及唐宋论之平正体裁，类今举业者十数篇，为吾家子弟式。夫取法乎上，仅得其中，诸弟子其知所从事云。

由此可见其著有论式之书，然其书名及内容，也不可考矣。

如上可见，韩邦奇一生著述，按其内容和先后顺序为《蔡传发明》《禹贡详略》《启蒙意见》《律吕直解》《正蒙解结》《洪范图解》《正蒙拾遗》《周易本义详说》《蔡沈尚书传义》《易占经纬》《卦爻三变图说》《易林推用》《苑洛志乐》《韩苑洛集》《苑洛先生语录》以及《易说》《书说》《毛诗未喻》《礼记断章》《周礼义疏》《六经说》等多种，除去已经散佚及内容重复、不可考证者外，传世的尚有《禹贡详略》《启蒙意见》《洪范图解》《正蒙拾遗》《易占经纬》《卦爻三变图说》《易林推用》《苑洛志乐》《韩苑洛集》《苑洛先生语录》等 10 种。此见存著述之中，涉及经学、理学、音律、兵法、天文、地理、诗词、歌赋等多方面内容，并对明代史学研究具有一定价值。

---

① 朱彝尊撰：《经义考》卷一百二十七，影印文渊阁《四库全书》本第 678 册，第 1 页。

第二节 门 人

邦奇自年少之时,即有《蔡传发明》《禹贡详略》诸书,其著述目的,正如其《〈禹贡详略〉序》所言:"特以教我子弟者,非敢传之人人也。"由是可知,早年即从邦奇学者,大略多出于其家族。其弟邦靖、邦达,抑或授教于其兄邪?以理推之当如此,然文献无据,兹备一说,存录于是。邦奇授学,大抵始于其38岁削籍归家之后。《冯恭定公全书》卷二二《苑洛韩先生》:"既归,谢客讲学,四方学者负笈日众。"《陕西通志》卷五五《人物·圣贤·名臣》云:"(韩邦奇)既归,谢客讲学。负笈者甚众。"此当为韩邦奇里居后讲学之始。而王学谟《续朝邑县志》卷六谓:"韩邦奇凡一削籍、五予告,皆讲学著书,四方从游者云集,以其自号苑洛,学者称苑洛先生。生平著作甚富,皆切理学经世。"可见邦奇门下弟子之多也。兹以文献为据,略述其门人弟子情况。

一、早期门人

即韩邦奇38岁削籍之后至50岁之前从其学者。

邦奇削籍归家,即有弟子从其学。见之于文献者,赵芳、尚道、杨爵。

赵芳,于武宗正德十一年(丙子1516)从学,主学《易》。《苑洛集》卷五《乡进士赵子春墓志铭》:"正德丙子,苑洛子之家食也。子春执《羲经》而问焉。……遂手著《本义详说》二十六卷以授之,俾诵习焉。"按:邦奇以手著《本义详说》26卷授赵芳。据墓志,赵芳,字子春,号左辅。朝邑人。嘉靖四年领省荐,累试春官弗第。卒于嘉靖十八年。赵芳,或为最早师从韩邦奇弟子。殁后,邦奇为之撰《乡进士赵子春墓志铭》(《苑洛集》卷五)。

尚道,于武宗正德十二年(丁丑1517)从学,主学《书》。《苑洛集》卷六《处士一庵尚公暨配郭孺人王孺人合葬墓志铭》:"正德丁丑,(尚公)谓道曰:'吾闻苑洛子者,授生徒于河西,尔往从之。'苑洛子为《蔡沈尚书传义》二十卷,俾道诵习焉。"

杨爵,约于武宗正德十五年(庚辰1520)始游于邦奇门下。《富平县志》卷七《人物》:"字伯修,号斛山……既从朝邑韩恭简公学,躬行实践,以圣贤自期许。与椒山公称'韩门二杨'。"按:杨爵(1493—1549),字伯修,号斛山。陕西富平人。嘉靖八年进士,授行人司行人,十一年,授山东道监察御史,时权臣擅柄,义所不可,乃移疾归。十九年,诏起河南道监察御史,廿年春上疏言天下大计,指陈五弊,世宗大怒,命镇抚司穷治其词,拷讯备至。幽图圄数年。廿六年冬放归。归后,教授里中,57岁卒。隆庆元年,追赠光禄寺少卿。《明史》有传(列传卷九七)。

纪道。《富平县志》卷七《人物》:"纪道,嘉靖间以明经任阿迷州州同,有惠政。初,道与杨忠介公同为朝邑韩恭简公门墙士,博学能文章,有冰雪操,乃恭简所深器者。"由是知纪道为邦奇门人。又,邦奇曾应纪道之请,为其曾祖撰《清轩处士富平纪公墓表》(《苑洛集》卷七)。

二、中期门人

即韩邦奇50岁削籍之后至70岁之前从其学者。

蔡瑷。大约于嘉靖十一年(壬辰1532)从邦奇游。胡向《御史蔡公传》:"登己丑进士。初任行人,从韩苑洛、湛甘泉二先生讲学。"(载《洨滨蔡先生文集》卷首)按:据《御史蔡公传》及《洨滨蔡先生文集》卷一一所收时人之文,蔡瑷,字天章,别号洨滨。河北宁晋人。嘉靖八年进士,授行人司行人,先后任浙江道、河南道监察御史,为官刚正,因论事,两次下狱,革职为民。归里后杜门著述,教授后学,从学者300余人;又置膳日,设义举,周恤困穷。被称为"有道之士"。《御史蔡公传》言其为行人时,尝从邦奇游,则当于邦奇在京时。又,邦奇殁后,蔡瑷撰《祭苑洛韩先生雅章》(《洨滨蔡先生文集》卷一〇),见第一章所述。

张士荣。韩邦奇外孙。见韩邦奇自撰《外孙廪膳生南阳张士荣墓志铭》(《苑洛集》卷六)。据墓志,张士荣(1524—1551),字仁亨,号南阳。其父张腾蛟,朝邑人,累应秋试充岁贡;母为邦奇、张淑人之女。士荣生于南阳外祖家,长、学、置庄皆在南阳,直至卒前50日病重,才归父家。自幼好学有才,孝而有道,28岁病逝。有子一,名可贤;女一,字生员许三畏子尔立。《陕西通志》卷六二《孝义》:"张士荣,字仁亨,朝邑人。母韩氏,苑洛子女也。幼以孙育于韩,有至性。……既冠,补弟子员,仍侍苑洛宦京邸。岁丙午,祖母病。士荣昼夜侍汤药,命归应秋试,不行。苑洛怒治装严遣之,士荣跽请曰:'祖母病而欲从事功名,可乎?'……及病亟,士荣割股肉进,又尝粪甜苦以验瘥否,卒不起。士荣扶柩抵家,登涉三千里,暮,露宿柩旁。既葬,考古礼,行义服三年。士荣历览群书,尤精《书》《易》,凡律历、度数、乐器、龟卜、方药之属,悉出苑洛指授,年二十有八卒。"张士荣与王赐绂曾奉邦奇之命,编纂《易占经纬》4卷。

赵天秩。嘉靖十七年(戊戌1538),韩邦奇自晋阳归后,15岁之赵天秩,请从游。授赵天秩《春秋》。《苑洛集》卷六《茂才赵生仲礼墓志铭》:"年十五,余归自晋阳,仲礼请从游。世荣以其幼,恐无受教之地,乃涕泣,固请来学。时于《周易》已精且熟。余以《春秋》以来论式示之,数日后课一题,即'单襄公论陈亡'体也,甚奇之,自是学愈勤,无故足不越阈,不妄与人谈立,曰:'光阴可惜也。'庚子治《尚书》,才五十日,而亦精且熟,余乃言之太守兄及紫阳诸弟。召令诵说,终始不讹一字。试以义,若老于《尚书》者。共惊,以为神,乃谋以族孙女妻之。"赵天秩卒后,韩邦奇为之撰《茂才赵生仲礼墓志铭》(《苑洛集》卷六),痛其大志未酬而早逝。又作《满江红·哀仲礼》及《踏莎行》词以哀之。据墓志,赵生名天秩(1524—1543),字仲礼。朝邑泊子村人。《苑洛集》卷十二《满江红·哀仲礼》下有小注:"仲礼每同诸友雪夜趋讲席者三冬渡洛水,每三鼓始归。"又同卷《踏莎行》题下小注:"赵氏二子仲典、仲礼,皆以奇童称。仲典十七秋试归,病于途死。仲礼十九秋试归,病于途死。二子生时,其母梦紫龙入室即飞去。人见二子奇特,谓必大成,皆夭殁,异矣!"哀其兄弟二人皆为奇童而早逝。

王赐绂。嘉靖十八年(己亥1539),韩邦奇里居讲学。授王赐绂《易》。王赐绂与邦奇外孙张士荣曾奉邦奇之命,编纂《易占经纬》4卷。《经义考》卷五十二录有:"《易占经纬》四卷,存。王赐绂序曰:……嘉靖己亥春,先生自抚晋归,绂以《易》往就学焉。"

张思静。见《易占经纬》附录《卦爻三变序》,曰:"思静年十三时,以朱子诗廪于州庠。应秋试,累科不第。己亥,苑洛先生复里居,思静受学焉。庚子,复不第。明年,先生曰:'子之诗亦既成章矣,何进诸?'乃以蔡子《书》授之。癸卯,遂以《书》魁乡试。甲辰会试,南宫不第。先生已起总理河道,思静往卒业焉。又明年,思静请进于《易》。"可知其为邦奇门人。从学当在嘉靖十八年(己亥1539)之后。

三、晚期门人

即韩邦奇70岁之后至去世之前从其学者。

杨继盛。于嘉靖二十八年(己酉1549)从邦奇游。《杨忠愍集》卷三《自著年谱》:"己酉年,三十四岁。……是时关西韩公苑洛讳邦奇为南京兵部尚书。此翁善律吕、皇极、河洛、天文、地理、兵阵之学,而律吕为精。子师之。先攻律吕之学……"《明史·杨继盛传》:"……嘉靖二十六年登进士。授南京吏部主事。从尚书韩邦奇游,覃思律吕之学,手制十二律,吹之声毕和。邦奇大喜,尽以所学授之。"按:杨继盛(1516—1555),字仲芳,号椒山。河北容城人。嘉靖二十六年进士,授南京吏部主事,改兵部员外郎,因谏咸宁侯仇鸾媾和俺答有"十不可、五谬"而下诏狱,贬为狄道(今甘肃临洮)典史。后历诸城知县、南京户部主事,官至兵部员外郎。又因弹劾严嵩十罪、五奸,于嘉靖三十四年十月被害,时年40岁。临刑赋诗曰:"浩气还太虚,丹心照千古。生平未报恩,留作忠魂补。"天下相与涕泣传颂之。穆宗立,恤直谏诸臣,赠太常少卿,谥忠愍,建祠保定,名旌忠。著有《杨忠愍文集》。

四、其余弟子

从韩邦奇游之弟子颇多,存其名者主要有:

任代伯。其父任杰卒后,邦奇为其父撰《处士任君墓志铭》(《苑洛集》卷六)。据该墓志,任君名杰(1478—1543),字汉臣,华州人。邦奇为诸生时,任君亦华阴学生,二人相识于庠舍。后任君遣其子代伯就学邦奇时曰:"昔尝听朝邑韩先生说《易》,明且尽,令人恍然有悟,我心慕之。汝往从游焉。"代伯于嘉靖十一年中举。

赵瓘。据韩邦奇《苑洛集》卷七《国子生西河赵子墓表》所言:"西河子讳瓘,字汝完,姓赵氏,别号西河。诸友以其周于文学,呼为'西河子'。关内冯翊之朝邑大庆关人也。未弱冠……而西河子卒矣。其师尚书韩苑洛表其墓曰……"

赵世荣。赵天秩父,尝从邦奇游。见《苑洛集》卷六《茂才赵生仲礼墓志铭》。

邓镗。朝邑知县王道为韩邦奇刻《洪范图解》一书。书前有序,署"时七年冬月上吉也古燕门人邓镗顿首谨识"。

樊得仁。曾于嘉靖十九年、二十一年刊刻邦奇之《性理三解》并作序。序末题:"福建道监察御史门人渭野樊得仁顿首拜书。"

张文龙。于嘉靖三十年汇成《苑洛集》22卷,并撰跋。跋末题:"嘉靖辛亥十二月十四日门人潼关张文龙顿首识。"

白璧。于嘉靖三十四年刊刻《苑洛先生语录》，并作序。序末题："大明嘉靖三十四年秋九月赐同进士出身山西布政司左参议门人白璧顿首谨序。"

王宏。《苑洛志乐》序下题："时嘉靖戊申冬十一月望，南京都察院经历门人王宏顿首谨识。"

雷士祯。《陕西通志》卷六十载："雷士祯，字国柱，朝邑人。少颖悟，有风节。六岁时，从学外祖韩邦奇。"

王勋。见《启蒙意见》跋文："上谷门生王勋校订。"

孙九畴。见《启蒙意见》跋文："上谷门生孙九畴笔录。"

刘世纶。谢正原刊刻《性理三解》本中有刘世之《读〈正蒙拾遗〉篇》，其末题曰："正德戊寅赐进士承德郎户部主事门人岷山刘世纶拜书。"

金城。韩邦奇《易占经纬》有金城作《刻〈易占经纬〉叙》，叙末题曰："嘉靖戊申夏四月丙午，后学济南金城书"，或邦奇门人。

第三节 交 游

学而无友，则孤陋而寡闻。友人之间，相与砥砺，相与唱和，相与彰勉，其为人学问，自有所进也。故古人无不尚其交。交游之间，深浅有所不同，或契心于学，或同道于事，或相合于情，不一而足。兹就邦奇之交游，约略为三：友人也，同僚也，乡党也。以见其交游相知之概略也。

一、友人

韩文。正德八年冬，韩文曾为邦奇《易学启蒙意见》撰序，下题"荣禄大夫太子太保户部尚书忠定公韩文撰"。见谢正原嘉庆间刻本《性理三解》本《启蒙意见》。按：韩文（1441—1526），字贯道，山西洪洞人。宋宰相韩琦之后。成化二年（1466年）中式丙戌科进士，任工科给事中。弘治年间，历任山东左参政、云南左布政使，以右副都御史巡抚湖广，又移抚河南，召为户部右侍郎，改吏部，升左侍郎。弘治十六年（1503年），拜南京兵部尚书。次年，拜户部尚书。正德三年（1508年）请诛乱政内臣马永成等8人，大学士刘健、李东阳、谢迁等力挺，六月被逮捕，下锦衣卫狱，罚米放归。刘瑾伏诛后复官，致仕。世宗即位后，特遣行人慰问赏赐。又加太子太保。嘉靖五年（1526年）

卒,享年 86 岁。追赠太傅,谥忠定。《明史》卷一八六有传。

王九思。邦奇父绍宗卒,王九思为撰《大明中顺大夫福建等处提刑按察司副使封中宪大夫莲峰韩先生墓碑》,见王九思《渼陂集》卷一一。按:王九思(1468—1551),明代文学家。字敬夫,号渼陂。陕西鄠县(今户县)人。弘治九年(1496年)进士。选为庶吉士,后授检讨。其间,李梦阳、何景明、康海等人陆续来北京,相聚讲论,倡导文必秦汉、诗必盛唐,史称"前七子"。正德四年(1509年)调为吏部文选主事,年内由员外郎再升郎中。武宗时宦官刘瑾败,因与刘瑾为陕西同乡,被名列瑾党,降为寿州同知。所著有诗文集《渼陂集》、杂剧《沽酒游春》《中山狼》(一折),及散曲集《碧山乐府》等。

马理。嘉靖十二年(癸巳1533),韩邦奇因马理之请,为其祖父撰《赠中大夫光禄寺卿马公墓表》(《苑洛集》卷七)。嘉靖二十二年(癸卯1543)马理上疏荐贤,其中荐及邦奇,称邦奇"明敏有为,文武俱优"(见《谿田文集》卷一《谢恩疏》)。按:马理(1474—1555),字伯循,号谿田,三原(今陕西三原县)人。明弘治十年举人,正德甲戌年(1514年)进士。曾任吏部稽勋主事、稽勋员外郎、南京通政司右通政、稽考功郎中光禄卿等职。弘治年间就学三原宏道书院,其学识和文章闻名全国,当时学者都将他与宋代著名哲学家、关中学派代表人物张载相提并论。所作《送康太史奉母还关中序》一文,被传抄国外,朝鲜国将此文作范文传诵。嘉靖三十四年(1555年)十二月十二日,陕西关中发生大地震,马理卒,时年82岁。著作有《四书注疏》《周易赞义》《尚书疏义》《诗经删义》《周礼注解》《春秋修义》《陕西通志》等。

吕柟。韩邦奇与吕柟相交,大约始于孝宗弘治十四年(辛酉1501)。是年韩邦奇与吕柟、兄邦彦、弟邦靖同试于长安,居于一寺。吕柟《泾野先生文集》卷二三《福建按察司副使封中宪大夫莲峰先生韩公墓志铭》:"弘治辛酉,柟与公之三子同试长安,邸一寺,朝夕游。三子者,今仪封知县邦彦,浙江佥事邦奇,工部员外邦靖也。"正德三年(戊辰1508),韩邦奇与吕柟、弟邦靖同中进士,授吏部考功司主事。韩邦奇被谪平阳后,吕柟撰七律《赠韩平阳汝节》,批评时事,赞许邦奇。其诗在《泾野先生别集》卷一二。邦奇父卒,吕柟为之撰《福建按察司副使封中宪大夫莲峰先生韩公墓志铭》,且为之《祭莲峰韩先生文》,以吊之。其于邦奇父则云"柟于先生,不啻前辈乡曲之情也";于邦奇诸兄弟,则称"柟于诸郎,不啻同年兄弟之好也",可见韩、吕之交,情感甚笃。按:吕柟(1479—1542),明代学者、教育家。原字大栋,后改字仲木,号泾野,学者称泾野先生。陕西高陵人。师事薛敬之。正德进士,授翰林修撰。因宦官刘瑾窃政,引疾返乡,筑东郭别墅、东林书屋,以会四方学者。后复官,入史馆纂修《正德实录》。又贬山西解州判官,摄行州事,居解梁书院从事讲学,吴、楚、闽、越士从者百余人。嘉靖六年(1527年)升南京吏部考功郎中、尚宝司卿,公暇在柳湾精舍、鹫峰寺讲学。十一年升南京太常寺少卿,又在任所讲学。十四年调国子监祭酒,以整顿监规,使公侯子弟亦乐于听讲而知名。次年升南京礼部侍郎,仍在任所讲学。十八年致仕返乡,再讲学于北泉精舍。生平所至皆以讲学为事,大江南北门生合约千余人,几与阳明氏中分其盛,一时笃行自好之士,多出先生之门。朝鲜国曾奏请其文为式。吕柟著述宏富,有《周易说翼》《尚书说要》《毛诗说序》《礼问内外篇》《春秋说志》《四书因问》《史约》《小学释》《宋四子钞释》《寒暑经图解》《史馆献纳》《南省奏稿》《泾野诗文集》《泾野子内篇》《泾野集》等。

康海。见韩邦奇《苑洛集》卷八《韩邦靖传》,曰:"(邦靖)卒之一月,武功康对山来吊,曰:'往年秦山崩,吾谓三秦豪杰必有当之者,既而何仲默卒。吾谓仲默:"陕西官山之崩在是矣。"今乃知非也,乃应吾五泉子!'"按:康海(1475—1540),中国明代文学家。字德涵,号对山、沜东渔父,陕西武功人。弘治十五年(1502年)状元,任翰林院修撰。武宗时宦官刘瑾败,因名列瑾党而免官。所著有诗文集《对山集》、杂剧《中山狼》、散曲集《沜东乐府》、杂著《纳凉余兴》《春游余录》等。尤以《武功县志》最为有名。评者认为康海编纂的《武功县志》体例严谨,源出《汉书》,"乡国之史,莫良于此"。后世编纂地方志,多以康氏此志作为楷模。因为文学理念相近,加上同时尊崇复古文风,与李梦阳、何景明、徐祯卿、边贡、朱应登、顾璘、陈沂、郑善夫、王九思等号称"十才子",又与李梦阳、何景明、徐祯卿、边贡、王九思、王廷相号称"七才子",亦即文学史上的明代"前七子"。

王云凤。武宗正德二年(丁卯1507),王云凤离陕,韩邦奇与其弟邦靖等送行,王作《黄河西岸别胡镒牛斗韩邦奇邦靖》(《虎谷集》卷九)以赠之。又,嘉靖十四年(乙未1535)韩邦奇为王云凤刊印《虎谷集》,作《刊〈虎谷王先生墓志〉序》(见《虎谷集·王公行实录》)。在序中自称门生,或其早年曾从学于王欤?或王提学于陕欤?待考。按:王云凤(1465—1517),字应韶,号虎谷,山西和顺人。成化二十年(1484年)进士。于弘治十一年冬,为陕西按察司佥事,提督学校,后升副使,改提学;正德二年升山东按察使,离陕。王云凤与吕柟亦有交往。见吕柟《泾野先生文集》卷二四《明佥都御史前国子监祭酒虎谷先生王公墓志铭》。

　　王廷相。王廷相与韩邦奇相知，约在韩邦奇初仕于京师之时。是时，韩邦奇《律吕直解》得以刊刻。王廷相偶得此书，谓"读之皎然，启发来学，盖不徒作者也"，并请教其未明之处。其文见王廷相《王氏家藏集》卷二九《与韩汝节书》（台湾伟文图书出版有限公司，1976年5月）。又，嘉靖元年（壬午1522）韩邦奇里居。其间，王廷相称吕柟、马理、韩邦奇等人，为"当世迪德蹈道之士"。见《王氏家藏集》卷二七《答仇世茂》："观仇氏《雄山集》所载，如乔白岩、王虎谷、何粹夫、崔子钟、吕仲木、吕道夫、马伯循、王锦夫、韩汝节诸公，皆当世迪德蹈道之士……"又，嘉靖十四年（乙未1535），韩邦奇入都察院，佐尚书王廷相振肃台纲。王学谟《续朝邑县志》卷六《人物志》："乙未，人左院事，与掌院尚书王公廷相同寅协恭台纲振肃。寻改巡抚山西。"按：王廷相（1474—1544），字子衡，号浚川，又号平厓。明代河南仪封（今河南兰考）人，明代著名文学家、思想家、哲学家。王廷相自幼聪慧，文才显现。弘治八年（1495年）21岁乡试中举，十五年（1502年）28岁进士及第，授庶吉士并被选入翰林院，曾任兵科给事中，辅助处理奏章，后因得罪大宦官刘瑾，被贬为地方任都察院副都御史（中央执法官）并巡抚四川，后又升为兵部左、右侍郎（兵部副长官），最后升为南京兵部尚书。王廷相幼年聪慧奇敏，好为文赋诗，且留心经史。《明史》称他"博学强记，精通经术、星历、舆图、乐律，河图洛书，周邵程张之书，皆有论驳"。明孝宗时，与李梦阳、何景明等人，提倡古文，反对台阁体，时称"七子"（"前七子"）。王廷相著述较多，有《沟断集》《台史集》《近海集》《吴中集》《华阳稿》《泉上稿》《鄂城稿》《家居集》《慎言》《小司马稿》《金陵稿》《内台集》《雅述》《答薛君采论性书》《横渠理气辩》《答天问》等，以上著作，后人均辑入《王氏家藏集》。

　　刘储秀。韩邦奇总理河道后，刘储秀撰五言排律《寄赠大中丞苑洛复起巡视河道》（《刘西陂集》卷四）。诗云："奕世昔称贤，济川今借力。白首尚传经，丹心元许国。风帆攒鹢舟，露冕凭熊轼。粮道已通南，枫宸犹望北。运海抱余谋，立朝看正色。更怜京赋外，边饷何乃亟。"另，卷三有七言律诗《秋夜昌平寺与同年少司寇苑洛话旧》《送昆渚吉侍御之留都兼讯苑洛中丞》二首。由此可见二人交往。按：刘储秀，字士奇，别号西陂。陕西咸宁人。正德九年进士，授刑部主事，官至兵部尚书。嘉靖二十八年，因复套事与陶仲文交构，奉旨为民，优游田里。万历十一年卒，享年76岁。详见《冯少墟集》卷一七《尚书刘公》、孔天胤《〈西陂先生集〉序》。

胡缵宗。邦奇曾为之撰《书可泉诗集后》（见胡缵宗《鸟鼠山人集》）。其文曰："诗以调也，匪意也，匪辞也。《芣苢》之辞淡，《狡童》之意近，而文王之化彰，郑国之淫见矣。草蛇灰线，闻其声不见其形，睹其迹不见其实，其于言意之表者乎？是故得意者忘言，得调者忘意。其次尚意，其下焉者尚辞。尚辞而诗亡矣，由汉魏而下可征焉。可泉诗其调卓矣，铿乎宫商之间，后世其必传也夫！明嘉靖戊戌苑洛韩邦奇书。"另，胡缵宗《有同乡同时六君子·韩司马汝节苑洛》（《鸟鼠山人后集》卷一）。诗云："建牙司马奠岐鄜，前有介翁今有公。日出钟山鹤初唳，秦淮花鸟飚东风。"其又有诗云："春日司徒醉碧桃，秋空司马立青霄。如何投劾亦归去，岂谓夔龙今满朝。"另五篇为《刘司马士奇西陂》《王敬夫太史渼陂》《段太史德光河滨》《管中丞汝济平田》《马太史伯循谿田》。刘士奇即刘储秀。由此可见胡缵宗与韩邦奇、刘储秀、王九思、段炅、马理之交谊深厚。按：胡缵宗（1480—1560），初字孝思，更字世甫，号可泉，自号鸟鼠山人。秦安人。正德三年进士，授翰林检讨。正德五年被诬"瑾党"，贬为嘉州（今四川乐山）判官，在四川5年，正德十年至南京户部。后历安庆知府、苏州知府，山东、浙江、山西左参政，山西、河南布政使，官至都察院右副都御史。嘉靖十八年免官归里。二十九年被讦奏其迎驾诗为咒诅，杖四十，削籍为民。嘉靖三十九年卒，享年81岁。

何景明。韩邦奇被谪平阳通判，何大复与邦奇弟邦靖、孟望之、刘子静为邦奇送行。《韩五泉诗》卷二《送二兄赴平阳席上同何仲默孟望之刘子静分韵》、卷三《苑洛兄以语言得罪孟无涯夜语》当作于是时。前诗一云："白发双亲待，青春故里过。岂能忘弟妹，况复有干戈。岁序冰霜剧，关河涕泪多。无因同去住，那尔雁行何。"二云："兄到平阳府，离家只数程。总缘归思重，转觉宦情轻。塞雁行行去，山云故故横。心知明日别，且共一樽清。"后诗云："白发悲生事，青灯照岁寒。心经霜雪苦，路通虎豺难。圣主重推毂，三军未解鞍。经纶怀草芥，长夜叹漫漫。"韩邦奇诏狱出，何大复作五言律诗《送韩仲子并讯其弟季子二首》（见《大复集》卷一八）。其诗一曰："昔别留谈数，今行出饯迟。万人皆涕泪，四海一疮痍。花映投簪日，风流揽辔时。西云暮不断，遥起汉关思。"二曰："令弟先君往，伊予实叹嗟。窜身还故里，避世入山家。斜日秦城柳，繁烟渭曲花。岂知燕地客，骑马日风沙。"又邦奇《〈正蒙会稿〉序》

(《苑洛集》卷一)曰:"正德中,吾友何子仲默以近山刘先生《正蒙会稿》见遗。"可见何大复与韩邦奇之交往笃深。按:何景明(1483—1521),字仲默,号白坡,又号大复山人,明代文学家、思想家、政治家。今河南省信阳市浉河区人。明弘治十五年(1502)进士,授中书舍人,并任内阁,官至陕西提学副使,是明代"文坛四杰"中的重要人物,也是明代著名的"前七子"之一,性耿直,淡名利,对当时的黑暗政治不满,敢于直谏,倡导了明代文学的改革运动,著有辞赋32篇,诗1560首,文章137篇,另有《大复集》38卷。

孟洋。与邦奇交往,见前《韩五泉诗》卷二《送二兄赴平阳席上同何仲默孟望之刘子静分韵》。又孟洋当时作七律《送韩汝节左迁平阳别驾》(见《孟有涯集》卷一〇)。诗曰:"怜君谪官向平阳,汾水襄陵隔太行。日暮烟尘关树迥,春风鸿雁塞天长。时违去国重回首,世难逢人几断肠。后会不知何处所,清宵聊尽此壶觞。"又作五律《送韩汝节》(见《孟有涯集》卷五)。诗曰:"春月高城上,酣歌此宴同。旅愁鞞鼓外,心事酒杯中。雨雪辞燕甸,莺花过晋宫。休将万里志,今日叹飘蓬。"按:孟洋(1483—1534),字望之,又字有涯,河南信阳人。弘治十八年进士,历行人、御史,官至南京大理寺卿。

刘子静。与邦奇交往,见前《韩五泉诗》卷二《送二兄赴平阳席上同何仲默孟望之刘子静分韵》。按:刘子静,名澄甫,字子静。山东寿光人。正德三年进士,授行人,擢御史,官至山西参议,以谤归。有《山泉集》。

戴冠。韩邦奇《苑洛集》卷二有《送邃谷子诗序》,卷一〇有《浙上送邃谷无涯白石入广,五泉明农今复见子,伤哉!独为四子耶?》,卷一一有七律《送邃谷子》诗二首,另有《偕邃谷子登映江楼》《再过邃谷子》《邃谷将行话别》《再会邃谷关潮阁》《会邃谷子天然阁》《留邃谷子》《九日约邃谷子饮邃谷子游胜果寺,余二人不能从》《登保俶寺》《邃谷将行饯之》等,其中多邦奇与邃谷子、慧岩、友竹的联句。按:戴冠,字仲鹖,别号邃谷。正德三年进士,任户部广东司主事,历员外郎,愤时事之非,上疏忤旨落职,谪居数年。官至提学副使。为何景明门人。著有《戴氏集》,集中卷一〇《西湖联句》收邦奇文及联句多首。

顾可学。即上邦奇诗中所言慧岩。邦奇《苑洛集》中又有五律《丽水道中答慧岩》《怀慧岩》,七律《兰溪夜坐呈慧岩》《诏狱过慧岩里》等多首。按:据戴冠《戴氏集》卷一二《与大参顾慧岩讳可学,今尚书》,知即《明史》卷三〇七《佞幸传》之顾可学。号慧岩,无锡人。弘治十八年进士,正德九年以膳部侍郎中擢浙江参议,言官劾其在部时盗官帑,斥归,家居20余年。晌世宗好长生,乃厚贿严嵩,自言能炼服之延年的"秋石",嵩为言于嘉靖帝,遂命为右通政。嘉靖二十四年超拜工部尚书,寻改礼部,再加至太子太保。卒,赐祭葬,谥荣僖。

杨乔夫。韩邦奇《苑洛集》卷三有《木轩墨迹记(弘治甲寅)》,《苑洛集》卷一二又有《雁儿落联得胜令·闽中秋邀杨乔夫饮(弘治乙卯)》。其文俱作于韩邦奇十六七岁随父在闽时。按:据《木轩墨迹记》,木轩,浙东天台人。二人相遇于福州,志趣相投而成胶漆之交,别后以木轩之墨迹装裱成轴,悬挂室中。而杨乔夫家天台,《木轩墨迹一记》所记木轩亦天台人,很可能木轩即杨乔夫。

徐文华。即韩邦奇诗中东岩也。韩邦奇《苑洛集》卷一《北司狱中联句序》,记其与东岩联句始末,又卷一〇、一一存二人联句数十首。可见其下诏狱时,与同监的徐文华,共以诗言志,言所思所感,互勉互励,相得甚欢。按:序中云为同年,诗题中称"徐东岩御史",当即《明史》卷一九一所记徐文华,字用光,嘉定人。正德三年进士,授大理评事,擢监察御史。数进直言,帝及诸近倖皆衔之。正德十一年十月,以言礼下诏狱,黜为民。嘉靖初起用,屡迁大理少卿。大礼议起,倡廷臣哭谏,忤权要意,迁戍辽阳,遇赦,卒于道。

王尚䌹。其妻卒,邦奇为之撰《王安人传》(《苑洛集》卷八)。其母卒,邦奇为之撰《王太安人传》(《苑洛集》卷八),赞其女德。按:王尚䌹,字锦夫,别号苍谷。河南郏县人。弘治十五年(壬戌1502)进士,授兵部职方主事。历吏部稽勋主事、验封员外郎、稽勋郎中、山西参政等职,终浙江右布政使。嘉靖十年病逝。其父为王璇,字天器,号平山先生。康海《对山集》卷三八有《平山先生墓志铭》。

张文魁。世宗嘉靖四年(乙酉1525),韩邦奇曾与之复函,强调进或退,"洁其身而已矣!"文魁卒,邦奇又为之撰《通议大夫都察院右副都御史张公墓志铭》(《苑洛集》卷五)。《通议大夫都察院右副都御史张公墓志铭》曰:"正德戊辰,余与公同登吕柟榜进士,识公于南宫。后十余年,同官于晋阳。抚臣当岁荐,凡藩臬皆列奏牍,而余与公独弗与。余时致仕将归,公忾然抵余书曰:'君兹归矣。文魁退且未能,进则弗达,将若之何哉?'余复公曰:'或去或不去,归洁其身而已矣!'公翻然曰:'我道无怨无尤,余将付之天也。'"按:据《通议大夫都察院右副都卸史张公墓志铭》,张文魁(1479—1542),字元甫,号字川,开封人。正德三年进士,授刑部陕西司主事,官至正二品副都御史。曾与韩邦奇同官晋阳。

欧阳德。嘉靖七年(戊子1528),韩邦奇因主试顺天命题为执政不悦,谪南京太仆寺丞。欧阳德作七律《送韩苑洛庶子谪南太仆寺丞》(《欧阳南野文集》卷二九)。诗云:"秋日苍茫去国迟,圣明恩重远人知。泉涵庶子兼天净,山拥琅玕入座奇。驿路风枝吹袅袅,谁家露菊湛垂垂。醉翁亭下春回早,采采芳荪慰所思。"按:欧阳德(1496—1554),字崇一,号南野。泰和人。嘉靖二年进士,官至礼部尚书。尝从王守仁学,其学务真知实践。

屈直。韩邦奇之父韩绍宗门人,韩邦奇弟韩邦靖之岳父。韩邦奇年幼时即与之有交,事见前章第二节"早年"之"就学"。屈直于嘉靖十年(辛卯1531)卒,韩邦奇为之作《嘉议大夫总督漕运兼巡抚淮扬等处地方都察院左副都御史西溪屈公传》(《苑洛集》卷八)。依据该传,屈公名直,字道伸,号西溪,华阴人。成化二十年进士。女屈淑,适弟邦靖。

刘文焕。嘉靖七年(戊子1528)卒,韩邦奇为撰《中顺大夫四川夔州府知府刘公德征墓志铭》(《苑洛集》卷五)。按:据该墓志,刘文焕(1482—1528),字德征、子纬,号兰村、定州人。正德三年进士,"授驾部主事……时朝邑韩邦奇为选部员外郎,长安刘公玘为大司徒,盖皆善大冢宰,相与推荐之曰:'主事当吏部。'德征闻之,亟抵员外郎曰:'天下岂少才,文焕何以得此?'员外郎曰:'主事贤。'德征曰:'员外郎以主事贤,窃恐天下以为员外郎私也。员外郎,文焕友;大司徒,文焕戚。主事苟贤,奈何天下无知者?独其友与戚知之何也?'乃推他。主事其后又有辞御史事。"因母老辞。守制、服阕,补客部、仪部员外郎、郎中,东昌府知府,以得罪大将军调夔州,夔州称治,又以得罪贵人、直忤上司,被指有病罢官。

张道。嘉靖十年(辛卯1531),韩邦奇应郃阳(今陕西合阳,下同)士民之请,作《郃阳张侯救荒之记》(《苑洛集》卷三),表彰张侯救荒之功,以为"灾厄,天数也;救灾,人事也。天弗可逃,人定则胜"。《郃阳张侯救荒之记》云:"岁辛卯,当阳九之余,占之维旱。虽多方受之,而郃阳为甚……"按:据《郃阳张侯救荒之记》,张侯名道,山西洪洞人,与邦奇为门墙友。

雷复亨。邦奇同舍友。卒后,邦奇为撰《登仕郎临汾县主簿幽斋雷君暨配刘氏合葬墓志铭》(《苑洛集》卷六),赞其贤。按:据该墓志,雷复亨(1478—1536),字自仲,号幽斋。朝邑西关人。正德中援例入国学,嘉靖四年授山西临汾县主簿，佐县事。三四年间，民安之。因不媚上官，罢归。

许世昌。卒后，邦奇为之撰《奉政大夫承天府同知许公墓表》（《苑洛集》卷七）。按：据该墓表，许公名世昌（1478—1540），字顺德，号东崖。陕西澄城人。弘治十七年举人。父许英，与邦奇之父同登成化十四年进士，官至刑部郎中。许世昌与邦奇为省试同年。两家世好。

雷洵、雷溥。韩邦奇曾为其祖父撰《故蒲城雷公墓表》（《苑洛集》卷七），表其仁义，为贪利而不思害者鉴。按：雷公讳太初（1441—1534），字本仁。蒲城人。子雷雨，字介一，正德九年进士，为行人司副，以县令致仕。孙，县学生洵、溥，为邦奇门墙友。是年，雷雨卒，将葬，二孙请文以表祖墓。

韩坤。邦奇曾为之撰《中顺大夫夔州府知府韩公墓志铭》（《苑洛集》卷五），赞其方直不随流俗，因忤当道意而解印归。按：据该墓志，韩公名坤（1473—1543），字子厚，号上原。蒲城人。正德九年进士，授嘉兴知县，官至夔州府知府。弘治十一年，邦奇应试长安，曾与其会于旅邸，见其方直乐易，心爱重之。嘉靖七年，再会京师，时韩坤已历官至户部郎中。

吕经。吕经饮恨而卒，韩邦奇撰《前嘉议大夫都察院右副都御史九川吕公墓表》（《苑洛集》卷七），"痛哭流涕长太息，表其墓"。按：吕经（1476—1544），字道夫，号九川，陕西庆阳府宁州人。正德三年进士，授礼科给事中，历官吏科都给事中、蒲州同知、山东布政司左参政、按察使左右布政，累官都察院右副都御史巡抚辽东，辽阳兵变，下诏狱，受笞辱，谪戍茂州。《明史》有传。

王维桢。邦奇与其多有往来，韩邦奇71岁归里后，王维桢作《答韩苑洛司马书》。文中感叹："自嘉靖来，所登进大臣几何人，能如翁归几何人，则可知达人之稀有，末路之难图也。故桢每见翁乞归疏至，辄以为宜者此也。"另，王著中存《答韩苑洛司马书》多封（《王槐野先生存笥稿》卷二〇、二一）。按：王维桢（1507—1555），字允宁，别号槐野，陕西华州人。嘉靖十四年进士，选翰林院庶吉士，授检讨，官至南京国子监祭酒。详见万历《王槐野先生存笥稿》附录：瞿景淳《南京国子监祭酒槐野王公行状》。

李开先。李开先《闲居集》五言古诗《地震》其一曰："地震连山陕，残伤亿万家。室庐尽倒塌，骸骨乱交加。占必阴偏盛，（占云："地震，阴有余。"）兆或政有差。（地方奏：本地道宜静而动，臣等不职所致）平生三老友，一夜委泥沙。(杨尚书守礼、韩都御史邦奇、马光禄卿理,惊压而死)"①按:李开先(1502—1568),山东章丘人。明代文学家、戏曲作家。字伯华,号中麓子、中麓山人及中麓放客。嘉靖八年(己丑 1529)进士,历官户部主事、吏部考功主事、员外郎、郎中,后升提督四夷馆太常寺少卿。嘉靖二十年,目睹朝政腐败,抨击夏言内阁,被罢官。他壮年归田,"龙泉时自拂,尚有气如虹",希望朝廷重新起用,但又不肯趋附权贵,所以只能闲居终老。李开先的文学主张和唐宋派接近。他推崇与正统诗文异趣的戏曲小说,主张戏曲语言"俗雅俱备","明白而不难知"。利用当时民间小曲的形式,写成《中麓小令》100 首,流传很广,王九思曾和了 100 首,合刻为《傍妆台百曲》。嘉靖二十六年写成传奇戏曲《宝剑记》。晚年他用金、元院本形式写成《园林午梦》《打哑禅》等 6 种,总名《一笑散》。还用民间流行的《山坡羊》小曲形式写成《市井艳词》一书。他是当时著名的藏书家,尤以戏曲为多,有"词山曲海"之称,曾和他的弟子一起删定元人杂剧 16 种。

傅学礼。邦奇同乡友。其母卒,邦奇往吊,应请为之撰《傅太宜人墓志铭》(《苑洛集》卷六)。按:傅学礼,字立之,号竹溪。陕西安化人。嘉靖五年进士,由行人选刑科给事中,降直隶滑县县丞,官至湖广按察使。嘉靖三十三年免官。见《掖垣人鉴》。

于鏊。邦奇同年友。卒后,邦奇为撰《嘉议大夫贵州按察使云心于公墓志铭》(《苑洛集》卷五),赞其为官,一廉自持。按:据该墓志,于公名鏊(1470—1548),字器之,号云心,晚号泉庄老农。滁人。正德三年进士,授户部主事,历广西道监察御史、浙江按察司副使、山东按察使,终贵州按察使。嘉靖四年入觐,倦游,致仕。嘉靖二十七年卒。

权朝卿。邦奇门墙友。邦奇曾应其请,为其父母撰《处士权公暨配党孺人合葬墓志铭》(《苑洛集》卷六)。按:据《处士权公暨配党孺人合葬墓志铭》,权公名景魁(1472—1550),字时仰,号质庵。朝邑人。

二、同僚

在《苑洛集》中,又有韩邦奇为同僚所作铭文、序文。其交往情谊如何,不可考。姑录其生平事略以记之。

---

① 李开先著,路工辑校:《李开先集》,北京:中华书局,1959 年版,第 50 页。

周伦。邦奇曾为之撰《赠大司寇贞庵周公考绩归南都序》(《苑洛集》卷二),历叙周公政绩,赞其"弼亮三世",有"宰相器也"。按:周伦(1463—1542),字伯明,号贞庵。昆山人。弘治十二年进士,授新安知县,历监察御史、副都御史、南京工部侍郎,终南京刑部尚书。见无名氏《南京刑部尚书周伦传》(载《国朝献征录》卷四八)。雷礼《国朝列卿纪》卷五七《南京刑部尚书年表》:"周伦……嘉靖七年任。"则其三年考绩当在嘉靖十年。考绩归,而邦奇在京,当在是年。又邦奇在序中自称为"门下士",殆从其学欤,拟或自谦之辞欤?待考。

曹凤。正德五年八月,刘瑾事败被诛。朝廷谕祭因不礼、不贿刘瑾被诬而愤死的曹凤,韩邦奇为撰《嘉议大夫都察院右副都御史西野曹公墓志铭》(《苑洛集》卷四)。按:曹凤,字鸣岐,号西野。河南汝宁人。墓志中云:"丙寅以来,八党擅权,而瑾尤肆毒中外,称为内相。凡藩郡入为京官,必重贿方免祸。"曹公即因不礼、不贿,遭瑾怒而被诬。正德四年五月二十一日,曹公忧愤煎熬,端坐不疾而卒。

方良永。韩邦奇于正德十一年(丙子1516)作《赠大方伯松崖方公致仕序》(《苑洛集》卷二),在序中赞其大节、美行。其中述及乙亥冬浙江守臣"假和卖以媚贵近"事,方公具疏上闻,谏行后,三疏辞归。此事详见《明史纪事本末》卷四九《江彬奸佞》。按:方良永(1461—1527),字寿卿,号松崖。莆田人。弘治三年进士。历官刑部主事、员外郎,广西按察使,山东、浙江布政使等职,世宗朝拜右副都御史。嘉靖六年卒,卒后有南京刑部尚书之命。谥简肃。有《方简肃文集》。《国朝献征录》卷四八有彭泽撰《南京刑部尚书谥简肃方公良永墓志铭》)。

洪异。见《苑洛集》卷一一《谢却洪尹赠金》。其诗前小序云:"至崇德,洪尹异以白金为赠,且曰:'此某之俸金,非取之民者。'余曰:'感君高义,但司县之际,恐终非法也。'异曰:'患难中事平时比。'余曰:'君不读《论语》乎?颠沛必于是。'异乃持去,且遍以予言告诸士民。异平素喜节好义,昔宿户部得罪,且将死,亲朋不敢近。异时为举子,为之侍汤药四十日,宿得生还。固非密令比也。"诗曰:"洪尹高情太古音,艰危昏夜赠行金。为仁君子存颠沛,不是当年伯起心。"

王道。武宗正德十六年(辛巳1521),为邦奇刻《洪范图解》一书。后序署"正德辛巳夏六月之吉知朝邑县事陵川王道序"。嘉靖八年(己丑1529),

王道卒,邦奇为之撰《河南府通判王公墓志铭》(《苑洛集》卷四)。按:据该墓志,王公讳道,字纯甫,号倥侗、六泉。陵川人。正德十二年为朝邑令,陟临洮府判,起复河南府(嘉靖五年)。多善政,著贤声,却因得罪藩司服刑,弃官归,饮恨而没。

徐阶。邦奇曾为徐阶所作《疏凿吕梁洪记》书写篆字。此碑现存。碑文末署"嘉靖二十四年岁次乙巳四月吉旦,赐进士及第通议大夫吏部右侍郎前国子监祭酒经筵讲官华亭徐阶记,赐进士出身通议大夫刑部右侍郎前奉敕总理河道都察院右副都御史朝邑韩邦奇篆,前翰林院待诏将仕佐郎兼修国史长洲文征明书。"按:徐阶(1503—1583),字子升,号少湖,明松江府华亭县人。明代著名的内阁首辅,嘉靖朝后期至隆庆朝初年任内阁首辅。徐阶曾密疏揭发咸宁侯仇鸾的罪行,且擅写青词为嘉靖帝所信任。和严嵩一起在朝 10 多年,谨慎以待;又善于迎合帝意,故能久安于位。最后斗倒了权势熏天的严嵩,达到其政治生涯中的最顶峰。徐阶的忍辱负重是其政治权谋斗争中的杀手锏,而"徐阶曲意事严嵩"也成了权谋术中的经典案例。万历十一年,徐阶病卒,赠太师,谥号文贞。徐阶著有《世经堂集》《少湖文集》等。

陈瑶。邦奇曾应其孙府学生陈应龙之请和墓主生前之命,为之撰《提督操江南京后军都督府都督佥事陈公墓表》(《苑洛集》卷七)。按:据该墓表,陈公讳瑶,字汝玉,号思古,浙江湖州人。成化二十三年,17 岁,父逝,袭指挥同知掌卫事。正德八年,为浙江都司军政掌印。正德十二年,实授都指挥佥事。官至南京后府佥书。嘉靖十三年春三月卒,赐葬永嘉。

陈凤梧。曾任吏部行山东布政司留疏遗巡抚都御史,举荐邦奇。见《苑洛集》卷一七《乞恩休致事》:"……吏部行山东布政司留疏遗。巡抚都御史陈公凤梧奏荐,略曰:'臣伏见右参议韩邦奇,秉恬退之节,抱经济之才'……"嘉靖二十年(辛丑1541),陈凤梧卒后,韩邦奇为之撰《资善大夫都察院右都御史赠工部尚书陈公传》(《苑洛集》卷八),盛赞其为国任怨之忠,忘一身利害之节。不畏权贵,敢于谏疏,执法无私,勤于职守。为政以人才教化为先。按:据该传,陈公名凤梧(1475—1541),字文鸣,号静斋。弘治九年进士,选入翰林读中秘书,十一年,授刑部广西司主事。历浙江司员外郎、湖广按察司提学佥事、山西副使、湖广右参政、山西按察使、山东左布政使、右副都御史等职,终南京都察院摄院事。罢归。嘉靖二十年四月一日卒,享年 67 岁。

欧思诚。韩邦奇有《送判府欧公北归序》(《苑洛集》卷二),赞其忠孝。

又《四库全书总目·经部·书类存目》下《禹贡详略》"提要"曰:"后有蓟门欧思诚跋述邦奇之言。……思诚无识而刻之,转为邦奇累矣。至于每州之下各加某州之域四字,参于经文之中,尤乖体例,邦奇必不如是之谬。殆亦思诚校刊之时,移其行款也。"是书见存,可见欧思诚曾为邦奇刻《禹贡详略》一书。按:据《送判府欧公北归序》,欧公为邑侯之父。邑侯欧于是年春莅邑,"甫及六月,庶事浚明",于是迎父就养。邑侯欧,据《续朝邑县志》卷五《官氏志·知县》记:"欧思诚,字纯甫,蓟州人。以进士嘉靖十年任,才堪治剧……官至知府。"

张治。邦奇曾撰《赠龙湖张公简命礼部尚书兼文渊阁大学士序》(《苑洛集》卷二)。按:张公名治(1488—1550),字文邦,号龙湖。茶陵人。正德十六年会试第一,累官南京礼部尚书,是年入为礼部尚书兼文渊阁大学士,进太子太保。卒于嘉靖二十九年,谥文毅。有《龙湖文集》。详见雷礼《国朝献征录》卷一六《太子太保礼部尚书兼文渊阁大学士赠少保谥文毅张公治传》。

史褒善。邦奇曾撰《赠南考功正郎沱村史子考绩序》(《苑洛集》卷二)。按:史子名褒善,字文直,号沱村。大名人。嘉靖十一年进士,为监察御史,巡按湖广,正法度,忤权贵。宦游所至,风裁昭闻。官至南吏部郎中。有《沱村集》。

邵镛。邦奇曾因逝者遗言,为撰《中顺大夫四川等处提刑按察司整饬松潘兵备副使前山邵公墓志铭》(《苑洛集》卷四)。按:据墓志,邵公名镛,字伯伦,号前山。长陵人。正德三年进士,授户部四川司主事,升郎中,蒙谤出知云南,多善政。嘉靖二年升四川按察司副使,身先士卒。五年入觐,被疑,罢官,家居廿余年卒。

潘珍。邦奇曾撰《通议大夫兵部左侍郎赠都察院右都御史潘公墓志铭》(《苑洛集》卷五),颂潘公勋绩、忠诚。按:据该墓志,潘公名珍(1477—1548),字玉卿,号朴庵氏、峨峰氏、碧峰氏、两峰氏、拙叟等。婺源人。弘治十五年进士,授浙江诸暨知县,历大理寺左评事、山东按察使司佥事、福建提刑按察使司副使、湖广左布政使、右副都御史、兵部左侍郎等职。

王崇古。王为安庆太守时,邦奇曾应其请,为其父撰《封刑部河南司主事王公墓志铭》(《苑洛集》卷五)。又为其母作《王安人墓志铭》(《苑洛集》卷六),盛赞其贤。按:据该墓志,王公讳瑶(1474—1550),字文允,号索庵。山西蒲州人。业贾而有儒行者。子王崇古(1515—1588),字学甫,号鉴川。嘉靖二十年进士，授刑部主事，官至兵部尚书。谥襄毅。为邦奇"贰司寇时友也"。

刘尚义。刘为按察司佥事时，邦奇应其请，为其母作《刘太孺人墓志铭》（《苑洛集》卷四）。按：据该墓志，刘尚义，山西汾州人。嘉靖十四年进士，拜监察御史、泰州判、按察司佥事分巡辽阳。曾为朝邑令。祖父曾为朝邑县丞。据《续朝邑县志》：刘尚义，字伯正，汾州人，进士，以御史谪朝邑，自嘉靖二十年至。为人淳朴简淡，官至河南副使。

严天祥。邦奇曾为之撰《文林郎四川道监察御史严君墓表》（《苑洛集》卷七）。按：据该墓表，严君名天祥（1514—1549），字叔善，号双洲。朝邑望仙观人。嘉靖二十三年进士，观政刑部，授绛县知县，不以刑法为威而以廉，不以赈费为惠而以靖，不以戒令为期而以信，故绛县治行第一。嘉靖二十七年，拜四川道试监察御史，明年实授，病卒。

苏祐。嘉靖十三年（甲午1534），韩邦奇《启蒙意见》再刻于上谷，苏祐撰跋。按：苏祐（1492—1571），字允吉，又字舜泽，号谷原。山东濮州人。嘉靖五年进士，知吴县，改束鹿，曾按宣大，授计平大同乱军。官至兵部尚书。著有《谷原集》。

孔天胤。曾为邦奇《苑洛集》作《〈苑洛先生文集〉序》（见《苑洛集》及《孔文谷集》卷四），称韩邦奇为"当代之儒贤"。按：孔天胤，字汝锡，号文谷，又号管涔山人。汾州人。嘉靖十一年进士，以藩外外补陕西提学佥事，官至浙江参政。有《孔文谷诗文集》《霞海编》。

王思贤。嘉靖六年（丁亥1527），王"以功获罪"罢归，邦奇为之作《送王侯东归序》（《苑洛集》卷二）。按：据《续朝邑县志》卷五《官氏志·知县》："王思贤，字梦说。乐平人。以举人嘉靖五年至。"其后为："王大节，字汝操。大名人。以举人嘉靖七年至。"则此王侯当即王思贤。乐平，古县名，今属山西。

王绖。卒后，邦奇为之撰《通议大夫大理寺卿龙湫王公墓志铭》（《苑洛集》卷五）。据该墓志，王公名绖（1477—1537），字邃伯，号龙湫。开州人。弘治十八年进士，授户部主事、员外郎、郎中，历河南卫辉知府、湖广副使、山西右参政、四川左布政使、都察院右副都御史、大理寺卿等职。卒于官。

陈璘。韩邦奇多年故交。卒后，其子持状请铭，邦奇为之撰《通议大夫都察院右副都御史进阶正奉大夫陈公墓志铭》（《苑洛集》卷五），赞其慷慨任事,为"真都御史"。按:据该墓志,陈璘(1467—1538),字邦瑞,号一石。山西太原人。弘治六年同进士出身第一,授太常博士,历官至都御史。

史鲁。卒后邦奇为之撰《南京刑科给事中首山史公墓志铭》(《苑洛集》卷六),赞其忠直、安贫乐道。按:据该墓志,史公名鲁(1473—1539),字宗道,号首山子。山西平阳人。正德三年进士,授镇江府推官,三年政成,擢给事中,以谏议为己任,弹劾皆当世贵人,正德中罢归。归后,安贫乐道。著有《首山集》。

郑光溥。其任澄城县学时,邦奇曾应其请,撰《澄城县重修文庙记》(《苑洛集》卷三),批评梵宇宏伟而学宫颓败,表彰侍御郑公谪尹是邑,重修文庙,为"孔氏之徒"。按:据《陕西通志》卷二七《学校》"同州":澄城县学:弘治七年知县杨泰继修,中书舍人吉人有记。嘉靖二十三年知县郑光溥修,尚书韩邦奇有记。按:郑光溥,山东益都人。进士。

夏邦谟。邦奇有《送大司徒松泉夏公之南都序》(《苑洛集》卷二)。按:松泉夏公,即夏邦谟(1484—1564),字舜俞,号松泉。四川涪州人。正德三年进士,累官至户部尚书,改吏部。

郭汝能。为户部江西司郎中时,邦奇为其母撰《郭宜人贞节传》(《苑洛集》卷八)。按:据《郭宜人贞节传》,郭宜人未及30岁而寡,拒宦而富者之媒,力作田绩,抚9岁之孤成才。守贞获赠。孤即郭汝能,正德十一年举人,历州郡,后为户部江西司郎中。

许赞。邦奇有诗《庆源堂松皋阁老》(《苑洛集》卷一○)。又为其父许进作《世芳楼襄毅少保》(《苑洛集》卷一一),诗中赞颂其之功德。按:松皋阁老即许赞(1473—1548),字廷美,号松皋。河南灵宝人。弘治九年进士,历刑部、户部、吏部三部尚书。嘉靖二十七年卒,赠少师,谥文简。襄毅少保即许赞之父许进(1437—1510),字季升,号东崖。成化年间进士,官至兵部尚书。正德五年去世,赠太子太保,谥襄毅。

顾遂。为南京刑部右侍郎时,邦奇曾应其请,为其父母撰《庐州府同知赠通议大夫都察院右副都御史顾公暨配周太淑人合葬墓志铭》(《苑洛集》卷四)。按:据该墓志,顾公卒于嘉靖十一年,其配周氏卒于嘉靖二十六年。顾遂(1488—1553),字德伸,号秋山。正德十二年进士,授刑部主事。谏武宗南巡,廷杖几死。官至南京刑部右侍郎。

钱邦彦。为南京刑部尚书时,邦奇曾应其请,为其父作《贺封考功郎中思竹钱公七十序》(《苑洛集》卷二)。按:钱邦彦,字治征,号景山。吴县人。嘉靖十四年进士,授高安令,官至南京刑部尚书。

黄瓒。黄瓒撰《赠韩公邦奇七十寿序》(《雪洲集》卷七)。序中言:"予友太学生陈君克载者,以《易》授诸生里中,而韩公邦奇与其子希鲁实馆之。希鲁请于克载,曰:'吾父明年寿且七十,宜得叙如黄君其可?'克载曰:'然'。迈与俱来致前意焉。"按:黄瓒,字公献,号雪洲。仪真(今仪征)人。成化甲辰进士,历廊署,登藩臬,陟京兆,进中丞,官至南京兵部侍郎。

沈凤岗。邦奇曾为其母撰《贺沈母太宜人八十序》(《苑洛集》卷二)。按:凤岗名良才(1506—1567),字德夫,又字凤岗。泰州人。嘉靖十四年进士,历兵科给事中、南京大理寺丞,累官兵部侍郎。有《沈凤岗集》。

王崇庆。邦奇曾撰七律《别端溪尚书》(《苑洛集》卷一一)。按:王崇庆(1484—1565),字德征,号端溪。开州人。正德三年进士,官至南京礼、吏二部尚书。著有《海樵子》等。

胡松。邦奇曾举荐之。邦奇殁后,胡松撰《祭苑洛韩公墓文》(《胡庄肃公文集》卷六)。文见上章第五节《里居》之"陨落"。

间仲宇。邦奇曾应其请,为其母撰《间太安人墓志铭》(《苑洛集》卷五),颂其女德。按:据《间太安人墓志铭》,间仲宇曾任户部主事。

唐相。韩邦奇作《同州重修州廨记》(《苑洛集》卷三),表彰其人之贤。按:据《同州重修州廨记》,唐相,字舜夫,平谷县人。

李豸。其任郃阳(今合阳)县尹时,邦奇曾应其请,为之作《贺太守吴公初辰序》(《苑洛集》卷二)。

赵廷瑞。为户部右侍郎兼都察院右佥都御史时,邦奇为其母撰《赵太淑人墓志铭》(《苑洛集》卷五)。

另,韩邦奇所荐举之人才甚多,如嘉靖十二年(癸巳1533),上疏举将才王镇、梁桓、郭梁、赵锴等,以及复用李彬、刘環等(《苑洛集》卷一三《举将才以裨边务事》);嘉靖十五年(丙申1536),举荐起用原都察院右副都御史张润,原巡抚辽东都察院右副都御史成文,原通政使司右通政党承志(《苑洛集》卷一五《荐举地方贤才事》);嘉靖十六年(丁酉1537),举荐充军为民、罢官致仕等有用之才,以备任用,除继举上年提过的张润、成文、党承志外,又访得原南京兵部尚书刘龙、原都察院右副都御史陈璘(其事见上)、闲住江西按察司佥事贾世强,皆难得之人才(《苑洛集》卷一五《公荐举以备任用事》);嘉靖十七年（戊戌1538）上疏举荐山西等处提刑按察司佥事赵廷松（《苑洛集》卷一六《举荐文学官员以备擢用事》）；嘉靖二十四年（乙巳1545），上疏举贤才刘源清、王道、王崇庆、胡松（见前）、王傅、徐鹤龄等多人（《苑洛集》卷一六《举贤才以裨治道事》《遵敕谕专职务举荐所属贤能官员事》）；又恤病重，上疏请允监察御史沈铎回籍调理（《苑洛集》卷一四《风宪官员患病危迫事》）；悯孝思，为教谕宋刚求近职，以便禄养年已80岁之老母（《苑洛集》卷一五《教职亲老恳乞调任以全禄养事》）。两入汾阳，谒永和王，为王《孝行图》作《〈永和孝行图〉序》，赞王之仁义（《苑洛集》卷一《〈永和孝行图〉序》）。

值得注意的是，韩邦奇交往中多正直之士，然亦对当时阉党焦芳、权臣严嵩有诗文以相赠。

焦芳，字孟阳，号守静。河南泌阳人。天顺八年进士，授编修，历官至吏部尚书兼文渊阁大学士，累加少师华盖殿大学士。性阴毒，附逆瑾，贻毒天下。正德五年五月，致仕。《明史》将其列于"阉党列传"之首。《国榷》云："正德十二年三月丁酉，焦芳卒，泌阳人。至入相，凶险寡学，有媚骨。始比尹旻，后附逆瑾。贻毒天下，无不切齿。"焦芳致仕，韩邦奇曾为作《送焦少师阁老致仕》（《苑洛集》卷一〇），称其"事业存青史"。韩邦奇不礼刘瑾，却作诗送瑾之党羽焦芳，是官场应酬之作，还是怜其最后失瑾宠而乞归？待考。

严嵩（1480—1565）。字惟中，号介溪，分宜。江西分宜人。弘治十八年进士，选翰林院庶吉士，授编修，官至内阁首辅，加太子太师、华盖殿大学士等。严嵩善于媚上，深受世宗宠幸，他权倾天下，独揽朝政20年，结党营私，诬杀忠臣，害国害民，是明朝著名的权臣。晚年失宠，抄家去职，不久病亡。著有《钤山堂集》。韩邦奇作《送介溪宗伯承天祀陵》（《苑洛集》卷一〇），望其于祀陵时，能"问俗周郊甸，观风驻骆胭。民情与吏治，还望达枫宸"。按：介溪，严嵩之号。《明史·严嵩传》："嘉靖七年，历礼部右侍郎，奉世宗命，祭告显陵。"显陵，世宗父兴献皇帝陵，在湖北钟祥县东。又邦奇作有《寿特进少师大学士严公七十序》（《苑洛集》卷二）。序曰："嘉靖己酉春正月二十有二日，少师大学士介溪严公寿登七十，百僚群辟，罔不忻庆，皆为文以贺，而南都诸君子共图为公祝。"《苑洛集》卷一《历官表奏序》，亦为称颂严嵩之文。邦奇对权相严嵩的态度如是，或真心相交，或有其不得已，存之俟考。

三、乡党

韩邦奇一生凡里居者五，其间多为里人、乡党撰写志铭碑文。其名存而

见录者,主要有:

郭子法。为韩邦奇里人。韩邦奇为之作《西河散人墓志铭》(《苑洛集》卷六),形象地解释"散"之义,记叙散人之行。按:据《西河散人墓志铭》,郭子法(1435—1517),字守道,自号西河散人。朝邑大庆关人。墓志曰:"散人者,散散之人,八极之表,潆洛之渊,举万物莫得而拘焉。乾坤不得覆载我,日月不得照烛我,雨露不得沾濡我,四时不得寒燠我,阴阳五行不得化育我。究其本真,归诸大源,莫容莫破,莫得而名焉。又其次,爵禄不能维系我,货利不能引诱我,功名不能羁绊我,宠遇横逆不能感激我。若千仞之凤,万里之鹏,飞翔扶摇于天衢之外,人孰得而攀之?散之义大矣!"

张乾沟。善医者,不知何许人。邦奇为之撰《赠张乾沟序》(《苑洛集》卷二)。《赠张乾沟序》中以博学能言之名医,治病不愈,而形容朴野、不善言说之张却能医好顽症,感叹:"为治不在多言,顾力行如何耳。又曰:'万石君家,不言而躬行,此之谓也。'然后知天下之事自有真,岂惟医哉!……予自晋阳谢事归,张老矣。因书以赠之。"

李宗礼。卒后,韩邦奇为之撰《光禄寺良醖署署丞李公暨配东孺人合葬墓志铭》(《苑洛集》卷六)。按:据该墓志,李公(1466—1529),名宗礼,字天节。朝邑县严伯村人。东孺人(1469—1532),嘉靖十一年卒后,长子德源援例授府照磨,娶邦奇之妹韩春桂,皆卒于东孺人之前。

张瑶。韩邦奇里人。韩邦奇为其撰《卢氏县训导张公传》(《苑洛集》卷八)。按:据《卢氏县训导张公传》,张公讳瑶(1445—1517),字获珍,号席轩。朝邑严王社人。屡试秋场不遇,正德三年应贡入国学,谒选吏部,授河南卢氏县训导,五年教成化洽,而公卒矣。子凤翼、凤翔。

张凤。韩邦奇里人。卒后,韩邦奇为之撰《张云霄墓志铭》(《苑洛集》卷六)。按:据该墓志,张凤(1469—1519),字云霄,朝邑大庆关人。

张继宗。韩邦奇为之撰《大梁驿驿丞张君墓志铭》(《苑洛集》卷六)。按:据该墓志,张君名继宗(1455—1529),字述之。华阴大员里人。

杨锦。韩邦奇为之撰《纯斋处士杨公墓志铭》(《苑洛集》卷六)。按:据该墓志,杨公名锦(1458—1529),字尚绅,号纯斋,朝邑人。

屈弘智。韩邦奇为之撰《一峰屈先生墓志铭》(《苑洛集》卷四)。据该墓志,屈先生名弘智,字鉴之,号一峰。正德十五年庚辰,70岁。卒年80岁,知为是年。屈先生虽博学多才,名闻乡里,但11次应乡试,均不第。

周文盛。韩邦奇为之撰《岢岚州判官周公墓志铭》(《苑洛集》卷四)。据该墓志,周公讳文盛,字时中,别号中立。潼关人。卒于嘉靖辛卯年(1531年)正月十八日。

席铭。韩邦奇为之撰《席君墓志铭》(《苑洛集》卷六),赞百口同居。按:据《席君墓志铭》,席君讳铭(1481—1542),字克新,一号玉台。山西平阳人。

杨吉。府庠生。邦奇曾应其请,为其父撰《监察御史杨公墓志铭》(《苑洛集》卷六)。按:据该墓志,杨公名本深(1487—1546),字季渊,号西村。延安肤施县人。

屈征。朝邑县学生。华阴人。邦奇曾应其请,为其父表墓,撰《四川泸州吏目屈君墓表》(《苑洛集》卷七)。

娄西。朝邑县学生。山西陵川人。邦奇于正德十三年(戊寅1518)家食中,曾应其请,为其父撰《太行逸人墓志铭》(《苑洛集》卷四)。

第四节 述 评

述评者,何也?述者,陈述也;评者,评定也。人之生也,有其事,有其学,述而评之,以传世也。凡史之研究,不离乎此二端。于邦奇,有评其人者,有述其事者,有述其学者,有评其学者。有时人评之者,有后人述之者。兹取而汇为一节,以见邦奇人格学术之影响传述。

一、时人至评

邦奇在世时,其为政、为学,即有人与之评。如吕柟称"佥事(韩邦奇)信而法"(《福建按察司副使封中宪大夫莲峰先生韩公墓志铭》),此是评其人也;王廷相称韩邦奇与吕柟、马理等人,同为"当世迪德蹈道之士"(《王氏家藏集》卷二七《答仇世茂》),此是评其德也;马理称邦奇"明敏有为,文武俱优"(见《谿田文集》卷一《谢恩疏》),此是评其才也;陈凤梧称邦奇"秉恬退之节,抱经济之才"(《苑洛集》卷一七《乞恩休致事》),此是德才兼顾之评也。如此等等,不一而足。

及至晚年,邦奇人格愈圆熟,学问愈醇厚。及门弟子多予高评。先是韩邦奇71岁寿诞时,杨继盛撰《寿韩苑翁尊师老先生七十一序》(《杨忠愍集》卷二),其中称赞韩邦奇"天下之治,斯道之兴,恒必赖之",并概述其学曰:

> 惟我苑翁老先生之寿,天下之治,斯道之兴,恒必赖之……先生天地忠诚浑厚之气悉萃之矣。其以天下为己任也,越在内服,弼亮率下;越在外服,绥民迪功;越在翰苑,文章范俗;越在边镇,强藩怗服,勍敌慑威。斯固载在史册,昭人耳目,天下之所赖以为治者。……我国家道学之统,自薛文清诸大儒出,讲明正学,先后相望,斯道之兴也久矣。……先生以纯笃之资,果确之志,盖自弱冠时即有志性理之学。其学之原,则以精一为宗;其学之要,则以培养夜气为本;其学之实,则见于《拾遗》《意见》《经纬》《志乐》《六经说》诸书。……一时论得道学之真脉者,皆以先生为首称,则所以系斯道之重者何如也。

此当是其门人对韩邦奇其人、其学最早之概述评价。其后,孔天胤作《刻〈苑洛先生文集〉序》(见《苑洛集》卷首及《孔文谷集》卷四),其中除概述《苑洛集》之内容外,还称韩邦奇为"当代之儒贤"。其曰:

> 苑洛先生,当代之儒贤也,早植学于庭闱,崛蜚英于馆阁,敭历恭践,保厘弼承,议制叙物,聪明纯固。所谓亨于天人,娴于大体,位著之表仪,典刑之旧德。故其为文,类非丹膲斧藻之事。盖帝王统治之猷,圣贤传心之学,人物之汙隆,风俗之上下,性情之所感,宣闻见之所著录,其辞不一,其陈理析义,卓然一出于正,其扬教树声,翕然一矢乎!圣代之弃,即大夫考政事,士考学闻,乡国之人考孝,友睦因姻之俗,虽不必别求载籍,其经法攸寓,可按集而省焉。然则谓公为当代之文献,不亦信乎?

再者,嘉靖三十四年(乙卯1555)九月,门人白璧刊《苑洛先生语录》,并作《读〈苑洛先生语录〉》。其评价韩邦奇曰:

> 苑洛先生天禀高明,学问精到,明于数学,胸次洒落,大类邵尧夫,而论道体,乃独取张横渠。少负气节,既乃不欲为奇节一行,而识度汪然,涵养宏深,持守坚定,躬行心得,中正明达,则又一薛敬轩也。其推述理数、律吕、天地之秘,未易言也。其剖析事理,可以服习日用者,诚于鄙心有戚戚焉。是所以每读而三复,不能自已者也。

二、后世追述

邦奇殁后,其相知好友、门人弟子及后学多撰诗文凭吊。其间不乏颂扬之辞。如胡松称："公诚邦之司直,古所谓正人君子,岂今之人所可几及耶?"(《祭苑洛韩公墓文》,《胡庄肃公文集》卷六)①蔡瑗称:"于惟我师,道述孔姬。忠孝大儒,道范明时。"(《祭苑洛韩先生雅章》,《洨滨蔡先生文集》卷一〇)李攀龙称:"维公既持丰采,亦崇经术。大节屹然,高名茂实。"(《祭韩公邦奇》,《沧溟先生集》卷二三)②俱一时之评也。

至万历年间,少墟先生冯从吾崛起于关中,倡导于海内,撰《关学编》,以邦奇为明中叶之大儒。其编中卷四《苑洛韩先生》,为韩邦奇生平事迹最早且全面之记载,韩邦奇之生平事迹、学术著作和学术特点,于此简略可见。其文曰:

> 先生名邦奇,字汝节,号苑洛,朝邑人。父绍宗,号莲峰,成化戊戌进士,仕至福建按察副使,学识才品,当世推重。先生幼灵俊异常,承训过庭,即有志圣学。为诸生治《尚书》时,即著《蔡传发明》《禹贡详略》《律吕直解》,见者惊服。
>
> 弘治甲子,以《书》举第二人。正德戊辰,成进士,拜吏部考功主事,寻转员外郎。辛未,考察都御史,某私袖小帙窃视,先生曰:"考核公事,有公籍在,何以私帙为?"乃夺其帙,封贮不检,都御史为逊谢,众皆失色。调文选,太宰托意为官择人,欲发视缺封,先生执不可,太宰衔之。
>
> 会京师地震,上疏极论时政阙失,谪平阳通判。甲戌,迁浙江按察佥事,时逆厮钱宁以钞数万符浙易银,当事者敛馈恐后,先生檄知县吉棠散其敛,卒不馈。宸濠将举逆,先命内竖假饭僧数千人于杭天竺寺,先生立为散遣。濠又以仪宾托名进贡,假道衢州,先生召仪宾诘曰:"进贡自当沿江而下,奚自假道?归语尔王,韩佥事在此,不可诳也!"后三年,濠果通镇守欲袭浙江,赖前事发,奸不竟逞。先生谓镇守为浙蠹,诸不少假。镇守衔甚,诬奏擅革进贡,诽谤朝廷,逮下诏狱,为民。既归,谢客讲学,四方学者负笈日众。世庙即位,改元嘉靖,诏起山东参议,寻乞休。
>
> 甲申,大同巡抚张文锦阶乱遇害,时势孔棘,复以荐起山西左参

---

① 胡松撰:《胡庄肃公文集》卷六,明万历十三年胡槚刻本。
② 李攀龙著,包敬第点校:《沧溟先生集》,上海:上海古籍出版社,1992年版,第546—547页。

议,分守大同。人皆危之,先生闻命即行,将入城,去二舍许,逆者使二人露刃迎,且故毁参将宅以慑之。先生奋然单车入,时诸司无官,镇人闻先生入,皆感激泣下,人心少安。既而巡抚蔡公天佑至代州,先生亲率将领,令盛装戎服,谒蔡于代。蔡惊曰:"公何为如此?"先生曰:"某岂过于奉上者!大同变后,巡抚之威削甚,大同人止知有某耳,不身先降礼,何以帅众?"蔡为叹服。

会上遣户部侍郎胡公瓒提兵问罪,镇人闻之复大噪。先生迓侍郎于天城,以处分事宜驰白巡抚。诸军闻言出于先生,信之,始解。翌日,首恶就戮,先生谓侍郎曰:"首恶既获,宜速给赏以示信,庶乱可弭宁。不然,人心疑惧,将有他变。"侍郎不听,先生遂致仕归。后果如其言。

戊子,起四川提学副使。寻改右春坊右庶子,兼翰林院修撰。其秋,主试顺天,因命题为执政所不悦,唆言者谪南太仆寺丞。己丑,再疏归。寻起山东按察副使,大理左少卿,以左佥都御史巡抚宣府。时大同再变,王师出讨,百凡军需倚办,宣府悉力经理,有备无乏。乙未,入佐院事,寻改巡抚山西。时羽檄交驰,先生躬历塞外,增饬战守之具,拓老营堡城垣,募军常守以代分番,诸边屹然可恃。四疏乞休,复致仕。甲辰,复用荐起总理河道,升刑部右侍郎,改吏部右侍郎,太宰周公用喜得佐理,翕然委重。丁未,升南京都察院右都御史,复进南京兵部尚书,参赞机务。五疏乞归,是在己酉。益修旧业,倡导来学。居七年,乙卯,会地震,卒,年七十七。赠少保,谥恭简。

冯从吾又采韩邦奇《见闻考随录》有关涵养功夫诸论说,编成《韩邦奇要语录》,此与《泾野先生语录》《黎田先生语录》《榆山先生语录》合辑为《关中四先生要语录》,为韩邦奇与吕柟、马理、杨爵语录之辑要汇编,后被清代李元春收为其所编的《关中道脉四种书》之一。而前所录《关中四先生咏》之《苑洛韩先生》(《少墟集》卷十七),以五言诗的形式,表达了对韩公邦奇的景仰之情。诗云:

伟矣韩司马,造物钟奇异。读书探理窟,著作人难企。
生平精乐律,书成双鹤至。立朝著伟节,居乡谭道义。
繄有五泉子,孝弟称昆季。嗟余生也晚,景行窃自愧。

《启蒙意见》在明代经过多次刊刻,对当时学者的影响也有迹可寻。明章潢(1527—1608)《图书编》一书中有不少图形和文字直接摘录自《启蒙意见》,虽然他在书中没有明确说明所录资料来源。明代后期学者周一敬撰《苑洛易学疏》4卷,此书于《钦定四库全书总目》之《易类存目二》有记载。其"提要"提到:"一敬,衢州人,崇祯戊辰进士,官至监察御史。初,韩邦奇作《启蒙意见》五卷,推阐河洛之义与卜筮之法,一敬因而疏之,自万历甲寅至崇祯壬午,凡二十九年乃成,于原书次序稍为易置,亦颇有删削,自序谓韩子以开明初学为心,故疏从其详。此书以溯源明理窃附前人,故多遗末而寻本云。"《苑洛易学疏》是周一敬就韩邦奇《启蒙意见》所作的疏,可见韩邦奇易学思想从一开始就备受关注。

明末清初,黄宗羲撰《明儒学案》,其中卷九《三原学案》有《恭简韩苑洛先生邦奇》,然生平事迹不出《关学编》所述,而黄宗羲特别强调韩邦奇在律吕方面的造诣,认为"先生著述,其大者为《志乐》一书"。

然至清代,对韩邦奇之研究,成果几近于无。乾隆间,撰修《四库全书》,收入韩邦奇《易学启蒙意见》《苑洛集》等著作,并略为之提要。其《〈苑洛集〉提要》评述韩邦奇之学,曰:

> 当正、嘉之际,北地、信阳方用其学,提唱海内。邦奇独不相附和,以著书余事,发为文章。不必沾沾求合于古人,而记问渊通,凡天官、地理、律吕、数术、兵法之属,无不博览精思,得其要领。故其征引之富,议论之核,一一具有根柢,不同缀拾浮华。至《见闻考随录》所纪朝廷典故,颇为详备。其间如讥于谦不能匡正之失,及辨张采阿附刘瑾之事,虽不免小有偏驳,而序次明晰,可资考据。其他辨论经义,阐发易数,更多精确可传。盖有本之学,虽琐闻杂记,亦与空谈者异也。

当前清之际,陕西时贤亦重视关学文献之整理版刻,韩邦奇之文集,即于乾隆、嘉庆、道光年间屡次版刻。每次版刻,时贤均为之作序,并对韩邦奇略有评述。如:嘉庆年间,成邦彦《重镌〈苑洛文集〉序》称:

> 前明一代,理学首称龙门薛文清公,关中密迩亲炙。放名儒蔚起,而苑洛韩先生,尤其超然出群者也。……如先生者,德器深醇,气质刚毅,文章之发,似其为人。

朱仪轼《补刊〈苑洛文集暨性理三解、易占经纬〉序》称:

历考公生平立朝，璁、萼、言、嵩，相继柄用，殆与公相终始，其时老宿稍不自检，致损清誉者多矣，独公始终一节，与五泉先后比美。虽庙堂之上，一时未究其用，而不磷不淄，朝野钦仰如山斗，此非有道之士而能之乎？

道光年间，谢正原《重刻〈韩苑洛集〉序》称：

　　韩苑洛、五泉兄弟，人品、著述，为一代文献，即为百世师法，不独吾邑光宠也。

李元春《〈韩苑洛集〉跋》称：

　　苑洛、五泉列《明史》名臣传中，勋业闻望，昭如日星。

而清人评述之中，惟刁包之评，颇具特色。其言：

　　韩先生远祖横渠，近宗泾野，其学得关中嫡派。①

此后，民国初期张骥编《关学宗传》，其中关于韩邦奇的生平和学术不出《关学编》所述。此说虽评价甚高，然仅在僻处说，邦奇之学，几近湮没矣！

三、当今研究

（一）成果名目

关于韩邦奇之研究，其成果形式主要体现在两个方面：其一，关于韩邦奇之专论（文、著）；其二，涉及韩邦奇之综论（文、著）。

关于韩邦奇之专论（文、著）者，先后有：（1）葛荣晋：《韩邦奇哲学思想初探》（《孔子研究》1988年第1期）；（2）翁泓文：《韩邦奇之"本体论"研究》（《台湾观光学报》2003年第1期）；（3）翁泓文：《韩邦奇"元气与形气"之论述》（《台湾观光学报》2005年第3期）；（4）周喜存：《韩邦奇及〈苑洛集〉研究》（西北大学中国古典文献学专业2007级硕士论文）；（5）章晓丹：《韩邦奇哲学思想研究》（陕西师范大学中国哲学专业2008级博士论文）；（6）章晓丹、白俐：《形而上之谓道气而上之谓性——韩邦奇哲学思想新探》（《西北大学学报》2010年第5期）；（7）刘忠：《韩邦奇之〈恭简公志乐〉述评》（《黄钟（武汉音乐学院学报）》2010年第3期）；（8）魏冬：《韩邦奇著作版本存佚考

---

① 刁包撰：《〈杨忠愍先生家训〉序》，《畿辅通志》卷一百，上海：上海古籍出版社，影印文渊阁《四库全书》本，1995年版。

略》(《西藏民族学院学报》2013年第5期);(9)魏冬:《韩邦奇的学术历程及其关学归宿》(《唐都学刊》2013年第3期);(10)魏冬:《韩邦奇对张载"性道"论的继承与推阐》(《唐都学刊》2014年第1期)。需要特别提及的是,章晓丹之博士论文《韩邦奇哲学思想研究》经修改,已经于2011年由陕西人民出版社出版,这是第一部关于韩邦奇哲学思想研究的专著。

涉及韩邦奇之综论(文、著),主要有:(1)张岱年主编的《中国唯物论史》(河南人民出版社1994年版)第二卷第四十三章;(2)张振涛:《笙管音位的乐律学研究》(山东文艺出版社2002年版);(3)李书增、岑青、孙玉杰、任金鉴:《中国明代哲学》(河南人民出版社2002年版)之《韩邦奇的"天地万物本同一气"的思想》一节;(4)葛荣晋专著:《中国实学文化导论》(中共中央党校出版社2003年版)第十四章《王廷相和明代气学》;(5)潘雨廷:《读易提要》(上海古籍出版社2003年版)之《韩邦奇〈启蒙意见〉提要》和《韩邦奇〈易占经纬〉提要》;(6)蔡尚思著:《中国礼教思想史》(上海古籍出版社2006年版)第三章《中国礼教思想变本加厉的时代——宋元明清》第六节《韩邦奇驳斥万物绝欲论》;(7)郭彧:《易图讲座》(华夏出版社2007年版)之《明代的易图:韩邦奇的〈易学启蒙意见〉》;(8)赵义山:《明清散曲史》第五章第七节《失意杂吟,隐逸基调》(人民出版社2007年5月第1版);(9)严安政:《朝邑二韩:其人其诗》(《渭南师范学院学报》2008年第1期);(10)灏峰:《人文启蒙:明代的关学之重》(《美文》2008年第7期);(11)师海军:《明中期关陇作家群研究》(西北大学中国古代文学专业2010级博士论文);(12)吕妙芬:《明清之际的关学与张载思想的复兴——地域与跨地域因素的省思》(刘笑敢主编《中国哲学与文化》第七辑《明清儒学研究》,广西师范大学出版社2010年版);(13)金宁芬著:《明代中叶北曲家年谱》(中国大百科全书出版社2012年9月第1版)之《韩邦奇传略》和《韩邦奇年谱》。

(二)成果评述

以上关于韩邦奇研究之成果,大略可分为韩邦奇之生世研究、著述研究、思想研究、学派归属研究等。兹择其要,简以论之。

1. 生世研究

关于韩邦奇之生平传略,以上著作多有论及,但皆显得粗糙和简略,多不出冯从吾《苑洛韩先生》及明代史料、明人别集、明清方志以及近人著述中对韩邦奇的生平有文字记载部分,没有形成一个完整的体系。相比而言,关于韩邦奇生平资料的整理工作,以中华书局1987年出版的《方志著录元明清曲家传略》最为详细。此外,台北大化书局1986年出版的《明代地方志传记索引》(上、下册)、台北"国立中央图书馆"1965年出版的《明人传记资料索引》,对韩邦奇的生平资料进行了初步的文献整理和资料汇编工作。而年谱编撰方面,最重要者,见于周喜存《韩邦奇及其〈苑洛集〉研究》、章晓丹《韩邦奇哲学思想研究》二文后附编之《韩邦奇年谱简编》,以及金宁芬所著《明代中叶北曲家年谱》中之《韩邦奇年谱》。相比较而言,以金所著年谱考述最为详细完备。该年谱采集韩邦奇著作以及时人文集、史籍杂记,编撰而成,对研究韩邦奇之行年事略,具有极为重要之价值。

2. 著述研究

韩邦奇之著述,周喜存《韩邦奇及其〈苑洛集〉研究》、章晓丹《韩邦奇哲学思想研究》二文亦涉及之,然周作重在考察《苑洛集》之版本、文献;章作则有专节考述韩邦奇著作之完成、出版时间,以及后世流传版本。然其中略有失误,如言《禹贡详略》《卦爻要图》《易林推用》三书已佚,对邦奇之其他佚失著作,如《周易本义详说》等,也未涉及。目前更为完善者,即魏冬之《韩邦奇著作版本存佚考略》。就邦奇单本著作而言,周喜存文对《苑洛集》版本流传之考辨,价值较高,而刘忠之《韩邦奇之〈恭简公志乐〉述评》,对所见《苑洛志乐》一书之版刻、内容、价值,多有叙述,其关于《苑洛志乐》一书对中国音乐史之研究价值,值得关注。

3. 易学研究

就易学而言,潘雨廷《读易提要》之《韩邦奇〈启蒙意见〉提要》,除概述《启蒙意见》之内容外,还提及:

> 朱子曰:"安知《图》之不为《书》,《书》之不为《图》。"盖九、十之争,其来已久。而韩氏之进而互易其实,则名之争自然而息矣,此有功于易学者也。
>
> 太极图于周子之一图外加以黑白二曲线。凡反向二图,或即为来瞿塘所取乎?①

这说明潘已注意到:(1)韩邦奇已经用图解的方式将"图之可以为书"

---

① 潘雨廷著:《读易提要》,上海:上海古籍出版社,2003年版,第304—305页。

"书之可以为图"的观点阐释清楚;(2)韩邦奇特别作有"于周子之一图外加以黑白二曲线"的太极图,此图之来源以及所表达的内容还有待研究。

郭彧《易图讲座》中之《明代的易图:韩邦奇的〈易学启蒙意见〉》一讲,对韩邦奇《启蒙意见》作简要的介绍,提出韩邦奇的解释与朱熹原意之不符合处,并对此书作简要的评价。现选摘如下:

> 在韩氏诸多衍图中,惟其据"夫造化者数而已矣,五十者,造化之体也,四十有九者,造化之用也;四十有九者,万物之体也,四十有八者,万物之用也。是故五十而去一,维天之命,于穆不已者也;四十九而去一,万物各正性命者也。用九用八之不同,其神化之谓乎"一段文字(此段文字不见于今本《启蒙意见》)衍出之二图,可谓新奇之图。……此图乃本胡一桂《文王十二月卦气图》演变而来,而胡一桂之图又明显据"十二月卦"圆图演变而得。所以,究其本当出于孟喜之"十二月卦"说。
>
> 韩邦奇之书命曰"意见",是诠释朱熹《易学启蒙》同时阐述个人意见之书。因其述解朱熹易学思想之书,成书后即有"大巡周公"命梓,"大司马韩公"为序,"节推东公"校正,"平阳府同知李沧"刊刻,则见明代中叶是书影响之不同一般。……
>
> 事实上,韩邦奇通释《易学启蒙》,并非完全合于朱熹本意。……
>
> 韩邦奇所作中空如"黑白两条蚯蚓"环绕之图,对后人有一定的影响,来知德之《梁山来知德圆图》即是此图的翻版。以此图可知,所谓"古太极图"之黑白鱼形图之演变本源与此图本源有所不同。前者为八卦原图,后者为十二辟卦原图。①

由此可知,郭彧在对韩邦奇《启蒙意见》的研究中也发现了书中"新奇之图",此图形状为"中空如黑白两条蚯蚓"。他认为此图来源于胡一桂《文王十二月卦气图》,而胡一桂之图又来源于"十二月卦"圆图。此图之理论原理来源于孟喜的"十二月卦"说。

4. 哲学研究

主要见于葛荣晋《韩邦奇哲学思想初探》、李书增等《中国明代哲学》、蔡

---

① 郭彧著:《易图讲座》,北京:华夏出版社,2007年版,第158—161页。

尚思著《中国礼教思想史》、台湾学者翁泓文二文、吕妙芬《明清之际的关学与张载思想的复兴——地域与跨地域因素的省思》以及章晓丹的研究成果。

葛荣晋认为：" '天地万物，本同一气' 是韩邦奇唯物论思想的基本命题。"这一命题含有双重的意义："一是从宇宙发生论看，元气是本，天地万物是末，天地万物是从元气中演变出来的；二是从宇宙本体论看，气是本体，天地万物是气之流行发用，气是天地万物赖以产生和存在的根据。"故而，"在哲学上，韩邦奇是一位气一元论者"。葛荣晋有论著《中国实学文化导论》，其中关于韩邦奇部分论述同上。

李书增等《中国明代哲学》中《韩邦奇的"天地万物，本同一气"的思想》一节，观点与葛荣晋略同，同样认为"天地万物，本同一气"为韩邦奇哲学要论。其曰："韩邦奇同王廷相一样，在哲学上，都是张载气一元论在明代的重要代表人物。黄宗羲说他'论道体乃独取横渠'，这说明他是张载气学在关中的直接继承者。""在宇宙观上，韩邦奇也是一位元气论者。他以气为其哲学的最高范畴，提出'天地万物，本同一气'的基本命题。这一命题含有双重意义：一是从宇宙发生论看，元气是本，天地万物是末，天地万物是由元气演变出来的；二是从宇宙本体论看，气是本体，气是天地万物赖以存在的根据。"

蔡尚思的《中国礼教思想史》是其在85岁高龄时写就的，是中国思想史上关于礼教思想研究的填补空白之作。其第三章《中国礼教思想变本加厉的时代——宋元明清》第六节《韩邦奇驳斥万物绝欲论》言：

> 韩邦奇反对绝对不可能的绝欲绝育思想。认为："佛氏以死为归真、生为幻妄……须是不用此形骸气性方无累，所以彼必绝男女之配。绝男女不百年，人消物尽，方是真诚的道理。殊不知天所以为天，以其用之不息也。若只混沌一块气，要他何用，此亦自然之理……岂佛氏所能挽而回之？今天下之人比比趋于佛氏；而遵佛氏之教者，天下无一人也。借使人之灵，佛氏可以诱而杀之，尽绝夫妇之交，至于物之雌雄牝牡，佛氏亦无若之何，此真终不可归也，佛氏之教亦穷矣。"韩邦奇批评佛教最中要害，既正确也痛快。直到近代的章太炎都似不知此说；即使知道，也未能起来反驳。章太炎作《五无论》，大力宣传佛教式的思想，不仅要使人类绝欲绝育，而且要使万物也都绝欲绝育，幻想实现一个众生灭尽的世界，这在世界思想史

上,真是空想中的空想,绝对没有实现的可能。①

翁泓文有《韩邦奇之"本体论"研究》《韩邦奇"元气与形气"之论述》二文。前文"摘要"说:

> 同样身为明中叶"气本论"的开拓者,韩邦奇与王廷相"以气为本"的基本主张一致,同坚持张载"太虚即气""气聚而为万物,万物散而为太虚",但他更强调实然之气的重要,他喜欢论气以形下万物为例,犹如鸡卵之生、树木之长,正是形气化生的最简单而可见的案例。人属万物之一,亦秉此形气而生,非有特例,而非王廷相较着重于形上元气理论之建立。由此可见"气本论"于明朝之兴盛,犹可与程朱"理本论"、陆王"心本论"并驾齐驱。唯无人对韩邦奇先生作一彻底之研究,故本文以韩邦奇的原典为先,论其气学之要旨。
>
> 韩邦奇以气之聚散流行不已于形下世界,秉持客观之精神,借万物的实际例子来推论气之造化根源。如此说本体宇宙天道论的道德创造,同样是超越又内在的充实圆融的神化论,更是不离阴阳二气,以诚体之神为质性的形气。真得以如此,天道必直接下贯吾之心,不再有挂碍。
>
> 所以,如果说王廷相建立了以元气为天地万物之宗统的天道宇宙论的基本目标,而韩邦奇则同时紧接着说形气以二气五行化生万物的客观状态,此举已统合了元气与形气合一,让张载以"太虚无形,气之本体"的本体宇宙论之"气本论"建立一完整的规范与框架,进而颠扑不破。②

后文"摘要"曰:

> 明代理学之发展是由程朱理学转为阳明心学的关键,但在朱学末流与王学渐生流弊的情况下,主张一气流行的气学思想便在此时乘势而起。当时的理学家从张横渠之气学思想中找到依据,从王廷相、韩邦奇、吴廷翰、宋应星等人,皆有一共同目标,正以"一气相贯通"为主,借以代朱学"理气二分"及王学重视"形上本体"而产生之

---

① 蔡尚思著:《中国礼教思想史》,上海:上海古籍出版社,2006年版,第402—403页。

② 翁泓文著:《〈韩邦奇之"本体论"研究〉摘要》,《台湾观光学报》,2003年第1期,第57页。

弊以解决理学家理气之间的矛盾,达到内圣外王是一的境界。由强调"气"为宇宙万物生化之主体地位,韩邦奇强调万物皆"气"之所化生。本文即从韩邦奇的原典《性理三解》与《苑洛集》为主来论述"气"之种种作用,借以强调气学不是从内圣通到外王,而是内圣和外王本来就是一的理论。①

从此"摘要"上看,作者将韩邦奇与王廷相、吴廷翰、宋应星等人归为明代气学一派,强调"气"的主体地位和化生作用。

吕妙芬《明清之际的关学与张载思想的复兴——地域与跨地域因素的省思》提出一个重要的问题,即"(明代)关中理学家在思想上对张载的直接扬弃如何?他们对于张载思想在明清之际的复兴有何贡献?"他回答说:

综观几位关中学者的文集,除了在躬行礼教方面,他们确实具有朴素、重视实践的特色外,若以直接进入张载思想和话语的谈论而言,这些关中后学的表现其实并不出色,他们更多是在"程朱对陆王"的框架内思索学问,并未全力投入对张载学说的阐释、发扬。马理几乎没有谈及张载之学;吕柟虽然尊崇张载,他的学问也受到张载的影响,但主要还是在程朱学与阳明学之间的思索,以强调躬行实践为基调。冯从吾则试图超越程朱、陆王的学派之争,针对时弊和"异端"提出严厉批评,并借讲学重倡他心目中的儒家圣学。李颙之学深受阳明学影响,他一生自学有成,以"悔过自新"的实践落实其"明体适用"的学术思想,并以此体现他深心世道、志切拯救的淑世精神。简言之,这些晚明关中理学家的学问基点并不在于张载气学,而是在当时主流学派的论辩框架内,以及受到王学末流和三教融合的学风刺激下的反思和创新。

相对而言,对于张载《正蒙》思想较有体认的关中学者则是韩邦奇(1479—1555),韩邦奇很欣赏张载"太虚即气则无无"的本体论,认为张载说出了汉、唐、宋以来儒者所不能见得的道理,在思想上具有对治佛老的重要贡献。他甚至曾欲写作《正蒙解结》一书,讨论《正蒙》书中的难题,并想和张廷式的《正蒙发微》一起出版,但后来

---

① 翁泓文著:《〈韩邦奇之"元气"与"形气"之论述〉摘要》,《台湾观光学报》,2005年第3期,第45页。

因见到刘玑的《正蒙会稿》而作罢,可见他确实曾在《正蒙》上下过功夫。只是韩邦奇对《正蒙》的重视,并没有在关中后学中形成明显的学术传统,也无法与后来的王夫之相提并论。

章晓丹的论著《韩邦奇哲学思想研究》是目前关于韩邦奇哲学思想研究的第一部专著性研究成果。其中关于韩邦奇之哲学思想论述,观点较多,兹摘录如下以见之。

韩邦奇是明代关学学派的代表人物之一,关学学派之学风朴实、躬行礼教等传统对韩邦奇影响很大,他也是因为"识度汪然、涵养宏深、持守坚定、躬行心得、中正明达"而为后人所赞誉。因此,关学史上有关韩邦奇的研究自然更加注重他的涵养功夫,冯从吾所辑《关中四先生要语录》中关于韩邦奇要语录便主要摘录韩邦奇的涵养功夫方面的论说。然而,通过本文分析表明,韩邦奇对宇宙本源、本体的探讨更有一番自成的体系。

韩邦奇是明代中期关中学者。明代学术以理学为主流,其中经历了一个由独尊程朱理学到学术分化的过程。韩邦奇与多数同时代学者一样走科举登仕的道路,所以早期思想受到了程朱理学的影响,此时他主要深研朱熹《周易本义》和《易学启蒙》,继承了朱熹易学思想,也在不自觉中用"理"这个概念来表示宇宙万物之本源、本体。作为关中人,韩邦奇对张载极为崇仰,经过数十年反复研读《正蒙》,他对张载道学思想有一番独到的见解,故而作《正蒙拾遗》。一方面他回归到张载道学思想,"纠正"了宋明以来学者对张载道论的错误理解;另一方面,他并没有以张载思想为终点,而是以此为基础,尝试再回归先秦孔孟思想从而建立自己的哲学思想体系,这个体系的主题是"性与天道"。

综观韩邦奇的一生,其哲学思想的发展历程大致可以分为三个阶段。第一是初步阶段,韩邦奇有了早期的哲学思想——宇宙生化模式,主要是在朱熹易学思想的影响下进行的有关宇宙论方面的思考,此阶段中反映韩邦奇哲学思想的代表作是《启蒙意见》。第二是发展、成熟阶段,韩邦奇开始自觉深入哲学思考并建立了自己独特的哲学体系——性道哲学体系,代表作《正蒙拾遗》反映了韩邦奇哲学思想发展和成熟两个紧密相连的阶段。回归张载道学是韩邦奇哲学思想的发展阶段,而"性与天道"哲学体系的建立则标志着韩邦奇哲学思想进入成熟阶段。第三是总结、运用阶段,此时韩邦奇没有新哲学观点的提出和论说,而主要是在人生最后的时间里回顾总结一生之所学所思,此阶段以《苑洛志乐》和《苑洛集》刻本面世为标志。

宇宙生化模式是韩邦奇早期哲学思想的表现,它是韩邦奇早年在朱熹易学思想的影响下形成的,主要体现于《启蒙意见》中有关先天之义与后天之义的区分以及独特的韩邦奇太极图(即"维天之命"图和"圣人之心"图)。无论是先天之义的"加一倍"法、后天之义的"相荡"法,还是韩邦奇太极图,都体现为一个由单一到众多的不断分化的过程,这个过程可以有众多不同的进程,然而其始(宇宙世界的初始)与其终(宇宙世界的终结)则保持不变。在这个过程中,太极是起点,是《周易》八卦乃至宇宙世界之本原。在这个过程中,阴阳、五行、万物与天地同在,天地中无处不存在阴阳之间的相互推移激荡、相反相成,这是宇宙生生不已、变化日新的内在力量,其中无论阴盛阳衰或是阴衰阳盛都是一个逐渐变化的过程。此生化过程同样适用于有生命之物的生化过程。

韩邦奇考中进士之后便自觉"幡然于性命道德之学"(《苑洛集》卷二十二),追寻、回归张载道学思想,作《正蒙拾遗》。"道非太极""气化为道"等命题的提出体现了韩邦奇对张载道学思想的继承。韩邦奇认为一直以来学者对"道"的理解走入了一个误区,就是以太极为道、以理为道。"道非太极":太极是宇宙世界的本源,从宇宙生化角度看属于宇宙运化之前的状态,此时为静态;道则不同,道是气化的过程,处于宇宙运化的整个过程中,所以为动态。"气化为道":这个道流行发见,至大而无外,包揽宇宙间万事万物,一统整个气化的全过程,因为其奇妙不测而又称为神,也因为其生生不息、流行不已而又称为易。就天地自然之化育而言,道也称为天道;就人类及其社会之生化演变而言,道也称为人道。然而无论是天道还是人道,"道一而已矣":宇宙自然之生化始终遵循着阴阳消长之规则,人类社会中也处处显现出阴阳迭运变化的现象;天地之流行化育过程必然遵循着"生—成—消成—消生"这样各个不能超越的阶段,这样的过程和阶段必然在人类社会的变迁中体现出来,它也决定了人类社会的总趋势。

性道哲学体系是韩邦奇自成的哲学体系,是对张载道学思想的超越,其内容尽显于《正蒙拾遗》中。首先从方法入手,韩邦奇提出"先《东》(指《东铭》)后《西》(指《西铭》),由人道而天道"(《正蒙拾遗·乾称篇》)的认识途径,他通过这个由人而天推而大之的思路将"性"由人性推向宇宙本根,从而实现了性道哲学体系的构建。韩邦奇所说的"性"这个概念不是天道在人心的落实,不是存在于人之宇宙本体,性本身就是宇宙本体,是宇宙现实世界之所以然者。所以,性与天道不是人与天的关系。性与道是体与用、未发与已发的关系,但这只不过是一物之两个方面、两种表现;性道一物,同为本体。"形而上之谓道,气而上之谓性",气与形是表征经验世界之感性存在,属于物质层面的范畴;性与道是表征超越且主宰物质经验世界之理性实体存在,属于观念层面的范畴。韩邦奇关于气与形的讨论是在宇宙生化论的意义上进行,气是宇宙万物之物质基础,是万物之本原,是形(具体事物)之超越。韩邦奇关于性与气(或万物)的讨论是在本体论的意义上进行:性不是气,也不产生气,更不是气的属性;气是现实具体事物之本源、超越,"气而上之谓性",性是气的本体、超越,所以性是超越的超越,是宇宙世界之最高本体。韩邦奇打破了以"形上"和"形下"为宇宙世界区分的格局,突破宇宙论的界限,将其哲学思想提升到本体论的高度。

　　研究表明,韩邦奇是明代中期反思程朱理学思想的代表人物之一,但不是明代气学学说的代表,他思想体系中的核心范畴是性(道)。韩邦奇既反思了明初以来处于统治地位的程朱理学,也不苟合主导当时学术的"心学"思想。他和罗钦顺、王廷相等一样放弃了以"理""心"为宇宙和道德本体,追寻回归张载道学思想。然而,韩邦奇不是气学学说的代表,气学思想只是他对张载哲学思想的继承,也是他的哲学体系的基础。韩邦奇继承了以气为宇宙本原的宇宙论思想,他进一步发展、升华了气学思想,形成了自己颇具特色的本体论意义上的性道哲学体系,这个体系以性(道)为宇宙本体。①

---

①　章晓丹著:《韩邦奇哲学思想研究》,西安:陕西人民出版社,2011年版,第151—153页。

魏冬有《韩邦奇的学术历程及其关学归宿》《韩邦奇对张载"性道"论的继承与推阐》二文。前文以韩邦奇著述之时间顺序、思想主旨为线索,考察韩邦奇学术思想之变化,提出:

> 韩邦奇一生勤于著述,学问渊博,尤精于《易》《书》音律。其早年大略以程朱理学为源,发明《尚书》《周易》之义;中年则以张载《正蒙》为依,穷极"天人""性道"之理;晚年则重学问之相互贯通,修身之平易切实。其思想学风,远承张载,宗源关学,堪为明代关学干城。

后文则以韩邦奇《正蒙拾遗》为基本文献,考察韩邦奇对张载思想的继承与创新关系,提出:

> 韩邦奇盛赞"自孔子而下,知'道'者,惟横渠一人",他承接张载思想,在"性道一物"的基础上阐述了"性""道"两者"存之于心"和"发之于外""寂然不动"和"感而遂通"的特性,提出"形而上之谓'道',气而上之谓'性'"的命题,且辨析了张载哲学中之"太和""太极""太虚"与"道""性""气"彼此相应的基本内涵。其"循环渐变"的演化论、注重"眼前造化之实"的认识论和注重《东铭》的修养论亦是张载关学崇实学风的时代再现。

5. 文学研究

主要见于周喜存《韩邦奇及其〈苑洛集〉研究》、金宁芬所著《明代中叶北曲家年谱》、赵义山《明清散曲史》第五章第七节《失意杂吟,隐逸基调》、严安政《朝邑二韩:其人其诗》、师海军《明中期关陇作家群研究》等。

周文提出:韩邦奇是"明中叶比较著名的学者、思想家、音乐理论家和文学家,亦为三原学派的重要代表人物之一"的观点,在对韩邦奇《苑洛集》之内容、版本、文献价值考察的基础上,重点分析了韩邦奇的诗、词、曲的艺术特征和文学成就。提出:韩邦奇的诗具有形式多样、题材广泛、运用注释较多、现实主义创作风格、慷慨豪迈的气势等特点,"综合比较,韩邦奇的诗歌创作并没有脱离明代中叶诗坛的创作风气,以崇尚汉唐、描摹汉唐为风尚。无论从数量,还是从质量来说,韩邦奇的诗应该在明代诗坛占有一席之地。""韩邦奇词共计41首,按题材来划分,可以分四大类:抒怀题材、军旅题材、历史题材和酬制题材。"具有"注重典故的灵活运用""所用词牌很多""注释的运用""个别词作中的曲化现象""悲观色彩占主导地位"等特点,认为"韩邦奇的词雅俗共赏,整体艺术水平比较高","有明一代词坛,韩邦奇的词作应该占有一席之地"。对于韩邦奇的散曲,认为:"尽管韩邦奇散曲的数量不多,但质量上乘,精品颇多",可分为"抒怀""怀古""唱酬"三类题材,"前期,韩邦奇的散曲创作稍显稚嫩","后期的散曲创作承载了他更多的人生体悟,从而有了更深沉的内涵"①。

金宁芬所著《明代中叶北曲家年谱》中《韩邦奇年谱》前撰写了《韩邦奇传略》。提出:"韩邦奇是一个有胆有识、文武全才的'儒贤',有异于一些所谓的'道学家';又是一个教育家和文学家。"金宁芬说:

> 韩邦奇生活在以文学复古求革新的思潮风起云涌之时,他的文学主张与复古派有相通之处……但他特立独行,虽与康海、王九思等同乡,又曾同朝为官,相互间却不多来往,也有不同于他们的见解。如他为胡缵宗诗集所作之跋,强调"诗以调也,匪意也,匪辞也",他以音律为上,其次尚意,其下尚辞。

> 言虽如此,其实他的作品仍以意胜,其文词则求简洁明了,铿锵合律。他与徐文华狱中联句云"联止尽意,不求工也",诚然。《苑洛集》所收之作,内容丰富,体裁多样,其中除可见其忠于王事,勤于职守和一再请求致仕的奏议5卷,以及纪录朝廷典故、传闻杂事,可资考据的《见闻考随录》5卷外,其诗文皆真实表达了他的思想、情趣及文学上的追求。……

> 他的散曲作品收在《苑洛集》卷十二中,共有小令30首,皆北曲。从现存曲作看,他在青少年时已开始谱曲。早期之作如《雁儿落联得胜令·闽中秋邀杨乔夫饮(弘治乙卯)》反映了他"且追欢,醉如泥锦瑟前"的无忧无虑的公子生活,送别之曲则多写别情、离愁。在经历了宦途漂泊和坎坷后,思想上发生了很大的变化……由于体验到官场的险恶,醒悟到即便是帝王卿相,终卧荒丘,"只丢下些虚名虚姓,模糊在断碑中"(《北中吕·满庭芳·洛阳怀古》),故而一再乞求还乡。其曲大多借古人,抒发感慨,不离元曲"述隐"传统,以简朴、沉雄之笔抒写真实思想,非游戏笔墨可比。曲中律正韵

---

① 原文观点零散,此据原文第三章《〈苑洛集〉文学研究——韩邦奇诗、词、曲研究》加以概括而成。

严,当与其精究乐律之学有关。①

赵义山《明清散曲史》第五章第七节《失意杂吟,隐逸基调》,将韩邦奇归入明代北派曲家。认为韩邦奇"其曲今存30首。其中有一些写边城景色,并抒发戍边之人思乡情怀的作品较有特色","相比之下,邦奇的一些归隐之曲,更能实现北派作家的本色豪放之风"。②

师海军《明中期关陇作家群研究》提出:"用'前七子'来概括明代中期的文坛是不妥当的,从当时文学中心人物的籍贯来看,这一文人群体实是由关陇作家组成的,目之为关陇作家群完全不为过。"在此基础上,他提出"明中期关陇作家群"这一概念,并将韩邦奇归属于其中,文中还对韩邦奇之生平、别集情况做了论述。此文对研究韩邦奇与关陇其他作家之交往及其文学特点具有一定参考价值。

严安政《朝邑二韩:其人其诗》一文提出:"陕西历史上著名的韩邦奇、韩邦靖兄弟,既是明代中期陕西著名的学者、诗人,又都曾奋不顾身为民请命,史称'朝邑二韩'。"文中对韩邦奇少许诗文做了简略分析。

6. 乐学研究

乐学研究成果极为罕见,主要见于刘忠《韩邦奇之〈恭简公志乐〉述评》一文和张振涛《笙管音位的乐律学研究》一书。

刘忠《韩邦奇之〈恭简公志乐〉述评》认为:"《恭简公志乐》是韩邦奇对中国明代以前包括其所生活的明代中期音乐的考证删定之作。从其内容来看主要包括:乐律、乐器、乐谱、乐舞、舞图等内容。是对前人音乐理论的总结。""因此,对韩邦奇及其《恭简公志乐》的研究,无论是在文献整理方面,还是在音乐史料的校正、准确性方面都具有十分积极的意义。"

张振涛《笙管音位的乐律学研究》说:"明人韩邦奇《苑洛志乐》,是目前所能看到的中国文人最早记载17管笙各苗音高、谱字及其相和指法的文献。虽然记述中免不了前后矛盾且简略不详,但这也是弥足珍贵的材料了。"③

---

① 金宁芬著:《明代中叶北曲家年谱》,北京:中国大百科全书出版社,2012年版,第168—171页。
② 赵义山著:《明清散曲史》,北京:人民出版社,2007年版,第167—168页。
③ 张振涛著:《笙管音位的乐律学研究》,济南:山东文艺出版社,2002年版,第303页。

下 编

理学精蕴

余既于上编考邦奇之生平概略,兹编则以之为据,述其思想大要也。凡论一人之思想,所先依据者,其文章著述也。邦奇之著述,大抵先后依托朱蔡、横渠之著,或本其述而为疏解,或接其意而为推阐,然皆不出于理学之藩篱。邦奇之文章,或为序铭,或为传记,或为奏疏,或为诗词,或为散曲,或为笔记,或为拾遗,不一而足,然就其思想大旨而言,则归之于儒学之范围也。兹编所述,取乎邦奇之著述文章,而以其个人之创见为主。凡前人所言而邦奇沿袭者,则略;凡前人所未发而邦奇自得者,则详。依乎文献,主述理学,察乎详略,裁抑得当,故以《理学精蕴》而名之也。

邦奇又曰:"天地万物,本同一气。其成也,皆小而大,未有陡然而大者。"(《正蒙拾遗·太和篇》)天地万物,未有陡然而大者,夫人之学问岂有骤然而成者?非也。凡人之思想,非与生俱来,非恒然不变,亦如江河之流,随时而迁,渐趋于成熟也。以邦奇言之,其学问宗主,先后略有不同。如其门人张文龙《刻〈苑洛先生文集〉跋》语之曰:

> 先生少时锐意于诗文,既而当弘治之盛,自庆身际升平,复留心于礼乐。比登仕,则正德矣,乃幡然于性命道德之学。

依张文龙所见,邦奇之学,大略由"诗文"而进之于"礼乐",由"礼乐"而进之于"性命道德之学",此大略可见邦奇早年至中年思想学术之发展变化历程。今人章晓丹博士论文《韩邦奇哲学思想研究》亦谓:

> 综观韩邦奇的一生,其哲学思想的发展历程大致可以分为三个阶段。第一是初步阶段,韩邦奇有了早期的哲学思想——宇宙生化模式,主要是在朱熹易学思想的影响下进行的有关宇宙论方面的思考,此阶段中反映韩邦奇哲学思想的代表作是《启蒙意见》。第二是发展、成熟阶段,韩邦奇开始自觉深入哲学思考并建立了自己独特的哲学体系——性道哲学体系,代表作《正蒙拾遗》反映了韩邦奇哲学思想发展和成熟两个紧密相连的阶段。回归张载道学是韩邦奇哲学思想的发展阶段,而"性与天道"哲学体系的建立则标志着韩邦奇哲学思想进入成熟阶段。第三是总结、运用阶段,此时韩邦奇没有新哲学观点的提出和论说,而主要是在人生最后的时间里回顾总结一生之所学所思,此阶段以《苑洛志乐》和《苑洛集》刻本面世为

标志。①

以上二者所言,虽略有不同,然皆承认邦奇思想主旨先后之别,亦可略划分为三期也。拙作《韩邦奇的学术历程及其关学归宿》(《唐都学刊》2013年第3期),则以韩邦奇著述之完成时间、思想主旨为线索,考察韩邦奇学术思想之变化,亦认为邦奇先后思想主旨有所不同:

> 韩邦奇一生勤于著述,学问淹博,尤精于《易》《书》音律。其早年大略以程朱理学为源,发明《尚书》《周易》之义;中年则以张载《正蒙》为依,穷极"天人""性道"之理;晚年则重学问之相互贯通,修身之平易切实。其思想学风,远承张载,宗源关学,堪为明代关学干城。

今再详观邦奇之著述,此中所言,犹有未确。如言"其早年大略以程朱理学为源",或未当。何故?邦奇早年之著述,有《蔡传发明》《禹贡详略》《律吕直解》《启蒙意见》《洪范图解》。其《蔡传发明》内容虽不可考,然就其名观之,当为对蔡沈之《尚书集传》作疏解也。《禹贡详略》则本之蔡沈《尚书集传》中之《洪范传》而为之疏义图解,以为其家弟子举业有所进,地理有所考也。《律吕直解》则本之蔡元定之《律吕新书》而为之直解,而为之图说,亦以为其弟子学业有所进也。《启蒙意见》则本之《易学启蒙》一书而为图解疏义,《易学启蒙》则朱子之作,其弟子蔡元定亦与其事也。至于《洪范图解》一书,则本之蔡沈《洪范皇极》,专阐其《洪范》占法也。蔡元定为蔡沈之父,蔡沈为元定之子,父子同出于朱子之门,而学问有所继承相因也。邦奇早年专于朱、蔡之著而为解义,其于二程之说,则略也。故邦奇早年之学,虽就其渊源而大略可言"以程朱理学为源",然若就著述而言之,其所阐之著述大略出于朱、蔡所传之《易》《书》《乐》也,故当言其"以朱蔡著述为本"也;朱蔡之所传,非汉儒之经学,实宋儒之理学也,故邦奇之学,可谓出于理学也。然邦奇之理学虽本之朱、蔡,亦非全然因陈而无所质疑、无所创见也,故应进而言之"阐其理学之见也"。

邦奇虽以朱蔡之学为本,然非无疑惑,无改进,无异议。详察其《禹贡详略》《律吕直解》《启蒙意见》《洪范图解》,则大略可知也。然邦奇于张子之

---

① 章晓丹著:《韩邦奇哲学思想研究》,西安:陕西人民出版社,2011年版,第151—152页。

学,仅有一语言其"《正蒙》'所谓'字,不如孔子'之谓'字为的确,此又圣贤之别。"然除此而外,再无訾议抵牾,可谓拳拳服膺、顺承而无迁也。其于不惑之年,撰成《正蒙拾遗》一书,其中不唯盛赞张子:"自孔子而下,知'道'者,惟横渠一人。"又数曰:"横渠灼见道体之妙""横渠真见造化之实""横渠灼见性命之真",又通引儒典,为之遮护,详为注疏,揭明大义,可谓归服之至也。对于周、朱二子,则不无指责批评,非全然苟同也。由此可见,韩邦奇对张载,虽以其不敢与孔圣并列,然评价远胜于宋明诸儒也。对张子《正蒙》一书,邦奇亦极为认同,曰:"横渠《正蒙》多先后互相发明,熟读详玩,其意自见,不烦解说。"且因《性理大全》及时人注疏,"以张子之大旨未白,一二策尚欠详明,于是作《拾遗》"(樊得仁撰《〈性理三解〉序》),此正邦奇之学出于朱蔡,而返归于横渠,以《正蒙》为正之确证也,亦其"幡然于性命道德之学"之证也。除此而外,邦奇亦秉承张子学统,上究天际,穷通道性之原;下彻人事,力行礼乐之实。《正蒙拾遗》作后,其不再图变异说,而以张载之说为宗,下贯人事之实。于易学,再作《易占经纬》《易林推用》《卦爻三变》,以达大易之贯通实用;于乐学,继作《苑洛志乐》,以求礼乐之实效。又察天道,明地理,论政务,作诗文,无非于人道中行一"实"字而已。故邦奇后期之学,虽有多端,然非杂乱无章,仍以横渠之学为宗旨、为归依也。如是,若就学术之内核即思想之成熟代表作而论,《正蒙拾遗》当为邦奇思想成熟之分水岭,此前则发展期也,此后则落实期也。

兹据以上之所论,将邦奇之思想要旨略作两章,先之以《推阐朱蔡》,以见邦奇学问之发端及本源;次之以《返归横渠》,以见邦奇学问之归宿及落实。

第三章　推阐朱蔡

据上编韩邦奇之行年及著述考论,可以见得:韩邦奇之学术,主要源自于其家学。而其家学,则出于朱门蔡子之学,以《尚书》之业为重也。据《家世》,邦奇父韩绍宗受蔡沈《尚书》于其叔父武清知县韩伦,而邦奇及诸兄弟,又受学于乃父。邦奇年少时,"父子兄弟以学问相为师友"①,"其父莲峰老人督之"②,所治之学,即为《尚书》。其早年著作《蔡传发明》《禹贡详略》《易学启蒙意见》《律吕直解》《洪范图解》诸,可证知其当时之学,皆秉朱门之传而述其义。如《启蒙意见》乃是对朱熹及其弟子蔡元定合著《易学启蒙》一书之传疏,《律吕直解》即是对朱熹弟子蔡元定之《律吕新书》之传疏,《蔡传发明》《禹贡详略》《洪范图解》三书,即是对朱熹门人、蔡元定之子蔡沈所作之《尚书集传》和《书集传》中《禹贡》篇以及《洪范皇极》所作疏解。由此知邦奇经传之学,出于朱门蔡传,而以《易》《书》《乐》三者为重也。由是而言之,邦奇早年之学,为经传之学。经,儒家之经典也;传,理学之传述也。就传而言,出于朱子,而以蔡氏为重。概言之,其经传之学,近承家学,上本朱蔡,可矣!

邦奇早年之治学,受时代风气熏染,以登科中举为鹄的。科举之盛,溯自明初。明太祖朱元璋即崇尚儒学,多次诏示宗朱子之书,令学者读五经孔孟之书,讲濂洛关闽之学,并以程朱理学教化天下,以程朱理学为主的儒学,蔚然兴盛。特别是明永乐十三年(乙未1415),明成祖朱棣亲自主持,由胡广、杨荣、金幼孜等人纂修的《五经大全》《四书大全》《性理大全》三部书作为钦定教本颁行天下并作为科举考试的标准答案,使程朱理学的官方正统地位得以确立。在这种情况下,当时之学术,多以程朱理学为圭臬,而不敢有所逾越也。此诚如黄宗羲所说:"有明学术,从前习熟先儒之成说,未尝反身理会,推见至隐,所谓'此亦一述朱,彼亦一述朱'耳。"③清人朱彝尊《〈道传录〉序》记

---

① 冯从吾撰:《苑洛韩先生(弟邦靖附)》,载《关学编》卷四。
② 转引自:《陕西通志》卷九十八,影印文渊阁《四库全书》本第556册,第105页。
③ 黄宗羲撰:《姚江学案》,《明儒学案》卷十,第179页。

载说：

> 世之治举业者，以《四书》为先务，视《六经》可缓。以言《诗》《易》，非朱子之《传义》弗敢道也；以言《礼》，非朱子之《家礼》弗敢行也。推是而言《尚书》、言《春秋》，非朱子所授，则朱子所与也。……言不合朱子，率鸣鼓而攻之。①

程朱理学在科举制度的强化中确立了官方学术的正统地位，朱子学说也成为当时学术的唯一标准。于此氛围之下，韩氏家族，亦重视科举，而其世传所习之书，则重在《尚书》也。孝宗弘治十七年（甲子 1504）秋，韩邦奇以《尚书》中举，可见也。而其《禹贡详略》一书，其序又明言："《略》者，为吾家初学子弟也。复讲说者，举业也。"亦可见之。邦奇欲中举也，不得不习朱子之学，此天下形势、时代风气之所然也。

然邦奇之治学，又非仅在于科举而拘于朱子之说也。何故？邦奇当明代中期，此时之科举制度，虽仍为明初定制而承袭之；然此时之学风，已与明初大有不同也。关于明代学风流变，清人张廷玉所撰《明史·儒林传》概言之：

> 原夫明初诸儒，皆朱子门人之支流余裔，师承有自，矩矱秩然。曹端、胡居仁笃践履，谨绳墨，守儒先之正传，无敢改错。学术之分，则自陈献章、王守仁始。宗献章者曰"江门之学"，孤行独诣，其传不远。宗守仁者曰"姚江之学"，别立宗旨，显与朱子背驰，门徒遍天下，流传逾百年，其教大行，其弊滋甚。嘉、隆而后，笃信程、朱，不迁异说者，无复几人矣。要之，有明诸儒，衍伊、洛之绪言，探性命之奥旨，锱铢或爽，遂启歧趋，袭谬承讹，指归弥远。至专门经训授受源流，则二百七十余年间，未闻以此名家者。经学非汉、唐之精专，性理袭宋、元之糟粕，论者谓科举盛而儒术微，殆其然乎！②

明初学者皆朱子门人之支流余裔，墨守程朱理学学说，他们主要从实践功夫上躬践力行，或格物致知、博学多识，或居敬存诚、涵养心性，于理论建树则创获不大。时人多认为"经自程、朱后不必再注，只遵闻行知"③，所以"笃践履""谨绳墨"便成为当时学术的主要特点。然自明代中期开始，传统学术

---

① 朱彝尊撰：《道传录序》，《曝书亭集》卷三十五。
② 张廷玉等：《儒林传一》，《明史》卷二百八十二，北京：中华书局，1997 年版。
③ 黄宗羲撰：《文懿章枫山先生懋》，《明儒学案》卷四十五。

在对程朱理学的批判和修正中开始分化。以"江门之学"和"姚江之学"为代表的"心学"开始兴起和传衍;此间之学者"袭谬承讹,指归弥远"而未有经训名家,其所治之经学比不上汉、唐时期的精通专一,性理之学也未能取得宋、元之精华,归其主要的原因,则在于"科举盛而儒术微",正因科举制度之兴盛,却导致儒学的衰微。张廷玉此段评述,基本上讲明了明代中期学术变迁的大致情况,是由程朱理学之式微到阳明心学之兴起的过程。而与邦奇同时之王廷相,亦批评当时科举之风:

> 历代以来,人主教养人材,盖图以治理天下云尔。故学者读书,当以经国济世为务,其习作文义,不过为入仕之媒也。今之父兄师友,以训教期待子弟者,遂以习作文词,进取科第为要事。其教之体验扩充,以达经济之术者,百无一二焉。呜呼,良可哀矣!①

王廷相指出,读书的主要目的是经国济世,习作文词只不过是入仕而治理天下的手段。时人之弊病,在于以习作文词、进取科举为要事,全然将经济之术抛之云霄。顾炎武更是直接地指出"弃实学"之时弊,他说:"制义初行,一时人士,尽弃宋元以来所传之实学,上下相蒙,以饕禄利,而莫之问也。"②时人重文词科举而轻经济之术,违背了历代教养人才以图治理天下之社会责任。而程朱理学已成为时人猎取功名之工具,随着时间的推移,亦终将成为社会之批判对象并为有识之士所弃。邦奇治经传之学,大略处于弘治、正德年间,其时以程朱理学为宗旨的科举制度仍然兴盛,然反思、修正、批评朱子之风也已兴起,故邦奇之治学,虽不得不囿于科举制度而以朱子之书为限,然其又受此种风气影响,"以达经济之术",故又不得固守朱子之说而不变也。

邦奇治经传之学不固守朱子之说,又与明后期治学之风不同。明后期治学之风,如《明史·儒林传》所言,多受阳明之学影响而摒弃程朱,"遂启歧趋,袭谬承讹,指归弥远"。至于经学之"授受源流,则二百七十余年间,未闻以此名家者。"邦奇治学之时,虽献章、守仁之学已成,然尚未风行于海内也,故邦奇又能不受其浸染,其所得者,多出于自家体悟也。此于邦奇之学,大略可见。如《书》学,韩邦奇虽始于蔡沈《禹贡》《洪范》之学,然非拘于成说,而

---

① 王廷相撰:《督学四川公约》,《王廷相集》第四册《浚川公移集》卷三。
② 顾炎武撰:《四书五经大全》,《日知录》卷十八。

以考究地理之实为归,贯通《洪范》《周易》为妙也;于《易》学,虽本之朱熹《启蒙意见》,然其本意则在于求易理之贯通,其以先天后天之卦变相通、《河图》与《洛书》两者相通、占变原则之统一为上,进而达于宋易与汉易相通、大易与历法相通,即《易占经纬》《卦爻三变》《易林通用》之所论也。于《乐》学,邦奇虽本之《律吕直解》而为疏解,然划分体用,详考律吕之实、乐器之用、乐舞之治,详述乐史流变,则前人之所未言也,此又进之于《苑洛志乐》,集一时乐论之大成也。

概而言之,邦奇经传之学,早期虽本之于朱蔡,晚期而终之于实用。其治学之时代,科举制度依然存在,为士子进取必由之路;然其时科举弊端亦已凸现,批判、反思朱子之风已经兴起,故邦奇经传之学,虽本之于朱蔡,然非完全固守成说不变也。因其时阳明之学亦未流布海内,故邦奇亦能不受其熏染,而得之自家也。兹编以邦奇早年著作完成之先后为序,先之以《禹贡详略》,次之以《律吕直解》,三之以《启蒙意见》,四之以《洪范图解》,以见邦奇早年《书》学、《乐》学及《易》学之成就。

第一节 《禹贡详略》

邦奇早年秉受家学,研治《尚书》。其所著者,有《蔡传发明》《禹贡详略》二书。《蔡传发明》今已不传,所赖者,即《禹贡详略》一书也。另《苑洛集》卷十八至卷二十二《见闻考随录》有关于该篇些许论述,然亦出于《禹贡详略》,不足道也。故考邦奇《尚书》地理之学,当以《禹贡详略》为主。

一、概述评说

《禹贡详略》一书,现存于陕西省图书馆。关于是书之形态、内容,《陕西省志》第七十一卷《著述志》载:

> 《禹贡详略》2卷,明韩邦奇撰。明刻本,2册,每半页12行,行22至23字,白口,上下单边,四库全书总目著录。此书根据地理著作《尚书·禹贡篇》,辑录全国各地山岭、河流、薮泽、郡县、土壤、贡赋、物产、美玉等,并详加注释和考证。其中对黄河流域考证较详。卷末有《九州岛赋歌》60余首、地域图20余幅。是书卷前有韩邦奇

跋云："此为乡塾私课之本,特以教吾子弟,非敢传之人人。"①

据此著录,可见邦奇是书内容之丰博,及邦奇著述该书之因由。经查阅,《禹贡详略》乃据《尚书·禹贡篇》经文并全采蔡沈传文,于全国各地山岭、河流、薮泽、郡县、土壤、贡赋、物产、美玉等,详加注释和考证,尤以对黄河流域之考证颇详,可见其于地理考证之价值。关于邦奇编撰是书之目的,上《著述志》之"提要"则言之未确。今所见本(明刻本,今存陕西省图书馆)《禹贡详略》篇首则言:

《略》者,为吾家初学子弟也。复讲说者,举业也。详释之者,俟其进而有所考也。弘治丁巳苑洛子书。

此一小序,亦见于朱彝尊《经义考》卷九十四。由其落款"弘治丁巳",可知是书当完成于明孝宗弘治十年(丁巳,1497),其时韩邦奇19岁。朱彝尊《经义考》卷九十四于《禹贡详略》条下载:"《禹贡详略》二卷,存。"又录有欧思诚之后序,曰:

《禹贡详略》乃苑洛韩公心得之学,传之家塾者。往岁,愚承乏朝邑,知而求传之。公辞曰:"此特以教我子弟者,非敢传之人人也。"嘉靖乙巳春,适公奉命总理河道于济宁,愚复备属东昌,获伸前请,公诺。愚归郡,寿诸梓。俾读是《经》者,本其说以研经义,考其图以穷源委,庶知公用心之勤、析理之精,有裨后学,不为小补云。

由此可以推知,此书完成虽早,然邦奇本意,并非传之人人,而在于教授其家子弟也,故先前未曾刊刻传世。直到嘉靖二十四年(乙巳,1545),才应欧思诚之请刊刻面世,其时韩邦奇年67岁。而《四库全书总目·经部·书类存目》本书"提要"则云:

此书训释浅近,惟言拟题揣摩之法,所附歌诀图考,亦极鄙陋,乃类兔园册子。前有邦奇自为小引,云:"《略》者,为吾家初学子弟也。复讲说者,举业也。详释之者,使之进而有所考也。"后有蓟门欧思诚跋,述邦奇之言,亦曰:"特以教吾子弟,非敢传之人人。"则是书本乡塾私课之本。思诚无识而刻之,转为邦奇累矣。至于每州之下各加某州之域四字,参于经文之中,尤乖体例,邦奇必不如是之

---

① 陕西省地方志编纂委员会编:《陕西省志》第七十一卷《著述志》(上册),西安:三秦出版社,2000年版,第183页。

谬。殆亦思诚校刊之时,移其行款也。朱彝尊《经义考》载,"邦奇《书说》一卷,注曰未见",而不载此书。其卷数则相同,或即因此书而传讹欤。

《四库全书总目提要》评价是书,谓其"亦极鄙陋,乃类兔园册子"之类,然邦奇本意,非以示之人人,唯教其子弟也。思诚之本心,亦在俾读《尚书》者,能"本其说以研经义,考其图以穷源委",且由乎知邦奇"用心之勤、析理之精",有裨后学,不为小补耳。余编《韩邦奇集》时,久觅是书不见,引以为憾。后得西北大学出版社马平先生与陕西省图书馆徐大平副馆长之助,于省图得阅是书,见其版刻字迹清晰,然些许图版亦有模糊难见者,又因年代久远,其中纸张剥落,深为可惜。然见其牒列《禹贡》文及蔡沈传而细加考证、详为说解,力求浅近通晓,作文应举之实用。其中九州疆域、山河物产、薮泽郡县、贡赋制度,不唯可助小学识晓地理,亦可知政治制度之原及圣人运作之心,非全无所取也。且《四库全书总目提要》言朱彝尊《经义考》不载此书,失察也。又言其或因《书说》而传讹,疑其未见是书,故有如是之评也,今且不取。兹就是书内容,略为分节摘要,而见其内容特色也。

二、节次体例

(一)节次

邦奇《禹贡详略》即全采蔡《传》,依《尚书·禹贡》行文而为之解说,则其层次之大略划分,亦据之以《禹贡》也,故《禹贡详略》之节次,即《禹贡》之节次也。对本篇标题"禹贡",邦奇简择蔡沈之文,予以解说,曰:"上之所取谓之'赋',下之所供谓之'贡'。是篇有贡有赋,而独以'贡'名篇者,'贡'乃夏后氏田赋之总名也。今文、古文皆有。"而下《禹贡》全文,其段落节次,可大略做如下划分。

1. 总纲

即篇首"禹敷土,随山刊木,奠高山大川"一句及蔡《传》、韩《释》。

2. 九州

"冀州"二字而下,至"西戎即叙"之《经》文及蔡《传》、韩《释》。记大禹经理九州岛之事。此下又依次分为九节。历述冀州、兖州、青州、徐州、扬州、荆州、豫州、梁州、雍州之疆域边界、治水之功、土地田赋、物产贡道。

3. 导山

即从"导岍及岐"至"至于敷浅原"之《经》文及蔡《传》、韩《释》。记大禹导山之事功。此下分为四节：第一，导北条北境之山；第二，导北条南境之山；第三，导南条北境之山；第四，导南条南境之山。

4. 浚川

即从"导弱水"至"又东北入于河"之《经》文及蔡《传》、韩《释》。分为九节，依次记述大禹导弱水、黑水、河水、漾水、江水、济水、淮水、渭水、洛水之事。

5. 总叙

即从"九州岛攸同"至"不距朕行"之《经》文及蔡《传》、韩《释》。分为四节，依次记述大禹水治、田赋、建侯、敬德之政。

6. 五服

即从"五百里甸服"至"二百里流"之《经》文及蔡《传》、韩《释》。分为五节，依次记述甸服、侯服、绥服、要服、荒服之要。

7. 总结

即全文最后一句，"东渐于海，西被于流沙，朔南暨声教讫于四海。禹锡玄圭，告厥成功"之《经》文及蔡《传》、韩《释》。

(二) 体例

邦奇之《禹贡详略》，不唯解释《禹贡》经文，且解说蔡《传》注文。其基本体例是：

1. 浅释经文之意

先牒每小节经文，然后于其下浅释经文之意。释经文之法，本乎蔡《传》，若蔡《传》简易，则直列之；若《蔡》传过于繁琐，则再择其大要，予以简释。如"岛夷皮服"句下：

> 海曲曰"岛"。海岛之夷，以皮服来贡也。

此直列蔡《传》注文，因其浅近，不劳简择也。又如"治梁及岐"句下，蔡《传》曰：

> 梁、岐，皆冀州山。梁山，吕梁山也。在今石州离石县东北。《尔雅》云："梁山晋望，即冀州吕梁也。"吕不韦曰："龙门未辟，吕梁未凿，河出孟门之上。"又《春秋》："梁山崩"，《左氏》《榖梁》皆以为

晋山,则亦指吕梁矣。郦道元谓:"吕梁之石崇竦,河流激荡,震动天地。"此禹既事壶口,乃即治梁也。岐山在今汾州介休县。狐岐之山,滕水所出,东北流注于汾。郦道元云:"后魏于胡岐置六壁城、离石,诸胡因为大镇。"今六壁城在滕水之侧,实古河径之险陉。二山,河水所经,治之所以开河道也。先儒以为雍州梁、岐者,非是。

解说过于繁琐,不便初学者通晓,故邦奇择其要曰:

> 梁、岐,皆冀州山。梁山在石州离石县,岐山在汾州介休县。二山,河水所经,治之所以开河道也。

此是因蔡《传》注文过繁而摘要简释之例。

2. 概述经文之理

即总括一节之主要意旨,并引发其中之微言大义。由此可见事序之条理先后,以及大禹之圣心也。此如"冀州"二字下,简释之后而概述其理,曰:

> 此史臣记"大禹经理冀州也"。禹之治水,先下而后高。冀州非下也,而先治之者,何也?盖帝都之地,禹受命治水所始,在所当先也,故先治冀州焉。八州皆言疆界,而冀不言疆界者,何也?言济河惟兖州,则知冀州在兖州之西;言荆河惟豫州,则知冀州在豫河之北;言黑水、西河惟雍州,则知冀州在雍河之东。以帝都而言,疆界与八州等矣。不言者,所以尊京师也。以帝都而言,疆界有限量矣;不言者,所以示王者无外也。

观邦奇之文,则知大禹划分九州之地,在于明确治水之先后次第,非徒无事而为也,此治水之要一者也;后则概述大禹治水之法,即"随山之势,相其便宜,斩木通道以治之",如是"则知何处塞水源而当流,何处壅水流而当导",此治水之要二者也;又"定其山之高者与其川之大者,以为一州之纪纲",此治水之要三者也。再结之以点明:"重治水之要",并就文中"斩木通道"一语中隐含之意,予以辨析明示。此邦奇解《禹贡》之通例也,此后又附表,以二十八宿而论九州岛之分野,其内容虽不出于前人所见,然清楚易见,于初学者不无小补也。

再如"水治"一节中"九州攸同:四隩既宅,九山刊旅,九州涤源,九泽既陂,四海会同"句下,邦奇曰:

> 此总结上文之意也,北平水土也。九州之土,或地或山,高卑不一,而皆平治矣。九州之水,或川或泽,流止不一,而皆平治矣。其

实如何？四海之陬，水涯之地，已可奠居，不特兖之"降丘宅土"，雍之"三危既宅"而已；九州之山，槎木通道，已可祭告，不特梁之"蔡、蒙旅平"，雍之"荆、岐既旅"而已；九州之川，浚筏泉源，而无壅遏，不特青之"潍、淄其道"，徐之"淮、沂其乂"而已；九州之泽，已有陂障，而无决溃，不特徐之"大野既猪"，兖之"雷夏既泽"而已；四海之水，无不会同，而各有所归。不特江、汉会同归于海，泾、渭会同归于河而已。

3. 简择经文字词

对经文中难解之字词，予以解说。如"华阳、黑水，惟梁州"句下，曰：

华阳，是陕西商洛，湖广襄阳府属。四川夔州府所属，巫山、大宁、大昌之地。黑水，是垒溪黑水。自梁北境至安县入江，与"导黑水"之黑水无下。《志》者止见黑水流南至西，极意即梁境，而不知实无相干，误合为一。

再如"五百里甸服：百里赋纳总，二百里纳铚，三百里纳秸服，四百里粟，五百里米"句下，曰：

甸服，畿内之地也。甸，田。服，事也。以皆田赋之事，故谓之"甸服"。五百里者，王城之外，四面皆五百里也。禾本全曰"总"，刈禾曰"铚"，半藁也。半藁去皮曰"秸"。谓之服者，三百里内，去王城为近，非惟纳总铚秸，而又使之服输将之事也。独于"秸"言之者，总前二者而言也。粟，谷也。内百里为最近，故并禾本全赋之。外百里次之，只刈禾半藁纳也。外百里为又次之，去藁粗皮纳也。外百里为远，去其穗而纳谷。外百里为尤远，去其谷而纳米，盖量其地之远近，为纳赋之轻重精粗也。此分甸服五百里而为五等也。

此是结合句意，对文中"甸服"以及"铚""秸""粟"等字词予以解释。

4. 贯通上下文意

经文上下，有所呼应之处，即予以点明。如"织皮昆仑、析支、渠搜，西戎即叙"句下曰：

○"厥赋"至此，记一州之贡赋，别所入之道异；著三国之贡物，见所就之功同。○"荆、岐"至此，水土既平，而成功及于远；经理有制，而余功及于远。○"三危"至此，远地兴其功，而成功也详；远人致其贡，而就功也同。○"三苗"至此，以二远作眼对为妙。○雍州，全破。史臣记圣人别雍州之境,既叙其成功之详,因附其余功之及。

即经文"厥赋中下。厥贡惟球琳、琅玕。浮于积石,至于龙门、西河,会于渭、汭。织皮昆仑、析支、渠搜,西戎即叙"是"记一州之贡赋,别所入之道异;著三国之贡物,见所就之功同"也。经文"荆、岐既旅,终南、惇物,至于鸟鼠。原隰厎绩,至于猪野。三危既宅,三苗丕叙。厥土惟黄壤,厥田惟上上,厥赋中下。厥贡惟球琳、琅玕。浮于积石,至于龙门、西河,会于渭、汭。织皮昆仑、析支、渠搜,西戎即叙"是言"水土既平,而成功及于远;经理有制,而余功及于远"。又点明:上文中从"三危"至此,是:"远地兴其功,而成功也详;远人致其贡,而就功也同。""三苗"至此:"以二远作眼对为妙。"最后说:"雍州,全破。史臣记圣人别雍州之境,既叙其成功之详,因附其余功之及。"即行文到此,则对雍州一节之疆域、水治、土壤、田赋、物产、贡道等,全部给予说明。

再如"田赋"一节"六府孔修,庶土交正,厎慎财赋,咸则三壤,成赋中邦"句下,邦奇曰:

> ○"厎慎"至"三壤",谨庶土之贡,定谷土之等,此圣人经理天下也。谓之"慎"者,以见不责有于无,不取盈于少也。○"四海"至"孔修",既有以平天下之大患,斯有以兴天下之大利。○二合。既有以平水土,又有以定土赋。

此即说明"厎慎财赋,咸则三壤"一句,是"谨庶土之贡,定谷土之等,此圣人经理天下也",而上文"四海会同"与此"六府孔修",则是"既有以平天下之大患,斯有以兴天下之大利";综合上文"九州攸同:四隩既宅,九山刊旅,九州涤源,九泽既陂,四海会同"与此句"六府孔修,庶土交正,厎慎财赋,咸则三壤,成赋中邦",则是"既有以平水土,又有以定土赋"也。

5. 揭示命题关键

《禹贡详略》一书,本为其子弟举业也,故于相应条文之下,列出命题之要点,并撮其要义以述之,以备为文之资。如"冀州"之下,有一条曰:

> "冀州"二字,小试可出,中间许多周折。帝都之地,朝廷宗庙百官之所在,治之当先,一意也。他州皆言疆界,而冀独不言者,三面距河,言黑水、西河惟雍州,则知冀在雍河之东矣;言济河惟兖州,则知冀在兖河之西矣;言荆河惟豫州,则知冀在豫河之北矣,一意也。他州言界而冀亦言之,则冀与他州同矣。不言界者,尊京师也,一意也。冀言界,则是地方限于界内。不言界者,示王者无外之意也,一

意也。四意俱须发出。

再如,"济水"一节中"导沇水,东流为济,入于河,溢为荥;东出于陶丘北,又东至于菏;又东北会于汶。又北东入于海"句下曰:

> "东流"至"陶丘北",圣人于济水见伏也。既即其流之得名,而指所入之处。复即其溢之得名,而指所出之地。此题可出。主三伏三见之意。

6. 解说传注宋时地名之所在

凡蔡《传》有难解之处,则牒传注,并为之解说。如经文"潍淄其道"句下,蔡《传》曰:

> 潍、淄,二水名。潍水,《地志》云:"出琅琊郡箕县。"今密州莒县东北潍山也,北至都昌入海,今潍州昌邑也。淄水,《地志》云:"出泰山郡莱芜县原山。"今淄州淄川县东南七十里原山也,东至博昌县入济,今青州寿光县也。其道者,水循其道也。上文言既道者,禹为之道也;此言其道者,泛滥既去,水得其故道也。林氏曰:"河、济下流,兖受之;淮下流,徐受之;江、汉下流,扬受之。"青虽近海,然不当众流之冲,但潍、淄二水,顺其故道,则其功毕矣。比之他州,用力最省者也。

自宋至明,地名变迁,辗转不同。故邦奇须明蔡《传》之地名,在明时当何所指,故就上注而释之曰:

> 潍水,出山东青州府莒州箕屋山。莒州,即箕县也。经本府诸城入莱州府高密,经本府昌邑、潍县东北入海。潍县,即都昌也。淄水,出本省济南府泰安州莱芜县原山,北入本省青州府临淄,至博兴县入济。博兴,即博昌,今却至寿光入。

再如"震泽厎定"句下,蔡《传》曰:

> 震泽,大湖也。《周职方》:"扬州薮曰'具区'。"《地志》:"在吴县西南五十里。"今苏州吴县也。曾氏曰:"震如三川震之震,若今湖翻是也。具区之水多震而难定,故谓之'震泽'。""厎定"者,言厎于定而不震荡也。

邦奇则以明时地名道之,曰:

> 即太湖纵广二百八十三里,三万六千顷,跨苏州府吴县,常州府武进、无锡、宜兴三县,浙江湖州府乌程、长兴二县。

三、文献价值

邦奇《〈禹贡详略〉序》言:"略者,为吾家初学子弟也。复讲说者,举业也。详释之者,俟其进而有所考也。"就此而言,其用心有二:其一,便于其家族之子弟初学《禹贡》,以应科举考试也;其二,待其学业有所长进,而能考详地理之实也。前者或于当今之时代无所价值,蔑如也;后者则对当今《禹贡》之研究,仍可备为一说,可资参考也。

(一)便其初学以举业

邦奇《禹贡详略》一书,本为教诲初学子弟之书,故其为文,尚于浅近,不仅简择经文,为之通晓,亦揭示为文之程式,命题之关键,此由上文可以见之。又邦奇为便于初学,《禹贡详略》书中尚有如下之内容。

1. 列举九州之区划

结合明代之州府郡县之区划,使初学者明之。兹举如下:

九州(以二十八宿明之)

  冀州分野 参井觜昴毕室壁尾箕

  兖州分野 危室奎娄角

  青州分野 危虚箕

  徐州分野 娄房心

  扬州分野 斗牛女

  荆州分野 翼轸

  豫州分野 角亢柳张氐

  梁州分野 井鬼参井翼轸觜

  雍州分野 井鬼翼轸

九州高山:

  冀州霍山 兖州岱山 青州沂山

  徐州蒙山 扬州会稽 荆州衡山

  豫州华山 梁州嶓冢山 雍州岳山

九州所属:

冀州之域

  (原文缺失)

兖州之域

　　山东：济南府所属齐河、禹城、临邑、长清、肥城、青城、陵县，泰安州新泰、莱芜、德州、德平、平原、武定、阳信、海丰、乐陵、商河、滨州、利津、沾化、蒲台，东昌府所属州县，兖州府阳谷、东阿、平阴、东平、汶上、寿张。

　　直隶：大名府所属元城、大名、南乐、清丰、内黄、开州、长垣、东明、魏县。

　　河南：开封府所属延津、封丘、原武、阳武、胙城。

青州之域

　　山东之青州府、莱州府、登州府，济南所属历城、章丘、邹平、淄川、长山、新城、齐东、济阳及辽东广宁以东。

徐州之域

　　南直隶，徐州所属；淮安府，海州所属；邳州所属：本府桃源县、沭阳县、清河县、安东县。

　　山东青州府所属：莒州沂水、日照、安丘、诸城、蒙阴；兖州府所属：金乡、鱼台、城武、单县，济宁州嘉祥、巨野、郓城，曹州南境曹县、定陶。扬、徐二州，当以淮为界，淮北为徐，淮南为扬。

扬州之域

　　南直隶、应天府、扬州府、镇江府、苏州府、常州府、松江府、池州府、徽州府、宁国府、太平府、安庆府、庐州府、凤阳府，淮安府所属山阳县、盐城县、广德州、和州、滁州。

　　浙江杭州府、严州府、嘉兴府、湖州府、金华府、衢州府、处州府、温州府、宁波府、绍兴府、台州府。

　　江西南昌府、饶州府、广信府、临江府、吉安府、瑞州府、袁州府、赣州府、南安府、建昌府、抚州府，九江府所属瑞昌县、南康县、建昌县。

荆州之域

　　湖广武昌府、汉阳府、荆州府、岳州府，襄阳府襄阳县、宜城、南漳、房县，德安府、黄州府、辰州府、永州府、长沙府、宝庆府、衡州府，常德府沅阳州，承天府旧安陆州、靖州、郴州、永顺军民宣慰使司、保靖军民宣慰使司，施州卫所属大田军民千户所、散毛宣慰司所属。

江西袁州府所属萍乡县,吉安府所属龙泉县、永宁县,南康府所属建昌县地。

四川夔州府巫山县、大昌县、大宁县。

豫州之域

河南开封府祥符县,陈留杞县、通许、太康、尉氏、洧川、鄢陵、扶沟、中牟、兰阳,及六州所属,河南府所属,南阳府所属,汝宁府所属。

湖广襄阳府均州、郧县、上津、竹山、光化、枣阳、谷城。

山东曹州西南地及定陶县。据地势则直隶之东明,当亦属豫。

梁州之域

四川成都府、重庆府、顺宁府、保宁府、叙州府、马湖府,潼川州所属、眉州所属、嘉定州所属、泸州所属、□州所属,夔州府所属奉节、云阳、万县、开县、达县、新宁、梁山、建始。陕西巩昌府成县、西和、秦州,汉中府全州所属,及沔县、芒部军民府、龙川宣抚司、平茶洞长官司、垒溪军民千户所、湖广施州军民指挥使司西境,其乌蒙等处,原不系域中者,不载。

雍州之域

陕西西安府、延安府、庆阳府、平凉府、凤翔府、临洮府,巩昌府所属陇西、安定、会宁、通渭、漳县、宁远、伏羌、阶州、徽州、两当,汉中府所属□□、褒城、城固、洋县、西乡、凤县、略阳,陕西行都司所属及岷□□洮州□□□中御千户所古沙洲。

2. 绘图谱,编歌诀,以便初记

为方便学者初记,邦奇于《禹贡详略》篇末附《九州总图》1幅、《九州疆界图》9幅、《九州贡赋之道图》9幅、《九州山川图》10余幅,以及《五服图》等,并编歌诀,以便童蒙记诵。兹列其歌诀如下:

九州赋歌

冀赋居先错二名,四青六雍第三荆。

五徐二豫还错一,十有三年允赋贞。

梁八为多错七九,七扬上错六为平。

欲知禹贡九州赋,念得斯歌品自明。

九州田歌

雍田上上上中徐,三品青州四豫居,

五冀中中通兖六,七梁荆八九扬畲。
九州土色性歌
冀白雍黄壤性齐,梁邦自古土青黎,
豫州色杂坟垆下,青地白坟广斥低,
兖国黑坟徐赤埴,荆扬土淖共涂泥,
读书君子能吟此,色性分明更不迷。
包篚歌
冀无贡篚为王乡,厥贡当知只八方,
青兖徐扬荆豫篚,厥包惟是在荆扬。
贡道歌
冀夹碣石来北方,兖浮济漯归帝乡,
青浮汶水徐淮泗,扬达淮泗须沿江,
荆浮江沱潜汉水,豫之浮洛西境耳,
梁州西倾因桓来,雍州积石会渭汭。
九州疆域歌
冀州三面皆距河,兖西雍东豫河北,
兖州东南据其济,西北距河是其域,
青州东北至海滨,西南距岱州域明,
徐州之东至于海,南至于淮北岱横,
扬州之北至淮水,东南至海为疆境,
荆州北距南条荆,南尽衡山阳面正,
豫西南至南条荆,北距大河波沄沄,
梁州东距华山南,西据黑水州境分,
雍州之西据黑水,东距西河疆域是,
九州之域总在兹,读书君子宜心记。
九州贡物歌
冀青扬贡缺盐金,豫州漆枲羽毛生,
徐雍惟土球琳美,梁兖璆铁篚织文。
附十二州山镇歌
冀州曰霍兖曰岱,青州之镇沂山在,
徐封蒙羽荆封衡,扬州会稽是封内,

> 豫镇华兮梁岷嶓,雍镇岳山元不改,
> 幽翳无闻拜恒山,惟有营州平山在。

(二)俟其进而有所考

邦奇之《禹贡详略》虽重在教授其家弟子初学《尚书》以应举业,然非止于是也,亦期于其弟子能有所进,而于《禹贡》之学有所考也。故其中对古来聚讼之说,多有考辨,以成一家之言。惜其书面世既晚,多不为《禹贡》学者所关注,故录其说之要,以备资考。此下凡所录者,邦奇《苑洛集》卷二十一、卷二十二亦重见之,盖邦奇地理之学精要者也。

1. 碣石说

> 北平郡骊城县,即平州①。今直隶永平府抚宁县。其西南即本府昌黎县也。有山,远望穹窿,似冢,山顶有石,特起如柱,此碣石也,离海三十里。
>
> 东海至永平府南,发出一洋,东西百余里,河从此洋之西,自北注之。此洋正逆河也。碣石在右,转屈之间。碣石在海洋北。洋阔五百余里,自洋南远看,如在海中,实未沦入于海也。

2. 九河故道说

> 九河故道,今永平府抚宁县西有碣石山,去海三十里,远望穹窿如冢,中有石特起如柱,在海东南之湾,与诸家所载碣石之状甚相合,则九河之地,在沧、平之间无疑。九河非有他水,止将一河分而为九派,以杀黄河之势,今河身既徙而南,则九河已为平地,又何行迹之可求?且今河入海之处,去古河入海之处将二千里,岂惟九河之地?虽河身故处,今皆为田庐、为城市,已不可辨,况九河乎?河之故道,自巩县历怀卫、彰顺、名真数郡,今止长垣、开州、清丰略见其迹,然亦非禹时故道也。观此则九河在其目中矣。"海之湾",永平谓之南海,此洋东西长而南北狭,如江河之状,此或逆河,则河从此入海,今河徙而洋存。○《山东通志》:马颊在商河,覆釡在海丰,钩盘在德平,鬲津在乐陵,徒骇在齐河,皆济南府所属。今真定府三百里,方是济南之北境,真定去济南东西又六百余里,古河自泽水直

---

① 《苑洛先生语录》此句上有:"碣石,《传》谓'今沦入海五百里',非也。在"等字。

趋而北，至于大陆则皆真定之地，入北播为九河，则固永平、河间地也，不应河至大陆，折而东反，回流而南，以至济南之境。当时河自南而北，道西经冀东，经兖、冀、高、兖下水，直溢于兖，故禹治之于兖，北疏杀其势，以泄其水，不应反自西导九渠，而东以灌兖。《经》上言"播为九河"，下言"同为逆河"，则既分而复合为一，今乃散涣不一，纡曲旋绕八九百里方合而入海，恐无此理。况曰钩盘者，今入海。大河既徙，安得有水？○河间府吴桥县有黄河故道，而《沧州古志》："徒骇，在沧州废清池县。太史、简洁在本州南皮县，马颊在景州东光县，胡苏、阁津在沧州庆云县，钩盘在献县。"此九河相去不远，又与黄河故道相近，盖先儒皆于纸上求之，此古《志》得之上人父老之相传焉，是所谓"礼失求之于野"者，况文典可征乎？一则近海，一则在正北，一则相去不远，以当时分合之迹，河虽为冀、兖之界，然兖地下九河之分，则皆在兖地，而其治之也，为兖为多，故九河于兖言之。

3. 黑水说

黑水为梁、雍二州之西界，据其文势，当自雍之北境直抵梁之南境，乃一大水，横过二州西界。今四川止迭溪千户所有黑水，合汶江入成都府，经茂州。而安县亦有黑水。安县本汶县地，盖黑水合汶江入茂州安县，入于罗江。汉《地志》云："黑水出犍为郡南广县汾关山符，即今之叙州府庆符县。以《志》'山符'二字，故县以庆符名。"今庆符有黑水，与蔡《传》、汉《志》同。然蔡《传》少一"符"字，而其水乃自西夷中来，北流入江。汉《志》亦谓黑水至棘道入江，且安县黑水在成都北，而叙州在成都之南，一入罗江，一入大江，两入江又不同于经文，至于三危入于南海者不合。雍之黑水五，亦各异源。一在平凉府开城县，入黄河；一在宁夏卫东，亦入黄河；一出文县守御千户所素岭山，入于白水；一出镇夷千户所城西，经行都司城西北，入居延海。与《经》文、汉《志》、蔡《传》皆不合。今属兰州卫城西一十五里，黑水所出，与汉《志》、颜师古注相近，而《水经》引之。《志》云："黑水出张掖郡鸡山，南至敦煌，过三危山。"敦煌，今兰州西沙州东南，即其地也。《志》又云："南流入于南海，则当遂入于梁。"梁全无考，岂梁、雍西界各自有黑水为界不同欤？与导黑水之黑水,各为黑水,不相涉欤?程氏又谓:"叶榆泽为黑水之源,叶榆即西珥海,其地有黑水祠。西珥海出今云南大理府邓川州点苍山,汇为巨湖,周三百里,去雍之三危南北数千里,又不经流梁境,又不出于张掖。"颜师古亦谓:"滇池西北有黑水祠,岂黑水既入西域,故人莫得而知,又南至西珥海,复入中国,又流入于南海欤?然不可考矣。若牵合以为相属,则张掖在极北,西珥在极南,安得以相属哉?"敦煌,在陕西肃州卫西,今属胡虏,是国家极北境。叶榆,在云南大理府,是国家极南境。梁境黑水,是迭溪黑水,断非导黑水之黑水也。至谓"水黑谓榆叶之积",尤为不通。源头之黑或可通,若流而数千里,其色尚不变,有是理哉?且梁、雍为黑水者凡七,而汉中亦有黑水,未闻皆有榆叶落其下也。

4. 江水说

江水自四川成都府茂州岷山发源,西南至威州,过汶川,转而东南至灌县,过金口,至新津县,合皂江水入叙州府宜宾县。与马湖江合,东北入泸州合江县,至泸州东北入重庆府巴县,经涪州、合州、黔江、忠州入夔州府万县、云安、奉节,经瞿塘峡入湖广荆州府归州,出峡历夷陵、宜都、枝江、公安、石首入沔阳州,过云梦泽,入武昌府嘉鱼县,经江夏县,东会汉水,南过武昌县,入岳州府巴陵县,过洞庭湖,东至武昌府咸宁县,东入江西九江府德化县,入南康府星子县,过鄱阳湖,入南直隶安庆府怀宁县,入池州府东流县,北流又折而东,历李阳河口、梅根口、铜陵县,东入太平府当涂县,入和州为横江,入应天府上九、江宁,入扬州府经仪真县,历泰州,经常州府江阴县、江南江阴、江北泰州,经苏州府常熟县,至扬州府通州入海。江南常熟,江北通州。

5. 汉水说

汉水之源,论者不一。或以为出于巩昌。汉《志》曰:"东汉受氐道水,或以为出于汉中。大抵巩昌为是,盖嶓冢山在可证也。汉中无嶓冢山。"常氏谓:"巩昌之汉,为东源。三泉之汉,为西源。"又曰:"西县为东源",是以西县为巩昌矣。是不知巩昌非西县,去西县千八百里。巩昌在西,三泉在西县之东,岂可以巩汉为东源,指通州等处?至此则为中江,至今土人犹有上江、下江之称。汉言北江,则江为南江可知。此因汉以见江;江言中江,则汉亦为中江可知,此因江以见汉,互言之也。曰"东汇"、曰"东为"者,谓汉自西东流,而汇为彭蠡,又东流而为北江,非谓汉之东边也。何足疑哉!

邦奇《苑洛集》卷二十二又曰:

> 汉中沔水,源出金牛山,人以为汉水。既误以为汉水,以汉水出于嶓冢山也,遂以金牛山为嶓冢。后人不知金牛山为汉水之误为嶓冢,反以嶓冢之名为汉水之证。谓:"既非汉水,缘何出于嶓冢山?"

6. 漆水、沮水说

> 漆水,止据蔡《传》云"自同官县来",他更无证。而凤翔有漆,巩昌有沮,皆自本境入渭。源派甚明,但其地在沣水入渭之上,与《经》文不合。惟考有洛水,源远流长而派明,通详注于后。

> 洛水,出庆阳府环县,即古洛源县也。经延安府甘泉县,即古雕阴县也,经鄜州宜君县子午岭,至中部县入西安府界,经耀州及同官县,至富平县合沮水,历蒲城、同州,至朝邑县东南入渭。□河三府之人,至今皆呼为"洛河"。漆、沮之名,亦不知也。古今眉县、庆阳县有洛源县,延安有洛川县及三川,洛其一也。朝邑有洛苑乡。《水经》言"延安形胜",云洛水之交。汉《志》亦云:"雍州其浸渭、洛,左冯翊。"注云:"洛水经北条、荆山而东南入渭。"此尤明证。汉《志》又曰:"洛都曰裏。"洛,皆延安道,洛之地略,无一字及漆者。独汉《上郡志》有曰:"漆、垣者,又不知何所指也。"而颜师古曰:"洛水即漆、沮也。"此后世指洛为漆、沮之由,岂洛亦名漆欤?作记者不知凤、巩自有漆、沮二水,以二漆为一水而莫究其源,但云自同官县界来,而不知自同官来者,洛也。《一统志》遂言:"同官之漆,出自凤翔",而不知漆水为泾、洧所间,其能飞度,经汭而来同官邪?秦士往往疑此,故详考而著之焉。

> 沮水,出宜君县,至子午岭合子午水,历中部县东南,流入西安府界,至富平县合漆水,即洛也。子午岭乃子午山一支,其山历延安、庆阳、西安三府,绵亘八百里。蔡《传》合榆谷川,非也,详见后。予尝至同官县,见一大潭,水涌出,三面皆青石,山如壁立,水流出东壑。问其居人,父老曰:"漆潭。"正所谓自同官县界来者。然至富平不百里即入洛,岂洛自洛,漆、沮二水皆入洛欤?但其水甚小,禹何

故舍洛而取漆,岂无施劳者虽大亦略欤?颜师古曰:"漆、沮,即冯翊之洛水也。"不知蔡《传》何以不引此。

或者漆、沮实凤、巩之水,诗人咏之,亦名川也。而经文有错简,漆、沮既从,当在沣水攸同之前欤?如此则洛与沮会,禹未尝书,而漆潭一沟水耳。故古志不载。○漆水,出凤翔府陇州东入渭。汉《志》:"右扶风有漆在正西。"指此也,亦名川。○沮水,出巩昌府阶州角弩谷,东南入渭。蔡《传》谓"延安沮水合榆谷水",榆谷在临洮,去渭源近。正谓此沮水,延安沮水何由西行数百里至临洮?既至临洮,又何由至西安之耀州?

第二节 《律吕直解》

《律吕直解》是韩邦奇早年之著作,约成书于明弘治十七年(甲子1504),其时韩邦奇26岁。《律吕直解》乃邦奇对宋蔡元定所著之《律吕新书》之注解。邦奇《苑洛集》卷一《〈律吕直解〉序》曰:"蔡西山氏上宗班固,斟酌马迁以下诸儒论议,著为《律吕新书》,亦略明备矣。然理虽显而文隐,数虽著而意深。"故为之直解,是《律吕直解》之由作也。韩邦奇《苑洛集》卷一《〈律吕直解〉序》言:"弘治间,余为举子时,为之直解。正德己巳,佥宪西蜀王公刻之濮州,尚书昆山周公为御史时刻之平阳,都宪蒲田方公为布政时刻之杭州,州幕洪洞岳君溥刻之同州。"由此可见是书早先传播情况。而后,邦奇门人樊得仁于明嘉靖十九年(庚子1540)刊刻《性理三解》,是书亦收录其中。再后,邦奇门人于明嘉靖二十七年韩邦奇70岁刊刻《苑洛志乐》之时,亦将本书作为卷二、卷十八、卷十九,收录其中。

一、直解概略

关于邦奇为何而作《律吕直解》,门人杨继盛《苑洛先生志乐序》曰:

先生自做秀才时,便抱古乐散亡之忧。当其岁试藩司,诸督学虎谷王公云:"律吕之学,今虽失传,然作之者既出于古人,则在人亦无不可知之理,特未有好古者究其心焉。"先生于是惕然首悟,退而博极群书,凡涉于乐者,无不参考。其好之之专,虽发疽寻愈,不知也。既而得其说矣,于是有《直解》之作。

由此可见，邦奇之究心乐学，乃是受当时关中督学王云凤之勉励。而《律吕直解》一书，乃邦奇对蔡元定《律吕新书》之注解也。韩邦奇《〈律吕直解〉序》共有二文，一见于《苑洛志乐》篇端，一见于《苑洛集》卷一。其一曰：

> "直解"者，何不文之也？何以不文，便初学也。蔡氏之《新书》，固已极备而大明矣。然其为书也，理虽显而文隐，数虽著而意深，初学难焉，此《直解》之所以作也。

此处大意，在于点明作《律吕直解》之用意。韩邦奇首先表明对蔡元定《律吕新书》之认同："蔡氏之《新书》，固已极备而大明矣。"其次表明作《律吕直解》之由，因蔡元定之《律吕新书》，"理虽显而文隐，数虽著而意深"，初学者难以理解，故为此作，解释浅近，以便初学，"此《直解》之所以作也"。

《律吕新书》所关注之切要者，即为用"三分损益法"生律十一次之后，不能回到出发之律上的问题，十二律不能周而复始，给十二律"旋相为宫"之理想，造成很大困难。中国历代律学者，对此问题给予高度关注，以期能找到合理解决方案。韩邦奇《苑洛志乐》卷一言：

> 陈氏《乐书》曰："甚哉！诸儒之论律吕，何其纷纷邪？"谓"阴阳相生，自黄钟始而左旋，八八为伍，管以九寸为法"者，班固之说也；"下生倍实，上生四实，皆三其法。而管又不专以九寸为法"者，司马迁之说也；持"隔九相生"之说，以中吕止生，黄钟不满九寸，谓之"执始"，下生去灭，上下相生，终于南事，十二律之外更增六八为六十律"者，京房之说也。本《吕览》、淮南王安、蔡邕之说，建"蕤宾重生"之议，至于大吕、夹钟、仲吕之律所生，分等又皆倍焉者，郑康成之说也；"隔七为上生，隔八为下生，至于仲吕则孤而不偶，蕤宾则踰次无准"者，刘向之说也；演京房南事之余，而伸之为三百六十律，日当一管，各以次生者，宋钱乐之之说也；斥京房之说，而以新旧法分度参录之者，何承天、沈约之说也；校定黄钟，每律减三分而以七寸为法者，隋刘焯之论也；析毫厘之强弱为算者，梁武帝之法也。由此观之，诸儒之论，角立蜂起，要之最为精密者，班固之志而已。

为解决十二律相生不能回归之问题，以往学者或以十二律为前提，在律位安排多个律高，以增加律数寻求十二律旋宫之可能，如汉代京房之六十律，南北朝钱乐之之三百六十律；或于十二律内调整各律高度，使最后一律能回到出发之律本身，如南北朝之何承天、梁武帝，隋代之刘焯等。然皆不能对以

上问题给予合理解决。对于司马迁与其余之说法,韩邦奇认为:

> 司马迁以"宫生角,角生商,商生徵,徵生羽,羽生宫"则反其所克,不可被之八音。

> 蕤宾隔八若益一分,上生大吕。与损一分,下生大吕。倍其数,长短不差丝毫。然不如下生为自然,于十二律之序为顺,审思自见。

> 十二管倍其长则倍其空围,半其长则半其空围。十二管虽有长短,空围则同,康成以十二管随其长短而减其空围,则于八百一十分十七万之数戾矣。

韩邦奇认为:"由此观之,诸儒之论,角立蜂起,要之最为精密者,班固之志而已。"而蔡元定"上宗班固,斟酌马迁以下诸儒论议,著为《律吕新书》,亦略明备矣。"其提出的"十八律"之说,即在三分损益生得十二律之后,再继续上下相生变黄钟、变林钟、变南吕、变姑洗、变应钟之"六变律"。如是,虽不能完全解决始发律回归之问题,然可在十八律即一定范围之内适应旋相为宫,就当时而言之,突破极大。朱熹亦称赞蔡元定曰:"其《律书》法度甚精,近世诸儒皆莫能及;季通理会乐律,大有心得,看得许多书云云。"邦奇之学,多出于朱子,故对此亦极为认同,而为之作《律吕直解》也。

韩邦奇虽上宗蔡氏,远溯班固,然其乐学亦非无所创见而陈述旧说也,此由邦奇《苑洛集》中之另一序《〈律吕直解〉序》可以见之。此序重点阐明《律吕直解》与《律吕新书》之不同,邦奇曰:

> 解数学者,类以演算法乘之,古文训之。读者益难,律学尤其难者。直解者不文,欲易读也。

> 战国、嬴秦之间,律学几绝矣。两汉诸儒著论颇多,马迁、班固为之宗,而固尤得其正。至晋,荀勖号为知音,能以牛铎为全半子,二十三声莫不中律。勖乐既成,奏之,阮咸以为高中声一黍。勖以为妄,及掘得周玉尺,较己所造乐器,皆高一黍。勖始服咸精。隋万宝常击食器,声若咸、韶。当时律学诸君子以宝常优伶之子,耻与同列。咸、常二子,庶神契乎中声者矣!而咸位下僚,常生贱品,是天不欲古乐之兴也。唐、宋以来,制作纷纷,殊无一定。蔡西山氏上宗班固,斟酌马迁以下诸儒论议,著为《律吕新书》,亦略明备矣。然理虽显而文隐,数虽著而意深。弘治间,余为举子时,为之《直解》。正德己巳,金宪西蜀王公刻之濮州,尚书昆山周公为御史时刻之平阳,

都宪蒲田方公为布政时刻之杭州，州幕洪洞岳君溥刻之同州，至今四十余年。

律学诸君子或谓："黄钟用九，不用十。无体数，《新书》不当分体用。"夫谓"作乐用九不用十"，可也。黄钟无十，权衡度量，何自而生？天下之务废矣。此论盖读《直解》而得者，《新书》何尝分体用？《直解》始分之耳。论者徒见《直解》附于《新书》之下，而不知实非《新书》之说。故云："以是知为读《直解》而得者也。"或谓："必求中声，不当从事于器数。"夫圣人之道，有下学，有上达，惟圣人则一以贯之，学者必由下学然后可以上达。求中声而不由器数，正犹孟子所谓"不由善信而欲至于圣神"也。天下之事，学则熟，熟则精，精则妙，妙则神矣。且圣人不能以一身周天下之用，故制为法度，以教万世。孔子在齐闻《韶》，当时戛击而搏拊者，非皆夔伦也。其美如此者，器数存故也。若谓："圣人既往，法不可恃"，则《五经》可焚矣。或谓："太玄无形，太阴无声，苟得其妙，一弦可也，无弦亦可也。"荀勖、宝常，安用八音哉？夫圣人之礼，有本有文，建中道于一身，被中声于八音，是以为金为石，为丝为竹，为歌为舞，为玄为黄，有文有武，有羽有干，有繁有简，有疏有数，不一而足。今试以祭奠之时、宴享之际，尽去八音，使荀勖摇牛铎，宝常击食器，可乎？不可乎？故君子不为荒唐之虚言，究心制作之实用，黄钟之用宏矣。岂独乐哉？制事立法，度物轨则，大而天地日月，小而衣服盘盂，皆其用也。其体物而不遗者乎！

此一序文，略作三节。第一节点明直解之目的，在于律学与数学相贯通，故"读者益难，律学尤其难者。"而"直解者不文，欲易读也。"第二节则略述两汉以下诸儒律吕之论，而以班固为正。并下及宋蔡元定，认为"蔡西山氏上宗班固，斟酌马迁以下诸儒论议，著为《律吕新书》，亦略明备矣。"后述其作《律吕直解》之时间、缘由以及版刻流传。最后一节，则申明《律吕直解》与《律吕新书》之不同及其用意。大略有三：

其一，有人提出"黄钟用九，不用十。无体数，《新书》不当分体用"的问题，邦奇解释说，体用之分，始于《律吕直解》。"《新书》何尝分体用？《直解》始分之耳。"此是《律吕直解》与《律吕新书》所不同者。

其二，有人提出"必求中声，不当从事于器数"的问题，邦奇驳之，曰："求中声而不由器数,正犹孟子所谓'不由善信而欲至于圣神'也。""且圣人不能以一身周天下之用,故制为法度,以教万世。"古人已往,而器数存焉,赖此方可下学而上达,臻于熟精妙神。

其三,有人提出"太玄无形,太阴无声,苟得其妙,一弦可也,无弦亦可也。苟勖、宝常,安用八音哉?"即音声在乎玄妙,而不苛求于乐器。邦奇则驳之,曰:"圣人之礼,有本有文,建中道于一身,被中声于八音",乐之用意,在于礼也。《苑洛志乐》卷一中,韩邦奇又言之:

> 圣人不能以一身周天下之用,故制为器数,以教万世。是以天下后世人非圣人,而道则圣人之道也。昔孔子闻《韶》于齐,夫其考击而搏拊者,固非皆夔伦也,而其美如此者,器数存也。且圣人之道,有文有本,天地之道,有纤有洪,自然之理也。今不论度量衡之数而曰"妙在其人",则圣人当时止为一支之木、一块之土、一钧之金足矣,何必为钟、为鼓、为笙、为磬,又从而为箎、为弦,有繁有简,若是哉?今试以祭祀之时、燕享之际,琴瑟缺其弦,笙尽去其箎,铸万钧为镈钟,合以方寸之虡敔,又从而尽去八音,使宝常击食器,苟勖摇牛铎,可乎,不可乎?是故君子不为无益之空言,必究制作之实用。

故"君子不为荒唐之虚言,究心制作之实用","不为无益之空言,必究制作之实用"。如是律吕之用,方可宏大。此正《易传》"体物而不遗"之意。兹据以上所论,略述邦奇之律吕精要。

二、律吕要论

(一)论候气

韩邦奇认为,音律本于自然,且天地自然之气与律吕相通:

> 先王立乐之方也,律不求元声,元气虽能宰物,终是苟且,与天地何与哉?然圣人得元声以候元气,今当候元气以求元声,律能应气,度量衡由之而定。凡八音之轻重、厚薄、大小、多寡、长短,皆由于律。其体则天地之体,宜其用之,能感天地也。

"圣人得元声以候元气,今当候元气以求元声,律能应气,度量衡由之而定。""丝随五声,管随十二律",正律之法,当取自然之管,依蔡元定之说而制

之,其曰:

> 自隋唐以来,律皆造作。用全刀剖削而成,非本然之管,恐伤元气。且律吕丝忽所争,若非良工,剖削之际安能适中?予谓多取竹管,其从长未免用刀断之,必求径三分四厘六毫、周广十分三厘六毫者,而后用之,庶得声气之元矣。

> 律虽非生于累黍,然古乐既亡,律管非累黍亦何由定?予谓亦须自九十黍累为九寸,然后依蔡氏之说,多截竹管,或长一分,或半分,或十分,分之一以至于九;或短一分,或半分,或十分,分之一以至于九,中间必有适之者矣。

此处即是说,取径三分四厘六毫、周广十分三厘六毫者之管,而后用之,庶得声气之元矣。然后按照如下之法以候气:

> 为室三重,室各有门,为门之位,外之以子,中之以午,内复以子。布缇上圆下方,愚谓门位,参差闭户,涂衅缇室,所以使风气不通也。为气所动者灰散,为物所动者灰聚。

> 以木为十二案,加十二律其上,埋于地中,其管斜埋,使其端与地齐。入地处卑,出地处高,故曰"内卑外高"。黄钟埋于子位,上头向南;蕤宾埋于午位,上头向北;夹钟埋于卯位,上头向西;南吕埋于酉位,上头向东;其余八律,亦各依其辰位。中秋白露降,采河内葭莩为灰实其管,或以素罗,或以素纱覆之。

埋管之时,需要注意以下问题:

> 埋管之地,不可以城市之中。盖城市之地,翻取数过,皆灰粪瓦砾,非本然之土。必于圹野素无人居之地。土之黄壤者,亦须去二三尺以尽客土。撅亦不可深,深则恐伤正气。如此候之,或得正气之应矣。

按照以上之法:"按历而候之,气至则吹灰动素,小动为气和,大动为君弱臣强,专政之应;不动为君严猛之应。"其升降之数,则如下:

> 在冬至则黄钟九寸,升五分一厘三毫。
> 大寒则大吕八寸三分七厘六毫,升三分七厘六毫。
> 雨水则太簇八寸,升四分五厘一毫六丝。
> 春分则夹钟七寸四分三厘七毫三丝,升三分三厘七毫三丝。
> 谷雨则姑洗七寸一分,升四分　厘五毫四丝三忽。

小满则仲吕六寸五分八厘三毫四丝六忽，升三分□□三毫四丝六忽。

夏至则蕤宾六寸二分八厘，升二分八厘。

大暑则林钟六寸，升三分三厘四毫。

处暑则夷则五寸五分五厘五毫，升二分五厘五毫。

秋分则南吕五寸三分，升三分□□四毫一丝。

霜降则无射四十八分八厘四毫八丝，升二分二厘四毫八丝。

小雪则应钟四寸六分六厘，升三分一毫一丝。

(二)论五音

五音,亦称五声,为我国最早之音节,其名称为"宫""商""角""徵""羽",韩邦奇曰:"宫、商、角、徵、羽,借此五字为母,五字即五声也。"此五音,分别对应于今音阶中之"1""2""3""5""6"。韩邦奇以五音为音律之基础,故于《律吕直解》中多论述其特点,其曰:

和平沉厚,粗大而下者,宫声也;劲凝明峻,从上而下,归于中者,商声也;圆长通彻,中平而正者,角声也;抑扬流利,从下而上,归于中正者,徵声也;喓哎而远彻,细小而高者,羽声也。

宫声重而尊,商声明而敏,角声轻而易制,徵声泛而不流,羽声涣散而抑。

此从五音之特点论之。又从五脏、五官而论之：

声出于脾,合口而通之,谓之"宫"。出于肺,开口而吐之,谓之"商"。出于肝,而张齿涌吻,谓之"角"。出于心,而齿合吻开,谓之"徵"。出于肾,而齿开吻聚,谓之"羽"。

又从五行及动物之音声论之：

宫,土声也,其性圆而居中,若牛之鸣窌而主合;商,金声也,其性方而成器,若羊之离群而主张;角,木声也,其性直而崇高,若雉之鸣木而主涌;徵,火声也,其性明而辨物,若豕之负骇而主分;羽,水声也,其性润而泽物,若马之鸣野而主吐。

又从五声之调和、淆乱而论政治之关系,及西域音声相应之名：

宫声雄洪,调则政和国安,乱则其国危,在西域则婆脆九也;商声锵锵仓仓然,调则刑法不作威令行,乱则其宫坏,在西域则稽积识也;角声喔喔确确然,调则四民安,乱则其人怨,在西域则沙识也;徵声倚倚戏戏然,调则百物理,乱则庶绩隳,在西域则沙腊也;羽声谄雨嘲酶其然,调则仓廪实、庶物备,乱则其民忧、其财匮,在西域则般瞻也。

现据邦奇所论,列表以彰五音特征如下:

五声	定义	特征	五脏	五行	政事	西域名
宫	和平沉厚,粗大而下者。	重而尊	出于脾,合口而通之。	土声也,其性圆而居中,若牛之鸣窌而主合。	调则政和国安,乱则其国危。	婆脆九
商	劲凝明峻,从上而下,归于中者。	明而敏	出于肺,开口而吐之。	金声也,其性方而成器,若羊之离群而主张。	调则刑法不作威令行,乱则其宫坏。	稽积识
角	圆长通彻,中平而正者。	轻而易制	出于肝,而张齿涌吻。	木声也,其性直而崇高,若雉之鸣木而主涌。	调则四民安,乱则其人怨。	沙识
徵	抑扬流利,从下而上,归于中正者。	泛而不流	出于心,而齿合吻开。	火声也,其性明而辨物,若豕之负骇而主分。	调则百物理,乱则庶绩隳。	沙腊
羽	嚶嘤而远彻,细小而高者。	涣散而抑	出于肾,而齿开吻聚。	水声也。其性润而泽物,若马之鸣野而主吐。	调则仓廪实、庶物备,乱则其民忧、其财匮。	般瞻

(三)论黄钟

邦奇曰:

器与造化通,唯律而已。黄钟既定,凡天地之器,虽衣服盘盂,皆造化之运,形而上,形而下,本一物也。

黄钟为十二律之本。故论律,必首之以黄钟。蔡元定《律吕新书》究律吕本原,即以黄钟为第一、黄钟之实为第二也。黄钟既定,则其余十一律可生也。韩邦奇于此两篇,则以体用分别说解。其为《黄钟第一》解题,曰:

> 此黄钟之体数也。十分为寸,分、厘、毫、丝并同。断用之九,为十何? 以自然之数也。

蔡元定以黄钟之管:"长九寸,空围九分,积八百一十分。"邦奇直解之:"从长九寸,寸者十分。黄钟之长,通有九寸也。空围九分,分者,十分寸之一,黄钟之管,满于围中,容九方分也,积实八十一分。黄钟之管,从长九寸,寸十分,黄钟九十分,空围中九分,每长一分,围必九分,以九十因之,则八百一十分也。"此即是说,黄钟之管,其体以自然尺度为标准:其长为9寸,每寸合10分,即为90分也。而其面积,则为9分,如是其体积则为90×9=810立方分也。

黄钟之体为十,此自然之数,然其用则当九。韩邦奇为《黄钟之实第二》解题曰:

> 此黄钟之用数也。九分为寸,分、厘、毫、丝并同。约体之十,以为九。何以九? 因三分损益而立也。若以十,则三分不尽其数,必有余剩之数。且难推算,约之为九,既不失其十之长,又无余剩之数,易于推算矣。又置一而三,三往而九间之,亦理之自然也。

即黄钟实际长度、面积、体积之衡量,采用十进制,然而在音律之计算中,则当以之分为九份,何故? 便于三分损益之计算也。如果以十,则三分之后除不尽,且难以推算,用九则易于推算,故其约之为九也。如是三分十二次,则可得黄钟之实,如下表:

阳	子	一	黄钟之律	1
阴	丑	三	为丝法	1×3=3
阳	寅	九	为寸数	3×3=9
阴	卯	二十七	为毫法	9×3=27
阳	辰	八十一	为分数	27×3=81
阴	巳	二百四十三	为厘法	81×3=243
阳	午	七百二十九	为厘数	243×3=729
阴	未	二千一百八十七	为分法	729×3=2187
阳	申	六千五百六十一	为毫数	2187×3=6561

续表

阴	酉	一万九千六百八十三	为寸法	6561×3=19683
阳	戌	五万九千四十九	为丝数	19683×3=59049
阴	亥	十七万七千一百四十七	为黄钟之实	59049×3=177147
备注		子寅辰午申戌,以六律在位,故为六阳辰。 亥酉未巳卯丑,以六吕在位,故为六阴辰。		

(四)论度量衡

韩邦奇认为,声以律为正,其曰:

> 李文察谓:"'律生五声'不如言'律和五声'。"此说良是。人之声自有五,但以律正之而可调。然作"和"字,又不如孟子言"正"字尤好。(《苑洛集》卷十八)

此论"律正五声",正是以声从律也。然"器与造化通,唯律而已",律吕从管,管以定律,依管而候气,可得天地自然之元声也。管之形制,则依于度量衡也。蔡元定《律吕新书》解释度量衡三者,曰:

> 度者,分、寸、尺、丈、引,所以度长短也。生于黄钟之长,以子谷秬黍中者九十枚,度之一为一分。十分为寸,十寸为尺,十尺为丈,十丈为引。数始于一、终于十者,天地之全数也。律未成之前,有是数而未见;律成而后,数始得以形焉。度之成,在律之后;度之数,在律之前。故律之长短围径,以度之寸分之数而定焉。(《审度》第十一)

> 量者,龠、合、升、斗、斛,所以量多少也。生于黄钟之容,以子谷秬黍中者一千二百实其龠,以升水平其概,以度数审其容。一龠,积八百一十分。合龠为合,两龠也,积一千六百二十分。十合为升,二十龠也,积一万六千二百分。十升为斗,百合,二百龠也,积十六万二千分。十斗为斛。二千龠,千(阙)也。积一百六十二万分。(《嘉量》第十二)

> 权衡者,铢、两、斤、钧、石,所以权轻重也。生于黄钟之重,以子谷秬黍中者一千二百实其龠,百黍一铢,一龠十二铢,二十四铢为一两,两龠也。十六两为斤,三十二龠,三百八十四铢也。三十斤为钧,九百六十龠,一万一千五百二十铢,四百八十两也。四钧为石,

三千八百四十龠,四万六千八十铢,一万九千二百两也。(《谨权衡》第十三)

由是观之,度量衡以定黄钟之律也。然度量衡之未定,则黄钟之律,其准难求矣。故欲求黄钟之准以定律声,必先于度量衡求精准。于此,韩邦奇以尺论度曰:

> 今尺惟车工之尺最准,万家不差毫厘,少不同,则不利载。是孰使之然哉?古今相沿,自然之度也。然今之尺则古之尺二寸也,所谓"尺二之轨,天下皆同"是也。以木工尺去二寸,则周尺也。昔鲁公欲高大其宫室而畏王制,乃以时尺增一寸,召班授之。班知其意,复一寸进于公,曰:"臣家相传之尺,乃舜时同度之尺也。"乃以其尺为之度。诸侯闻之,争召班。然班亦本木工之圣者也。

> 古以周尺八尺为步,以今步尺除之,中尺可考也。

> 《世说》称:"有田父于野地中得周时玉尺,便是天下正尺。"荀勖试以校尺,所造金石丝竹,皆短校一米。

此中之意,欲律管之准,必先求尺度之精专者也。古人以"积黍"为律管之量,韩邦奇则论之曰:

> 黄钟之管,长九十分,立九十分,每一分空围中可容十三黍。又三分黍之一,以九十因之,可容千二百黍矣。夫黄钟之管,一黍为一分,黄钟之实,止八百一十方分,何以能容千二百黍哉?盖方与员不同。方无空,员有空。以员顶对员顶,则一为一分,若纵横补塞,其空充满。黄钟之管,可容千二百黍,九十分之则每分该十三黍。又三分,黍之一矣。用羊头山黍以筛子筛之,去其大者小者而用中者,若管既定,则随大小之宜,而实其数尤为至当。

(五)论律声之生

由黄钟,依三分损益而生其余十一律。如下:

子　黄钟　1,九寸,177147

丑　林钟　$\frac{2}{3}$,六寸,118098

寅　太簇　$\frac{8}{9}$,八寸,157464

卯　南吕　$\frac{16}{27}$，五寸三分，104976

辰　姑洗　$\frac{64}{81}$，七寸一分，139968

巳　应钟　$\frac{128}{243}$，四寸六分六厘，93312

午　蕤宾　$\frac{512}{729}$，六寸二分八厘，124416

未　大吕　$\frac{1024}{2187}$，八寸三分七厘六毫，82944

申　夷则　$\frac{4096}{6561}$，五寸五分五厘一毫，110592

酉　夹钟　$\frac{8192}{19683}$，七寸四分三厘七毫三丝，73728

戌　无射　$\frac{32768}{59049}$，四寸八分八厘四毫八丝，98304

亥　仲吕　$\frac{65536}{177147}$，六寸五分八厘三毫四丝六忽，65536

以上为十二正律。然按照蔡元定说法，要达到旋宫之效果，须由仲吕再生六律，共为十八律也。此六律者，为六变律也。韩邦奇解释说：

  变律者，在正律之位，而非正律之声也。然律所以有变者，其故有三。

  其一，黄钟至尊为君，不为他律役，而每一律皆当为五声二变，共七声。如黄钟为宫，则得其正矣。其为无射之商，夷则角，蕤宾之变徵，仲吕之徵，夹钟之羽，大吕之变宫，皆受役于他律，故皆当变。黄钟既变，其次所生之若仍本律，则长不成，曲亦当变焉。如黄钟为商，则太簇之角，姑洗之变徵，林钟之羽，南吕之变宫，皆随而变。如黄钟为角，则太簇之变徵，林钟之变宫，皆随而变。如为徵则应钟为变徵，为羽则太簇为变宫，臣之从君，理固然也。

  其二，以黄钟、林钟、太簇、南吕、姑洗、应钟上六律长，蕤宾、大吕、夷则、夹钟、无射、仲吕下六律短，以上律役下律，则或正或半，通而和；以下律役上律，则或正或半，戾而不和。故以上律役上律，以下律役下律。以上律役下律，皆不必变。惟以下律役上律，则必变其上律，使少短而与下律适也。

其三，相生之法，至仲吕而穷，使不再生六律，则上律独不能遍七声之用，下律亦无由而通。故以六三之七百二十九，因仲吕之实十三万一千七十二，三分而益之，再得六律，以为变也。其实乃仲吕之实相乘，三分益一再生。黄钟不及旧数，止得十七万四千七百六十二，其下相因而生五律，莫不于旧为减，是皆数之自然，而非人力私智增损其间，以求合乎音韵也。其所以变有六者，以数至应钟而穷，然至此则十二律七声循环相役已遍，莫非天然自有也？律吕之数，妙矣哉！

以下为六变律：

变黄钟　十七万四千七百六十二。小分四百八十六。
　　全八寸七分八厘一毫六丝二忽不用。

变林钟　十一万六千五百
　　全五寸八分二厘四毫一丝一忽三初，
　　半二寸八分五厘六毫五丝六初。

变太簇　十五万五千三百四十四。小分四百三十二。
　　全七寸八分二毫四丝四忽七初不用，
　　半三寸八分四厘五毫六丝六忽八初。

变南吕　十万三千五百
　　全五寸，
　　半二寸五分六厘七毫四丝五初二秒。

变姑洗　十三万八千八十四。小分六十。
　　全七寸一厘二毫二丝一初二秒不用，
　　半三寸四分五厘一毫一丝一初一秒。

变应钟　九万二千五十六。小分四十。
　　全四寸六分七毫四丝三忽一初四秒。余算
　　半二寸三分三毫六丝六忽六秒疆不用。

十八律既定，旋宫问题得以解决，则由律可生五正声及二变声。韩邦奇曰：

声生于律，盖律管之从长、周径、围积、面幂，其分寸厘毫丝忽无不通者，以黄钟而吹之则为宫，以太簇而吹之则为商，以姑洗而吹之则为角，以林钟而吹之则为徵，以南吕而吹之则为羽，此律管所以为声之元也。然律管相生,先后上下,自然有如此之声矣,岂人为之哉!

如此,则可得宫声八十一、商声七十二、角声六十四、徵声五十四、羽声四十八。又有变声变宫四十二、变徵五十六。邦奇曰:"变声者,所以接五声之音,宫比于宫,徵比于徵,虽有七名,其实五声而已。"由十二律旋相为宫,每七声为一均,则共得 12×7=84 声,韩邦奇曰:

> 十二律循其相生之序,以次而为五声二变,必足其数而后已。每一律役六律,已往者退,方来者进……十二律各备七声,七声各尽十二律而后止焉。然黄钟一均既毕,林钟为宫,固相生之序,而太簇为徵,至蕤宾亦仍前之序,更以尽十二律,莫不皆然。律吕之序,其妙矣哉!

此八十四声中,宫、商、角、徵、羽各有十二,凡六十声,而变宫十二、变徵十二皆不成调,故八十四声中,共有六十调也。邦奇曰:

> 始于黄钟,终于黄钟,有五调为一大调。黄钟为调首,其下四调,得调首为商徵角羽,而一大调备矣。大调五律,除调首中声,必有二阴二阳,六十调皆同。夫六十调之序,虽以十二律长短为先后,然黄钟一均之备,终于南吕。南吕下即无射起调,一均之备,终于林钟;林钟下夷则起调,一均之备,终于仲吕;仲吕下该蕤宾,然一阳事毕,阴当用事,乃以仲吕起调,一均之备,终于太簇;太簇下夹钟起调,而一大调毕矣。夹钟一均之备,终于黄钟,黄钟下大吕起调首,然以大吕自左而右,逆数已往,为调四律,即大吕一均之备、五声之序,循是而去,六十调皆然,律吕之数妙矣哉!

(六)论声律相和

韩邦奇对三分损益之法极为认同,认为只要此法得以合理利用,即能达到声律之"和":

> 今夫阴阳之声,上生者三分之外益一,下生者三分之内损一,盖古人简易之法,犹古历周天三百六十五度四分度之一也。若夫律同之声,适多寡之数、长短之度、小大之量、清浊之音,一要宿乎中声而止,则动黄钟而林钟应,动无射而仲吕应,和乐未有不兴者矣。弹宫而徵应,弹徵而商应,弹商而羽应,弹羽而角应,是五声以相生为和,相胜为缪。

世儒有言:"学乐,必先'等'字。"若然,《三百篇》无一章中律者。经言:"律和声。"未闻以律就声也。夫人之声,有洪者、细者、亮者,万万不齐。古之圣人,虽尧舜之声,亦不能合律。惟大禹一人,声可为律耳。正使人人之声皆中律,亦只五声,人有八十四喉舌哉?且如"呦呦鹿鸣"一句,上"呦"字宫,下"呦"字徵,岂一字二音哉?协以就律耳。"等"字云者,非知乐者之言也。

又论古今声变,曰:

古乐既亡,代变新声,至元则坏之极矣。周德清《中原音韵》方且自谓"知音",姑以四声论之。声之有平上去入,犹天之元亨利贞、地之东西南北也。今以元音入不能歌,乃以入声,派入三声,是何理也?夫之知"王""黄"呼唤虽差声,与韵未害也。德清乃以"六"为"溜","国"为"鬼",至于"别"为"平"则无字,彼徒知讥沈约以南蛮之音为中原之音,自不知以北狄之音为中原之音也。独其论"黄""荒""原""元"之分阴阳,为得耳。以《点绛唇》论之,则游艺中原,差而伫立闲阶是矣。

第三节 《启蒙意见》

《易学启蒙意见》是韩邦奇早年之易学著作,是书大约完成于韩邦奇25岁时,是其为科举应试之需而作。此书通常称为《启蒙意见》,又名《易学疏原》,是韩邦奇早年易学思想的重要代表作。

韩邦奇对易学基本特点之认识,集中表现在其《〈启蒙意见〉序》中。其曰:

夫《易》,理、数、辞、象而已矣。理者,主乎此者也;数者,计乎此者也;辞者,述乎此者也;象者,状乎此者也。图书者,理之舆也,辞之方也,数之备也,象之显也。是故圣人观象以画卦,因变以命爻,修辞以达义,极深以穷理,易以立焉。

由是可见,韩邦奇认为:《易》之表现,在于理、数、辞、象四者。他对理、数、辞、象四者在《易》中的作用做了扼要提示,即:"理者,主乎此者也;数者,计乎此者也;辞者,述乎此者也;象者,状乎此者也。"然而韩邦奇对易图极为重视,他说:"图书者,理之舆也,辞之方也,数之备也,象之显也。"即图书是

《易》之理、数、辞、象四者相互结合的具体体现。或因图具有直观明确的特点,故而韩邦奇对易图极为重视,其《启蒙意见》《易占经纬》诸书,都具有以图明《易》的特点。而《启蒙意见》,即是韩邦奇以图解《易》的重要著作之一。

关于此书之编次内容,《四库全书总目·经部·易类提要》曰:

> 是编因朱子《易学启蒙》而阐明其说。一卷曰《本图书》,二卷曰《原卦画》,皆推演邵氏之学,详为图解;三卷曰《明蓍策》,亦发明古法,而附论近世后二变不挂之误;四卷曰《考占变》,述六爻不变及六爻递变之旧例;五卷曰《七占》,凡六爻不变、六爻俱变、及一爻变者,皆仍其旧;其二爻、三爻、四爻、五爻变者,则别立新法。以占之所列卦图,皆以一卦变六十四卦,与焦延寿《易林》同,然其宗旨则宋儒之《易》,非汉儒之《易》也。

如《四库全书总目提要》所说,《启蒙意见》是"因朱子《易学启蒙》而阐明其说",故而书中大量引用朱熹《易学启蒙》和《周易本义》中的内容进行详细解释。然因朱熹《易学启蒙》是为阐明邵雍易学思想而作,故纵而观之,韩邦奇易学思想既是朱熹易学思想的阐明,也是邵雍易学思想的推演。上引《启蒙意见》第一、二卷"皆推演邵氏之学,详为图解",亦以道明。关于是书之编次内容,亦大略与朱子《易学启蒙》相同。朱子《易学启蒙》分为《本图书》《原卦画》《明蓍策》《考占变》四编,韩邦奇《启蒙意见》则因之而为《本图书》《原卦画》,以推演邵氏之学,详为图解。《明蓍策》,亦发明古法,而附论近世后二变不挂之误。《考占变》则述六爻不变及六爻递变之旧例。又增设"七占"一编,详述占法。凡六爻不变、六爻俱变及一爻变者,皆仍其旧。其二爻、三爻、四爻、五爻变者,则别立新法。以占之所列卦图,皆以一卦变六十四卦,与焦延寿《易林》同然。兹据上例,分而言之。

一、《本图书》

韩邦奇《启蒙意见》之文,其中多袭取朱子《易学启蒙》之语而分类改造之,不仅掺杂己见,且绘数图,详以说明,是谓"图解"。其主要内容,则在于表明《河图》与《易传》"天地之数"相通,《洛书》与《洪范》九畴相通,而《河图》《洛书》又相通也。兹删除其繁,就要者概述以见之。

(一)《河图》与《易传》八卦相通

此一部分,邦奇先列数图,以说明《易传》"天地之数"之内涵。《易传》曰：

> 天一、地二、天三、地四、天五、地六、天七、地八、天九、地十。天数五，地数五，五位相得而各有合。天数二十有五，地数三十，凡天地之数五十有五。此所以成变化而行鬼神也。

对此，朱子解释说：

> 此一节，夫子所以发明《河图》之数也。天地之间，一气而已，分而为二，则为阴阳。而五行造化，万物始终，无不管于是焉。故《河图》之位，一与六共宗而居北，二与七为朋居南，三与八同道居东，四与九为友居西，五与十相守居中。盖其所以为数者，不过一阴一阳、一奇一偶，以两其五行而已。所谓"天"者，阳之轻清而位乎上者也；所谓"地"者，阴之重浊而位乎下者也。阳数奇，故一、三、五、七、九皆属天，所谓"天数五"也。阴数偶，故二、四、六、八、十皆属地，所谓"地数五"也。

观朱子这一解释，可见其认为《易传》中此一段经文，所言之者即为《河图》也。其认为"天地之间，一气而已，分而为二，则为阴阳。而五行造化，万物始终，无不管于是焉。"即天地万物之造化，俱是禀阴阳、五行而来。朱子认为此段中之"天""地"，并非实指天地，而是指阴阳而言："所谓'天'者，阳之轻清而位乎上者也；所谓'地'者，阴之重浊而位乎下者也。"十数之中，阳数为奇，所谓一、三、五、七、九是也；阴数为偶，所谓二、四、六、八、十是也。《河图》中"一与六共宗而居北，二与七为朋居南，三与八同道居东，四与九为友居西，五与十相守居中"，"不过一阴一阳、一奇一偶，以两其五行而已。"即十数之特征、分布，不过表明阴阳、五行而已。对于朱熹的这一解释，韩邦奇是基本认同的，不过他更侧重于数与数以及数与五行之间的关系，他解释说：

> "相得"谓一与二、三与四、五与六、七与八、九与十，各以奇偶为类而自相得。"有合"谓一与六、二与七、三与八、四与九、五与十，皆两相合。"二十有五"者，五奇之积也；"三十"者，五偶之积也。"变化"谓一变生水而六化成之，二化生火而七变成之，三变生木而八化成之，四化生金而九变成之，五变生土而十化成之。"鬼神"谓凡奇偶生成之屈伸往来者。

邦奇的这一解释，表明他更侧重于从经文本身阐发其内涵。"相得"指的是"一与二、三与四、五与六、七与八、九与十，各以奇偶为类而自相得"；"有合"指的是"一与六、二与七、三与八、四与九、五与十,皆两相合";"二十有五"者,即"一、三、五、七、九"五奇数之相加也;"三十"者,指"二、四、六、八、十"五偶数之相加也。"变化"指的是十数与五行之间的关系,即"一变生水而六化成之,二化生火而七变成之,三变生木而八化成之,四化生金而九变成之,五变生土而十化成之。"十数各因阴阳而相合,有生有成,故水、火、木、金、土而生成也。所谓的"鬼神",则是指"凡奇偶生成之屈伸往来者",即五行的相关推荡运动关系。

《河图》既与《易传》天地之数相通,也应与太极、两仪、四象、八卦对应,邦奇为之绘图(见下),并详为说解,其曰:

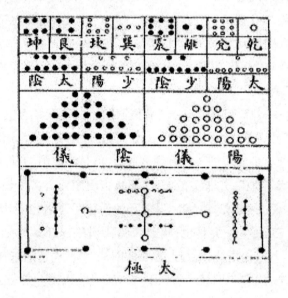

昔者圣人观象以立卦,见天地之间,一本万殊,虽昆虫草木之微,自身而肢,自本而枝,莫不皆然。是太极、两仪、四象、八卦未登方册之先,已布于万物之上矣。然呈象之显者,莫过于《河图》之数。

此即是说,"天地之间,一本万殊",万物莫不然也。此自然之《易》也。圣人因之而"观象以立卦",于是焉《易》以立也。而《河图》之数,正为"呈象之显者"也。此下则解《河图》之数含"太极":

即其图而观之,冲漠无朕之际,五十有五之数,已具于十五之中矣。盖以五而言之,下一点含天一而合地六,上一点含地二而合天七,左一点含天三而合地八,右一点含地四而合天九,中一点合天五而合地十。以十而言之,顺序而数,即天一、地二、天三、地四、天五、地六、天七、地八、天九、地十之象也,是所谓"太极"也。

"太极"之数,即《河图》中五十五之数也。此下则解"两仪":

> 及其五十有五之数,形布互错于十五之外,于是阴阳之象,灿然黑白之分明,一三七九为阳,二四六八为阴,所谓"两仪"也。盖两仪,太极之所生者也。

"太极"之数,分为阴阳,奇数为阳,偶数为阴,则"一三七九为阳,二四六八为阴",此所谓"两仪"也。两仪者,太极之所生。此下释"四象":

> 由是分之,一、九为太阳,二、八为少阴,三、七为少阳,四、六为太阴,所谓"四象"也。盖太阳、少阴,阳仪之所生;少阳、太阴,阴仪之所生者也。

"四象",太阳、少阴、少阳、太阴者也。其数则"一、九为太阳,二、八为少阴,三、七为少阳,四、六为太阴"。太阳、少阴二者由阳仪所生,少阳、太阴二者由阴仪所生。此下释"八卦":

> 由是分之,一为乾、九为兑、二为离、八为震、三为巽、七为坎、四为艮、六为坤。盖乾、兑者,太阳之所生,一、九乃太阳之数也;离、震者,少阴之所生,二、八乃少阴之数也;巽、坎者,少阳之所生,三、七乃少阳之数也;艮、坤者,太阴之所生,四、六乃太阴之数也。其配合分支,莫非自然之妙,夫岂人为私智安排布置以成之哉?

"八卦",乾、兑、离、震、巽、坎、艮、坤,其数则一、九、二、八、三、七、四、六也。乾、兑生于四象之太阳,太阳之数为一、九,故其数分别为一、九也。其余离、震、巽、坎、艮、坤六卦,均仿此。以下则批评当时易数与阴阳之误:

> 今乃以一、六为老阴,二、七为少阳,三、八为少阴,四、九为太阳,六、七、八、九是矣;一、二、三、四,何为者哉?夫一六、二七、三八、四九,乃五行生成之数,非阴阳老少之数也。至于乾兑,一九老阳之所生而系之二七;巽坎,二七少阳之所生而系之一九。乾何取义于九,兑何取义于二,巽何取义于四,坎何取义于九哉?

通常以为,易数"一、六为老阴,二、七为少阳,三、八为少阴,四、九为太阳",其中"六、七、八、九"阴阳之配无误,然其中"一、二、三、四"之配阴阳则误矣。此种配对"乃五行生成之数,非阴阳老少之数也。"复又揭示其根源曰:

> 大抵昔者伏羲则图以画卦也,见《河图》之数,阴阳具备,有太极之象焉。分其奇偶,以为两仪,又分之为四象,又分之为八卦,自本

而末,由干而枝,脉络分明,各有统属,皆自然也。若谓离、震、艮、坤,阴之老少主静而守其常;乾、兑、巽、坎,阳之老少主动而通其变。斯乃以卦义而配图,非则图以画卦也。至于规横为圆,不能合其本生之数,易数以就位,斯为后天之图,而岂圣人则图画卦之本然哉?

以邦奇观之,圣人因自然而出《河图》,因《河图》而悟太极、两仪、四象、八卦,如是"自本而末,由干而枝,脉络分明,各有统属,皆自然也。"如果说离、震、艮、坤四卦因为"阴之老少主静而守其常",乾、兑、巽、坎四卦因为"阳之老少主动而通其变",这是"以卦义而配图,非则图以画卦也",则"不能合其本生之数",与圣人之意,相距亦远也。

(二)《洛书》与《洪范》九畴相通

《河图》图解既作,邦奇复图解《洛书》。首置图及先儒之论:

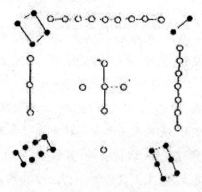

孔安国云:"《洛书》者,禹治水时,神龟负文而列于背有数至九,禹遂因而第之,以成九类。"

刘歆云:"禹治洪水,锡洛书。法而陈之,九畴是也。"

关子明云:"九前一后,左三右七,四前左,二前右,八后左,六后右。"

以上引语,亦出于朱子《易学启蒙》。不唯道明《洛书》出于大禹治水之时,大禹因之而成九畴,并明《洛书》数之分布形态。然《易学启蒙》之《本图书》,于洛书之解,未详也。邦奇则引《尚书·洪范》文并为之解说。

《尚书·洪范》文:

初一曰"五行",次二曰"敬用五事",次三曰"农用八政",次四曰"协用五纪",次五曰"建用皇极",次六曰"乂用三德",次七曰"明用稽疑",次八曰"念用庶征",次九曰"向用五福、威用六极"。

《尚书·洪范》之九畴,分别是"五行、五事、八政、五纪、皇极、三德、稽疑、庶征、五福"等。邦奇解之曰:

> 此九畴之纲也。在天惟五行,在人惟五事,以五事参五行,天人合矣。八政者,人之所以因乎天;五纪者,天之所以示乎人;皇极者,君之所以建极也;三德者,治之所以应变也;稽疑者,以人而听于天也;庶征者,推天而征之人也;福极者,人感而天应也。五事曰敬,所以诚身也;八政曰农,所以厚生也;五纪曰协,所以合天也;皇极曰建,所以立极也;三德曰义,所以治民也;稽疑曰明,所以辨惑也;庶征者,念所以省验也;五福曰向,所以劝也;六极曰威,所以惩也。五行不言用,无适而非用也;皇极不言数,非可以数名也。本之以五行,敬之以五事,厚之以八政,协之以五纪,皇极之所以建也;义之以三德,明之以稽疑,验之以庶征,劝惩之以福极,皇极之所以行也。人君治天下之法,是孰有加于此哉!

《尚书·洪范》之"九畴",每一条目下各有内容。邦奇此解,是揭示"九畴"之功用,以明其为"人君治天下之法"也。对于九畴之具体内容,邦奇复取之而为图解。兹引《洪范》之文与邦奇之图以见之。

《洪范》文	邦奇图
一、五行:一曰水,二曰火,三曰木,四曰金,五曰土。水曰润下,火曰炎上,木曰曲直,金曰从革,土爰稼穑。润下作咸,炎上作苦,曲直作酸,从革作辛,稼穑作甘。	
二、五事:一曰貌,二曰言,三曰视,四曰听,五曰思。貌曰恭,言曰从,视曰明,听曰聪,思曰睿。恭作肃,从作乂,明作哲,聪作谋,睿作圣。	

续表

《洪范》文	邦奇图
三、八政：一曰食，二曰货，三曰祀，四曰司空，五曰司徒，六曰司寇，七曰宾，八曰师。	
四、五纪：一曰岁，二曰月，三曰日，四曰星辰，五曰历数。	
五、皇极：皇建其有极。敛时五福，用敷锡厥庶民。惟时厥庶民于汝极。锡汝保极：凡厥庶民，无有淫朋，人无有比德，惟皇作极。凡厥庶民，有猷有为有守，汝则念之。不协于极，不罹于咎，皇则受之。而康而色，曰："予攸好德。"汝则锡之福。时人斯其惟皇之极。无虐茕独而畏高明，人之有能有为，使羞其行，而邦其昌。凡厥正人，既富方谷，汝弗能使有好于而家，时人斯其辜。于其无好德，汝虽锡之福，其作汝用咎。无偏无陂，遵王之义；无有作好，遵王之道；无有作恶，遵王之路。无偏无党，王道荡荡；无党无偏，王道平平；无反无侧，王道正直。会其有极，归其有极。曰：皇，极之敷言，是彝是训，于帝其训，凡厥庶民，极之敷言，是训是行，以近天子之光。曰：天子作民父母，以为天下王。	
六、三德：一曰正直，二曰刚克，三曰柔克。平康，正直；强弗友，刚克；燮友，柔克。沉潜，刚克；高明，柔克。惟辟作福，惟辟作威，惟辟玉食。臣无有作福、作威、玉食。臣之有作福、作威、玉食，其害于而家，凶于而国。人用侧颇僻，民用僭忒。	

续表

《洪范》文	邦奇图
七、稽疑:择建立卜筮人,乃命卜筮。曰雨,曰霁,曰蒙,曰驿,曰克,曰贞,曰悔,凡七。卜五,占用二,衍忒。立时人作卜筮,三人占,则从二人之言。汝则有大疑,谋及乃心,谋及卿士,谋及庶人,谋及卜筮。汝则从,龟从,筮从,卿士从,庶民从,是之谓大同。身其康强,子孙其逢,汝则从,龟从,筮从,卿士逆,庶民逆,吉。卿士从,龟从,筮从,汝则逆,庶民逆,吉。庶民从,龟从,筮从,汝则逆,卿士逆,吉。汝则从,龟从,筮逆,卿士逆,庶民逆,作内吉,作外凶。龟筮共违于人,用静吉,用作凶。	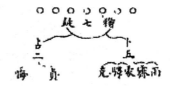
八、庶征:曰雨,曰旸,曰燠,曰寒,曰风。曰时五者来备,各以其叙,庶草蕃庑。一极备,凶;一极无,凶。曰休征:曰肃,时雨若;曰乂,时旸若;曰晰,时燠若;曰谋,时寒若;曰圣,时风若。曰咎征:曰狂,恒雨若;曰僭,恒旸若;曰豫,恒燠若;曰急,恒寒若;曰蒙,恒风若。曰王省惟岁,卿士惟月,师尹惟日。岁月日时无易,百谷用成,乂用民,俊民用章,家用平康。日月岁时既易,百谷用不成,乂用昏不明,俊民用微,家用不宁。庶民惟星,星有好风,星有好雨。日月之行,则有冬有夏。月之从星,则以风雨。	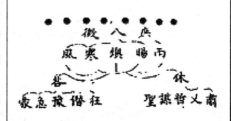
九、五福:一曰寿,二曰富,三曰康宁,四曰攸好德,五曰考终命。六极:一曰凶、短、折,二曰疾,三曰忧,四曰贫,五曰恶,六曰弱。	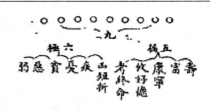

就以上文图观之，《洪范》九畴，其总数合之而为五十，即"五行"有五，"五事"有五，"八政"有八，"五纪"有五，"皇极"唯一，"三德"有三，"稽疑"有七，"庶征"有五，"极福"有十一。合其总数，则为五十。邦奇认为，此即《易传》"大衍之数五十，其用四十有九"中之"五十"也。邦奇复作《皇极居次五图》及《九畴虚五用十之图》（图均略），并为之解说，曰：

"大衍之数五十"者，一与九为十，二与八为十，三与七为十，四与六为十，五与五为十，共五十也。其用四十有九者，一用五行，其数五；二用五事，其数五；三用八政，其数八；四用五纪，其数五；五用皇极，其数一；六用三德，其数三；七用稽疑，其数七；八用庶征，其数五；九用五福六极，其数共十有一，积算至四十九也。又曰一而曰极，大衍所虚之太极也。

如邦奇所论，则《洛书》与《洪范》之九畴，与《易传》"大衍之数"，实相合而不悖也。邦奇亦结合《洛书》之数，就其所论而为之图解，其内容见下节《洪范图解》。

(三)《河图》与《洛书》相通

《河图》与《易传》之八卦相通，《洛书》与《洪范》之九畴相通，《河图》之数目，即《易传》"天地之数"也；《洛书》之数目，即《易传》"大衍之数"也。然《洛书》与《河图》之关系，又如何也？邦奇复为之作图（图略）说解，其大略云：

其一，《洛书》中心之五，与《河图》同义。即："此阴阳之总会，居中包四方者也。数之始，一阴一阳而已。阳之象圆，圆者，径一而围三。阴之象方，方者，径一而围四。围三者，以一为一，故三。其一阳而为三。围四者，以二为一，故两。其一阴而为二。是所谓'参天两地'者也。二三之合，此以五言之。"

其二，《洛书》四方相合之数，与《河图》相当。《洛书》上、下之九、一相合为十，东、西之三、七相合为十，西南、东北之二、八相合为十，东南、西北之四、六相合亦为十，此当《河图》之十也。

其三，《洛书》之四方与中五相合之数，与《河图》相当。《洛书》上、下之九、一与中五相合为十五，东、西之三、七与中五相合为十五，西南、东北之二、八与中五相合为十五，东南、西北之四、六与中五相合亦为十五，此当《河图》之十五也。

其四，就四象而言，《洛书》与《河图》亦相合。即一、二、三、四当四象之位,六、七、八、九当四象之数。与《河图》并同。

其五,《洛书》与《河图》:"所谓虚其中,皆四十者也。"即去除中心之数,四边之总和,皆为四十也。

其六,就数之变化而言,由《洛书》数字之阴阳推演,可推出《河图》数字之形态分布。邦奇为之说解曰:

> 西北六,老阴。一合五,亦为六。南九,老阳。四合五,亦为九。六进为九,六之本体已消化,无六矣,而九于是乎长焉,此老阴为老阳,即《河图》六居一外也。九退为六,九之本体已消化,无九矣,而六于是乎长焉,此老阳为老阴,即《河图》九居四外也。西七,少阳。二合五亦为七。东八,少阴。三合五亦为八。八退为七,八之本体消化,无八矣,而七于是乎长焉,此少阴为少阳,即《河图》八居三外也。七进为八,七之本体已消化,无七矣,而八于是乎长焉,此少阳为少阴,即《河图》七居二外也。所谓"阴阳互藏其宅"者也,妙矣!

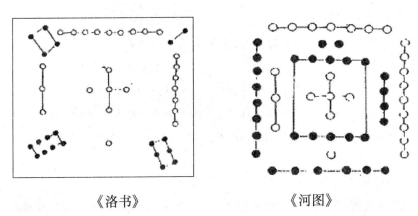

《洛书》　　　　《河图》

即《河图》《洛书》之数以见之。《洛书》中之六,为老阴,方位在西北,其北之一与中五相合,亦为六。其中之九,为老阳,方位在南,东南四与中五相合,亦为九。六进为九,即老阴变老阳也,则六消而九长,即《河图》之六居于一之外也。九退为六,即老阳变老阴也,则九消而六长,即《河图》之九居四之外也。《洛书》中之七,为少阳,方位在西,其西南之二与中五相合,亦为七。其中之八,为少阴,方位在东北,东三与中五相合,亦为八。八退为七,即少阴为少阳,八消七长,即《河图》八居三外也。七进为八,即少阳为少阴,七消八长,即《河图》七居二外也。所谓"阴阳互藏其宅"者也,妙矣!

其七,《洛书》《河图》,相互变化,彼此蕴含。如下页图:

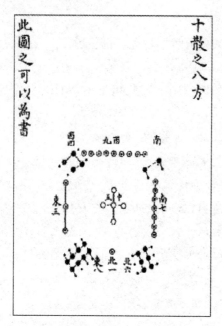
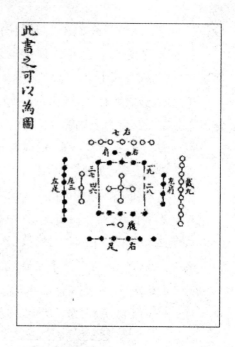

于上二图,邦奇解曰:

以天一为履,地二为右肩,天三为左三,地四为左肩,天五为中,地六为右足,天七为右七,地八为左足,天九为戴,而地十则散见于一九、二八、三七、四六之对待,此《图》之可以为《书》也。

以履一为天一,右足为地六,右肩为地二,右七为天七,左三为天三,左足为地八,左肩为地四,戴九为天九,八方对待之数为地十,此《书》之可以为《图》也。

此《河图》《洛书》可以互为变易也。又曰:

《河图》数偶而主静,静为体,其用则动,故《河图》之行数合皆奇,而《易》之吉凶生乎动,此《图》为经而《书》为纬也。

《洛书》数奇而主动,动为体,其用则静,故《洛书》之位数合皆偶,而《范》之吉凶见乎静,此《书》为经而《图》为纬也。

此《河图》《洛书》可以互为经纬也。又曰:

天一可以系五行,地二可以系五事,天三可以系八政,地四可以系五纪,天五可以系皇极,地六可以系三德,天七可以系稽疑,地八可以系庶征,天九可以系福极,此《河图》表为八卦而里寓九章也。

中为太极,四奇为阳,四偶为阴,一九为老阳而生乾兑,二八为少阴而生离震,三七为少阳而生巽坎,四六为太阴而生艮坤,此《洛书》表为九章而里寓八卦也。

此《河图》《洛书》可以互为表寓也。又曰：

《河图》数九而用十，九章有六极是也。

《洛书》数十而用九，八卦止于坤是也。

（自注：《易》有变爻，故动；《范》无变数，故静。）

此《河图》《洛书》可以互为体用也。又曰：

《河图》以运行之序言之，自左而旋，水生木，木生火，火生土，土生金，金复生水。以对待言之，北方一六水克南方二七火，西方四九金克东方三八木，是相克者寓于相生之中矣。

《洛书》以运行之序言之，自右而旋，水克火，火克金，金克木，木克土，土复克水。以对待言之，东南四九金生西北一六水，东北三八木生西南二七火，是相生者寓于相克之中矣。

此《河图》《洛书》生克相寓也。

二、《原卦画》

卦画之说，本于《易传》：

古者包牺氏之王天下也，仰则观象于天，俯则观法于地，观鸟兽之文与地之宜，近取诸身，远取诸物，于是始作八卦，以通神明之德，以类万物之情。

《易》有太极，是生两仪，两仪生四象，四象生八卦，八卦相荡。

而邵雍、朱熹为之疏解：

邵子曰："一分而为二，二分而为四，四分而为八，八分而为六十四。"

朱子曰："太极者，象数未形而其理已具之称，形器具含而其理无朕兆之目。在图书，皆虚中之象也。两仪，阳一而阴二，在图书则奇偶是也。"

邦奇解之曰：

《意见》曰："四象在图书，一九为太阳，二八为少阴，三七为少阳，四六为太阴。八卦在图书，一为乾，九为兑，二为离，八为震，三为巽，七为坎，四为艮，六为坤。详见《本图书》成卦之次。"伏羲与邵子同，加一倍也，孔子则相荡也。其本同，其末异；其生异，其成同。孔子称相荡者,伏羲加一,成卦时皆知之,画止于六,盖不知也。使知八八相乘三才者,两阴阳刚柔仁义,三才具矣。否则七八九十何所极邪?

韩邦奇于此指出,伏羲—邵雍成卦之法,与孔子不同。伏羲—邵雍成卦之法,为"加一倍也";孔子成卦之法,为"相荡"也。止于六者,"两阴阳刚柔仁义,三才具矣"。另外,韩邦奇在《〈启蒙意见〉序》中亦说:

> 自夫子称相荡而先天之义微,微之者,后儒失之也。夫相荡者,自八而六十四者也;先天者,加一倍者也。其本同,其末异;其生异,其成同,而汉以下莫能一焉。宋邵康节氏自八而十六,自十六而三十二,自三十二而六十四,朱晦庵氏为之《本图书》,为之《原卦画》,为之《明蓍策》,为之《考占变》,于是乎《易》之先后始有其序,而理数辞象之功懋矣。

据上可见,韩邦奇认为:太极生成六十四卦之方式有两套系统,即来自于伏羲的先天法和来自于孔子的相荡法。何为是"相荡法"?"夫相荡者,自八而六十四者也",即八卦之交互相重,有六十四卦也;何谓"先天法"?"先天者,加一倍者也。"也就是邵雍主张的"自八而十六,自十六而三十二,自三十二而六十四",即由三爻构成的八卦,加一倍成为四爻构成的十六卦;由四爻构成的十六卦,加一倍成为五爻构成的三十二卦,再由五爻构成的三十二卦,加一倍成为六爻构成的六十四卦。韩邦奇认为,"自夫子称相荡而先天之义微",自从孔子提出"相荡法"之后,加一倍的先天之法就隐晦不明了,一直到宋代之时,才由邵康节将这种方法阐明。而朱熹继承邵雍之学,作《易学启蒙》,"为之《本图书》,为之《原卦画》,为之《明蓍策》,为之《考占变》",如此则"易之先后始有其序,而理数辞象之功懋矣"。可见,韩邦奇对于邵雍和朱熹的易学理路,是极为尊信而有所认同的。

然而,韩邦奇在《易学启蒙意见》中的主要问题,并不是完全站在邵雍—朱熹的角度上立论,他的问题是:来自伏羲并由邵雍、朱熹再次阐明的先天卦变之法(即"加一倍法"),与孔子的后天卦变之法(即"相荡法")两者之间关系如何?韩邦奇认为,这两种方法并不是对立或矛盾的,而是有同有异。他说这两种方法的关系是:"其本同,其末异;其生异,其成同",即从太极生成八卦的过程(是为"本"),两者是一致的,但从八卦生成六十四卦的过程(是为"末"),是不同的;两者生成六十四卦的过程或方法是不同的,但最终形成的六十四卦,又是相同的。这一点,是韩邦奇在力求贯通的角度上对先天、后天之卦生成特点的精当概括,是韩邦奇在易学上的重要发现和创见。兹再列其图以见之。

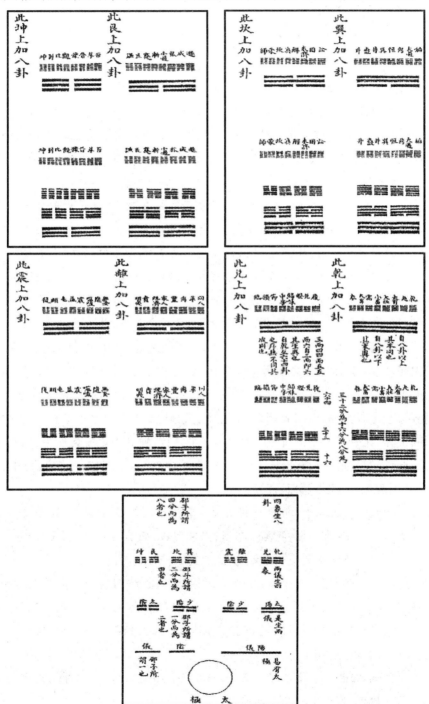

三、《明蓍策》

(一) 解经文

蓍策之文,见之于《易传》。韩邦奇首列其文及朱子解而明之。

其一,解"大衍之数"。

《易传》原文曰:"大衍之数五十,其用四十有九。分而为二以象两,挂一以象三,揲之以四以象四时,归奇于扐以象闰,五岁再闰,故再扐而后挂。"其于"大衍之数五十"句下解云:

> 《河图》《洛书》之中数皆五,行之而各极其数,以至于十则合为五十矣。《河图》积数五十五,其五十者,皆因五而后得,独五为五十所因而自无所因,故虚之则但为五十。又五十五之中,其四十者分为阴阳老少之数,而其五与十者无所为,则又以五乘十,以十乘五,而亦皆为五十矣。《洛书》积数四十五,而其四十者散布于外,而分阴阳老少之数。惟五居中而无所为,则亦自含五数,并为五十矣。

此即是说,《河图》之总数为五十五,其周围之五十,因其中间之五而得,而中间之五为周围五十之所因而无所因,故而虚之不用,如是则其大衍之数为五十也。又,五十五数中,一、二、三、四、六、七、八、九皆为阴阳老少之数,而五与十无所为,故以二者相乘,为五十,大衍之数也。对于《洛书》,其总数为四十五,其中四十分布周围而为阴阳老少之数,独其中之五无所为,而其中自含五数,如是则并为五十矣。此亦以"大衍之数"五十统和《河图》《洛书》。于"其用四十有九"下解曰:

> 大衍之数五十,而蓍一根百茎,可当大衍之数者二,故揲蓍之法,取五十茎为一握,置其一不用,以象太极,而其当用之策,凡四十有九。盖两仪体具而未分之象也。

此模仿天地之"太极生两仪"也。大衍之数五十,以蓍草之数当之,取其一不用,以象太极也。而用其四十九策,为两仪"体具而未分之象"也。再于"分而为二以象两,挂一以象三,揲之以四以象四时,归奇于扐以象闰,五岁再闰,故再扐而后挂"句下解,曰:

> 挂者,悬于小指之间。揲者,以大指食指间而别之。"奇",谓余数。扐者,扐于中三指之两间也。蓍凡四十有九,信手中分,各置一

手,以象两仪。而挂右手一策于左手小指之间,以象三才。遂以四揲左手之策,以象四时,而归其余数于左手第四指间,以象闰。又以四揲右手之策,而再归其余数于左手第三指间,以象再闰。(自注:五岁之象挂一,一也。揲左,二也。扐左,三也。揲右,四也。扐右,五也。)

此模仿"两仪生四象"也。将四十九策信手中分为二,各置一手,以象两仪,阴阳天地也。进而从右手取一策,以象人,如此则天地人三才并立也。又先后以四揲左右手之策,以象四时,分别归其余数,以象闰、再闰。如此先后共有五个步骤,以象"五岁"也。

其二,解"乾坤之策"。

《易传》原文曰:"乾之策,二百一十有六;坤之策,百四十有四。凡三百有六十,当期之日。二篇之策,万有一千五百二十,当万物之数也。是故四营而成易,十有八变而成卦。八卦而小成,引而伸之,触类而长之,天下之能事毕矣。显道神德行,是故可与酬酢,可与佑神矣。"其于"乾之策,二百一十有六;坤之策,百四十有四。凡三百有六十,当期之日"句下解云:

"乾之策,二百一十有六"者,积六爻之策,各三十六而得之也。"坤之策,百四十有四"者,积六爻之策,各二十有四而得之也。"凡三百六十"者,合二百一十有六、百四十有四而得之也。"当期之日"者,每月三十日,合十二月为三百六十也。盖以气言之,则有三百六十六日;以朔言之,则有三百五十四日。今举气盈朔虚之中数而言,故曰"三百有六十"也。然少阳之策二十八,积乾六爻之策则一百六十八;少阴之策三十二,积坤六爻之策则一百九十二。此独以老阴、老阳之策为言,以《易》用九六而不用七八也。然二少之合,亦三百有六十。

以大衍之法推之,乾卦之每得一爻,其策数为三十六,一卦六爻,则 $36 \times 6 = 216$ 也;坤卦之每得一爻,其策数为二十四,一卦六爻,则 $24 \times 6 = 144$ 也。以乾坤之策数合之,$216 + 144 = 360$,正是气盈朔虚之中数,即一年十二月、每月三十天之总数 $12 \times 30 = 360$,"当期之日"也。这是以老阴、老阳之数推算之。如果以少阴、少阳之数推算之,乾卦少阳之策二十八,坤卦少阴之策三十二,每卦六爻,乾卦得 $28 \times 6 = 168$ 策,坤卦得 $32 \times 6 = 192$ 策,两合之:$168 + 192 = 360$,亦与"当期之日"相合也。此下又解"二篇之策,万有一千五百二十，当万物之数也。"曰：

>"二篇"者，上、下经，六十四卦也。其阳爻百九十二，每爻合三十六策，积之得六千九百一十二。阴爻百九十二，每爻二十四策，积之得四千六百八。又合二者，为万有一千五百二十也。若为少阳，则每爻二十八策，凡五千三百七十六；少阴则每爻三十二策，凡六千一百四十四。合之亦为万一千五百二十也。

此统合《周易》上下经六十四卦之策数而论之也。《周易》六十四卦，以爻数计算，阴、阳之爻各192，以老阴、老阳之数言之，老阴每爻24策，老阳每爻36策，分别计之：$36 \times 192 = 6912$，$24 \times 192 = 4608$，合之，$6912 + 4608 = 11520$。以少阴、少阳之数言之，少阳每爻28策，少阴每爻32策，分别计之：$28 \times 192 = 5376$，$32 \times 192 = 6144$，合之，$5376 + 6144 = 11520$。此二篇之策总数，当万物之数也。又解"是故四营而成易，十有八变而成卦。八卦而小成，引而伸之，触类而长之，天下之能事毕矣。"曰：

>"四营"者，四次经营也。分二者，第一营也；挂一者，第二营也；揲四者，第三营也；归奇者，第四营也。易，变易也，谓揲之一变也。四营成变，三变成爻，一变而得两仪之象，再变而得四象之象，三变而得八卦之象。一爻而得两仪之画，二爻而得四象之画，三爻而得八卦之画，四爻成而得十六者之一，五爻成而得其三十二者之一，至于积七十二营，而成十有八变，则六爻见而得乎六十四卦之一矣。然方其三十六营而九变也，已得三画，而八卦之名可见，则内卦之为贞者，立矣。此所谓"八卦而小成"者也。自是而往，引而伸之，又三十六营，九变以成三画，而再得小成之卦者，一则外卦之为悔者亦备矣。六爻成，内外卦备，六十四卦之别可见矣。后视其爻之变与不变，而触类以长焉。天下之事，其吉凶悔吝，皆不越乎此矣。

此论成卦之法。以大衍法，分二、挂一、揲四、归奇。所谓"四营"也。"四营"而成一变，三变而成一爻，三爻成八卦之一者，所谓小成也；六爻而成六十四卦之一者，以推天下之吉凶悔吝也。最后解释"显道神德行，是故可与酬酢，可与佑神矣。"曰：

>道因辞显，行以数神。"酬酢"者，言幽明之相应，如宾主之相交也。"佑神"者，言有以佑助，神化之功也。卷内蔡氏说"为奇者三，为偶者二"，盖凡初揲，左手余一、余二、余三，皆为奇；余四为偶。至

再揲、三揲,则余三者亦为偶。故曰"奇三而偶二"也。

此略释易数卦变,其用之神也。又引蔡子之言,而明其奇偶之数也。

(二)论筮法

邦奇论筮法之文,见之于朱子《筮仪》。朱子《筮仪》,见于今《周易本义》,而《易学启蒙》不见载。观其文,其间亦有与今本所不同者,或《筮仪》之文,后人有所变改邪？或邦奇所见《易学启蒙》不同于今本邪？存之以俟考。此文之前,有《易筮序略》一篇,即概述筮法之大略者也。不知朱子原文与之欤？邦奇为之增益欤？其云：

> 一握而四营,四营而一变,三变而一爻,十有八变而一卦。乃启筮书,以观其卦之动静,以察其爻象,用以断其事之吉凶。凡六十四卦以为纲,四千九十六卦以为目,三十二图以象之,互以首尾为先后也。

然后详释《筮仪》。《筮仪》,占筮之仪式也。邦奇所述,同于朱子。录其文,云：

> 择地洁处为蓍室,南户置床于中央,床大约长五尺,广三尺,毋太近壁。蓍五十茎,韬以纁帛,贮以皂囊,纳之椟中,置于床北。椟以竹桐,或坚木,或布漆为之,圆径三寸。如蓍之长,半为底,半为盖,下别为台函之,使不偃仆。设木格于椟南,居床二分之北。格以横木板为之,高一尺,长竟床。当中为两大刻,相距一尺。大刻之西为三小刻,相距各五寸许。下施横足,侧立案上。置香炉一于格南,香合一于炉南,日炷香致敬。将筮,则洒扫拂拭,涤砚一注水,及笔一墨一黄,漆板一,于炉东东上。筮者齐洁衣冠,北面盥手,焚香致敬。

> 筮者北面见仪礼,若使人筮,则主人焚香,毕,少退,北面立。筮者进,立于床前,少西南向受命。主人直述所占之事,筮者许诺。主人右还,西向立。筮者右还,北向立。两手奉椟盖,置于格南炉北,出蓍于椟,去囊解韬,置于椟东,合五十策,两手执之,熏于炉上,命之曰："假尔泰筮有常,假尔泰筮有常,某官姓名今以某事,云云,未知可否,爰质所疑,于神于灵,吉凶得失,悔吝忧虞,惟尔有神,尚明告之。"

以上言筮前之仪式。后文则论筮法及筮数。于筮法,曰：

> 乃以右手取其一策,反于椟中。(解曰：以象太极之无为也。案：此解不见于今本《筮仪》)而以左右手中分四十九策,置格之左

右两大刻。(解曰:此第一营,所谓分而为二以象两者也)

次以左手取左大刻之策执之,而以右手取右大刻之一策,挂于左手之小指间。(解曰:此第二营,所谓挂一以象三者也)

次以右手四揲左手之策。(解曰:此第三营之半,所谓揲之以四,以象四时者也)次归其所余之策,或一或二或三或四,而扐之左手无名指间。(解曰:此第四营之半,所谓归奇于扐以象闰者也)

次以右手反过揲之策于左大刻,遂取右大刻之策执之,而以左手四揲之。(解曰:此第三营之半)次归所余之策如前,而扐之左手中指之间。(解曰:此第四营之半,所谓再扐以象再闰者也)

次以右手反过揲之策于右大刻,而合左手一挂二扐之策,置于格上第一小刻。(解曰:以东为上,后仿此)

以上四营之法,与《易传》经文两相一致,以成变也。其文与朱子《筮仪》大略相同。唯首句下"以象太极之无为也"一解,不见于今本《筮仪》;而第四营句末"此第四营之半,所谓再扐以象再闰者也"一解,其下复有"一变所余之策,左一则右必三,左二则右亦二,左三则右必一,左四则右亦四。通挂一之策,不五则九。五以一其四而为奇,九以两其四而为偶,奇者三而偶者一也。"邦奇所引则见之于后,不同也。

然后论筮数。其文则略同于今本《易学启蒙》。曰:

是为一变。其挂扐之数,不五即九。

得五者,三。所谓奇也。(《启蒙》注:五除挂一即四,以四约之为一,故为奇。即两仪之阳数也)

得九者,一。所谓偶也。(《启蒙》注:九除挂一即八,以四约之为二,故为偶。即两仪之阴数也)

一变所余之策,左一则右必三,左二则右亦二,左三则右必一,左四则右亦四。通挂一之策,不五则九。五以一其四而为奇,九以两其四而为偶,奇者三而偶者一也。

以上引文,正文及注解,均见之于今本《易学启蒙》。而以下之引文,正文则出于《易学启蒙》(下简称《启蒙》),注解则出于《启蒙意见》(下简称《意见》)也。

一变之后,除前余数。(《意见》曰:或五或九,谓挂扐之策)复合其见存之策。(《意见》曰:以两手取左右大刻之蓍合之)或四十四。(《意见》曰:以初变得五也)或四十。(《意见》曰:以初变得九也)分挂揲归如前法。(《意见》曰:"分",谓分而为二;"挂",谓挂一;"揲",谓揲之以四;"归",谓归奇,其仪同一变。但置挂扐之策于格上第二小刻)

是为二变。其挂扐之数,不四即八。

得四者二,所谓奇也。(《启蒙》注曰:不去挂一,余同前义)

得八者二,所谓偶也。(《启蒙》注曰:不去挂一,余同前义)

二变所余之策,左一则右必二,左二则右必一,左三则右必四,左四则右必三。通挂一之策,不四则八。四以一其四而为奇,八以两其四而为偶,奇偶各得二焉。(案:此句见于《筮仪》,不见于今本《启蒙》)

再变之后,除前两次余数。(《意见》曰:初得五,再得四。除九,初得九,再得八。除十七,初得五,再得八。初得九,再得四。皆除十三)复合其见存之策。(《意见》曰:又以两手取左右大格之蓍合之)或四十策。(《意见》曰:以初变得五,再变得四也)或三十六。(《意见》曰:以初变得五或九,再变得四或八也)或三十二。(《意见》曰:以初变得九,再变得八也)分挂揲归如前法。(《意见》曰:但置其挂扐之策于格上第三小刻)是为三变,其挂扐者,如再变例。(《意见》曰:谓得四者二,得八者二也)

其下之文,则出于《筮仪》,其间注解,则出于《启蒙意见》也。曰:

三变既毕,乃视其三变所得过扐过揲之策,而画其爻于版。

挂扐之数,五四为奇,九八为偶。挂扐三奇,合十三策。则过揲三十六策。是为老阳,其画为 ▬▬ ,所谓重也。(《意见》注: ▬▬ 者,奇之欲分,中已虚,而未离乎二也)

挂扐两奇一偶,合十七策。则过揲三十二策。是为少阴,其画为 ▬ ▬ ,所谓拆也。(《意见》注: ▬ ▬ 者,偶自为偶,而无事于合也)

挂扐两偶一奇,合二十一策。则过揲二十八策。是为少阳,其画为 ▬▬ ,所谓单也。(《意见》注: ▬▬ 者,奇自为奇,而无事于分也)

挂扐三偶,合二十五策。则过揲二十四策。是为老阴,其画为 ×,所谓交也。(《意见》注:×者,偶之欲合中,已实而未绝乎一也)

■ ▬ ▬,遇阳而之阴也。▬ ▬,阴也。▬▬,阳也。× ▬▬,遇阴而之阳

也。是为四象,所谓老变而少不变也。(按:此句出于《意见》,《筮仪》不见)

如是每三变而成爻。

第一、第四、第七、第十、第十三、第十六,凡六变,并同。但三变以下,不命而但用四十九蓍耳。第二、第五、第八、第十一、第十四、第十七,凡六变,亦同。第三、第六、第九、第十二、第十五、第十八,凡六变,亦同。

凡十有八变而成卦,乃考其卦之变而占其事之吉凶。礼毕韬蓍,袭之以囊,入椟加盖,敛笔砚墨版,再焚香致敬而退。

如使人筮,则主人焚香揖筮者而退。

(三)论奇偶

论奇偶之数,其文则出于《易学启蒙》,其注则出于《启蒙意见》也。略其图而载其文,曰:

三奇为老阳者,凡十有二。(《意见》曰:一、二、三,以变言。自一至十二,以老阳所得之数言。然一、三奇,皆能为六奇而成六爻)挂扐之数十有三。除初挂之一,为十有二。以四约而三分之,为一者三。(《意见》曰:一,指四而言,四奇也,一亦奇也。故谓四为一,言为四者,凡三也。一为奇有二义:一以四策为一揲,一以围三径一)一奇象员而围三,故三一之中,各复有三。(《意见》曰:一者,二之一,指策数也。于前每四策中取一策为围之径,而以三策为围,所谓三分为规者也。一个径一而有一个围三,三个径一而有三个围三)而积三三之数,则为九。(《意见》曰:去其径一,止有三个三,积三三为九,四九之母也)过揲之数三十有六,以四约之,亦得九焉。(《意见》曰:上是挂扐之九,四九之母。此是过揲之九,一九之子。上是三个四,此是九个四,亦积三三为九之意也。妙矣哉!)即四象,太阳居一,含九之数也。(《意见》曰:一,太阳之位,即图一六之一。九,太阳之数,即图四九之九)

挂扐除一,四分四十有八,而得其一也。一其十二而三其四也,九之母也。过揲之数,四分四十八而得其三也,三其十二,而九其四也,九之子也,皆径一而围三也。(案:此句为《启蒙》自注)

以上论"三奇为老阳者,凡十有二。"又曰:

两奇一偶,以偶为主、为少阴者,凡二十有八。挂扐之数,十有七。除初挂之一,为十有六。以四约而三分之,为一者二,为二者一。(《意见》曰:下二字,指八而言。八,偶也。二,亦偶也。故谓八为二。二为偶有二义:一以八策为二揲,一以围四用半。为一者二,两个四也。为二者一,一个八也)一奇象员而用其全,故二一之中,各复有三。(《意见》曰:天周而无缺,故用全。两个一下各有三,两个三为六)二偶象方而用其半,故一二之中,复有二焉。(《意见》曰:地空而隙,故用半。于前八策中取四策,又以二策为方之象,故一个二中又有二也)而积二、三、一、二之数,则为八。(《意见》曰:三去象一,四去象二,是二个三。而一个二合二、三、一、二,为八。四,八之母也)过揲之数,三十有二。以四约之,亦得八焉。(《意见》曰:上是挂扐之八,四八之母。此是过揲之八,一八之子。上二一八,下八四。上每一四为三四,二四为六,四并一八为二四,是积下八四也。四,进者,阳,能变也。八用本数者,阴主静也)即四象,少阴居二,含八之数也。(《意见》曰:二,少阴之位,即图二七之二。八,少阴之数,即图三八之八)

挂扐除一,四其四也。自一其十二者,而进四也,八之母也。过揲之数,八其四也,自三其十二者而退四也,八之子也。(案:此句为《启蒙》自注)

以上论"两奇一偶,以偶为主,为少阴者,凡二十有八。"又曰:

两偶一奇,以奇为主、为少阳者,凡二十。挂扐之数,二十有一。除初挂之一,为二十。以四约而三分之,为二者二,为一者一。(《意见》曰:上一字指四下一字一二之一,上二字指八下二字一二之二。为一者一,一个一也。为二者二,两个八也)一偶象方,而用其半,故二。二之中各复有二。(《意见》曰:次二字指上两策,下二字指下两策。上两个二下又各有二)一奇象员而用其全,故一。一之中复有三焉。(《意见》曰:上一策下又有三策)而积二、二、一、三之数,则为七。(《意见》曰:奇去象一,偶去象二,是一个二,两个二。合二、二、一、三为七,四七之母也)过揲之数,二十有八。以四约之,亦得七焉。(《意见》曰:上是挂扐之七,四七之母。此是过揲之七,一七之子。上一四二八,此七四。上一四为三四,二八为四,四是积下七四也。四,进者,阳变也。八,用本数者,阴静也,半之二也)即四象,少阳居三,含七之数也。(《意见》曰:三,少阳之位,即图三八之三。七,少阳之数,即图二七之七)

挂扐除一,五其四也。自两其十二者,而退四也,七之母也。过揲之数,七其四也。自两其十二者,而进四也,七之子也。(案:此句为《启蒙》自注)

以上论"两偶一奇,以奇为主、为少阳者,凡二十。"又曰:

三偶为老阴,四。挂扐之数,二十有五。除初挂之一,为二十有四。以四约而三分之,为二者三。(《意见》曰:二指八,每二四为一八,六四,三八,为三个八也)二偶象方,而用其半,故三二之中,各复有二。(《意见》曰:首次二字,指上二策。下二字,指下二策。三是一二三之三。上三个二下,又各有二也)而积三二之数,则为六。(《意见》曰:去三个,象二。止用下二个二,三二合为六,四六之母也)过揲之数,亦二十有四。以四约之,亦得六焉。(《意见》曰:上是挂扐之六,四六之母。此是过揲之六,一六之子。上是三八,用半为三四。下是六四,亦积三二为六也)即四象,太阴居四,含六之数也。(《意见》曰:四,太阴之位,即图四九之四。六,太阴之数,即图一六之六)

挂扐除一,六之母也。过揲之数,六之子也。四分四十有八,而各得其二也。两其十二,而六其四也,皆围四而用半也。(案:此句为《启蒙》自注。《意见》于此句下注曰:径一围四者,一言径四分之一耳,非谓一径著也,其实四用二径,始不倾斜)

(四) 论易理

本卷特出之章,为论易理及卦爻之变,其文不见于朱子《易学启蒙》,当为邦奇所自造也。其文曰:

二老者,乾坤之交也。二少者,男女之合也。

太阳虚上以待太阴之四,太阴虚下以待太阳之十二,所谓六九相合,十五者是也。少阳虚右以待少阴之二十八,少阴虚左以待少阳之二十,所谓七八相合,十五者是也。方其各为一图也,若无统纪,及其太阴之四补太阳之上,太阳十二补太阴之下,少阳之四补少阴之左,少阴之十二补少阳之右,如牝牡之相合,充足饱满,无毫厘之亏欠,参同契合,无毫厘之乖戾。太阴虚四,太阳以四合之;太阴虚十二,太阳以十二合之;固阳多而阴少矣。然少阴虚四,少阳以四合之;少阳虚十二,少阴以十二合之,则阴阳之数又各适均矣。

二阳者,天之位乎上也;二阴者,地之位乎下也。

太阳虚四以待少阳之四,少阳虚十二以待太阳之十二。以太阳之十二合少阳之十二,所谓阳数三十二,天之一、三、五、七、九者也。太阴虚十二以待少阴之十二,少阴虚四以待太阴之四,以太阴之四合少阴之二十八,所谓阴数三十二,地之二、四、六、八、十者也。

《易》者,蓍之所为乎!太极者,其本体也。两仪者,其阴阳各三十有二也。四象者,六、七、八、九之数也。乾坤者,二老之象也。六子者,二少之变也。六十四卦者,挂扐之全数也。《易》者,蓍之所为乎!

夫挂扐者,揲之所余也。故其数也,视揲二者互为子母者也。至妙至妙者也。

以前言用挂扐,故挂扐为母,过揲为子。以此言过揲生挂扐,故过揲为母,挂扐为子。

夫挂扐者,十二三分之一而进之者也。过揲者,十二三分之一而退之者也。二极之相去,二少之进退,其自然之序乎!

老阳挂扐十二,进一四,则少阴之十六,又进一四,则少阳之二十,又进一四,则老阴之二十四。老阳过揲三十六,退一四,则少阴之三十二,又退一四,则少阳之二十八,又退一四,则老阴之二十四。故老阳去少阴四,去少阳八,去老阴十二。少阴挂扐十六比老阳十二为进四,少阳挂扐二十比老阴二十四为退四,少阴过揲三十二比老阳三十六为退四,少阳过揲二十八比老阴二十四为进四,故皆曰"一退一进,而交于中"。

夫造化者,数而已矣。五十者,造化之体也。四十有九者,造化之用也。四十九者,万物之体也。四十有八者,万物之用也。是故五十而去一,维天之命,于穆不已者也。四十九而去一,万物各正性命者也。用九用八之不同,其神化之谓乎!造化为神,生万物为化。

此节何以不用濂溪之图?夫为图,所以立象也。阴阳、五行、万物,不在天地之外,阴阳有渐,无遽寒遽热之理。知觉运动,荣瘁开落,卵荄之化也。

据以上所见,邦奇创制《维天之命》与《圣人之心》二图,以见宇宙变化及圣人心性之内涵。其图如下:

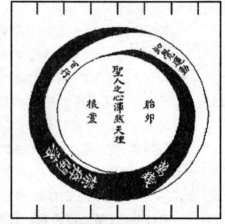

韩邦奇在对其太极图的说明中直接提出:"何以不用濂溪之图?"在他看来,"夫为图,所以立象也。阴阳、五行、万物,不在天地之外,阴阳有渐,无遽寒遽热之理。知觉运动,荣瘁开落,卵荄之化也。"究其实而言之,他认为周敦颐之太极图,并未能恰当地展示宇宙生化之理。周敦颐之太极图,最早由朱震公布于世,然起初并未引起学者重视。而后朱熹发现之,并认为旧传之图有谬误而进行改正。朱熹改正之处有三:一,将"无极而生太极"改为"无极而太极";二,将"阴静在上,阳动在下"改为阴静居左、阳动居右;三,将"黑中有白,白中无黑"改为黑中有白,白中也有黑。后世所传周敦颐太极图多为

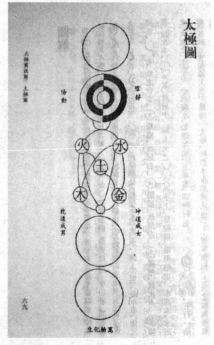

太极图(朱熹《太极图说解》)①

① 朱熹著:《太极图说解》,《朱子全书》第13册,第69页。

朱熹改定之图,如上图。

由上图观之,其最上一圈表示世界"无极而太极"的原始状态。第二圈是坎离两卦的交合图式,分黑白三层,表示阴阳交错,运动变化。第三圈由五小圈归于一圈,表示阴静阳动产生世界基本构成物质金木火水土,五行各有自己本身的特性。第四圈表示乾道生男,坤道生女,即人类的产生。第五圈表示万物化生,至此,太极产生世界的过程结束。此图概括了由无极太极到阴阳、五行、万物的生生不息变化无穷的宇宙演化过程。

韩邦奇认为,"阴阳、五行、万物,不在天地之外",他所创制之图,并没有像周敦颐太极图一样分为五层,而是把五层合为一体,其中更为恰当地展示了宇宙生化之理。首先,"维天之命,于穆不已"对应"太极而无极",表示造化化生之前的状态,它是宇宙世界的本原、起点。其次,分阴分阳,阴阳交错,天地以成,在天成象,在地成形。再次,金木火水土有以成。最后,乾道成男,坤道成女,万物产生。天命不已,生生不息,宇宙之演化无穷无尽。

同时,与《维天之命》相应,韩邦奇还有《圣人之心》图。邦奇认为,天理具在人心,人心存乎天理。故而依照宇宙生化万物之理而创制此图。以图观之,"圣人之心浑然天理"对应"维天之命,于穆不已",此是万物生化之动力、根源;而在有生命之物中,此则对应为胎卵根核,这是生命的本原和起点,是生命生化之前的状态。接着,是生命的百行和万几。再接着,是生命的知觉运动或荣瘁开落。这是个完整的生命演化的过程。此即:"阴阳有渐,无遽寒遽热之理。知觉运动,荣瘁开落,卵荄之化也。"

概而言之,韩邦奇之《维天之命》与《圣人之心》二图,其所强调者,正是"阴阳、五行、万物,不在天地之外"及"阴阳有渐,无遽寒遽热之理"这两点。而其图两相对照,也昭示了生命演化与造化化生之理合而为一,天理与人心别无二致,不仅更贴切、完整地显示了宇宙生命的衍化过程,而且极好地诠释了天人之间相互贯通如一之理,值得重视和研究。而后邦奇作《正蒙拾遗》,此种观点亦为其吸收并做了进一步阐扬,故而将此视作邦奇宇宙生化思想之起点,当不为过。

此外,韩邦奇所创之图在易学史上亦有重要意义。其具体评述,详见前第二章《生事分述》之第四节《述评》之易学研究部分,兹略而不赘。

(五)论近世后二变不挂之误

蓍策"挂一"之法,古今所见不同。朱子见之而论近世之误,邦奇亦肯定之,其首概旧法,曰:

> 五、九、四、八者,奇偶也。前奇后偶,一定而不可移者也。奇偶者,阴阳也。少阳多阴,变化而莫测者也。奇偶有小大,阴阳无多寡。

为之注解曰:

> 此旧法也。以初变三、五、一、九为奇,二变、三变二四、二八为偶也。三、五、一、九,两其十二,径一围三,用全,为老阳者二。二四、二八为二十四者,径一围四,用半,为老阴者一。两其十二,为二十四也。二其二十四,为十二也。二而阴阳之数皆二十四,此特论奇偶阴阳之数耳。至为于三变成爻,一小奇、二小偶为老阳,一大奇、二大偶为老阴,二少例此,与今法同。小偶,四也;大偶,八也;小奇,五也;大奇,九也。

为明近世后二变不挂之误,邦奇作《近世后二变不挂之图》(略),复引朱子《易学启蒙》所论,并为之略解,以见其误,曰:

> 《经》曰"再扐而后挂",又曰"四营而成《易》",其旨甚明。注疏虽不详说,然刘禹锡所记僧一行、毕中和顾家之说,亦已备矣。近世诸儒,乃有"前一变独挂"之说、"后二变不挂"之说,考之于《经》,乃为六扐而后挂,不应五岁再闰之义。且后二变又止三营,盖已误矣。

> 且用旧法,则三变之中,又以前一变为奇,后二变为偶。奇故其余五、九,偶故其余四、八。余五、九者,五三而九一,亦围三径一之义也。余四八者,四八皆二,亦围四用半之义也。三变之后,老者阳饶而阴乏,少者阳少而阴多,亦皆有自然之法象焉。

> 若用近世之法,则三变之余,皆为围三径一之义,而无复奇偶之分。三变之后为老阳、少阴者,皆二十七;为少阳者,九;为老阴者,一。又皆参差不齐,而无复自然之法象,此足以见其说之误矣。至于阴阳老少之所以然者,则请复得而通论之。(《意见》注:下详其实)

盖四十九策，除初挂之一而为四十八，以四约之为十二，以十二约之为四，故其揲之一变也。挂扐之数，一其四者为奇，两其四者为偶。(《意见》注：此论奇偶之所以然) 其三变也，挂扐之数三其四、一其十二，而过揲之数九其四、三其十二者，为老阳。(《意见》注：此论太阳) 挂扐过揲之数，皆六其四、两其十二者，为老阴。(《意见》注：此论太阴) 自老阳之挂扐而增一四，则是四其四也。一其十二，而又进一四也。自其过揲者而损一四，则是八其四也，三其十二而损一四也。此所谓少阴者也。(《意见》注：此论少阴) 自老阴之挂扐，而损一四，则是五其四也，两其十二而去四也。自其过揲而增其一四，则是七其四也，两其十二而进一四也。此所谓少阳者也。(《意见》注：此论少阳) 老者，阴阳之极也。二极之间，相距之数，凡十有二，而三分之。自阳之极，而进其挂扐，退其过揲，各至于三之一，则为少阴。自阴之极，而退其挂扐，进其过揲，各至于三之一，则为少阳。

老阳居一而含九，故其挂扐十二，为最少。而过揲三十六，为最多。少阴居二而含八，故其挂扐十六，为次少，而过揲三十二，为次多。少阳居三而含七，故其挂扐二十，为稍多，而过揲二十八，为稍少。老阴居四而含六，故其挂扐二十四，为极多，而过揲亦二十四，为极少。盖阳奇而阴偶，是以挂扐之数，老阳极少，老阴极多，而二少者，一进一退，而交于中焉。此其以少为贵者也。阳实而阴虚，是以过揲之数，老阳极多，老阴极少，而二少者，亦一进一退，而交于中焉。此其以多为贵者也。

凡此不惟阴之与阳，既为二物，而迭为消长，而其一物之中，此二端者又各自为一物，而迭为消长，其相与低昂如权衡，其相与判合如符契，固有非人之私智所能取舍，而有无者。而况挂扐之数，乃七、八、九、六之原，而过揲之数，乃七、八、九、六之委，其势又有轻重之不同，而或者乃欲废置挂扐，而独以过揲之数为断，则是舍本而取末，去约以就繁，而不知其不可也。岂不误哉！

四、《考占变》

占变，即卦变之后，占断之依据也。朱子《易学启蒙》著《考占变第四》，邦奇因之而为疏解也。然邦奇于朱子占变之法，非全袭从也，其间亦有所疑也。故其于《启蒙意见》四篇之后，复著《七占》，以明其占法。其曰：

> 七占古法，不传久矣。朱子以事理推之如前，然犹有可疑者。如一、二爻主变爻，四五爻变主不变爻，三爻变主本之象辞，且占主乎变，一爻、二爻变，占变爻是矣。至于四爻、五爻变而占不变爻辞，变爻反无所为，不惟不见用九、用六之意，以七阳之爻而附潜龙之九，八阴之爻而附履霜之六，切恐吉凶之应，自不孚矣。又五爻之变所争者，上一爻耳。尚不许以《象辞》，至于三爻之变，反用《象辞》，夫《象辞》断一卦之吉凶者也。三爻，才小成耳，岂可遽以《象辞》当之哉？况前十卦嫌于六爻不变，后十卦嫌于六爻皆变，前后三、四、五咸用爻辞而三爻独用象辞，亦有未安。余意除六爻变者用象辞，余皆用爻，除六爻不变者占乎象，余皆占变，庶九、六之占，各以类附，不违占变之说矣。又二爻变主上爻，四爻变主下爻，且贞悔初无定在，以六爻言，则下三爻为贞，上三爻为悔；以四爻言，则下二爻为贞，上二爻为悔。本卦为贞，之卦为悔，当以类相从，变在前三十二图占本卦，在后三十二图占之卦是矣。如二爻变主上爻，是为贞变而占悔；四爻变主下爻，是为悔变而占贞。愚意二爻变主下爻，四爻变主上爻，庶贞、悔各得以类从矣。

> 今以占法，列之于后。
> 凡卦，六爻皆不变，则占本卦象辞；而以内卦为贞，外卦为悔。
> 一爻变，则以本卦变爻辞占。
> （邦奇自注：此二条仍旧）
> 二爻变，则以本卦二变爻辞占，仍以下爻为主。
> 三爻变，前十卦占本卦变爻辞，后十卦占之卦变爻辞，从其两。
> 四爻变，占之卦变爻辞，主上二爻。吉凶适仍以上一爻为主。
> 五爻变，则以之卦变爻辞占，从其三。
> （邦奇自注：此四条新定）
> 六爻变，乾坤占二用，余占之卦之《象辞》。
> （邦奇自注：此亦仍旧）

为明其占例，邦奇"以六十四卦之变，列为三十二图"（图略），其曰：

今以六十四卦之变,列为三十二图,得初卦者,自初而终、自上而下;得末卦者,自终而初、自下而上。变在第三十二卦以前者,占本卦爻之辞;变在第三十二卦以后者,占变卦爻之辞。(自注:凡言初终、上下者,据图而言。言第几卦前后者,从本卦起)

图后复曰:

以上三十二图,反复之则为六十四图,图以一卦为主,而各具六十四卦。凡四千九十六卦,与焦赣《易林》合,然其条理精密,则有先儒所未发者,览者详之。

第四节 《洪范图解》

邦奇《尚书》学之另一著作,即是37岁完成之《洪范图解》。然此书并非直接解说《尚书·洪范》篇,而是解说蔡沈《洪范皇极》所创之"演范之法"。蔡沈(1167—1230),字仲默,建阳(今属福建)人。隐居九峰,人称九峰先生。一生未应举,师从朱熹及父亲蔡元定。《四库全书总目提要》云:"沈父元定,究心洪范之数,未及论著。尝曰:'成吾书者,沈也。'沈反覆数十年,然后成书。"是书,即蔡氏所著《洪范皇极内外篇》也,其内容,大抵以《洪范》为本,而援取《大易》自为创制之书,于书学一系,极有特色。邦奇取其"演范之法"而为图解,亦见其学之深邃。兹取其书,以为之论。

一、主旨概略

邦奇《洪范图解》为以图文结合之方式,解说宋代蔡沈之著作《洪范皇极内外篇》中之筮法部分。《洪范皇极内外篇》为何等之书?是书收《四库全书》子部术数类,《四库全书总目提要》关于是书云:

《洛书》之名见于《易》,不见于《书》。《洪范》之文以明理,非以明数。其事绝不相谋。后人以乾凿度太乙行九宫法指为《洛书》,卢辩注《大戴礼记》明堂篇,始附合于龟文,至宋而图书之说大兴,遂以为《洪范》确属《洛书》,《洛书》确属龟文,龟文确为戴九履一等九数,而圣人叙彝伦之书变为术家谈奇耦之书矣。

此即是认为,《洛书》与《洪范》本不相干,"其事绝不相谋",然因太乙家出,穿凿附会,而宋图书之说大兴,遂以《洪范》《洛书》本为一事。"圣人叙彝伦之书变为术家谈奇耦之书矣。"蔡沈之《洪范皇极内外篇》，即是此类著述之一。《四库全书总目提要》又论本书特色，曰：

> 沈作是书，附会刘歆"《河图》《洛书》相为表里，八卦九章相为经纬"之说，借《书》之文以拟《易》之貌，以九九演为八十一畴，仿《易》卦八八变六十四之例也。取月令节气，分配八十一畴，阴用孟喜解《易》卦气值日之术也。其揲蓍以三为纲，积数为六千五百六十一，阴用焦赣六十四卦各变六十四卦之法也。大意以《太玄》《玄包》《潜虚》既已拟《易》，不足以见新奇，故变幻其说，归之《洪范》。实则朝三暮四，朝四暮三，同一僭经而已矣。此在术数之家，已为重儓之重儓，本不足道。以自沈以后，又开演范之一派，支离缪辀，踵而为之者颇多。既有其末，不可不著其本。故录而存之，而别著录于术数类。明非说经之正轨，儒者之本务也。

由此可见，《四库全书总目提要》认为：《洪范皇极内外篇》乃拟效《周易》改造《洪范》之作，其参照《周易》八八六十四卦之例，而由《洪范》之九筹演为九九八十一畴。并阴用汉代孟喜卦气值日之术，焦赣六十四卦各变六十四卦之法，是为一"僭经"，"非说经之正轨，儒者之本务也"，本不足道，然因其于术数开出推演《洪范》之一派，"既有其末，不可不著其本"，故为明其末流之源，而为之著录也。由此可见，其对蔡氏此作，评价不高。

然邦奇《尚书》之学，源自于蔡沈，其对蔡子演范之学，亦极为认同矣。关于是书，韩邦奇有《〈洪范图解〉序》两篇，其一载《性理三解》之《洪范图解》前，另一载《苑洛集》卷一。两者文字，略有不同，然均可见邦奇对蔡沈《洪范皇极》之态度，《性理三解》本序曰：

> 昔者上天式教，出《书》于洛，神禹因《书》以第畴，箕子因畴以衍义，九以纲之，五十以纪之，治天下之大经大法，灿然明备，古今所谓《洪范》者也。有宋蔡九峰氏，因律吕之变，悟《洛书》之旨，乃推数而赞之辞，由占以致其用，始于一，参于三，究于九，成于八十一，而六千五百六十一之数备矣。然禹、箕分九畴而稽疑自为一事，蔡子统八筹而并用之稽疑，何也？昔者，文王、周公系卦爻之辞，孔子作两《传》以翼之，虽未逐卦逐爻以释其义，其所以定天下之业，先天下之用，盖与文、周而同功。是谓"孔子非明八卦"，不可也；谓"蔡氏非明九章"，亦不可也。同者，理也；不同者，用也。君子岂可语用而遗理哉！

此即是说,上天开示教化,故出《书》于洛,是所谓《洛书》龟文也。而后大禹因之而制九畴,箕子因九畴而推衍其义,于是"治天下之大经大法,灿然明备",此即古今所谓《洪范》者也。而后蔡九峰"因律吕之变,悟《洛书》之旨",而著《洪范皇极》一书,并用之稽疑(即卜筮也)。其功大矣。复又解释说,"禹、箕分九畴而稽疑自为一事,蔡子统八筹而并用之稽疑",其间似有不同。然观孔子作《易传》而辅翼文王、周公之《易经》,"其所以定天下之业,先天下之用,盖与文、周而同功。""同者,理也;不同者,用也。君子岂可语用而遗理哉!"故蔡子之作,明于九章,亦不可污也。另,《苑洛集》卷一有韩邦奇《〈洪范图解〉序》一篇,其叙述蔡九峰洪范之学,更为详细:

> ……有宋蔡九峰氏,因律吕之变,悟《洛书》之旨,乃推数而赞之辞,由占以致其用,泄大禹之神藏,发箕子之妙用,而《范》之为《范》,总于稽疑矣。大哉《范》乎!上配《周易》,洪纤吻合,无毫发爽。其为占也,蓍皆五十,用皆四十有九。《洛书》体方而用圆,圆者用三,故揲以三;《河图》体圆而用方,方者用四,故揲以四。奇以三乘,三三为九,九九八十一,而六千五百六十一之数具矣;偶以四乘,二四为八,八八六十四,而四千九十六之数具矣。至于分挂揲归,终始皆同,自然配合,若天地阴阳,不可少其一。虽康节之经世,亦别为机轴;《太玄》《潜虚》之属,安能涉其波流乎!夫羲、文之学见于《易》,禹、箕之学见于《范》,孔子作《十翼》而《易》以传,箕子既没,不得而传焉。九峰生于二千余年之后,始绍其绝,理由心得,业不师传,其功懋矣!当宋时,五星聚奎,实《范》成之兆。其他诸儒,明道立德,注释经书,固汉、唐以来儒者之常,不得与于斯也。数辞未备而蔡子卒,乃又绝矣。鳌峰氏补其缺辞而训释之,其义复明。然棋有阴阳,蓍惟奇偶,而考占未备焉。至于今,其殆将又绝矣乎?《洪范传》曰:"象以偶为用者也,有应则吉;范以奇为用者也,有对则凶。"又曰:"正数者,天地之正气也,其吉凶也确;间数者,天地之间气也,其吉凶也杂。"此《范》学传灯之秘也。著之篇末,以示读《范》之士云。

此一序文,不惟指出蔡九峰著《洪范皇极》并用之稽疑,"其功懋矣",且由《河图》《洛书》之数,阐明《洪范》与《周易》之占。就其蓍数而言,"其为占也,蓍皆五十,用皆四十有九",两者并同,然"《洛书》体方而用圆,圆者用三,故揲以三；《河图》体圆而用方，方者用四，故揲以四。"两者体用不同，故其用数亦有三、四之别，"奇以三乘，三三为九，九九八十一，而六千五百六十一之数具矣；偶以四乘，二四为八，八八六十四，而四千九十六之数具矣。"由是而有 $3\times3=9, 9\times9=81, 81\times81=6561$ 及 $2\times4=8, 8\times8=64, 64\times64=4096$ 之不同。其数虽不同，而其操作之法，"分挂揲归，终始皆同，自然配合，若天地阴阳，不可少其一。"皆禀乎自然而非臆造也。进而，邦奇揭示《大易》《洪范》占变之规律，即《洪范传》所谓"象以偶为用者也，有应则吉；范以奇为用者也，有对则凶。"又曰："正数者，天地之正气也，其吉凶也确；间数者，天地之间气也，其吉凶也杂。"邦奇认为，这正是"《范》学传灯之秘也"。然而，《范》学之传，其亦难矣，"数辞未备而蔡子卒，乃又绝矣。鳌峰氏补其缺辞而训释之，其义复明。然棋有阴阳，蓍惟奇偶，而考占未备焉。至于今，其殆将又绝矣乎？"故而邦奇著《洪范图解》，以详解其占变之法也。

至于邦奇《洪范图解》之内容，《四库全书总目提要》说：

是编因蔡沈《洪范皇极内外篇》复为图解，于每畴所分之九字系以断语，俾占者易明。其揲蓍之法与《易》之蓍卦相同，所言休咎皆本于《洪范》，亦与《易》象相表里，盖万物不离乎数而数不离乎奇偶，故随意牵合无不相通云。

由此可见，韩邦奇《洪范图解》一书，当是在其早年潜心治学之基础上，本之于蔡沈《洪范皇极内外篇》，力求《书》《易》之学贯通的著作。而其特重解说者，大略内容有二：其一，篇首牒图，已见蔡沈《洪范皇极》思想大要；其二，正文解说，以明蔡沈《洪范皇极》筮法程式。兹分为二以述之。

二、篇首图说

邦奇《洪范图解》篇首列《洛书范数》《箕子洪范九畴之图》《皇极居次五图》《九畴虚五用十之图》《九畴合八畴数之图》《大衍洪范本数图》《九畴本洛书数图》《九畴相乘得数图》以及《洪范九畴名数成行之图》《九九圆数循环之图》《范数之图》《九九方数图》《九九积数图》13 幅图，以彰蔡子数论之大要。文中又采蔡子《五行事类吉图》《五行事类凶图》《五行干支图》，以明蔡子占变之法。

此 16 幅图中，《箕子洪范九畴之图》《皇极居次五图》《九畴虚五用十之图》《九畴合八畴数之图》《大衍洪范本数图》《九畴本洛书数图》《九畴相乘得数图》以及《洪范九畴名数成行之图》《范数之图》9幅,非《洪范皇极》所有,而为邦奇自制。故由此9幅图,以见邦奇及蔡沈之说。①

(一)九畴之图

蔡沈继承了象数学之传统,提出:"天地之所以肇者数也,人物之所以生者数也,万物之所以失得者数也。"认为"数"是宇宙的根本。人对"数"的认识是区分"圣""愚"的标准,即"圣者数之通也","愚者数之塞也"。同时还认为"数"的产生是与人的作用相关联的。"数由人兴,数由人成,万物皆备于我,咸自取之也",所以"圣人因理以著数,天下因数以明理"。

蔡沈所说的数是指"洪范九畴数"。《尚书·洪范》有九畴,分别是"五行、五事、八政、五祀、皇极、三德、稽疑、庶征、五福"等,每一畴各有其具体内容,是古人对自然界及社会现象的朴素概括。韩邦奇则作《箕子洪范九畴之图》,以总括《洪范》九畴之内容(见下图)。

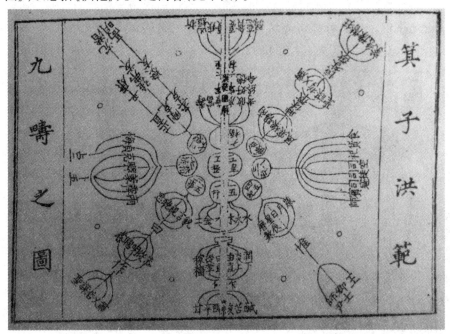

《箕子洪范九畴之图》

---

① 此9幅图中,《洛书范数》《箕子洪范九畴之图》《皇极居次五图》《九畴虚五用十之图》《九畴合八畴数之图》《大衍洪范本数图》见之于《易学启蒙意见》,为邦奇10余岁作《启蒙意见》时已有之思想,然为方便之故,于下章略去,而在此论述。

蔡沈认为,《洪范》九畴,其总数合之而为五十,即"五行"有五,"五事"有五,"八政"有八,"五纪"有五,"皇极"唯一,"三德"有三,"稽疑"有七,"庶征"有五,"极福"有十一。合其总数,则为五十,此即《易传》"大衍之数五十,其用四十有九"中之"五十"也。韩邦奇亦如是认为,其作《大衍洪范本数图》以示之(如下左图)。且释之曰:

"大衍之数五十"者,一与九为十,二与八为十,三与七为十,四与六为十,五与五为十,共五十也。其用四十有九者,一用五行,其数五;二用五事,其数五;三用八政,其数八;四用五纪,其数五;五用皇极,其数一;六用三德,其数三;七用稽疑,其数七;八用庶征,其数五;九用五福六极,其数共十有一,积算至五十也。又曰一而曰极,大衍所虚之太极也。

蔡沈接受其师朱熹之观点,认为"《河图》出而八卦画,《洛书》呈而九畴叙"(《朱文公文集》卷七十八)。即河图产生八卦,而洛书则产生九畴。认同朱熹之观点,对此,韩邦奇亦认同,以《洪范》之九畴,本之于《洛书》。并作《九畴本洛书数图》(如下右图)。

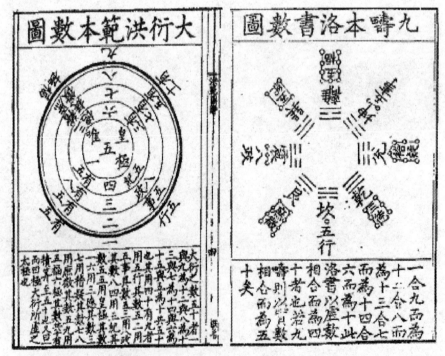

九畴之数为五十,然《洛书》之数则为四十,如何本之? 邦奇曰:

一合九而为十，二合八而为十，三合七而为十，四合六而为十，此《洛书》以虚数相合而为四十者也。若九畴，则以实数相合，而为五十矣。

如是，则《洛书》之数，与《洪范》之九畴，相匹配也。《易传》曰："大衍之数五十，其用四十有九"，邦奇复作《皇极居次五图》及《九畴虚五用十之图》（见下图）以明之。

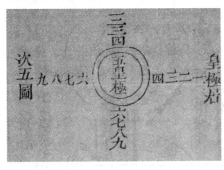

（二）八十一畴之图

蔡元定认为"一者数之原也，九者数之究也"，所以，他把一切事物都归结为一到九的数字。蔡沈则在其父蔡元定的基础上，把洪范九畴发展成九九八十一个畴数，构成了一个基本体系。他说："分天为九野，别地为九州，制人为九行。九品任官，九井均田，九族睦俗，九礼辨分，九变成乐，九阵制兵，九刑禁奸，九寸为律……"九九八十一个范畴都被命以名字（即原、潜、守、信……一直到移、堕、终等八十一个畴），韩邦奇因之而作《洪范九畴名数行成之图》。

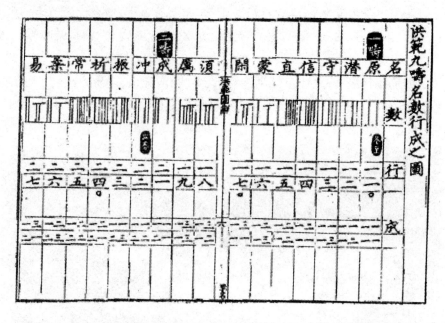
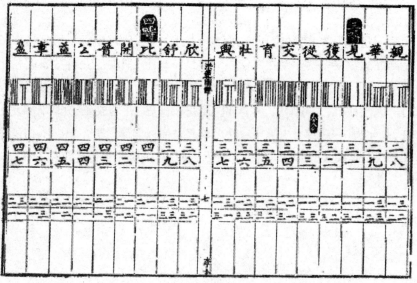

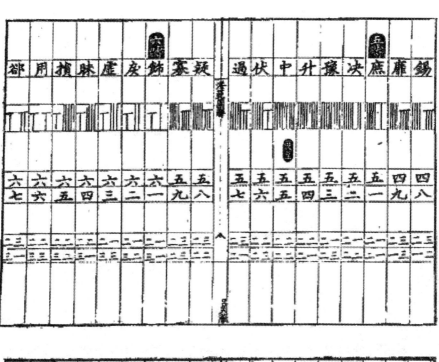

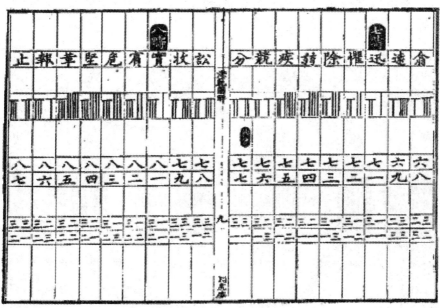

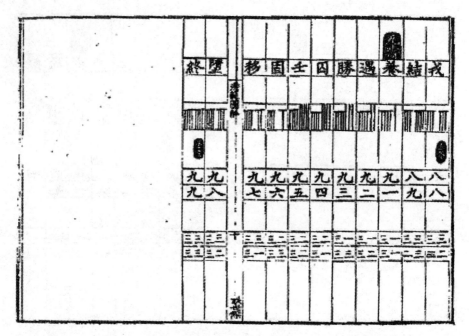

蔡沈以《范》数八十一畴囊括事理,邦奇据其意而作《范数之图》(如下)以与六十四卦方圆图配,并解释说:

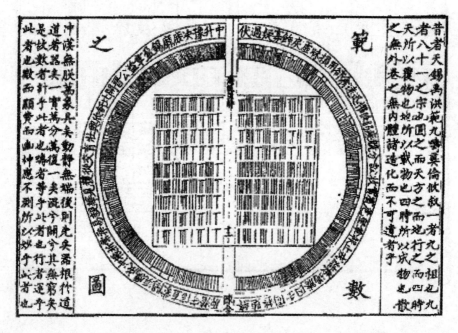

昔者,天锡禹《洪范》九畴,彝伦攸叙,一者,九之祖也;九者,

八十一之宗也。圆之而天,方之而地,行之而四时,天所以覆物也,地所以载物也,四时所以成物也。散之无外,卷之无内,体诸造化而不可遗者乎!

冲漠无朕,万象具矣,动静无端,后则先矣。器根于道,道著器矣。一实万分,万复一矣。混兮辟兮,其无穷矣。是故数者,计乎此者也;畴者,等乎此者也;行者,运乎此者也。散而显,聚而幽,神应不测,所以妙乎此者也。

蔡沈《洪范皇极内外篇》把九九八十一个数字配之以时令,一一为冬至,二二为立春,三三为春分,四四为立夏,五五为夏至,六六为立秋,七七为秋分,八八为立冬,九九又为冬至。周而复始,二二又是立春。邦奇复制作《九九圆数循环之图》(如下)以明之。

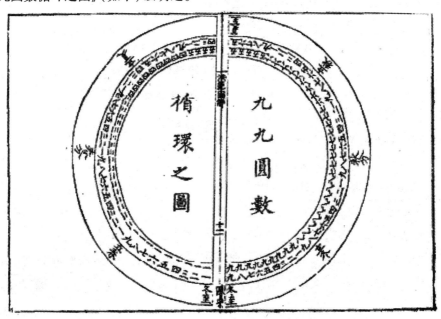

三、筮法要解

(一)揲蓍之法

于《洪范图解》中,邦奇所图解者,非《洪范皇极》之全篇,乃其所特开之"演范"筮法也。蔡沈认为:"圣人因理以著数,天下因数以明理。"其模仿《易经》的筮法而创"演范"筮法,其基本规则是:"分三挂一,揲之以三",由此而得出吉、咎、祥、吝、平、悔、灾、休、凶九种征兆。关于此种"演范"之法，蔡沈解说云：

> 分挂揲归，如前法，是为再揲为目。两奇为一，两偶为二，奇偶为三，初揲，纲也；再揲，目也。纲一函三，以虚待目。目一为一，以实从纲。两揲而九数具。八揲而六千五百六十一之数备矣。分合变化，如环无端。天命人事，由是较焉。吉凶祸福，由是彰焉。大人得之而申福，小人得之而避祸。君子曰："筮者，神之所为乎！"

邦奇解释说，"分挂揲归"，谓分二、挂一、揲三、归余也。"如前法"，并如初揲。"是为再揲为目"，其挂扐之数，左四则右必二，左三则右必三，左二则右必一。此即是取蓍策四十九，仿照大易筮法，依次分二、挂一、揲三、归余，再揲之后，则"左四则右必二，左三则右必三，左二则右必一"。邦奇复解释曰：

> 再揲何以止有四二、三三、二一之数也？初揲得七，余四十二策；左揲得四，余三十八。除十二揲，为三十六，止余二也。左揲得三，则余三十九，除十二揲，为三十六，止余三也。左揲得二，则余四十，除十三揲，为三十九，止余一也。
>
> 初揲得四，余四十五策；左揲得四，则余四十一，除十三揲，为三十九，止余二也。左揲得三，则余四十二，除十三揲，为三十九，止余三也。左揲得二，则余四十三，除十四揲，为四十二，止余一也。

为什么再揲之后，左右只会有"四二""三三""二一"三种组合？因为蓍策总数为四十九，初揲分二，挂一之后，余四十八。四十八以三约之，左一则右必二，左二则右必一，左三则右必三。左加挂一之策，则左二右二，左三右一，左四右三。故其归余之数，只能得七或四。如是，则再揲之策，情况有二：

如果初揲得七，再揲就余四十二策。这四十二策，再揲有以下几种情况：(1) 如果左揲得四，就只余三十八策，以"揲三"法揲之，约为十二揲，为三十六策，三十八策减去三十六策，止余二也。是为"四二"也。(2) 如果左揲得三，就只余三十九策，以"揲三"法揲之，约为十二揲，为三十六策，三十九策减去三十六策，止余三也。是为"三三"也。(3) 如果左揲得二，就只余四十策，以"揲三"法揲之，约为十三揲，为三十九策，四十策减去三十九策，止余一也。是为"二一"也。

如果初揲得四,再揲就余四十五策。这四十五策,再揲有以下几种情况:(1)如果左揲得四,就只余四十一策,以"揲三"法揲之,约为十三揲,为三十九策,四十一策减去三十九策,止余二也。是为"四二"也。(2)如果左揲得三,就只余四十二策,以"揲三"法揲之,约为十三揲,为三十九策,四十二策减去三十九策,止余三也。是为"三三"也。(3)如果左揲得二,就只余四十三策,以"揲三"法揲之,约为十四揲,为四十二策,四十三策减去四十二策,止余一也。是为"二一"也。

然后以初揲、再揲之策数,定奇、偶。邦奇解释曰:"两奇为一",两奇,左揲、右揲皆奇也。初揲三一为奇,再揲三三为奇。"两偶为二",两偶,左揲、右揲皆偶也。初揲二二为偶,再揲四二为偶。"奇偶为三",奇偶者,一揲之中,左偶右奇也。初揲四三为奇偶,再揲二一为奇偶。如下表:

	左	右			
初揲	二	二	偶	二	纲
	三	一	奇	一	
	四	三	奇偶	三	
再揲	四	二	偶	二	目
	三	三	奇	一	
	二	一	奇偶	三	

再以初揲、再揲之策数定纲目。"初揲,纲也;再揲,目也。""纲一函三,以虚待目。目一为一,以实从纲。"邦奇解释曰:九数具矣。九数者,一二三四五六七八九也。详见下文:

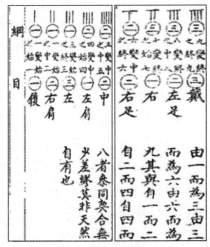

纲之数,每一数为三数。以虚待目者,必虚其一二不用也。目之数,有一数,止为一数。以实从纲者,皆用之不除也。如纲,一目一纲,则虚其纲不用,止为一数也。纲一目二,则虚其纲不用,止为二数也。纲一目三,则虚其纲不用,止为三数也。纲二目一,则虚其纲之一不用，用其一为三，并目之一为四也。纲二目二，则虚其纲之一不用，用其一为三，并目之二为五也。纲二目三，则虚其纲之一不用，用其一为三，并目之三为六也。纲三目一，则虚其纲之一不用，用其二为六，并目之一为七也。纲三目二，则虚其纲之一不用，用其二为六，并目之二为八也。纲三目三，则虚其纲之一不用，用其二为六，并目之三为九也。

即纲之数有一、二、三，目之数有一、二、三。"纲之数，每一数为三数。以虚待目者，必虚其一而不用也。目之数，有一数，止为一数。"如纲数为一，则虚之不计，只计目数，得数一、二、三也；如纲数为二，虚一则余一，此一当目之三也，再计之以目数，得数四、五、六也；如纲数为三，虚一则余二，此二当目之六也，再计之以目数，得数七、八、九也；如是"两揲而九数具"，此亦《洛书》之数也。邦奇释之曰：

> 两揲既备，以纲之三合目之三，为六。以纲之三乘目之三，为九。以纲乘目，为九。所谓"两揲而九数具"者，是乃《洪范》之九章八十一之母，而六千五百六十一之祖也。如是每两揲而为一会，以成一纲目。

"每两揲而为一会，以成一纲目"，依如上之法，以四十九之数，再分二、挂一、揲三、归余，即为第二会。"第二会大数具矣。大数者，八十一也，所谓'四揲'也。"再如上，即为第三会。"第三会尚未成局，所谓'六揲'也。"再如上，则第四会，"八揲而六千五百六十一之数备矣"。"此第四会大数，小局具矣。"（见右图）

"分合变化，如环无端。"邦奇曰："此指筮而言。分而六千五百六十一，合而为八十一；分而八十一，合而为九，九复合而为一，是之谓分合。或为一之一忽为一之二，或为一之一之一之一忽为一之二之二之二。大数小局，莫不皆然。方于此为变，成于彼为化，是之谓'变化'。"能如此变化，则"天命人事，由是较焉。吉凶祸福，由是彰焉。大人得之而申福，小人得之而避祸。君子曰：'筮者，神之所为乎！'"

(二)值日之法

蔡沈曰:"大事用年,其次用月,其次用日,其次用时。"邦奇制图(如下图)并解释曰:

年占一之二,月占二之一,皆用大纲目;日占一之二、局内三之四,时占一之二、局内四之三,皆用小纲目。如筮得棋画内得阳,则于阳图内占之;是阴,则于阴图内占之。而水、火、木、金、土,各从其类。甲子反对者,以正应者吉;杂对、杂应者吉凶半之。举此二图以为例,余仿此。○或曰:"年月日时之占,是用占时之甲子于列下棋画内求之,且如当年甲子是三阳,便于列下棋画三阳数局内占,不论大小纲目。月日时仿此。"愚谓:"如此或列下棋画内如上图,则当年甲子是三阳,将何所占?列下棋画如下图,则当年甲子是三阴,将何所占?今故不取,而列占法如前。"

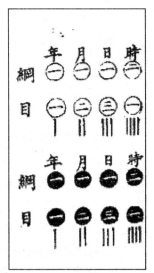

(三)记数之法

"演范"记数,用12棋子。其12棋子形制如下:"十二木,径九分,厚一分。阳刻一、阴刻二者四。阳刻三、阴刻二者四。"邦奇解释说,以柏木色黄者为十二棋子,各径长九分,厚一分。并以朱色涂阳面,墨色涂阴面。阳面刻一、阴面刻二之棋子共4个。阳面刻二、阴面刻三之棋子共4个,阳面刻三、阴面刻一之棋子共4个。合起来共有12个棋子。

记数之法:"杂取其八,自上而下,自左而右,纵一横四。纵者,九也;横者,一、十、百、千也。余四不用者,不用之用也。前后相乘而数备矣。"即从以上12个棋子中随意取出8个,按照"自上而下,自左而右,纵一横四"的原则排布,邦奇制图(见下页)并解释曰:

纵为纲,横为目;上为纲,下为目。初揲纲,再揲目,是纵为纲,横为目也。假如一揲得一,二揲得三,合成三数。一者,纲也;三者,目也。纲则虚一以待,目之三为实,是为三数。三揲得二,四揲得三,纲之一函三,一虚待目之三实,是为六数。以上四揲得三之六,谓之"大纲目"。**IT**壮字数辞断。又五揲三,六揲一,为七数,七揲三,八揲三合九数,是七之九,此名"小纲目",当在壮字数内小纲目图局第七行直下横在九位**IIII**凶咎断之。

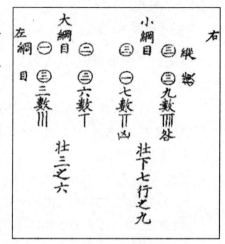

(四)释九兆

蔡沈占筮之目的,在于趋吉避凶。其曰:"数者,理之时也;辞者,数之义也;吉凶者,辞之断也;惠迪从逆者,吉凶之决也。气有醇漓,故数有失得,一成于数,天地不能易之,能易之者,人也。"并列其征兆为九(如下图),且曰:

一吉而九凶,三祥而七灾,八休而二咎,四吝而六悔。八数周流,推类而求,五中则平,四害不亲。厥或是攖,杂而不纯。承平之世,视主废置,凶咎灾吝,有命不挚。

邦奇为之说解并制图曰:

"一吉九凶"者,祸福相对;"三祥七灾",安危相对;"八休二咎",好恶相对;"四吝六悔",忧虞相对。"悔"者,自凶而趋吉;"吝"者,自吉而向凶。一对九、二对八、三对七、四对六,皆合十数,惟五居中,常得其平,则凶咎灾吝四者,不能相亲相害也。五虽平,杂之他占,吉凶类从,又不纯平也。"承平之世,视主废置",谓极建则大本立,极明则大用着,在乎

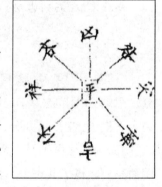

人主之建与不建也。"挚",至也。《书》曰:"大命不挚在人民",能尽天命之性,则凶咎灾吝,皆不至矣。

(五)释五行

蔡沈以《洪范》占数归之五行,以象事类之别,邦奇亦因之而制《五行事类吉图》《五行事类凶图》(图见下),并为之举例解说之,其曰:

《洛书》之数，一六为水，二七为火，三八为木，四九为火，中五为土。如筮得一之一、一之六，棋首目一画是阳，谓之"一阳属水"，是吉，其占为交易；如一之二、一之七，亦谓之"一阳"，属金，是吉，其占为赐予；如一之三、一之八，亦谓之"一阳"，属木，是吉，其占为征召；如一之四、一之九，亦谓之"一阳"，属火，是吉，其占为燕集；如一之五，亦谓之"一阳"，属土，是吉，其占为工役，余仿此。（自注：阴阳主棋画而言）

如筮得三之一、三之六，棋画是阴，谓之"三阴"，属水，是凶，其占为浸溺；如三之二、三之七，亦谓之"三阴"，属金，是凶，其占为杀戮；如三之三、三之八，亦谓之"三阴"，属木，是凶，其占为产死；如三之四、三之九，亦谓之"三阴"，属火，是凶，其占为震毁；如三之五，亦谓之"三阴"，属土，是凶，其占为死亡。余仿此。

吉凶万变，二图者，特举例以示人耳。筮者岂可拘论哉！

吉凶之断，应乎时也。蔡沈以六十甲子归之五行，韩邦奇则绘制《五行支干图》（如下页图），并解释其用：

如列下棋画是一阳，而当年甲子亦是一阳，大吉。即于一阳吉图内占之。甲子是二阳、三阳，次吉。亦于一阳吉图内占之。二阳、三阳并三阴仿此。

如列下棋画是一阳，而当年甲子乃是一阴，大凶。即于一阳凶图内占之。甲子是二阴、三阴，次凶。亦于一阳凶图内占之。二阳、三阳并三阴仿此。

（此下列九畴八十一占图，从略）

由以上所举可见，在《洪范图解》一书中，韩邦奇首先对蔡氏以《洪范》与《河图》《洛书》相贯通，"亦与《易》象相表里"的观点用图解方式做了解说，然后在此基础上进一步提出《洪范》"揲蓍之法与《易》之蓍卦相同"的观点，并以大量图解做了说明。接着，韩邦奇总结了《洪范》卜筮的规律是："象以偶为用者也，有应则吉；范以奇为用者也，有对则凶"和"正数者，天地之正气也，其吉凶也确；间数者，天地之间气也，其吉凶也杂"二者，他认为这是"《范》学传灯之秘"，对之极为赞叹。《洪范图解》一书，是韩邦奇从象数学角度贯通《易》《书》思想的重要著作。

第四章　返归横渠

清人刁包在其《〈杨忠愍先生家训〉序》中言："韩先生远祖横渠,近宗泾野,其学得关中嫡派。"[1]据此可见邦奇学问之渊源。然吕柟《祭莲峰韩先生文》言其与韩氏兄弟之关系,曰："柟于诸郎,不啻同年兄弟之好也"。韩邦奇与吕柟少年相交于长安,又同年中举步入仕途,故刁包言中谓邦奇"近宗泾野"之说,或有可议。窃以为,吕柟状元及第,名扬关中,且为当时士子之望,故刁包如是云者,非邦奇以泾野为宗师,而与之同为关中之出类拔萃者,《易》所谓"同人于宗"者也。

苑洛与泾野相与交好,倡学关中,丕扬海内,所共者,以横渠为关中理学之祖,同敬仰之而传述其学也。吕柟曾谓:"横渠潜思力行,勇果实践,学近孟子焉"(《世德流光堂记》,《泾野先生文集》卷十九),"横渠先生之学,贯天人,该古今,质鬼神,俟圣贤"(《明山东左布政使张公墓表》,《泾野先生文集》卷三十)。韩邦奇则曰:"自孔子而下,知'道'者,惟横渠一人。"如此可见二人对横渠之高度认同。至于横渠之学,二人亦皆有传述之作。横渠之学说精粹,俱在《正蒙》一书。横渠曾言《正蒙》:"吾之作是书也,譬之枯株,根本枝叶,莫不悉备,充荣之者,其在人功而已。"而吕柟与韩邦奇距张载500年之后同生于关中,吕柟作《正蒙抄释》,邦奇作《正蒙拾遗》,亦同为《正蒙》之解说,且秉承张载关学之宗风,以笃行实践、躬行礼教、崇尚气节为先,故可谓有明中叶,皆"远祖横渠"且"其学得关中嫡派"者也。

明代上距张载500余年,其关学之传承,不可拘于师承而论。其所见者,大略有人格之认同,学说之阐述,宗风之继承三者也。此三者,吕柟与邦奇共同继承而发扬之。然就思想之推阐而言,邦奇似与横渠更为直接。吕妙芬《明清之际的关学与张载思想的复兴——地域与跨地域因素的省思》言:"吕柟虽然尊崇张载,他的学问也受到张载的影响,但主要还是在程朱学与阳明

---

[1] 刁包撰:《〈杨忠愍先生家训〉序》,《畿辅通志》卷一百,上海:上海古籍出版社,影印文渊阁《四库全书》本,1995年版。

学之间的思索,以强调躬行实践为基调。""相对而言,对于张载《正蒙》思想较有体认的关中学者则是韩邦奇。"①此堪为确论。吕柟虽著有《张子抄释》,但抄多释少;韩邦奇研读《正蒙》凡四五十年,且先后著有《正蒙解结》《正蒙拾遗》二书。明世宗嘉靖十一年(壬辰1532),韩邦奇在其为刘玑所作《〈正蒙会稿〉序》中,提及自己研读《正蒙》的大略经过:

> 正德中,吾友何子仲默以近山刘先生《正蒙会稿》见遗。初,弘治中,余尝为《正蒙解结》,大抵先其难者。继见兰江张子廷式《正蒙发微》,详尽及于易者。顾于予之《解》略焉,尝欲合二书而刻之,今见《会稿》,则难易兼备矣,乃取《解结》焚之。使廷式见之,亦将焚其《发微》乎?(《〈正蒙会稿〉序》,《苑洛集》卷一)

据邦奇所言,其研读《正蒙》,大略可以划分为如下几个阶段:"初,弘治中,余尝为《正蒙解结》,大抵先其难者。""弘治中",即在明孝宗弘治元年(戊申1488)——弘治十八年(乙丑1505),其时韩邦奇年当10岁至27岁之间,与其作《启蒙意见》《禹贡详略》《律吕直解》等大略当同一时期,概为其早年著作,由此可见韩邦奇研读《正蒙》之早。这是第一阶段。其后,韩邦奇见到张廷式的《正蒙发微》,认为此书有"详尽及于易者",而己作《正蒙解结》有"大抵先其难者"的特点,可相互发明,故欲合刻之。这是第二阶段。到正德年间,又见到刘玑所著《正蒙会稿》,读之而以其"难易兼备",兼取前二书之所长,故"取《解结》焚之",并叹曰:"使廷式见之,亦将焚其《发微》乎?"这是第三阶段。

关于韩邦奇研读《正蒙》此一进阶经过,其门人樊得仁所撰《〈性理三解〉序》亦有记载,然此时邦奇对《正蒙》之研读并未告终。正德十一年(丙子1516),韩邦奇因上疏《苏民困以保安地方事》,揭露和抨击了贪官相互勾结、鱼肉百姓的恶行,并作《富阳民谣》控诉官府的欺压和掠夺,被贪官污吏诬奏而被逮下诏狱,后又被革职为民。宦海沉浮的历练,使韩邦奇思想发生了重大的变化。他的思想,从"少时锐意于诗文","留心于礼乐",而走向"乃幡然于性命道德之学"。正德十三年(戊寅1518),步入四十不惑之年的韩邦奇,于谢客讲学期间完成了《正蒙拾遗》,正是这一思想转型的代表作。那么,韩

---

① 吕妙芬撰:《明清之际的关学与张载思想的复兴——地域与跨地域因素的省思》,刘笑敢主编:《中国哲学与文化》第七辑《明清儒学研究》,桂林:广西师范大学出版社,2010年版。

邦奇为什么还要做《正蒙拾遗》一书呢？樊得仁序中亦有揭示，其曰：

> 正德以来，世儒附注于《正蒙》者复数家，后先生乃以张子之大旨未白，一二策尚欠详明，于是作《拾遗》。

由此可见，韩邦奇因为看到《正蒙》之注甚多，然而并未揭示张载哲学之大旨，于个别文句解释也尚欠详明，故而作《正蒙拾遗》。这大略是韩邦奇研读《正蒙》的第四个阶段。

然而需要注意的是，韩邦奇《正蒙拾遗》一书初步完成之后，大约有20多年未曾刊行面世。直到嘉靖二十一年（壬寅1542），樊得仁重刻《性理三解》时，以《正蒙拾遗》替代其中《律吕直解》，如此《正蒙拾遗》才得以正式面世。窃以为，樊得仁以门人身份刻印《性理三解》此一行为，应经其师韩邦奇同意或授意而后方行之。那么，自正德十三年（戊寅1518）韩邦奇40岁之时《正蒙拾遗》成书，到嘉靖二十一年（壬寅1542）刊刻行世，此间20多年，韩邦奇为何仅以《正蒙拾遗》见示于弟子门人，而不愿刊行于世？除了其对初稿或有未当之处要做修改外，似乎没有更好的解释。而嘉靖二十一年应樊得仁之请，以《正蒙拾遗》替代《性理三解》中之《律吕直解》，且以之置于书首，正说明韩邦奇此时已对《正蒙拾遗》修订完善，并对之特为重视也。此大略可为韩邦奇研读《正蒙》之第五阶段。

由此可见，韩邦奇对《正蒙》之研习，虽始于年少10余岁，而至64岁时方成熟完善，这一过程历时四五十年，是一个由粗浅到深刻，从雏形到成熟，不断持续深入的长期过程。正因为韩邦奇对张载《正蒙》的研习由来已久，他从少年至老年一直坚持不断地反复理解和解读《正蒙》，最终完成《正蒙拾遗》，揭开了张载《正蒙》之大旨，也阐发了自己的哲学思想之本旨。张载所谓"仰思俯读"，其中艰辛，韩邦奇当有体验之！韩邦奇如是评价自著《正蒙拾遗》："凡此皆《正蒙》之本旨，诸注之所遗也。"（《〈正蒙拾遗〉序》）在韩邦奇看来，他这一书，正是对宋明以来学者之《正蒙》注解未尽之处的补充，是自己的独到见解，是张载《正蒙》的正解。《正蒙拾遗》虽然篇幅不大，然将之视为韩邦奇一生费力最多、费时最久的覃思之作，当不为过。而将此书与韩氏前后其余著作相比，其中所阐之天人、性道思想，亦如张载所言"吾之作是书也，譬之枯株，根本枝叶，莫不悉备"，"又如晬盘示儿，百物具在"者也，将之定为韩邦奇由程朱而复归于张载的哲学本旨之归结，可矣！

韩邦奇对《正蒙》一书，极为佩服，其在《正蒙拾遗》篇首曰："横渠《正蒙》

多先后互相发明,熟读详玩,其意自见,不烦解说。"认为《正蒙》一书,前后义理,相互发明,贯通融洽,学者之事,唯在熟读详玩,反复涵咏体认耳。然而,韩邦奇也并非盲目的推崇张载,他又说:"正蒙'所谓'字,不如孔子'之谓'字为的确,此又圣贤之别。"由此一语可见,韩邦奇对张载的认同,并非盲目地崇拜,而是经过思想抉择的理性认知。

韩邦奇基于对张载之"道"是感而遂通、流行发见的真知灼见,对张载的地位给予了高度的评价。"自孔子而下,知'道'者,惟横渠一人。"又数曰:"横渠灼见道体之妙"(《正蒙拾遗·太和篇》),"横渠真见造化之实"(《正蒙拾遗·太和篇》),"横渠灼见性命之真"(《正蒙拾遗·太和篇》),如此之评价,远远高过宋儒如朱熹等人,确立了张载及其关学在"道"论史上极为重要的地位。不仅如此,韩邦奇对张载之道论更做了进一步的推阐,他承接张载思想,在"性道一物"的基础上阐述了"性""道"两者"存之于心"和"发之于外","寂然不动"和"感而遂通"的特性,提出"形而上之谓'道',气而上之谓'性'"的命题,且辨析了张载哲学中之"太和""太极""太虚"与"道""性""气"彼此相应的基本内涵。其"循环渐变"的演化论和注重《东铭》的修养论亦是张载关学崇实学风的时代再现。其门人白璧言之:"(韩邦奇)论道体乃独取横渠",此正是邦奇对张载思想最为突出继承之精确之论。

张载之关学,非仅止于对天道、人性之探讨,更为重视日常生活之实践。对此,邦奇亦秉承张载宗风,而一以贯之。若就此崇实之宗风而言,邦奇不仅表现在其好学不息、勤于著述、诲人不倦、躬行实践、孝悌为本、崇尚节义之人格行事,亦体现于其晚年之著述文章。《正蒙拾遗》之后,邦奇再没有针对哲学层面之论述,而是以"笃于行谊,学务践实"为旨归,再著《易占经纬》《卦爻图说》《易林推用》《苑洛志乐》等著作及相关诗文,以其《正蒙拾遗》中提出的观点为依据而落实于《易》《礼》《乐》以及修身、经世、为政、作文之中,强调要注重"眼前造化之实"等,这正是邦奇对张载实学之风的继承和弘扬。

本章即以邦奇之《正蒙拾遗》为主,并兼及邦奇《易占经纬》《卦爻图说》《易林推用》《苑洛至乐》《苑洛集》等晚年著作,略分为"天人之际""性道阐微""修身精义""处事之方""政务大略""经艺概论"六节,展现邦奇对张载思想宗风承扬之具体体现。

第一节 天人之际

韩邦奇对张载思想之继承与推阐,主要体现于《正蒙拾遗》一书。《正蒙拾遗》乃是对关学创始人张载之重要著作《正蒙》之注解。所谓《正蒙》者,语出《周易》蒙卦象辞"蒙以养正",蒙,即蒙昧未明;正,即订正。意即从蒙童起就应加以培养。张载说:"养其蒙使正者,圣人之功也。"书名由此而来。若就学术思想之理路论之,张载《正蒙》虽基于对人道之关怀及儒家价值观之遮护与重构,然其思路之起点,则在于对天道之阐明。理论建构上"从天之人",道德实践上则"从人之天",此张载"天人合一"之双向理路也。韩邦奇对张载"天人合一"之思想主旨极为认同,其《〈正蒙拾遗〉序》开篇即言:"学不足以一天人、合万物,不足以言学。吾读《正蒙》,知天人万物本一体也。"(《苑洛集》卷一),自觉地把由张载首次明确提出的"天人合一"这一命题作为张载《正蒙》之本旨,明确提出"天地万物,本同一气"的命题,并究察"天地造化之实",这是韩邦奇归之于张载关学传承者的重要根据,也是韩邦奇思想建构的重要起点。

一、《西铭》:立论契要

张载是北宋时期的伟大思想家,宋明新儒学的重要奠基者之一。面对当时佛老泛滥、儒道式微的现实状况,张载以"勇于造道"的时代担当精神,立足于传统儒学的价值本位并针对儒学在历史境域中遇到的理论问题,出入佛老,开明大易,为儒家价值观寻求合理的理论支撑和新型的践履道路。其主要理论建树,是从宇宙论的角度提出"太虚即气"等一系列哲学命题,从浓厚的宇宙意识出发而终之以高阔的人生境界。而其思想体系之集中表达者,则为《西铭》一文。此即韩邦奇所谓"《西铭》是规模之阔大处言天道也"。其文曰:

> 乾称父,坤称母;予兹藐焉,乃混然中处。故天地之塞,吾其体;天地之帅,吾其性。民,吾同胞;物,吾与也。大君者,吾父母宗子;其大臣,宗子之家相也。尊高年,所以长其长;慈孤弱,所以幼其幼;圣,其合德;贤,其秀也。凡天下疲癃、残疾、惸独、鳏寡,皆吾兄弟之颠连而无告者也。于时保之,子之翼也;乐且不忧,纯乎孝者也。违

曰悖德,害仁曰贼,济恶者不才,其践形,惟肖者也。知化则善述其事,穷神则善继其志。不愧屋漏为无忝,存心养性为匪懈。恶旨酒,崇伯子之顾养;育英才,颍封人之锡类。不弛劳而底豫,舜其功也;无所逃而待烹,申生其恭也。体其受而归全者,参乎!勇于从而顺令者,伯奇也。富贵福泽,将厚吾之生也;贫贱忧戚,庸玉汝于成也。存,吾顺事;没,吾宁也。

大意为:

《易经》的乾卦,表示天道创造的奥秘,称作万物之父;坤卦表示万物生成的物质性原则与结构性原则,称作万物之母。我如此的渺小,却混有天地之道于一身,而处于天地之间。这样看来,充塞于天地之间的(坤地之气),就是我的形色之体;而引领统率天地万物以成其变化的,就是我的天然本性。百姓是我同胞的兄弟姊妹,而万物皆与我为同类。天子是我乾坤父母的嫡长子,而大臣则是嫡长子的管家。"尊敬年高者"(的意义),乃是为了礼敬同胞中年长的人;"慈爱孤苦弱小者"(的意义),乃是为了保育同胞中的幼弱之属。所谓的圣人,是指同胞中与天地之德(案:指健德与顺德)相合的人;而贤人则是其中优异秀出之辈。天底下无论是衰老龙钟或有残疾的人、孤苦无依之人或鳏夫寡妇,都是我困苦而无处诉说的兄弟。及时地保育他们,是子女对乾坤父母应有的协助。如此地乐于保育而不为己忧,是对乾坤父母最纯粹的孝顺。若是违背了乾坤父母这样的意旨,就叫作"悖德",如此地伤害仁德就叫作"贼"。助长凶恶的人是乾坤父母不成才之子,而那些能够将天性表现于形色之身的人就是肖似乾坤父母的孝子。能了知造物者善化万物的功业(了知我们的道德良知如何成就人文价值),才算是善于记述乾坤父母的事迹;能彻底地洞透造化不可知、不可测之奥秘,才算是善于继承乾坤父母的志愿。即便在屋漏隐僻独处之处也能对得起天地神明、无愧无怍,才算无辱于乾坤父母;时时存仁心、养天性,才算是事天奉天无所懈怠。崇伯之子大禹,是透过厌恶美酒,来照顾赡养乾坤父母的;颍谷守疆界的颍考叔,是经由点化英才、培育英才,而将恩德施与其同类。不松懈、继续努力,以使父母达到欢悦,这便是舜对天地父母所贡献的功劳;顺从父命,不逃他处,以待烹戮,这是太子申生所以被谥为"恭"的缘故。临终时,将从父母那里得来的身体完整地归还给乾坤父母的是曾参;勇于听从,以顺父命的是伯奇。富贵福禄的恩泽,是乾坤父母所赐,用以丰厚我的生活;贫贱忧戚,是用来帮助你成就一番事业的。活着的时候,我顺从(乾坤父母所要求的)事理;死的时候,心安理得,我安宁而逝。

数年前,余曾作《〈西铭〉的现代价值意蕴》一文(《光明日报》2008年1月14日理论版),以略述张载思想之基本架构即价值意蕴。文曰:

  作为儒学的经典文献之一,张载的《西铭》在传统社会即备受赞誉而传诵不绝。其根本原因在于,这篇铭文虽然仅有250余字,但却为人们安身立命之道的确立构筑了一个共有的精神家园,而且为社会理想蓝图的构建提供了一个弘阔的境界。直到今天,这篇铭文所描述的价值理想,所展现的人生追求,仍然有着积极而丰富的意义。

  张载认为,佛老的盛行和儒学的衰微,是导致当时社会价值体系多元冲突的思想根源。张载批评佛道二教:"彼语寂灭者往而不反,徇生执有者物而不化,二者虽有间矣,以言乎失道则均焉。"佛教否定现实世界的实存性而追求自我的涅槃寂静,道教否定现实世界的运动性而追求个体的长生久视,虽然二者立言本旨有所差异,但都否认社会存在的整体性、实存性,失却对社会现实的关怀,抛弃了对社会责任的担当,因而不是合乎世界本真和社会需要的价值观。要解决社会问题,就要弘扬积极入世、关怀现实的儒学价值观。故张载以千古寥寥之勇,造道关中,与佛老计得失,为儒学阐新命,他仰思俯读,博闻强记,稽天穷地,探赜索隐,终其一生而未尝止息,最终立足于当时的社会实际,确立了以儒学为价值本位、以"天人合一"为理论特色的哲学体系。《西铭》正是张载哲学思想和价值理念的集中表现。

  张载以社会现实为终极关怀,他所要继承的,是以孔孟六经为代表的儒学价值观;他所要确立的,是以博大胸襟关怀社会、关注民生的现世主义。孔子道"仁",孟子言"善",张载则认为"仁"是人的价值本性,提倡以"仁"为本的价值取向,这是张载对孔子仁学和孟子性善论的综合发展。在张载看来,"仁"并不仅仅意味着对与自我有亲缘关系之人的孝悌友爱,而是对包括自我、家庭、社会、自然等所有存在的无限的、普遍的关爱,将这种源于自然、发自内心的真挚情感推及社会中所有人乃至宇宙万物,是张载价值理念的基本取向。

为了实现社会全体对"仁"的价值理念的认同,张载主张发挥自我心灵的知性作用,面向宇宙寻求人的价值本性的根源。他明确提出"天人合一"的理论命题,并在宇宙观的基础上论证了其价值观的真实性、合理性。在张载看来,整个宇宙是充满"太和"之气的整体实在,天地万物的品类咸亨,皆是"气"大化流行的结果,故个体之我不仅和他人,而且和宇宙中一切存在,本质上都是同一的"气"。张载的"气"论,肯定了宇宙万物存在的实在性、整体性、运动性、和谐性,是对虚妄的、孤立的、静止的、对立的佛道世界观的有力批驳,这种万物一体的宇宙观,是张载"仁"学的宇宙论基础。

在此基础上,张载建构了一个"天下一家""中国一人"的宇宙社会观。在《西铭》开篇,张载讲"乾称父,坤称母;予兹藐焉,乃混然中处。故天地之塞,吾其体;天地之帅,吾其性。民,吾同胞;物,吾与也。"乾卦至健,代表自强不息的精神;坤卦至顺,代表厚德载物的品性;乾坤精神是宇宙演化运动的内在动力,万物生生不息的终极根源。在宇宙万物之中,天地相互交感而创生万物,至诚无私地庇养万物,是乾坤精神的最伟大体现者,故堪称人类万物共同的父母;人类和万物则共同禀受天地而生,故自我和他人为相互依存的血脉同胞,万物和人类是亲密无间的友好伙伴。张载重构了宇宙中一切存在者的亲和关系,对现代和谐社会的建构具有启示作用。

为了高扬以"仁"为本的价值理性,张载还从宇宙论的角度来说明人物之性的问题。张载认为,万物在"气"化生成过程中,不仅获得了不同的"形",而且禀受了共同的"性"。人和物的禀性是同一的,既有来自于"气"散之本原状态的"天地之性",又有来自于"气"聚之暂时形态的"气质之性"。"天地之性"是价值本性,"气质之性"是人的自然属性,"故气质之性,君子有弗性者焉",由于人类和万物禀受之"气"有清浊、偏正的不同,故在宇宙中有不同的地位。在所有的存在之中,"得天地之最灵为人",只有人得天地正气而与之并参,故只有人才能发扬"天地之性",这就是人的价值使命。张载的性论,不仅说明了现实中人物之性的二重化特征,说明了"仁"作为价值本体的终极依据,而且为人发扬这种价值本性关照万物确立了基础。

当然,对社会伦理的构建是张载价值观的主题内容。张载认为,对天地的"孝"落实到现实的社会生活中,就是要尽职尽责做好自己的事,尽心尽力关照他人和社会。张载借助传统宗法关系描述了人在社会中的地位和职责:"大君者,吾父母宗子;其大臣,宗子之家相也。尊高年,所以长其长;慈孤弱,所以幼其幼。圣,其合德;贤,其秀也。凡天下疲癃、残疾、惸独、鳏寡,皆吾兄弟之颠连而无告者也。"在张载看来,自我和他人虽然是同胞关系,但由于各自存在境遇、社会地位不同,所以在社会上的具体职责也不同。但所有的人都应该尊重圣贤,并以之为榜样,自强不息,厚德载物,成就自我人格和社会公德。

张载还从宇宙观的角度论述了人的"命"和"遇"的问题。在张载看来,"命"是上天赋予,是自强不息、厚德载物的价值本性,对此,人应该修身以俟之;而"遇"则是气质所禀,是富贵贫贱、福祸寿夭等生存境遇,对此,人应该超然以待之。"富贵福泽,将厚吾之生也;贫贱忧戚,庸玉汝于成也。"人生的顺境,是上天对我的恩泽;人生的困境,是上天对我的考验。"不愧屋漏为无忝,存心养性为匪懈。""存,吾顺事;没,吾宁也。"只有坦然地对待生平所遇,坚持不懈地完善自己的价值本性,才能超越外在境遇对自我的困扰,达到人生的永恒安宁。

张载哲学的终极目的,是实现自我和他人、家庭和社会、人类和自然的统一和谐,要实现这种社会理想,首先要在对宇宙无限性、整体性、和谐性的认同的基础上,确立宇宙的基本精神也即自我的价值本性,只有认同了天地自强不息厚德载物的广大仁性,并在现实的社会实践中尽职尽责地承担自己的社会责任,尽心尽力地去关照社会中的每一个成员,才算是发挥了天地之性,而无愧于天地之间。这是张载为中国人构建的具有儒家情怀的精神家园,也是今天构建社会主义和谐社会的优秀传统文化遗产。

以余陋见,张载《西铭》之主要思想特征,在于其以儒家学说为价值归宿的宇宙论和性道论的相互贯通。这种学说特征不仅体现了张载对中国哲学传统主流价值意识的发展继承,而且体现了张载对中国哲学理论方式的深化突破。张载不仅首次明确提出了"天人合一"这一思想主题,并将之作为人在认知上的立足基点以及道德修养的至高目标和理想境界。其曰:

> 儒者则因明致诚,因诚致明,故天人合一,致学而可以成圣,得天而未始遗人,《易》所谓不遗、不流、不过者也。(《正蒙·乾称篇》)

由此可见,张载提出"天人合一",非仅在认识上达到"天人一气"即可了事,而是进一步以之为起点,主张凡人通过学习可以成圣,诚与明、天与人在同一层次上合而为一。张载不仅以"天人合一"为认知上的基点,还以之为道德上的目标,这不仅是张载对自己思想特征的精当诠释,而且也是张载对中国哲学基本思维模式的概括总结。对此,韩邦奇是极为认同的,他在《〈正蒙拾遗〉序》开篇即言:

> 学不足以一天人、合万物,不足以言学。吾读《正蒙》,知天人万物本一体也。(《苑洛集》卷一)

把学术的目的定位在"一天人、合万物",把正蒙的主旨理解为"万物一体",这既是韩邦奇基于张载"天人合一"思想理路对"正学"之体贴认知,又是其对张载《正蒙》这一思想旨趣之高度认同。

二、本同一气

"学不足以一天人、合万物,不足以言学。""天人万物本一体也。"然怎样做到"一天人、合万物",所谓的"一体"究竟指为何?依世俗之通常看法,整个世界划分为"有"和"无"两类,佛家和老氏即有如是观点。宇宙中存在的各种不同事物为"有",而其存在之空间则为"虚空",为"无"。张载则不认同此种观点,他认为"无"并非真正的虚空,"知太虚即气,则无无"(《正蒙·太和》),"知虚空即气,则有无、隐显、神化、性命通一无二。"(《正蒙·太和》)他认为虚空为"气"的存在而非绝对之真空,又认为有形之物,乃是气聚而有形、质之存在状态。两者共同统一于"气",并以虚空之存在,为"气"之本然存在;而有形质之存在,则为"气"之暂时存在。"气"之两种存在状态,彼此相互转化,然以无形为本也。

韩邦奇接受张载这一观点,认为宇宙之间并不存在绝对的虚空,他根据对张载"太虚"论的深度诠释,明确提出了"太虚无极,本非空寂"(《正蒙拾遗·太和篇》)"太虚未动,本至灵之气"(《正蒙拾遗·太和篇》)的观点。在张载哲学中,有极为丰富的"太虚"论。如"太虚无形,气之本体""天地之气,虽聚散、攻取百涂,然其为理也顺而不妄。""气之为物,散入无形,适得吾体;聚为有象,不失吾常。""太虚不能无气,气不能不聚而为万物,万物不能不散而为太虚","知虚空即气,则有无、隐显、神化、性命通一无二,顾聚散、出入、形不形,能推本所从来,则深于易者也","气块然太虚,升降飞扬,未尝止息","气聚则离明得施而有形,气不聚则离明不得施而无形","气之聚散于太虚,犹冰凝释于水","知太虚即气,则无无",等等(以上所引俱见张载《正蒙·太和篇》)。然而,可能由于张载思想的重点在于批评当时流行的、以佛道为代表的以"太虚"为真空虚幻的观点,并阐释"太虚"的客观实在性、存有根源性,故而未明确提出以"气"统一万有的观点;而韩邦奇则在对张载关于"太虚"的诸多论述的基础上,凝练张载思想的基本观点,明确提出:"'块然太虚'不是'太和所谓道'。"(《正蒙拾遗·太和篇》)他从"形"与"未形"入手,阐述"太虚"为确然之存在,明白此则没有所谓的无。其解释"知太虚即气,则无无",曰:

> 太虚无极,本非空寂,只有形不形之异耳。三五是十五,五三亦十五。虽不同,不过皆十五,但变易不同也。形不形虽不同,一气也,但聚散不同也。一动一静,一聚一散,是谓"三五变易"。(《正蒙拾遗·太和篇》)

"太虚无极,本非空寂,只有形不形之异耳。"如此则不存在空寂,而"无"可破除矣。而后"气"则从无形下落为有形,论其性质之变化。此见"太虚为清,清无碍,无碍故神。反清为浊,浊则碍,碍则形"一句解释中。其曰:

> 此"清""浊",是轻清重浊、形神之异,非"昏明强弱"之谓也。太虚未动,本至灵之气,所以能化生万物,故谓"神"。物既成形,则自有碍,虽至圣,既有身形。心虽至灵至神,而形亦自拘于物,其能一息万里而神乎? 三注诸说,皆非。其载张、程互言,皆莫可考,未必然也。虽天地至大,拘于形,亦自有碍矣。两仪未立之前,何有碍乎?(《正蒙拾遗·太和篇》)

"太虚无极,本非空寂""太虚未动,本至灵之气"二语则表明:"太虚"是万物未形之先的、寂然不动时的存在状态,然而并非什么都没有,其本质是孕育着万有生命灵动之机的"气"。故就"太虚"的本质而言,乃是"气"的原初状态。"太虚未动,本至灵之气,所以能化生万物,故谓'神'。物既成形,则自有碍,"此无形之气与有形之气,有所别也。

进而,韩邦奇接受张载"气"论,并进一步明确提出"天地万物,本同一气"(《正蒙拾遗·太和篇》,"太和所谓道"句下释),认为宇宙万物与虚空,统一于存在的物质——"气"。其赞扬张载"气块然太虚"这一提法,言:

> 所谓"气块然太虚",自汉、唐、宋以来,儒者未有见到此者。是以不惟不能为此言,亦不敢为此言也。(《正蒙拾遗·诚明篇》)

一般所谓的虚空,即是"气"存在的本然状态,所谓"太虚无形,气之本体"也。而万物的呈现,则是"气"聚而有形的体现。其解释张载"气块然太虚",则曰:

> 此句朱子谓即"虚空即气"也。"气块然太虚",非横渠真见道体之实,不敢以一"气"字贯之。此混沌之未辟,无极而太极也。动阳静阴,浮清降浊,万品之流,两仪立,万物生也。
>
> 天地混沌后,若无是气,则无开辟之时矣。人心既静,若无是气,则死而再无动时矣。达乎此,则可以知老氏之非及诸子见道未真者也。
>
> 尧舜许多治平事业,蓄之于心,但未发之时莫之见,非发而平章协和之后而后有也。所谓"无极而太极"也,即事业而指其本体,不杂乎事业、不离乎事业而为言耳。"块然太虚",不是"太和所谓道"。(《正蒙拾遗·太和篇》)

如此可见,韩邦奇与张载一样,认为"气"是确然存在,其蕴含着万物之动机。他赞叹张载"气块然太虚"这一命题,认为此是"自汉、唐、宋以来,儒者未有见到此者。是以不惟不能为此言,亦不敢为此言也。""非横渠真见道体之实,不敢以一'气'字贯之。"韩邦奇以朱熹、周敦颐之说法,互释张载此一论断,认为张载所谓"气块然太虚",即是朱熹所谓"虚空即气",即是周敦颐所谓"无极而太极"也。

明确提出"天地万物,本同一气"(《正蒙拾遗·太和篇》,"太和所谓道"句下释)后,则"虚空即气"这一命题又可将"有无、隐显、神化、性命"等贯通起来。此即张载所谓"知虚空即气,则有无、隐显、神化、性命通一无二"者也。韩邦奇对此解释曰:

此即"无极而太极"之说,而其语更确实。贯下节而通论之,即"太极之阴阳"至"化生万物"。

愚尝谓:周子"无极而太极",当以"无"字、"太"字为重,为实字,谓至无而至有也。"极"字不过赞"无""太"二字也,"太"字即是"固有"字,举造化之大若渺茫,即一物之小为易见。今观一鸡卵,方其未生也,何有于声音运动?何有于皮毛血骨?所谓"至无"也。然而皮毛血骨声音运动,无一不俱,但未形耳。若少却一件,即不成鸡。所谓"太极"也,皆在卵中论,尚未有鸡。造化方其混沌之时,何有夫人?何有于飞潜动植?何有于山川河海?所谓"无极"也。然人物皆具于中,不少一物,但未形耳,所谓"太极"也。此横渠所谓"有无、隐显、神化、性命通一无二"者也,朱子所谓"即阴阳而指其本体不杂乎阴阳、不离乎阴阳而为言耳"。语甚精当,曲尽造化之本体。持此说以照诸子、诸儒之论,是非得失,不劳心力矣。诸儒辟老氏,而其所言,卒归于老氏。"无极"二字,看未分晓耳,须是见"无"底是何物、"太极"是何物。(《正蒙拾遗·太和篇》)

韩邦奇明确提出,"太虚未动,本至灵之气",其存在状态,即周敦颐所谓"无极而太极"也。韩邦奇认为周敦颐所谓的"无极""太极"二语中,"无""太"二字为实字,而"极"字只是修饰之也,故"无极""太极"所指即为"至无""固有"极致之意。"无极"指万物尚处于孕育之中,无有形象、声音、运动;"太极"则指万物孕育而未形,"皆具于中",为确然之存在,而非一无所有之真空也。由此可见,韩邦奇否认周敦颐《太极图说》所提出的"太极"之上复有一"无极"的观点,而赞同"太极""无极"是为万物未形之先浑然整体的不同表述而已。他说这正是张载所谓"有无、隐显、神化、性命通一无二"者也,朱子所谓"即阴阳而指其本体不杂乎阴阳、不离乎阴阳而为言耳",故而"语甚精当,曲尽造化之本体"。此间所谓"至无而至有",即其虽无有形象,然蕴含先机,又为一至有也。其能化生万物,故为"神"也。韩邦奇又曰:

"虚"字为"无极"字,"神"字为"太极"字,"虚而神",正是"无极而太极"。(《正蒙拾遗·乾称篇》)

此解释重在"气"本然状态之性质为"虚而神"。"气"化生万物之后,则为张载所谓"散殊而可象,为气;清通而不可象,为神。"邦奇释之曰:

此皆是动后事。盖化育流行中又有隐显,如物之生,无一日不长,此是可象者。然其长之之渐,流行之妙,殆不可见,久则小而大矣。说个"神"字,所谓"形而上者"。

他书论隐显,性为隐,发而为道则为显。独《正蒙》及《中庸》《鬼神章》于显中而又有隐显。鬼神是天地之功用,阴阳之迭运者是也。是显"弗见弗闻","体物"皆鬼神中事。"弗见弗闻",是显中之隐;"体物"是显中之显。"诚之"不可掩。"诚"字是隐鬼神之体,实理也。对那发而为道之"显"字,"弗见弗闻"是"清通不可象","体物"是"散殊可象"。"中涵浮沉、升降、动静、相感之性",此又以"各正性命"者言。(《正蒙拾遗·太和篇》)

又释"两不立则一不可见",曰:

"两"是阴阳,"一"是太极。言"两"可以该万。非平章协和之事业,何以见圣人之心之灵?非万物之化生,何以见造化之心之神?然非灵何以出万化,非神何以育万物?(《正蒙拾遗·太和篇》)

如此则"有无、隐显、神化、性命通一无二"也。张载概言之:"游气纷扰,合而成质者,生人物之万殊。"韩邦奇解释说:"此以造化言,故以游气成质,为生,为变易。以万物言,故以游魂为变,为死。'游气',正是精气为物。"(《正蒙拾遗·太和篇》)张载认为"气"是周遍永恒之存在,为宇宙统一之根基。韩邦奇认同张载此一论点,认为"气"不仅是普遍性的存在,遍乎宇宙,无一处不是"气",无一物不是"气";而且认为,"气"是永恒之存在,只有聚散而无存亡。其解释张载'‘神无方','《易》无体',大且一而已"曰:

惟大且一,故无方无体。"大""一"总承二句。"大"是横言,"一"是直言。"一"者,不息之谓,大而又不息也。使大而或息,不足谓之"无方无体"。

张载认为"太虚无形,气之本体",韩邦奇也接受这一观点,认为"气"虽有"形"与"未形"之分,然两者则以"未形"为本来之状态。张载曰:"形聚为物,形溃反原。"韩邦奇解释曰:

此意张子屡发之。曰"溃"曰"聚",指气之附形者言。古人谓:"减一尺地,则有一尺气。"非也,地中亦有气。天地间,惟气为交密,虽山川、河海、草木、人物,皆气之充塞,无毫发无者。张子此说,先儒多议之,是乃在册子中窥造化,不曾回首看眼前造化之实。故邵子有"观物"之说,而大易仰观俯察,以得造化之实。(《正蒙拾遗·

乾称篇》)

其解释"客感客形"言:

> 此横渠灼见道体之妙。所谓生,寄也。死,归也。以感为客,则无感者为主矣。以形为客,则无形者为主矣。(《正蒙拾遗·太和篇》)

又解释"气之为物,散入无形,适得吾体,聚为有象,不失吾常",言:

> 吾之体,本太和之气所聚也。今死而散入无形,得吾本然之体也。气之未聚,吾之常,今虽生而聚为有象,似失其常矣。然吾之气与形俱生,未离乎形也,未尝失其常也。以死为常,以生为变,此横渠真见造化之实,先贤之所未发也。此即"客形"之意。(《正蒙拾遗·太和篇》)

张载认为"方其形也,有以知幽之因;方其不形也,有以知明之故"。认为"气"之变化有"形"与"不形"之别,然依据其"形"可知其幽,依据其"不形",亦可知其明。两者互根也。韩邦奇对此也认同,解释说:"发此二句,见得幽明聚散,如环如端,幽即是明,明即是幽,但形不形耳。所谓'通一无二'也。"张载认为,气之变化有"形"与"未形",然没有存亡之别,而是永恒之存在。能了解于此,则"知死之不亡者,可与言性矣。"韩邦奇也如是认同,其曰:"吾生,本气之聚。气散而归之太极,反吾之故物也,何曾亡乎?"

由此可见,在"气"论这一问题上,韩邦奇主要是继承和阐释张载观点,而"天地万物,本同一气"(《正蒙拾遗·太和篇》),"太虚未动,本至灵之气"(《正蒙拾遗·太和篇》),"吾之体,本太和之气所聚也"(《正蒙拾遗·太和篇》)等观点,则对张载"气"论思想,予以更为明确之表达也。韩邦奇对张载"气"论思想的进一步提炼和概括,不仅是他对张载思想旨趣的深刻理解,也可能是韩邦奇在对《易传》《庄子》等文献熟知的基础上,进而吸收当时"气"论大家王廷相之论,以之诠说张载思想的结果。①

---

① 韩邦奇思想上归之于儒家,《周易》是其最熟悉的儒家经典之一。韩邦奇不仅著有《易学启蒙意见》《易占经纬》《本义详说》等易学著作,在其《苑洛集》卷二十、卷二十一中还有数万字对《易经》经文六十四卦的逐一解释,此可以作为其熟读易学的明证。另外,韩邦奇对《庄子》也是极为熟悉的。在其《苑洛集》中,有《西河散人墓志铭》,明显模仿《庄子》文风,另其《苑洛志乐》中摘录了《庄子》中有关音乐的论述,可以为证。而《庄子》在中国思想史上率先提出"通天下一气"的观点(参见《庄子·知北游》),此或对韩邦奇有启示。至于韩邦奇与王廷相的交往,可参看第二章《生事分述》第三节"交游"。二人关于"气"学之思想交流,待进一步研究。

韩邦奇在以上观点的基础上,反对宋儒"天地非由积累"的观点,提出宇宙进化以及社会发展的"渐变"的观点。其曰:

> 天地万物,本同一气。其成也,皆小而大,未有陡然而大者。天开一万八百年,而后天始成;地辟一万八百年,而后地始成;又一万八百年,而后万物始成。子思于《中庸》著论曰:"今夫天,斯昭昭之多,及其无穷也,万物覆焉。今夫地,一撮土之多,及其广厚,万物载焉。"正见天道流行不息之意。宋儒乃谓"天地非由积累",而后大误矣。如此则是木之一出,便有枝叶花果矣。且天地亦有老时,自子至午则渐长,自未至亥则渐消,天地混沌,亦以渐而没。若陡然如今世界,就一时混沌了,亦可伤矣。万物有死时,天地有混沌时,即今已到未字上,以后渐渐一代不如一代,天地将老,乃欲挽而为唐虞三代正午之治,难矣。(《正蒙拾遗·太和篇》)

又曰:

> 天地万物,其始也,先有生,后有成;其终也,先消成,后消生。生而少,少而壮矣,壮而衰,衰而灭矣。天之开也,斯昭昭之多,积一万八百年而天始成;地之辟也,一撮土之多,积一万八百年而地始成。山以渐而高矣,海以渐而大矣。若一开辟焉,天地山海即若是之高且大也,则是人一出乎胎也,即发委地而须拂膺,堂堂七尺之躯,经营干理通达万变矣。木一出乎核,即合抱参天,果实俱完矣。有是理乎?其消也,天吾知其日削其圆,地吾知其日损其方,山吾知其日卑矣,海吾知其日小矣。但其化几微,人不之觉焉。如今目前之世,万民万物,济济林立,忽一日而尽皆没灭,亦可伤也。(《〈正蒙拾遗〉序》,《苑洛集》卷一)

> 是故造化之运,消长之机,方混沌即渐开辟,方开辟即渐混沌,如圜无端,无一息之停。长于子,渐至于巳,开辟极矣;消于午,渐至于亥,复混沌矣。自子至寅,历三时而形象备;自酉至亥,历三时而渣滓尽。然则一元十二辰,混沌者六辰,开辟者六辰,一岁之候,昼夜之道也。唐、虞、三代,当午之正时,雍风动之,化其盛极矣。前此以来,浑厚敦庞,日进于文明,后此以往,浇漓乖贼,日趋于渐尽。嗟夫!今午日昃,一代降于一代,造化老矣,孰能挽回唐、虞、三代之治乎?创业之君,守成之贤主,不过服药节食,使少

病康强尔,固不能红颜黑发,如少壮之年也。(《〈正蒙拾遗〉序》,《苑洛集》卷一)

韩邦奇认为,宇宙万物的变化存在着一个基本的规律,都是经过长时间的积累而形成的,都有一个渐变的过程。然而,韩邦奇认为宇宙万物和人类社会的发展,好像太阳的起落一样,首先是经历一个漫长的渐长过程,到达一定的顶点而后,又不断渐消,最终趋向消亡。他认为人类社会发展最理想的时期是唐虞时代,这一时期恰似如日中天的午时,而后逐渐走向衰落,到他所处的时代,已经是未时了,"以后渐渐一代不如一代",故而"天地将老,乃欲挽而为唐虞三代正午之治,难矣"。韩邦奇的这一历史观,虽然比道家"每况愈下"的社会历史观进步了一些,但仍是落后的历史观,悲观的历史观,不比《易传》所谓的"元亨利贞""贞下起元"的循环上进的历史观进步,但从中可以看出他对当时社会现实的担忧和对未来的焦虑,透露着他深沉的忧患意识。

三、造化之实

张载极为重视对自然之天运行规律之探讨,其《正蒙·参两篇》,即为集中阐述天体运行规律之专论。韩邦奇亦受张载"天学"自然观之影响,颇为重视"眼前造化之实"。其解释张载"形聚为物,形溃反原"说:

> 此意张子屡发之。曰"溃"曰"聚",指气之附形者言。古人谓:"减一尺地,则有一尺气。"非也,地中亦有气。天地间,惟气为交密,虽山川、河海、草木、人物,皆气之充塞,无毫发无者。张子此说,先儒多议之,是乃在册子中窥造化,不曾回首看眼前造化之实。故邵子有"观物"之说,而《大易》仰观俯察,以得造化之实。(《正蒙拾遗·乾称篇》)

"天地间,惟气为交密……无毫发无者。"韩邦奇明确地说,凡天地万物、山川河流、草木人物、花鸟鱼虫,无一不是"气"的充塞,无一不是"气"的表现。而那些不认同张载观点的儒者不识于此,正是因为他们只知道在书本上了解自然,而不去观察眼前宇宙世界的真实情况,所以邵雍提出观察事物的观点,正在于引导人们从实际出发,去认识宇宙万物。这是对张载存在论观点的凝练、提升,使张载的哲学思想更加清晰、明确。以此种思想为指导,韩邦奇详细论述了天体之运行规律。此主要见于《正蒙拾遗·参两篇》。

张载天道观念,多取之于当时天文历法之学。其曰:"地纯阴凝聚于中,天浮阳运旋于外,此天地之常体也。"(《正蒙·参两篇》)韩邦奇释之曰:

地阴故凝聚,静也,有形故有涯。天阳故运旋,动也,为气故无涯。地之下皆水,水之下及上下四方,皆气也,皆谓之"天"。天包地外,如鸟卵清包其黄。地中为昆仑,形如馒头。昆仑为大,垂而四下,中国则东南一隅也。一隅何以为文明之地,乃天下之中也。《正蒙拾遗·参两篇》

此言天地之大体格局也。张载言天之运转,曰:"天左旋,处其中者顺之。"(《正蒙·参两篇》)韩邦奇释之曰:

此天非无涯之天,乃天盘可测度者,二十八宿之环列者是也。处其中者,日月五星也。顺之者,亦左旋也。天日月之行,详见《闰余章》。星甚多,不止二十八宿、五星。

为明天体之星宿,韩邦奇下列二十八宿及大薇、紫薇、天市三垣含星之数目:

角四十三	亢十八	氐五十
房二十一	心十二	尾十四
箕三	斗五十二	牛五十八
女四十六	虚三十二	危五十二
室一百五	壁十三	奎二十七
娄三十二	胃三十五	昴三十八
毕八十三	觜三十一	参十八
井六十三	鬼二十五	柳三
星二十五	张二十三	翼五
轸四十八	以上俱除本星	

大薇垣七十八　　紫薇垣一百六十一　　天市垣七十四

并言之:"微星之数,一万一千五百二十。庶物蠢蠢,咸得系命。"(《正蒙拾遗·参两篇》)亦列二十八宿方位而明之:

角　中	亢　南一度	氐　中
房　中	尾　北三度	箕　北一尺半
斗　柄第三星南	牛　南一度	
女　南二度	虚　南二度	危　南二度

室	南二尺	壁	南二尺半	奎	南二度
娄	南二尺半	胃	南八尺	昴	南一尺
毕	北二尺	觜	北二尺	参	北三尺五
井	中北五寸	鬼	南二尺	柳	北二尺
星	北三尺	张	北三尺半	翼	北四尺
轸	北三尺				

且以为:"五星行宿次舍,各有常准。"(《正蒙拾遗·参两篇》)曰:

木岁行一舍,土三年行一舍,金、水一年一周天,火二年一周天。

木近日则迟,远日则速;火近日则速,远日则迟。土平行,金、水附日而行。

韩邦奇认为,对天体之运行,有历法和器象两种。"大抵历以纪之,器以象之,纪之不若象之为准。"(《正蒙拾遗·参两篇》)故而在此篇注释之中,"今并录王蕃《四道》、蔡子《九行》、张衡《浑天仪》,以便读《正蒙》者之考验制作。"(《正蒙拾遗·参两篇》)由此可见其期于制作求实之意。

张载言历法与天体之运行曰:"闰余生于朔,不尽周天之数。"(《正蒙·参两篇》)韩邦奇释之曰:

《传》曰:"天体至圆。"天本无涯,何体之可测度?谓"天体"者,二十八宿之环列者,依次相挨,左旋地外,此天盘之内、地平之外可测度者也。

周围:三百六十五度四分度之一。九百四十分为一度,四分度之一者,将九百四十分分为四分(去声),每分(去声)该二百三十五分,则天体周圆,共该三百六十五度零二百三十五分。(《正蒙拾遗·参两篇》,又见《苑洛集》卷二十《见闻考随录》)

天体即二十八宿者也,天盘也。其周长为三百六十五又四分之一度,每度为九百四十分,则合三百六十五度零二百三十五分。此下再列二十八宿各自度数,并制《天体度数之图》(图略)以见之。其后乃曰:

绕地左旋常一日,绕地一周而过一度。

如冬至初一日角起子字位,到第二日则过子位一度,稍东矣。二十八宿天盘一定之次,如二十八宿钉在车轮,轮转则丁转,角行则二十七宿皆行,角易一度,则二十七星皆易一度,到那三百六十五日零三个时辰时,恰好天多行了一遭。(《正蒙拾遗·参两篇》,又见

《苑洛集》卷二十《见闻考随录》)

邦奇看到,天之运行,"绕地左旋常一日,绕地一周而过一度"。一年之内,天盘之运行为"三百六十五日零三个时辰","到那三百六十五日零三个时辰时,恰好天多行了一遭"。然日(太阳)之运行,并不与天(二十八宿)同步,韩邦奇制作《日与天会之图》(图略),并释之曰:

> 日丽天而少迟,故日行一日,亦绕地一周,而在天为不及一度。积三百六十五日九百四十分日之二百三十五,而与天会,是一岁日行之数也。

> 此九百四十分,是说日;二百三十五分,是四分日之一。天以九百四十分为一度,日以九百四十分为一日,二百三十五分是三个时,把十二时分作四分也。九百四十分日之二百三十五者,是说九百四十分中的二百三十五分,盖三百六十五日零,那九百四十分中的二百三十五分。若只说三百六十五日零二百三十五分,尤为明渠,却带其母而言之。

> 天与日,冬至初一日子时同在子一度上起,到初二日时,日只到旧位,天则过子位二度上了。

> 一日过一度,十日过十度,一百日过一百度,三百日过三百度,又五十五日,则过三百五十五度。还有二百三十五分又三个时辰,时过二百三十五分,则与日到寅字上会。日与天会是一年已毕,又起第二年矣。岁只有三百六十五日零四分日之一者,以天体有三百六十五度四分度之一也。(《正蒙拾遗·参两篇》,又见《苑洛集》卷二十《见闻考随录》)

此上为释《日与天会之图》。"日丽天而少迟,故日行一日,亦绕地一周,而在天为不及一度。"天体运行一周时间为三百六十五日零三个时辰,如是则相差三百六十五又四分之一度,正合天体周行之度数。韩邦奇又作《月与日会之图》(图略),并释之曰:

> 月丽天而尤迟,一日常不及天十二度十九分度之七。积二十九日九百四十分日之四百九十九而与日会。

> 凡月与日会,自朔至晦,凡二十九日零六个时辰有奇。(《正蒙拾遗·参两篇》,又见《苑洛集》卷二十《见闻考随录》)

此是说,以月之自朔至晦为一周,则其一周,当二十九日零六个时辰有奇也。然则月之运行，与天之运行，关系如何也？韩邦奇曰：

> 十九分度之七，难算。若照常数以十计之，虽微秒不尽其余。今厘以下通变其法，以四奇为一厘，十二息为一奇，则乘除始无奇零。
>
> 以九百四十分分为十九分，每分该四十九分四厘二奇十八息，内取七分，该三百四十六分三厘十二息。
>
> 十二会得全日三百四十八。
>
> 此十二个二十九日。
>
> 余分之积，又五千九百八十八。
>
> 此十二个四百九十九分。
>
> 如日法九百四十而一，得六不尽三百四十八。
>
> 日法：九百四十分为一日。以九百四十分为一日，约之前五千九百八十八，该六日零三百四十八分，而一者，一日也。得六者，得六日也。通计得：
>
> 日三百五十四，九百四十分之三百四十八
>
> 以全日三百四十八及余积六日，并不尽之数。
>
> 通共三百五十四日零三百四十八分。
>
> 是一岁月行之数也。（《正蒙拾遗·参两篇》，又见《苑洛集》卷二十《见闻考随录》）

如是，月之运行十二周，当三百五十四日零三百四十八分也。韩邦奇又制作《天日月运行总图》《成岁之图》（图均略），并释之曰：

> 三岁一闰，五岁再闰，及十九年而余一百九十日一万五千七百十三分。以日法除之，共得二百六日六百七十三分，为七闰之数，是谓一章。然必以十九岁而无余分者，盖天数终于九，地数终于十。十、九者，天、地二终之数。积八十一章，则其盈虚之余，尽而复始。推此以定四时岁功，其有不成乎！
>
> 《传》曰：岁有十二月，月有三十日。三百六十者，一岁之常数也。故日与天会而多五日九百四十分日之二百三十五者，为"气盈"。月与日会而少五日九百四十分日之五百九十二者，为"朔虚"。合"气盈""朔虚"而闰生焉。
>
> 天运有常，何尝有有余、不足之数？其不能齐者，历不能齐也。

所以置闰者,只为月气不能与节气相同,故反以节气就朔气。若不论朔,只一节一中排定,则节气又正,历亦省便。但初一月不与日会,十五月不圆耳。然不用朔气,似与天时无害。夫有阳必有阴,月之气亦自与万物相关,岂可不论?

三百六十者,一岁之常。由前面所注,日与天会,为三百六十五日零三时,是多五日强;月与日会,三百五十四日零七时强,为少五日。日五日多,月五日少。相合来十日,然皆是月之不足者。故一岁闰率,则十日九百四十分日之八百二十七,将及十一日。

三岁一闰,则三十二日九百四十分日之六百单一。

五岁再闰,则五十四日九百四十分日之三百七十五。十有九岁七闰,则气朔分齐,是为一章也。

十有九年,余一百九十日一万五千七百十三分。以日法除之,得二百六日六百七十三分,为七闰之数,气朔之分齐矣。(《正蒙拾遗·参两篇》,又见《苑洛集》卷二十《见闻考随录》)

韩邦奇认为:"岁有十二月,月有三十日。三百六十者,一岁之常数也。"如此何故?邦奇曰:

三百六十为一岁之常者,甲子六十日,甲寅六十日,甲辰六十日,甲午六十日,甲申六十日,甲戌六十日,六六三十六也。(《正蒙拾遗·参两篇》,又见《苑洛集》卷二十《见闻考随录》)

然日与天会,为三百六十五日又九百四十分之二百三十五日,多五日又九百四十分之二百三十五日;月与日会,为三百五十四日又九百四十分之三百四十八日,少五日又九百四十分之五百九十二日。一年累计,则相差十日又九百四十分之八百二十七日也。三年累计,则相差三十二日又九百四十分之六百零一日也;五年累计,则相差五十四日又九百四十分之三百七十五日也。十九年则余二百零六日六百七十三分,为七闰之数,气朔之分齐矣。

邦奇对张载天体之说,多有认同推阐,然亦并非完全相从。其五行之说,则多本之于蔡沈。张载曰:"木曰曲直,金曰从革,水曰润下,火曰炎上。"(《正蒙·参两篇》)韩邦奇释之曰:

四句出《洪范·箕子衍》。此节与蔡子说稍异。蔡子曰:"曲而又直,从而又革,润而又下,炎而又上。"横渠谓:"曲而反直。"盖以"自勾而拆"以上谓"一从革而不能自反"则止。以器使言,然木之本性,惟直而已,叶果之累坠,风树之吹扇始曲。如人性善,而为物欲累。金性或本革而可从,或本从而可革者,圣人修道之教使之也。润下炎上,则其定性。蔡子之说较稳实。

韩邦奇又本之"五行"之说,而论天地运行之开、闭。其《苑洛集》卷二十《见闻考随录》曰:

> 天地间惟水为最先生。自子运至午,日长;自未,渐消短。东南始皆水涯。水渐落而地出,故西北之地先出,地脉拔尽,故人物渐衰;东南地脉方盛,故人物渐长。天地之开也,自西北始,故天地之闭,亦自西北始。

> 由混沌至于开辟,由开辟至于混沌,一消一息,未尝一刻之停,开辟了就混沌,混沌了就开辟,由混沌至始开辟,三会;由始闭至混沌,三会。则混沌者,六会;开辟者,六会。

> 经世数,始终天地十二万九千余年。太乙数,至今已十五万余年,二家之论不同。经世,康节独得之学,后人用之多不验。太乙是与天地算命,先立下个八字,然后推算,中间头绪颇多,既排诸星,又论三元,又论七十二候,又论卦运,又论阳九百六,又论得地失地,得失之济,吉凶所关,不以常例拘。又论算数和与不和,又论八门中间细目,又有掩迫关囚之类,学者一有不详,误人多矣。

> 昼夜者,开辟混沌之小象也;开辟之极,即渐混沌,混沌之极,即渐开辟,无一息之停。

韩邦奇又以"气"论之说为基,略论地理之风水,而其所重者,以关中、江淮、宁绍为最。其略曰:

> 关中好个风水。山自西而东,河自西而北,自北而东,自东而南,山河相会之处,水口才丈余耳。中间明堂秦川八百里。所以汉唐以前,人才最胜也,好个形胜!

> 地气自西北昆仑发脉,渐渐东南去了。此理势之自然,但分得破碎耳。

> 江、淮之间,风水最大。

> 天下大水如江汉,皆出于关中。长、河亦围绕关中而东下,淮、济流乎其中。余皆小水耳。

> 江南所受之全气,自岷、峨循江而南,自南而北,自北而东矣。

天下山明水秀,无有过宁、绍者。所受皆是自家的气脉。洛阳不见有大风水,山水又背,乃在天之中,盖所得者,天气耳。

第二节 性道阐微

韩邦奇哲学之第一步,乃是继承张载思想的理路,以"气"将天人万物贯通起来,进而穷究天体运行之实,然其理论中心,并不在于此。其目的在于以对天的探讨和天人的贯通为铺垫,确立其统一的本性内涵和价值依据。这就是韩邦奇"性""道"论的基本内容。韩邦奇对张载道论之由衷服膺,其门人白璧言"论道体乃独取横渠",堪为至论确证。然其论"道",多以"性"对举,故韩邦奇之论,实以"性""道"为核心而推阐也。以之为基础,韩邦奇不仅批评宋明以来诸儒对张载论述的误解,而且继承张载的思想,批判了佛老思想的谬误,可谓为张载之说,正本清源也。韩邦奇对张载之"性""道"的重视和新阐,不仅是对张载哲学观点的重新诠释,也是其思想宗旨归之于张载关学的重要依据。

一、性道一物

韩邦奇认为,"性"与"道",俱与"气"有关。其解释张载"神,天德;化,天道。德,其体;道,其用,一于气而已"曰:

此节以德为体,道为用。古人所未言,则"太和所谓道"可识矣。德,天之性也;道,天率天之性行也,一于气而已。横渠洞见造化之实,异于世儒所见,为无为空,流于老氏、佛氏之说也。"德"字正如《中庸》所谓"大德""小德",道便是用,道再无用。(《正蒙拾遗·神化篇》)

"德,天之性也;道,天率天之性行也,一于气而已。"可见邦奇以为天性、天道,同与"气"有关。可见"气"论,为邦奇"性"论和"道"论之理论前提。对于"性",韩邦奇认为其包涵"善"和"欲"两个方面。此与张载"天地之性""气质之性"略微相当,而表述更进一步。其解释"爱恶之情,同出于太虚",曰:

此横渠灼见性命之真,故敢为此言,自孟子言"性善"之后,诸儒不敢为此言。

孟子言"性善"，非谓性全无欲，只以当时人皆说"人性无善"，故孟子言人性固有欲，然万善皆备于性，非谓"全无欲"也。孟子尝曰："孩提之童，无不知爱其亲也。及其长也，无不敬其兄也。"以为"性善"之验。若果若此，则爱亲犹待孩提，敬兄犹待长，若一生下时便要食乳，卧一汗湿则啼，虽母就汗湿不能顾，然则人之生，欲在先乎？善在先乎？只为时人谓"性中无善"，故孟子曰"孩提知爱亲，长知敬兄，皆自然之良，无待于习，可见人性中本也有善"。此孟子立言之旨也。若谓"止有善，全无欲"，则以告子之辩，岂不能以前理欲先后折？孟子遽肯默然而服哉？

又于张载"上智下愚，与性相远"句下重申其意：

孔子之言，平正的实，万世无弊。宋儒谓"下愚可移"，直自诬耳。人之生，欲与善、气与理同受，但晓悟则欲在先而善在后，虽孔子、尧、舜亦然，但不假修习耳。宋儒看不透孟子之意，故多强释。于文义似矣，验之人，其实非然也。（《正蒙拾遗·诚明篇》）

由此可见，邦奇认为"性"中既蕴含"善"，又蕴含"欲"。而其同出于"气禀"。此与张载"饮食男女皆性也，是乌可灭？"（《正蒙·乾称篇》）同出一辙。对于"道"，韩邦奇则认为其是由"气化"而来，其解释"由气化，有道之名"，曰："气未可以言道，由'气化'可以言道矣。"如此可见，"性"出于"气"，"道"则出于"气化"，即"气"生化万物之过程也。两者有所不同。

"性""道"之根源既明，邦奇从天与人之两个角度，阐述了"性""道"在天、人两个方面的表现。其言天之"性""道"，曰：

混沌之初也，一元之气，渣滓融尽，湛然清宁，而万象皆具一极中，《易》所谓"太极"，天之性也。及其动静继成之后，气化形生，并育并行，是天率天之性而行，是之谓"天道"，夫子所谓"一阴一阳之谓道"，《中庸》所谓"道并行而不相悖者也"。（《〈正蒙拾遗〉序》，《苑洛集》卷一）

又解释"性与天道合一存乎诚"曰：

此在造化上说，兼体用而言之。"性"是天之性，太极之理，体也；"道"是天之道，天率天之性，一阴一阳之迭运、化育、流行，用也，然皆实理也。（《正蒙拾遗·诚明篇》）

又解释"至诚，天性也；不息，天命也"曰：

"性"是太极，寂然不动者也；"不息"是造化，发育流行、感而遂通者也。但凡说"命"字，便是流行。此节与《中庸》不同。《中庸》之"不息"，在存之中者言，"至征"则始言发之外。此二句在造化上说，《中庸》在圣人上说。此节下二句，亦以学言。(《正蒙拾遗·乾称篇》)

此是从宇宙之演进而言其"天性""天道"。然天与人之关系如何？张载《西铭》言："乾称父，坤称母；予兹藐焉，乃混然中处。故天地之塞，吾其体；天地之帅，吾其性。民，吾同胞；物，吾与也。"(《正蒙·乾称篇》)其中隐含着天地为人类之父母的观点，人类万物之自然生命形体，为天地所赋予；人类之天然道德本性，即为天地之主宰。故而，万物、人类，其体其性，俱同于天地。然而，张载未明言万物之体、性与天地的关系，而是以人为中心，提出"民，吾同胞；物，吾与也"的观点。对此，韩邦奇进一步明确而言之："万物者，天地之子"，并进而言及天地、万物的相似性：

夫天地者，万物之父母；万物，天地之子也。子有不肖父母者乎！(《〈正蒙拾遗〉序》，《苑洛集》卷一)

天下未有子不似父者，人之子必似人，牛之子必似牛，马之子必似马，杏之子必似杏，桃之子必似桃，天人万物岂有二哉！(《正蒙拾遗·太和篇》)

值得注意的是，韩邦奇并没有从天地和万物之间体、性的等同性入手，他更为侧重于万物的表现、衍生等现象层面，提出"相似性"的观点。相似，既包含着一定的相同性，又隐含着一定的差异性。韩邦奇从万物同类的相似性入手，揭示了其在传承繁衍中的特征，更为准确地反映了自然演进中的遗传变异特征，也更为合理的为解释天地与万物之间的关系奠定了基础。进而其从人生之演进而言"性""道"：

人生之初也，天赋之理，无偏不倚，凝然静一，而万行皆备于其中，《书》所谓"降衷"，人之性也。及其感通几微之际，形生神发，随接随应，是人率人之性而行，是之谓"人道"，子思所谓"率性之谓道"，夫子所谓"天下之达道者也"。(《〈正蒙拾遗〉序》，《苑洛集》卷一)

如此则贯通天人，并略述其"性"与"道"，进而邦奇则侧重于论"道"，以自然及社会之迹象，明"天道""人道"之表现：

"鸢飞戾天,鱼跃于渊",流行上下之昭著者。至于蛙鸣蝉噪,蚁走蝇飞,皆天道也。

亲亲仁民,忠君敬长,明体适用之大者,至于一言一动之发,一事一物之处,皆人道也。

君子之自强不息,即化育之,川逝如斯夫,道一而已矣。(《〈正蒙拾遗〉序》,《苑洛集》卷一)

"道一而已矣!""天道""人道",俱属于"道",唯宇宙万物、社会人生而略作划分耳。故而要明确"天道",就要明确何者为"道",何者为"天道""人道"。对此,韩邦奇进一步解释说:

"道"字,解作"路"字,指流行发见者而言。春秋之时,世道衰微,天道人道,人皆不知,而以窈冥昏默者当之。故孔子明天道曰:"一阴一阳之谓道",子思明人道曰:"率性之谓道。"皆指流行发见者而言。(《正蒙拾遗·太和篇》)

道也者,盖皆指其发见流行,显仁之用,践履制作彰施之功夫,岂论于无声无臭,不睹不闻之际哉!不有卵乎?黄白耳,雏未之见也,羽、血、骨、肉、心、肝、肠、肾,缺一而雏不完,卵则雏之极也。不有核乎?仁种耳,木未之见也,花、叶、枝、干、根、株、果、实,缺一而木不完,核则木之极也。卵、核者,即雏木之本体,不杂乎雏木,不离乎雏木而为言耳。(《〈正蒙拾遗〉序》,《苑洛集》卷一)

韩邦奇远溯儒宗,以儒家至圣先贤孔子、子思之论,解释"道"之特性,明确指出,就儒家而言,"道"的基本特性,在于"流行发见"四字。"流行",体现了"道"并非超然物外、与世隔绝、寂然不动,而是真切地体现在宇宙万物、人类社会的运动变化之中;"发见"则体现了"道"并非窈冥昏默、不可意致、不可言说,而是直接的显现,可以为人所感受、体验认知。这实际上隐含地区分了儒家特别是张载的"道"与老庄道家所谓的"道"在内涵特征上的不同。翁泓文说:"韩邦奇以'气'之聚散流行不已于形下世界,秉持客观之精神,借万物的实际例子来推论'气'之造化根源。如此说本体宇宙天道论的道德创造,同样是超越又内在的充实圆融的神化论,更是不离阴阳二气,以诚体之神为质性的形气。真得以如此,天道必直接下贯吾之心,不再有挂碍。"①这一发论,正切中韩邦奇道论之特点。

当然,韩邦奇与张载一样,所关注的重点并不在于人类社会和自然万物的自然形体和生命,他更为关注的,是宇宙万物和人类的本性及其表现。对此,韩邦奇提出一个极为重要的命题:"性、道,一物也。"(《正蒙拾遗·太和篇》)"性"和"道"本身就是一个东西。张载曾言:"所谓性即天道也"(《正蒙·乾称篇》),韩邦奇则进一步明确提出"性道一物"的观点,不论是人性、天性、凡物之性,还是人道、天道、凡物之道,都在本质上统一起来,这是对张载思想的概括和发展。然而两者是不是没有区分,若有,两者的区分何在?对此,很多先儒都混而言之,韩邦奇则在两者一致性的基础上区分了两者的各自特征:

> 存之于心谓之"性",寂然不动者是也;发之于外之谓"道",感而遂通者是也。人有人之性,人率人之性而行,发而见诸行事为"道",子思所谓"率性之谓道"是也。天有天之性,天率天之性而行,发而见诸化育流行为"道",孔子所谓"一阴一阳之谓道"是也。至于凡物,卵为性,发而为鸡,知觉运动是道也。核为性,发而为树,荣瘁开落是道也,孔子"逝者如斯",子思"鸢飞鱼跃",皆谓是也。(《正蒙拾遗·太和篇》)

韩邦奇此一段论述,扼要地表明了"性""道"二者的区别以及二者在天、人、物三者之上的具体表现,可谓韩邦奇"性道论"的总纲。其论述可用下表简释之:

韩邦奇性道论总纲简表

	存在状态	基本特征	具体表现		
			人	天	物
性	存之于心	寂然不动	人有人之性	天有天之性	至于凡物 1. 卵为性 2. 核为性

---

① 翁泓文著:《〈韩邦奇之"本体论"研究〉摘要》,《台湾观光学报》,2003年第1期,第57页。

续表

	存在状态	基本特征	具体表现		
			人	天	物
道	发之于外	感而遂通	人率人之性而行,发而见诸行事为"道"。	天率天之性而行,发而见诸化育流行为"道"。	1. 发而为鸡,知觉运动是道也。 2. 发而为树,荣瘁开落是道也。
经典引证			子思所谓"率性之谓道"是也。	孔子所谓"一阴一阳之谓道"是也。	孔子"逝者如斯",子思"鸢飞鱼跃",皆谓是也。

由此看出,韩邦奇认为,"性""道"本是一体的,即其本质属性是相同的、一致的;然而两者在存在状态、基本特征上表现不同,而且在天、人、物之上的表现,也各有差异。就存在状态而言,"性"是"存之于心"的,"道"是"发之于外"的;就基本特征而言,"性"是"寂然不动"的,"道"是"感而遂通"的;就天、人、物而言,三者各有其性,表现为"道"也各有不同,就人而言是"发而见诸行事"为"道",就天而言是"发而见诸化育流行"为"道",就动物而言是"发而为鸡(代指动物),知觉运动"是道也,就植物而言是"发而为树(代指植物),荣瘁开落"是道也。如此则"性""道"无所不在,悉备于万有也。

然则"性""道"一致的本质属性或其内涵为何?韩邦奇继承儒家以尧舜为圣人之表的传统,举其例而譬之曰:

> 一元未辟,混混沌沌,太极之未形也,是天之性也。如尧舜之心,至静未感,万理咸具,即太极也,是尧舜之性也。一元既动,二气五行,化生万物,无一息之间,河岳奠,动植遂,无一物之欠,此天之事业也,是天之道也。尧舜之心,感物而动,发而为言语应接,敦叙九族,平章百姓,协合万邦,做出许多事业,是尧舜之道也。(《正蒙拾遗·太和篇》)

尧舜即是人间理想道德的楷模,亦是天地本质属性的体现,是"天人合一"的理想人格。就其性而言之,天是"一元未辟,混混沌沌,太极之未形也……如尧舜之心,至静未感,万理咸具,即太极也";就其道而言之,天是"一元既动,二气五行,化生万物,无一息之间,河岳奠,动植遂,无一物之欠,此天之事业也,是天之道也。"人是"尧舜之心,感物而动,发而为言语应接,敦叙九族,平章百姓,协合万邦,做出许多事业,是尧舜之道也。"天之道,体现在创造万物,生生不息,无所不覆,无所不在;人之道,体现在语言行动,亲睦和同,立德创业。在《〈正蒙拾遗〉序》(《苑洛集》卷一)中,韩邦奇更为明确地说:

人生之初也,天赋之理,无偏不倚,凝然静一,而万行皆备于其中,《书》所谓"降衷",人之性也。

对人来说,人之性乃天赋予人之理,处于凝然静一、未感未发的无形状态,它并非虚无,而为实有,是已发万行之必然和所以然者。天、人之"性""道",仍可归结于孔子之"仁"、孟子之"善",亦可归之于《易传》之"生"也。这就为人发其性而作修齐治平之用奠定了人性来源。

韩邦奇对"性""道"内涵之论述,与张载所论之"性""道"略有不同。于"性",张载有言:"合虚与气有性之名"(《正蒙·太和篇》),"性者万物之一源"(《正蒙·诚明篇》),其所谓之"性",包含"天地之性"与"气质之性"两层内容。就现存之人而论,二者同禀,然就客观之本体依据以及主观之价值取向而言,张载主张"变化气质",其所欲成就、扩充、完善者,则是"天地之性",此性也即圣人之性也。张载的"变化气质"之说,也不在于完全泯灭"气质之性",而是要极大地消减之,而让"天地之性"成为人性中之主宰,此是天人合一之重要枢纽。韩邦奇则侧重于在天、人之"性"统一及"性""道"统一的基础上进一步发掘"性"的原初性、正当性,此或是受程朱理学之影响而致。再者,于"道",张载多以虚实、阴阳、动静二者之交互、推荡而言,其曰:"两不立则一不可见,一不可见则两之用息。两体者,虚实也,动静也,聚散也,清浊也,其究一而已。"(《正蒙·太和篇》)"日月相推而明生,寒暑相推而岁成。"(《正蒙·太和篇》)其所谓的"道",侧重于万有运动的内在规律。而韩邦奇所谓的"道",则更偏向于此规律主宰下万有运动变化中呈现出来的种种现象,将"道"落实于具体的自然与社会生活,这或许是韩邦奇对张载之"道"的进一步推演?

二、辨析诸儒之误

韩邦奇既承接张载,认为"天地万物,本同一气",又在此基础上,阐明

"性""道"之特点及其在天、人二者之基本特征,进而择取张载《正蒙》中之"天道""太极""太和""太虚"等诸词,以批驳种种流行之偏见误解。

其一,韩邦奇从张载"太和所谓道"的命题出发,明确提出"太和"即是"天道"的观点。其言之:

> "太和",是阴阳迭运、絪缊交密者,乃化育流行天道也。孔子所谓"一阴一阳之谓道者"是也。(《正蒙拾遗·太和篇》)

韩邦奇认为,张载所谓的"太和",其具体内容,指称的是"天道",也就是孔子在《易传》中所言的"一阴一阳之谓道者"是也。"天道""人道",俱属于"道",唯宇宙万物、社会人生而略作划分耳。

其二,韩邦奇基于对"性""道"及"天道""人道"内涵关系的理解,辨析了"宋儒"——社会流行的对张载"天道"的误解,对之予以批评:

> 宋儒于《中庸》解人道则是,于《易大传》解天道乃谓:"阴阳迭运者,气;其理则谓之道"则非。孔子本指矣,若然是以寂然不动者为道矣。(《正蒙拾遗·太和篇》)

在韩邦奇看来,社会流行对"道"的解释,从《中庸》解释"人道"的观点是不错的,然而从《易大传》的方面解释"天道"的观点就不正确了。宋儒认为,阴阳运动变化的主体是"气",然而主宰、规定"气"运动变化的"理"(规律)是"道"。韩邦奇批评说,如果是这样,就是把寂然不动者当作是"道"了(理或规律是客观的、不变的),如此与张载认为"道"是感而遂通、流行发见的性质相对立。

其三,韩邦奇援取宋儒盛言的"道为太极"概念,对之予以批评:

> 宋儒又谓:"道为太极","太极"是寂然不动时物;"道"是动而生阳以后物,安得以"道"为"太极"哉!(《正蒙拾遗·太和篇》)

又有宋儒把"道"解释为"太极",韩邦奇批评说,"太极"是寂然不动的,而"道"是运动的呈现,又怎么能把"太极"等同于"道"呢!如此错误的理解,都是看不到"道"的运动性、变化性,把活泼泼的"道"僵化了、呆滞了。

韩邦奇认为"太极"不是"道",然此种错误观点之根源,其所从来何如?在《〈正蒙拾遗〉序》(《苑洛集》卷一)中,韩邦奇又曰:

> 张子曰:"太虚无形,其聚其散,变化之客形尔。"又曰:"知虚空即气,则无'无'。"察乎此,则先儒所谓"道为太极""其理则谓之道",老氏所谓"无",佛氏所谓"空",不辨而自白。(《正蒙拾遗·太

和篇》,又见《苑洛集》卷一之《〈正蒙拾遗〉序》)

据此而观之,韩邦奇认为宋儒以及佛老诸种错误观点的根源,在于不能理解张载"太虚即气""虚空即气"的观点。韩邦奇对张载思想极为遮护,而其所批评的对象,除佛、老之外,还涉及"先儒"或"宋儒"。韩邦奇所批评的"宋儒",源头直指周敦颐。其明言之:

> 周子"无极而太极"即老子"无生有"。周子重"无"字,以无为本,观下文云"无极之真",不言"太极"可见。况原本云"自无极而为太极",而朱子削去"自""为"二字,乃以吾儒正理释之,则亦回护之过矣。(《正蒙拾遗》,又见《苑洛集》卷十八)

在韩邦奇看来,所谓"道为太极""其理则谓之道"的观点,其来源在于周敦颐。周敦颐非常重视"无"字,言"无极之真","以无为本",提出"自无极而为太极",即表明"太极"源于"无极",这样一来便是"有"生于"无",同于老子"无生有"之说。韩邦奇极力反对此一说法,认为这个世界的源头不是"无",而是"有"。他赞同朱熹将周敦颐"自无极而为太极"观点修正为"无极而太极",认为"无极"和"太极"并非两物,"无极"只是用以形容"太极"所具有的无形无象的特征。韩邦奇进而言之:

> 先儒谓:"老氏以有无为二,周子以有无为一",非也。周子亦以有无为二。有无为一,朱子之正论也。余以"至无而至有"释"无极而太极",亦回护也。(《苑洛集》卷十八)

在韩邦奇看来,先儒以为周敦颐"以有无为一"是一种误解,周敦颐与老氏相同,皆是"以有无为二"。"有无为一"出于朱熹,是"朱子之正论也"。而自己用"至无而至有"解释"无极而太极",也是出于对儒家正理的遮护辨明。由是,韩邦奇总结说:

> 太极,未尝无也。所谓"无"者,万有之未发也;所谓"有"者,有是体而无形也;"未尝无之谓体",太极也。如此,则诸子之陋,不待言而自见矣。(《正蒙拾遗·大易篇》)

"太极,未尝无",然"太极"者究竟为何?朱熹曾提出,总天地万物之"理"便是"太极","太极"就是"理",韩邦奇亦有将"太极"与"理"联系起来之论述。然而,他更多的是把"太极"和"性"两个概念联系起来,上所引:"一元未辟,混混沌沌,太极之未形也,是天之性也。如尧舜之心,至静未感,万理咸具,即太极也,是尧舜之性也。"(《正蒙拾遗·太和篇》)即可证之。在《〈正蒙拾遗〉序》(《苑洛集》卷一)中,韩邦奇又说:"混沌之初也,一元之气,渣滓融尽,湛然清宁,而万象皆具一极中,《易》所谓'太极',天之性也。"这是将"太极"看作"天之性""尧舜之性"也。而在解释《正蒙·乾称篇》的"至诚,天性也;不息,天命也"时,韩邦奇进一步明确提出:

> "性"是太极,寂然不动者也;"不息"是造化,发育流行、感而遂通者也。但凡说"命"字,便是流行。(《正蒙拾遗·乾称篇》)

由是可见,韩邦奇将"太极"等同于"理"和"性",其内涵,则可分为混沌未辟的天之性,以及至静未感的圣人之性。回应前所言"太和"为"天道"之观点,则韩氏于"太极""太和","性"与"道"之剖分,可谓明矣。

在对宋儒观点批判的基础上,韩邦奇还揭示了其错误的根源,就在于错误地理解了《易传》"形而上者谓之道"一句,韩邦奇解释说:

> 宋儒于《中庸》解天道,以四时日月错行代明为天道亦是,而独于解《易》则非者,盖于"形而上谓之道"一句,未分晓耳。《易》谓"形而上"者,非为"气而上"者也。且凡"之谓"字,是直指,且有晓示群非之义。若曰众论非道,一阴一阳之谓道也。岂可解作二义!(《正蒙拾遗·太和篇》)

韩邦奇明确提出:"《易》谓'形而上'者,非为'气而上'者也。""形而上"与"气而上"的区别究竟何在?韩邦奇明言之:

> 形而上之谓"道",气而上之谓"性"。(《苑洛集》卷十八)

"形而上"者,专就有形体、形质、形象等可显现者而言之,"气而上"者则不同。张载所谓的"气",是构成万物具体显现的原初状态,是无形、无象的确然存在,从理论上讲,也可以说是张载为了确立其"性"论而在存在论层面上的理论预设,是为了解决天人万物在存在论层面上的"统一性"问题。① 故而"气而上",是就抽取掉万物存在的种种具体表现、差别,而就其本质的客观实在性和原初状态而言的。就张载所论和韩邦奇的理解而言,应该是"气而上

---

① 试想,如果天地万物与人等在存在论层面各有各的起源,各有各的本质,又何以能在本体论的层面说明其本性的一致性?故而张载需要在本体论层面解决天人万物本性和价值的同一问题,首先需要在存在论层面解决其本质的统一性问题。关于这一问题的详细论述,可参看拙作《横渠虚气辩——"虚气相争"之根源及其解决》(《宝鸡文理学院学报》2008年第2期)和《本体歧义与虚气之争:张载哲学本体论研究刍议——兼论中国哲学本体论研究的基本定位》(《西藏民族学院学报》2008年第2期)二文。

者谓之性","形而上者谓之道","性""道"本质虽一,"性、道,一物也",然而两者存在状态、基本特征以及言指对象均有不同,焉可以等而视之,混为一谈? 再者,韩邦奇从语词上辨析:"之谓"是直指,且有晓示群非之意,即表明"一阴一阳"是"道"的唯一说明,而非其他何者。反过来,"道"就是指"一阴一阳",亦非指称他者。这就是说,在"一阴一阳之谓道"的命题中,"之谓"的表达,说明"一阴一阳"与"道"之间互为充分必要条件,"一阴一阳"就是"道","道"就是"一阴一阳","道"与阴阳更迭变化,直接对等。总而言之,道就是阴阳的相互变化、流行化育。

三、批评佛老之弊

张载哲学使命之一,即在于正扬儒学,并与佛老"较是非,计得失。"其《正蒙》之中,多次批评佛老之流弊,《正蒙·太和篇》曰:

> 知虚空即气,则有无、隐显、神化、性命通一无二,顾聚散、出入、形不形,能推本所从来,则深于《易》者也。若谓虚能生气,则虚无穷,气有限,体用殊绝,入老氏"有生于无"自然之论,不识所谓有无混一之常;若谓万象为太虚中所见之物,则物与虚不相资,形自形,性自性,形性、天人不相待而有,陷于浮屠以山河大地为见病之说。此道不明,正由懵者略知体虚空为性,不知本天道为用,反以人见之小因缘天地。明有不尽,则诬世界乾坤为幻化。幽明不能举其要,遂躐等妄意而然。不悟一阴一阳范围天地、通乎昼夜、三极大中之矩,遂使儒、佛、老、庄混然一涂。语天道性命者,不周于恍惚梦幻,则定以"有生于无",为穷高极微之论。入德之途,不知择术而求,多见其蔽于诐而陷于淫矣。(《正蒙·太和篇》)

观张子所论,其所深虑者,学者若认为"虚能生气",如此则虚无穷,气有限,体用殊绝,入老氏"有生于无"自然之论,不识所谓有无混一之常;如此追求长生久视,不唯违反万物皆受"气之聚散"制约,无可逃于天地之间,徒劳也;又不知尽性立命存其诚,则能长久于天地之间也。若认为万象为太虚中所见之物,则物与虚不相资,形自形,性自性,形性、天人不相待而有,陷于浮屠以山河大地为见病之说。如此乐死厌生,亦不能安身立命,离儒家之道远矣。《正蒙·乾称篇》又曰:

> 有无虚实通为一物者,性也;不能为一,非尽性也。饮食男女皆

性也,是乌可灭?然则有无皆性也,是岂无对?庄、老、浮屠为此说久矣,果畅真理乎?(《正蒙·乾称篇》)

浮屠明鬼,谓有识之死受生循环,遂厌苦求免,可谓知鬼乎?以人生为妄,可谓知人乎?天人一物,辄生取舍,可谓知天乎?孔孟所谓天,彼所谓道。惑者指游魂为变为轮回,未之思也。大学当先知天德,知天德则知圣人,知鬼神。今浮屠极论要归,必谓死生转流,非得道不免,谓之悟道可乎?悟则有义有命,均死生,一天人,惟知昼夜,通阴阳,体之不二。自其说炽传中国,儒者未容窥圣学门墙,已为引取,沦胥其间,指为大道。其俗达之天下,至善恶、知愚、男女、臧获,人人著信,使英才间气,生则溺耳目恬习之事,长则师世儒宗尚之言,遂冥然被驱,因谓圣人可不修而至,大道可不学而知。故未识圣人心,已谓不必求其迹;未见君子志,已谓不必事其文。此人伦所以不察,庶物所以不明,治所以忽,德所以乱,异言满耳,上无礼以防其伪,下无学以稽其弊。自古诐、淫、邪、遁之词,翕然并兴,一出于佛氏之门者千五百年,自非独立不惧,精一自信,有大过人之才,何以正立其间,与之较是非,计得失!(《正蒙·乾称篇》)

此两段,上是批评佛、老不知饮食男女皆性中之事,故欲灭绝之,然非尽性也,故不能畅通真理。下一段出自《与吕微仲书》,指明"大学当先知天德,知天德则知圣人,知鬼神。""悟(道)则有义有命,均死生,一天人,惟知昼夜,通阴阳,体之不二。"然佛氏炽传中国,以人生为虚妄,谓死生转流,非得道不免,使英才间气,冥然被驱,以为圣人可不修而至,大道可不学而知,未识圣人之心而谓不必求其迹;未见君子之志而谓不必事其文。使人伦所以不察,庶物所以不明,治所以忽,德所以乱,异言满耳,上无礼以防其伪,下无学以稽其弊。概而言之,佛氏之教,为惑时乱世之说也。邦奇亦认同张子之说,以佛氏轮回之说为"伪"也。其于该段"指游魂为变为轮回"下解曰:

释氏亦窥见些子造化。夫造化,气聚于形则生,气离于形则复归于造化。释氏乃谓:"今散之气有善恶,则复聚之气为人物。"故有轮回之说。释氏亦岂不知无是理哉!彼见圣人谓"为善得福、为恶得祸",然有不尽然者,故人率怠于为善。释氏乃谓:"生虽不得报,死后亦须报。"将驱天下之人使之为善,然欺之也。圣人之教以诚,释氏之教以伪。夫感人以诚,犹惧人之不从,况伪乎?古今之人,忠臣、孝子、义士、烈女，比比皆然，或得其一肢，得其一事，或得其全体，皆入圣人之教者也。遵释氏之教者，不过诵经、食素、削发、舍施，以求免于祸，甚者杀人为盗，乃修斋诵经以求免。有一人慈悲遗累，如释氏者哉！古今未见讲学会友者之为乱，假白莲之教聚而为巨盗，以乱天下、贼生民者，古今多矣。何也？释氏以伪立教，故其徒亦以伪应之也。其学之是非，又乌足辩哉！

自邦奇看来，"释氏亦窥见些子造化"，其观"气聚于形则生，气离于形则复归于造化"，故有轮回报应之说，将驱天下之人使之为善，然其说乃"欺"之也。圣人之教以诚，释氏之教以伪。夫感人以诚，犹惧人之不从，况伪乎？释氏以伪立教，故其徒亦以伪应之也。故其学之是非，又乌足辩哉！张载于《正蒙·乾称篇》又曰：

> 释氏语实际，乃知"道"者，所谓"诚"也，"天德"也。其语到实际，则以人生为幻妄，以有为为疣赘，以世界为荫浊，逐厌而不有，遗而弗存。就使得之，乃诚而恶明者也。儒者则因明致诚，因诚致明，故天人合一，致学而可以成圣，得天而未始遗人，《易》所谓不遗、不流、不过者也。彼语虽似是，观其发本要归，与吾儒二本殊归矣。道一而已，此是则彼非，此非则彼是，固不当同日而语。其言流遁失守，穷大则淫，推行则诐，致曲则邪，求之一卷之中，此弊数数有之。大率知昼夜阴阳则能知性命，能知性命则能知圣人，知鬼神。彼欲直语太虚，不以昼夜、阴阳累其心，则是未始见易，未始见易，则虽欲免阴阳、昼夜之累，末由也已。易且不见，又乌能更语真际！舍真际而谈鬼神，妄也。所谓实际，彼徒能语之而已，未始心解也。（《正蒙·乾称篇》）

张载认为佛氏于言论上乃知"道"为"诚"，此天德也。然其在现实伦理之上，则"以人生为幻妄，以有为为疣赘，以世界为荫浊，逐厌而不有，遗而弗存"。此乃"诚而恶明"者也。而儒家主张"因明致诚，因诚致明"，故"彼语虽似是，观其发本要归，与吾儒二本殊归矣"。张载以为："大率知昼夜阴阳则能知性命，能知性命则能知圣人，知鬼神。"然佛氏"欲直语太虚，不以昼夜、阴阳累其心"，如此则"未始见易"，"易且不见，又乌能更语真际！"故曰其"舍真际而谈鬼神，妄也。所谓实际，彼徒能语之而已，未始心解也。"韩邦奇于此段"释氏语实际，乃知'道'者，所谓'诚'也，'天德'也。其语到实际，则以人生

为幻妄"句下解释曰:

> 佛氏以死为归真、生为幻妄,亦只是主客之意。但"幻妄"字便有个"无用"的意思,须是不用此形骸、气性方无累,所以彼必绝男女之配。绝男女,不百年人消物尽,方是真诚的道理。殊不知天所以为天,以其用之不息也。若只混沌一块气,要他何用? 然此亦自然之理,天与圣人非有意安排,张子所谓"是皆不得已而然者也。"岂佛氏所能挽而回之? 今天下之人比比趋于佛氏,而遵佛氏之教者,天下无一人也。借使人之灵,佛氏可以诱而教之,尽绝夫妇之交至于物之雌雄牝牡,佛氏亦无若之何,此真终不可归也,佛氏之教亦穷矣。

以邦奇观之,天地之间,化育流行,生生不息,人间夫妇之交,物类牝牡相配,此阴阳之理也。然佛氏主张"须是不用此形骸、气性方无累,所以彼必绝男女之配。""殊不知天所以为天,以其用之不息也。"故而"今天下之人比比趋于佛氏,而遵佛氏之教者,天下无一人也。""此真终不可归也,佛氏之教亦穷矣。"蔡尚思先生言:"韩邦奇批评佛教最中要害,既正确也痛快。直到近代的章太炎都似不知此说;即使知道,也未能起来反驳。"[①]可谓真知灼见也。

第三节　修身精义

上节既言邦奇于"性道"之见,终于论"理"也。然为学之功夫,不唯明见,亦重于落实。邦奇以圣人尧舜之性本之天地之性,以其发育流行为天道,而以圣人之事业为人道之根本也。故人人须学圣人。然圣人自何而学? 邦奇以为,"《西铭》是规模之阔大处言天道也,《东铭》是工夫之谨密处言人道也。先《东》后《西》,由人道而天道,可造矣。"故以邦奇之见,修身当以《东铭》为纲也。

一、《东铭》:功夫总纲

张载《正蒙》精义,所纯粹者,为《东铭》《西铭》二铭也。其《西铭》已见前节,为张载天道境界综论之精粹,《东铭》则曰:

---

① 蔡尚思著:《中国礼教思想史》,上海:上海古籍出版社,2006年版,第403页。

  戏言出于思也,戏动作于谋也。发乎声,见乎四肢,谓非己心,不明也。欲人无己疑,不能也。过言非心也,过动非诚也。失于声,缪迷其四体,谓己当然,自诬也。欲他人己从,诬人也。或者以出于心者,归咎为己戏。失于思者,自诬为己诚。不知戒其出汝者,归咎其不出汝者。长傲且遂非,不知孰甚焉!

其意大略为:

  平日偶然戏谑的话,本是出于心中的思想;平时偶然戏谑的举动,本是出于心中的谋虑。由声音发出来,由四肢显现出来,还认为不是出于自己的本心,这是不明。想要他人不怀疑自己,这是不可能的。这些过分的言论,本不是人心所固有;这些过分的举动,本不是人的诚心所应该如此。既已有过失在口中的发言,有纰缪迷乱在四肢的举动,却认为自己本应当如此,就是自诬他的本心了。想要他人依从于自己,这是骗人啊!有人认为自己的言论举动虽然是出于本心的,但自己的过失却是出于一时的随意戏耍;又认为出于随意戏耍所以有失于认真的思考,而自己的本心其实并未丧失真诚。不知道儆戒出于你本心的言论,却归罪于自以为并不出于你的本心的随意戏耍。骄傲的习气将日益增长,并且错误将一直延续下去,没有比这更不明智的了!

历来多注重《西铭》而轻视《东铭》,韩邦奇独不以为然,其以《东铭》为人道功夫之总纲,切切于实者也。其解释《东铭》之文,于"戏言出于思也,戏动作于谋也。发乎声,见乎四肢,谓非己心,不明也;欲人无己疑,不能也"句下解曰:

  言虽戏谑,必出于思,动虽戏谑,必出于谋。夫声者,心之发;四肢者,心之用。思与谋,皆心之筹度。今既发于声,见于四肢,出于思而谋,是皆本于心者也,而谓"非己之心",愚也,非不明而何?则人必疑之。谓非端人正士也。谓非己心,若曰:"吾直戏耳,非实心如此也。"

于"过言非心也,过动非诚也。失于声,缪迷其四体,谓己当然,自诬也;欲他人己从,诬人也"句下解曰:

  上言有心之非,此言无心之失。"诚",实也。"过",言过。动出于一时之仓卒,未暇斟量,皆失于思谋者也。故"过言"非其本心,

"过动"非其实意,是一时失于声,缪迷于四体耳。虽然,是皆不当于理。所当改者,若文其过,谓"当如此言"、"当如此动",则其过遂成而为恶矣,非诬而何?谓"已当然",如云"不是我差了,我心要如此,当是如此",言如此动也。

于"或者以出于心者,归咎为己戏。失于思者,自诬为己诚。不知戒其出汝者,归咎其不出汝者,长傲且遂非,不知孰甚焉"句下解曰:

> 此承上文而言。"本出于心"也,或者以"出于心"者,曰:"吾直戏耳,非有心欲若此也";本非思也,或者以"失于思"者,曰:"理当若是,吾实欲若是也。"以"出于心"者,"归咎为己戏",是不知戒其出汝者,长傲孰甚焉!以"失于思"者,"自诬为己诚",是不知归咎其不出于汝者,遂非孰甚焉!

此后复总结之曰:

> 此章言恶虽小而不可为,过无损而所当改。兼言行而言也。朱子以故误言之,其警学者深矣。《西铭》是规模之阔大处言天道也,《东铭》是工夫之谨密处言人道也。先《东》后《西》,由人道而天道,可造矣。朱子独取《西铭》,失横渠之旨矣。圣贤之学,言其小极于戏言戏动、过言过动之际,无不曲致自谨,推而大之,则乾坤父母而子处其中,盖与天地一般大也。此《西铭》《东铭》之旨。

由此可见,邦奇以为《东铭》乃就人道处而言道德修养之功夫,其兼言顾行,而本之于心也。其言:"朱子以故误言之,其警学者深矣。"又言:"朱子独取《西铭》,失横渠之旨矣。"可谓对朱子抬高《西铭》而贬低《东铭》,持以批评之态度。

程朱一系,多贬低《正蒙》而褒扬《西铭》,如程颐在《答杨时论西铭书》(《河南程氏文集》卷九)中认为:"横渠立言,诚有过者,乃在《正蒙》。"对于《西铭》,则曰:

> 《西铭》之为书,推理以存义,扩前圣所未发,与孟子性善养气之论同功(二者亦前圣所未发),岂墨氏之比哉?《西铭》明理一而分殊,墨氏则二本而无分(老幼及人,理一也。爱无差等,本二也),分殊之蔽,私胜而失仁;无分之罪,兼爱而无义。分立而推理一,以止私胜之流,仁之方也。无别而迷兼爱,至于无父之极,义之贼也。(《答杨时论西铭书》,《河南程氏文集》卷九)

程颐极力推崇《西铭》,且将此与孟子性善养气之论同等论功,主要是因为他从中解读到"理一分殊"的道理。朱熹同样有重《西铭》而轻《正蒙》的倾向。其所作《西铭论》,完全以"理一分殊"来解《西铭》的观点,言:"《西铭》之作,意盖如此,程子以为'明理一分殊',可谓一言以蔽之矣。"①对《正蒙》,朱熹虽言:"近世为精义之说,莫详于《正蒙》之书。"②然而并不赞同《正蒙》中对"太虚"与"气"的论说,其言:"《正蒙》说'道体'处,如'太和''太虚''虚空'云者,止是说'气'。说聚散处,其流乃是个大轮回。"③对于《东铭》,朱熹认为其远不能与《西铭》相提并论:

> 《东》《西》铭虽同出于一时之作,然其辞义之所指,气象之所及,浅深广狭,迥然不同。是以程门专以《西铭》开示学者,而于《东铭》,则未之尝言。盖学者诚于《西铭》之言反复玩味而有以自得之,则心广理明,意味自别。若《东铭》,则虽分别忿傲遂非之失于毫厘之间,所以开警后学亦不为不切,然意味有穷,而于下学功夫盖犹有未尽者,又安得与《西铭》彻上彻下、一以贯之之旨同日而语哉!……即《西铭》之书,而所谓一原无间之实已瞭然心目之间矣,亦何俟于《东铭》而后足耶?若俟《东铭》而后足,则是体用显微判然二物,必各为一书,然后可以发明之也。④

朱熹认为,《东铭》"于下学功夫盖犹有未尽者",加之体用、显微判然二物,故而舍之。韩邦奇反对朱熹"独取《西铭》"的观点,他说:"《西铭》是规模之阔大处言天道也,《东铭》是工夫之谨密处言人道也。先《东》后《西》,由人道而天道,可造矣。"在韩邦奇看来,《东》《西》二铭乃是一个完整的体系,《西铭》重在言理明道,而《东铭》重在践履修行,两者不可偏废,故"朱子独取《西铭》,失横渠之旨矣。"

韩邦奇摄取《东铭》之本意,主张修身应以心为本,然心之目标在于何?张载说:"气与志,天与人,有交胜之理。"(《正蒙·太和篇》)韩邦奇解释曰:

---

① 朱熹著:《西铭论》,《张载集》附录,北京:中华书局,1978年版,第410页。
② 朱熹著:《答江元适三》,《朱子全书》第21册,上海:上海古籍出版社,合肥:安徽教育出版社,2002年版,第1704页。
③ 朱熹著:《朱子语类》卷九九,《朱子全书》第17册,上海:上海古籍出版社,合肥:安徽教育出版社,2002年版,第3329页。
④ 朱熹著:《晦庵先生朱文公文集》卷三十,《朱子全书》第21册,上海:上海古籍出版社,合肥:安徽教育出版社,2002年版,第1306—1307页。

"以天为气,志为圣人,民咨是圣人所不能。"(《正蒙拾遗·太和篇》)韩邦奇不仅认同张载这一观点,提出"学不足以一天人、合万物,不足以言学。吾读《正蒙》,知天人万物本一体也。"(《〈正蒙拾遗〉序》,《苑洛集》卷一)更为强调人在道德自我完善上的自觉能动之性,其曰:

> 造化不如人。圣人能全其性,造化不能全其性。修齐治平,圣人之功业也。圣人无虐民之政。生物者,造化之功业也。虺蛇射工鲸鲵,造化不能自克也。(《苑洛集》卷十八)

圣人可以通过内圣外王之功业实现人类社会的健康稳定和繁荣发展,而造化自然却不能阻止自然灾害的发生。然而人如何能"全其性"?这不仅是个理论问题,而且是关乎道德实践的重要问题。韩邦奇认为,人类社会中,圣人之心性,是人性之体现;圣人之事业,都是人道的体现。大的如亲亲仁民、忠君敬长、明体适用等外王事功,小的如一言一动之发、一事一物之处等内圣修养,所有这些都是人道的体现。既然圣人可以成就功业、稳定社会政治,那么人就应该以圣人为榜样,把圣人当作人努力的目标、修养的方向。所以,人道之实现实际上就是人通过不断努力修习以成为圣人。然而,圣人之学是人的涵养功夫程度的最高层次,除此之外还有大贤之学和贤人之学。成为圣人只能是一个终极性的目标,而要达到这一目标,需要不同层次的努力,韩邦奇说:

> 有圣人之学,有大贤之学,有贤人之学。方念虑未萌时,即戒谨恐惧,自无恶念之发,圣人之学也。汤、武反之是也,盖无事于慎独矣。戒谨恐惧矣,而资未极粹,忽然非心萌焉,即遏止之,不使见之于行,大贤之学也。过止在心,无行过也,资又下也。遏之未能,遂见于行,然后悔而改之,此贤人之学也。故学有三等。若尧舜,则不待学也。(《苑洛集》卷十八)

这就是说,涵养功夫有三个由高到低的层次:最高目标是圣人,即戒谨恐惧于念虑未盟时,此时无念,更无恶念;其次是大贤,虽已戒谨恐惧,仍有非心萌发,然而恶念在心里被遏止,行为上还没有受到影响;再次是贤人,虽戒谨恐惧,恶念已见于心并付之于行,后来能够意识到且能悔改之。成为圣人是修养的最高目标,然而修行当遵循一定之次第,先力求做贤人,再力求做大贤,而后则修养成圣人也。这一观点,与韩邦奇认为宇宙万物乃是渐变而成的哲学观念是一致、统一的。

概而言之,韩邦奇批判朱熹"独取《西铭》"的做法,而主张"先《东》后《西》,由人道而天道"。《东铭》的内容主要是人道,是下学功夫;《西铭》的内容主要是天道,是上达天命。所以圣贤之学其实体现的是"下学而上达"的功夫和方法。他说:"圣贤之学,言其小极于戏言戏动、过言过动之际,无不曲致自谨,推而大之,则乾坤父母而子处其中,盖与天地一般大也。"(《正蒙拾遗·乾称篇》)圣贤之学始于极小之言与行,然后"推而大之",以至与极大之乾坤父母合而为一。由此可以看出,韩邦奇对《东铭》之重视,实际上源自于其对张载"天人合一"思想在道德实践上的认同。

二、养心

贤人之学、大贤之学和圣人之学都是人不断修养以期成为圣人的不同修养阶段,然人之一切言行举止,皆禀乎心也。故修养之重点,无非以"养心"为根基,韩邦奇称之为"养心之法"或"养心之道"(《苑洛集》卷十八),其曰:

> 此心之大,与造化同。造化运而不息,此心亦运而不息,惟有动静耳。有冬有夏,昼有为,夜有寝,是也。① 此心应事接物时,及念虑萌动时,此时省察斟酌,使必合乎理,便是"养心"。事物未来,念虑未萌,敬以持之,亦"养心之道"也。古之圣人,于静坐之时,经纶酬度,周游天下,亦所以"养心"也。(《苑洛集》卷十八)

"此心之大,与造化同。"其运不息,"惟有动静耳"。动中当"省察斟酌",静时应"敬以持之",此可谓"养心"也。然如何省察敬持此心?邦奇以为,其要点有三,即戒谨恐惧、无问动静和必合乎理也。兹择其要,分述如下:

(一)戒谨恐惧

韩邦奇所说的"戒谨恐惧"实出于《中庸》之"戒慎恐惧",他说:

> 人于念虑未发,未应事接物之时,检点日用所为有无违理,即是戒谨恐惧之一端。(《苑洛集》卷十八)

> 《中庸》"戒慎谨独",一日行之,则一日圣贤;一月行之,则一月圣贤;终身行之,则终身圣贤。(《苑洛集》卷十八)

"戒慎恐惧"是成为圣贤的修养途径,对它的执行与否直接关系到能否成

---

① 《苑洛先生语录》此句下有"故至诚无息"一句。

为圣贤,而"谨"与"慎"都有自谨身节、检点而行的意思。韩邦奇又以"诚意"解"谨独":

> "意"是"心"之发,"诚意"即《中庸》之"谨独"。"心"是其本体,"正心"即《中庸》之戒慎。修身则是端九容,各有工夫。如燕居之申申夭夭,入朝之色勃足躩,临下之庄敬,享礼之容色之类,皆是也。传者释"正修",或指其用,或推其原,非正解也。子思之功,自静而动;曾子之功,由动而静;皆说个大纲。孟子之"有事勿正、勿助、勿忘",则其中之节次也。人能敬以持心,虽盛暑正午之时,衣冠而坐,亦不觉热。虽熟睡时,其体亦自不放。(《苑洛集》卷十八)

《中庸》说:"道也者,不可须臾离也,可离非道也。是故君子戒慎乎其所不睹,恐惧乎其所不闻。"朱熹解释说:"道者,日用事物当行之理,皆性之德而具于心,无物不有,无时不然,所以不可须臾离也。若其可离,则为外物而非道也。是以君子之心常存敬畏,虽不见闻,亦不敢忽,所以存天理之本然,而不使离于须臾之顷也。"[①]朱熹认为,"戒慎恐惧"是喜怒哀乐未发时的涵养功夫,是指在万事未萌芽时便小心谨慎、防于未然,使自我之言行,须臾不可离道也。

韩邦奇"戒谨恐惧"的涵养功夫理论基本上沿袭了朱熹的思想,其"事物未来,念虑未萌,敬以持之"的涵养功夫,指在念虑未发、未接应事物的时候预防此心,使非念没有萌发的机会。然而,"戒谨恐惧"不仅可以有效防止非念之萌发,即使非念已发也能及时遏止,他说:

> 无事之时,预防此心,勿使非念之萌。然此心难制,一有非念之萌,即遏之,勿使达之事、为之著,便是养心之法。(《苑洛集》卷十八)

> 念虑未萌,此天理浑全无亏损时,人于此时便能存养,虽有非念之发,遏之较易。若未发时不用工夫,非心之发如湍水之决,六马之驰,其遏难矣。日用体验自见。(《苑洛集·卷十八》)

> 学者于此心能戒慎省察,则日用之间纵使把持不定,小过不及则有之。至于逆天拂经,损人利己之事,必无矣。不肯损人利己,况肯损国以利己乎?况肯作乱者乎?苟施者必苟取,因念而损身者,

---

① 朱熹著:《中庸章句》,《四书章句集注》,北京:中华书局,2005年版,第17页。

必不能取义以舍生,见义而攘臂。争先者必见害而潜为自脱之计,
见义攘臂,有好名使气之意。(《苑洛先生语录》卷一)

这就是说,"戒谨恐惧"的涵养功夫很重要:它首先可以防止非念之萌发;
在防止失效而非念实已萌发之时则能及时将其遏制住,使非念来不及影响到
人的行为举止;即使因为日常修养中把持不定而非念已经导致错误的行为举
止,那也只会是小过而必无大逆。

(二) 无间动静

韩邦奇反对"闭目高坐"的佛教修养方法,更批判有世儒之入禅并传与生
徒的做法。他解释"形而上者,得意斯得名,得名斯得象;不得名,非得象者
也。故语道至于不能象,则名言忘矣"一句,曰:

> 此一节非论道,是论学者造道之妙。如得天之化育,则知天之
> 所以名,而得天之象矣。然其化育流行之妙,视不见而听不闻也,乃
> 其妙用,何以能象? 苟默而会之,则自得于心,何用名言! 大凡古人
> 此等语,是谓学者得其妙则不待言语形象。虽然此为自学而言,若
> 夫垂教于世,言象岂可已? 孔子曰"予欲无言",则两篇《论语》,谆
> 谆言之,至于删《诗》《书》、定《礼》《乐》、赞《周易》、修《春秋》,自古
> 立言之多者无如孔子。尧舜之历象、乐器、衣裳,许多物象,学者亦
> 当得意可也。世之儒者有默然寂然,谓简策为赘物,闭目高坐,以示
> 生徒,殆佛氏之传灯耳,殊可笑。无弦之琴,误之也。(《正蒙拾遗·
> 天道篇》)

邦奇以为"闭目高坐以示生徒,殆佛氏之传灯耳",此如无弦之琴,殊为可
笑。其又批评此等做法,曰:

> 此心运而不息,有如江河,汪洋浩荡,流而不息;养心之道,如禹
> 之治水,去其壅塞耳。若夫闭目静坐,使此心如槁木死灰,是池沼之
> 澄清耳。(《苑洛集》卷十八)

> 世儒不曾留心穷理,博学切问,妄意忖度,乃令学者闭目盘坐,
> 名曰"收心"。如此必遗弃伦理生事,如释氏可也,哀哉! 夫人自少
> 至老,无一时无职事焉。有工夫终日静坐,一日静坐即一日失学,是
> 人自人,学自学,人与学判,无相干矣。哀哉! (《苑洛集》卷十八)

> 造化人心,不过动静两端而已。才离于动,便属静;才离于静,

便属动。古之圣贤,只说动静,于中捻出一"几"字,已属之动矣。(《苑洛集》卷十八)

> 若必待养心已成而后行事,则孔子七十从心以前,皆闭门静坐时也。(《苑洛集》卷十八)

实际上,韩邦奇所要强调的是,不能仅限于"闭目高坐"来修养,而应该不分动静,在日用之间随时随地进行养心。其《与杨椒山书》曰:

> 心之当养,无间动静。里居之日,供未耜,远服贾,亦养心之时也。临政之时,诘讼狱,裁檄牒,亦养心之时也。于凡应对宾客,盘桓樽俎,莫非养心之时。孔子曰:"出门如见大宾,使民如承大祭。"此之谓也。若夫凝然正坐,却除世事,则佛氏之养心也。吐纳导引,使不内耗,则仙家之养心也。三代之士,最为精粹,秦汉及唐,质美暗合,下此类多禅学矣。考之经史,亦可可见。(《苑洛集》卷十八)

这就是说,静坐可以修养,待人处事时也可以修养,修养是随时随地都可以做的事情,无论是里居还是为宦,无论是务农还是经商,无论是独处还是迎宾。静坐时可以静下心来回顾检查以往之行为是否得当,不当则可以及时改正,其曰:

> 人于静坐时必点检已行之事,则当否可考。悔心愧心生,庶可补过矣。(《苑洛集》卷十八)

待人处事之时也可以当即省察自己,这样就能保持思想的专一而不涣散,免除思虑之纷乱。在匆忙行事之际,也当"自省其心":

> 人于匆冗忙迫之时,即自省其心,使勿随事俱忙,亦处事持心之一法也。(《苑洛集》卷十八)

(三)必合于理

人于念虑未发、未应事接物的时候,检点日常所作所为有无与"理"相违背之处,这也是"戒谨恐惧"涵养功夫的一个方面。韩邦奇所说的"必合乎理"实际上包含着两个方面的要求,一是"必合道义",二是"皆欲合中"。

对于"必合道义",韩邦奇说:

> 养心之法,无问动静,应接推行之际即省察之,必合道义而后发。(《苑洛集》卷十八)

"必合道义"就是省察日常之行为举止是否符合道义,所以道义就是日常

应事接物的标准。那么,道义从何而得,韩邦奇说:

> 天人之际,鬼神之理,非深造君子未易言也。学者惟笃信孔子之言与行,及《五经》之旨可也。(《苑洛集》卷十八)

> 君子当以三代学者为法程,庶大节大本不至颠覆。(《苑洛集》卷十八)

孔子之言行举止以及《五经》之旨皆体现了宇宙天人之理,皆体现了道义,学者通过学习并以之为标准来指导个人的言行举止,就符合道义。关于如何学习掌握孔子之言行以及《五经》之旨,韩邦奇说:

> 内是心,外是耳目。心之明由耳目之闻见、讲习、讨论之类。(《正蒙拾遗·大心篇》)

知识的获得可以通过闻见、讲习和讨论等途径,这也是人认识客观世界的途径:闻见是人通过感觉器官去感知;讲习是师徒授受已有的经验知识或理性知识的过程;讨论则是分析、辨别、取舍的逻辑过程。在这里,韩邦奇实现了涵养与致知的统一。

对于"皆欲合中",韩邦奇说:"日用之间,酬酢万变,初无定体,皆欲合中,非得时措之宜者,非过则不及矣。"(《苑洛集》卷十八)"必合乎理"的另一个要求就是要"合中",要求日常中之应事接物要适中得宜,过犹不及。他说:

> 此心最难持,非昏昧则外驰。(《苑洛集》卷十八)

> 学者养心之法,固不可令其放逸,亦不可太拘,反为心害。正如仙家导气,佛家入禅,孟子所言"勿忘勿助"最好。试于日用之间,验之自见。(《苑洛集》卷十八)

> "长裕不设",正如孟子所谓"心勿忘,勿助长也"。言自益益人,固贵不已其功,然须优柔有渐。间断固不可,急迫亦不可。此为学之要法。(《苑洛集》卷十八)

> 《中庸》戒慎谨独,一日行之,则一日圣贤;一月行之,则一月圣贤;终身行之,则终身圣贤。虽颜子之贤,不能不违于三月之后,是岂易能哉!此段功夫不惟可以养心,亦可以却疾。若把持太过,反有以伤其心,亦能致疾。孟子曰:"必有事焉,而勿正心,勿忘,勿助长也。"此其法也。(《苑洛集》卷十八)

> 中立而不倚,最难。非义精仁熟者,不能。凡事有所依凭,则不倚;无所倚凭,则易至于倚。盖时措之妙也。如不违乎亲意,人子依

此而行,何难之有乎?却有以违亲之意为中者,大舜不告而娶,是也。有可其不可者,亦有不可其可者,岂易能哉?"中"是无过不及,"倚"是过不及也。日用之间,酬酢万变,初无定体,皆欲合中,非得时措之宜者,非过则不及矣。(《苑洛集》卷十八)

　　善人当好也,过于厚,非平也;恶人当恶也,过于法,非平也。中者,有权之道焉。(《苑洛集》卷十八)

这里韩邦奇所着重强调的是:日常中之养心,既要避免昏昧,也要防止外驰;既不能太过放逸,也不能拘得太紧。总而言之,适中是非常重要的。

除以上三者之外,韩邦奇还从"气"论出发,主张"养气"。其曰:

　　气失其平而为疾,虽孔子亦不能免,甚而昏愦亦有之。岂惟圣人,虽天地亦不能免,当寒而温,当暑而凉,风雨晦暝,旱涝为灾,星辰失度,日月薄蚀之类,皆天地之气失其平者也。(《苑洛集》卷十八)

故而养气,贵在一"平"字。除此之外,韩邦奇还接受孟子"夜气"之说,结合自身之省察,主张"养夜气":

　　"夜气"一节,惟孟子有之,他儒皆无。观程朱"夜气"之说①,即可见其原无此气。盖②其得于天者未甚粹,不如孟子多矣。③ 余二十以前,未食之前,此欲淡然全无,及食后则欲心萌矣。到明日早时,回思昨日之欲,此身寒客④,真如在秽溺中,"恶恶臭"尚不足方也。自悔死迷乎何以至此,到饭后时欲心又萌。明早却又悔恶,惧夫梏之反复也。以此知程朱原无此气。⑤(《苑洛集》卷十八)

　　"夜气"梏于饮食,以此知仙家忌烟火食。但吾儒从容⑥而进,仙家欲躐等而成,饮食岂可废哉!(《苑洛集》卷十八)

三、养德

韩邦奇又主张将修养之法,落实于言、行日用之间,谓之"养德"。其曰:

---

① 《苑洛先生语录》此句作"观程朱以'早起清明之气为夜气'"。
② 《苑洛先生语录》无"盖"字。
③ 《苑洛先生语录》此句下有"盖清明之气,人皆有之,非夜气也"。
④ 《苑洛先生语录》"客",作"凛"。
⑤ 《苑洛先生语录》此句下有"术家忌烟火食,有由然也"。
⑥ 《苑洛先生语录》"而进"上有"集义"二字。

《易》曰:"君子以慎言语,节饮食。"朱子释之曰:"养德养身之切务言语也。"何谓"养德"?孔子曰:"先行其言而后从之。"只此一句,便是躬行之实,自是无过。言无虚言,无狂言,无戏言,无俗言,言慎则德成。日用之间体验之自见。(《苑洛集》卷十八)

韩邦奇主张从言、行上提高修养。其解释张载"言有教,动有法;昼有为,宵有得;息有养,瞬有存"曰:

此章兼言动、知行而言。"宵有得"一句,非用功至此者不能言,人于昼之所学,讲论寻究之际,未得宁静,至夜而思之,往往有自得处。指知而言,非谓"夜气"也。"夜气"是人之善原,一脉之未息者,昼多梏亡。至夜自生,盖夜有而日梏之,非以昼养而夜存也,细味之自见。"瞬"是目一转视,非一开闭也。(《正蒙拾遗·有德篇》)

韩邦奇强调要言而"有信",无欺。其解张载"无征而言,取不信,启诈妄之道也"曰:

本有其实,但无征,亦不可言。虽言,人不信,则人将效之为妄诈。无征是有其实,妄诈则无实者也。然则人之于言也,可苟乎哉!(《正蒙拾遗·有德篇》)

"信",又意味着不可欺天而罔人,慎独也。其又解"言形则卜如响,以是知蔽固之私心,不能默然,以达于性与天道欤"曰:

此以卜龟言。言卜龟之一言,既形吉凶之应如响,虽鬼神不能秘其几,蔽固之私,一生于心必形于外,岂可欺天而罔人哉!君子知此,则所以养性事天者,敢使私欲之念,隐伏于胸中哉!(《正蒙拾遗·有德篇》)

韩邦奇主张将养心之法贯穿于处事之中。其言:"人于匆冗忙迫之时,即自省其心,使勿随事俱忙,亦处事持心之一法也。"(《苑洛集》卷十八),事中养心,即主张"主一无适":

主一无适,存心处事之至要。事至,若能主一事,自不得错。惟方理此事,却思别事,便有错。(《苑洛集》卷十八)

主张"克己好善":

孔子大圣,且每事问。凡临事勿惮数问,若恐人以己为不知而耻问,非克己好善者之存心也。(《苑洛集》卷十八)

见善勇为,惟恐人知退焉。有惭色,此诚于为善者也。(《苑洛集》卷十八)

　　人能为善事,耻在人先,则为己之真者也。若扬扬然,争先倡首,恐亦非尽善。(《苑洛集》卷十八)

主张"矜持礼节":

　　学者动静起居,虽暗室屋漏之际、寝卧之时,亦矜持礼节。然后接物时,从容自得。若隐显不一,在人前虽勉强矜持,终不自然,必有脚忙手乱时。(《苑洛集》卷十八)

　　《诗》言:"骏奔走在庙",书《言》:"骏奔走执豆笾",所谓速如,奔马也。礼之严如此,故有子曰:"还从容些为贵。"若太从容则慢矣。(《苑洛集》卷十八)

　　在伍则抗而立,在朝则俯而立。(《苑洛集》卷十八)

邦奇久居官场,深谙其中三昧。其处事之道,多自此中省得来。如曰:

　　人来请谒者,由威福作于己也。若随物应之,则请谒自不至矣。有人居官终身,而人无一字相通者,是其验也。为治之道,无过于一诚。此心之诚,可潜通于夷狄。通之者,非接其人,而感化之也。非施以德,而怀柔之也。诚立于中国,自是不来侵犯。莫知其所以然而然也,学者无以为迂。(《苑洛集》卷十八)

　　上行下效,有如桴鼓。圣贤之言,的然无疑。余接人常带笑容,每升堂,见吏人以下及属官参谒,皆带笑容。余自愧:"何人之慢我如此?"一日,忽自悟,曰:"知其由于余也。"且思圣人有言:"临之以庄则敬。"明日升堂,正色而坐,吏人以下,勃然变色,端肃而立;属官参谒者,亦勃然变色,凛然而退。使其以言教之,虽数十日亦不能成,且不能齐。自是不待行禁而肃清。韩尹廷学曰:"不知近日每入道,何故如临渊冰?"(《苑洛集》卷十八)

孟子云:"四十不动心",韩邦奇对此"不动心",亦极为重视,其曰:

　　"遇大事不动心",大贤以上事,甚难。然本无难,义未至,故为难。或为毁誉,其次为利害,又其下则为得失矣。若疑惑,则又系天

资。学不至①,不疑惑,更说②恐惧不得。子路之死,虽不恐惧,乃恐惧之最甚者。未至不疑惑故也。(《苑洛集》卷十八)

张子《西铭》言:"不愧屋漏为无忝,存心养性为匪懈。"邦奇亦主张:

人于不得意处,不必自销沮,当审其是非已。果是,固当坦然;纵是差失,只当速改,亦不必过于悔愧,徒销沮何益!(《苑洛集》卷十八)

四、人格

韩邦奇极为重视人格之培养,提倡"独立不惧"之人格。其解张载"制行以己,非以同乎人"曰:

独立不惧,一家非之而不顾,一国非之而不顾。义,仁之动也。(《正蒙拾遗·至当篇》)

"独立不惧"之人格,在于能仁义并行而无偏。其解张载"流于义者,于仁或伤;仁,体之常也,过于仁,于义或害"曰:

张子之意,在"流"字与"过"字上。"义流则非义矣,仁过则非仁矣,非谓仁义并行也。"(《正蒙拾遗·有德篇》)

韩邦奇亦极为重视孟子所提倡之"大丈夫气节"。孟子最早提倡"大丈夫气节",曰:"富贵不能淫,贫贱不能移,威武不能屈,此之谓大丈夫。"韩邦奇亦主张"忘富贵贫贱""忘其死生""必忘名节","惟义是从",做"大丈夫":

人忘富贵贫贱,不足为大丈夫。必忘其死生。忘死生不足为大丈夫,必忘名节。有顾名节之意,便是私心。(《苑洛集》卷十八)

古今学者顾惜名节,亦害事。一有顾惜名节之心,所为便有曲意畏忌之心,安得光明俊伟?必并其名节而忘之。惟义是从,天下非之而不顾,可也。流俗不知之,有识之士必知之;有识之士不知之,天地鬼神必照之;天地鬼神不照之,吾心不自知之乎!必如是,方为大丈夫。(《苑洛集》卷十八)

对于名节之害,韩邦奇认识甚深。其解释"正明不为日月所眩,正观不为天地所迁"曰:

---

① 《苑洛先生语录》"不疑"上有"未至"二字。
② 《苑洛先生语录》"恐惧"上有"不"字。

天下之事，惟正为难守，最易眩迁。世之君子，不为死生利害眩迁者易，而惟不为名节道义眩迁者难。子路眩于忠，死于卫；微子去国归仇，正也；申生眩于孝，死于谮而不诉；大舜不告而娶，正也。（《正蒙拾遗·天道篇》）

韩邦奇继承张载思想，提倡君子人格。其解张载"君子宁身被困辱，不徇人以非礼之恭"曰：

致恭本为远耻辱，今宁身被困辱，不徇人以非礼之恭，反其意而言之。善解有子之言者，上下二句皆此意。本欲践言则言不必践，本欲依人而人不必依，则约信不可不谨，依人不可不择。（《正蒙拾遗·有德篇》）

又解张载"君子所以立多凶多惧之地"曰：

几与徒，善恶所由分也。三当离下而上之地，上下未定，勉则善，怠则恶。多凶多惧之地，故必终日乾乾，而凶惧可免。（《正蒙拾遗·有德篇》）

提倡"君子重夫刚者"。其解张载"肤受，阳也；其行，阴也。有象必有效，故君子重夫刚者"曰：

先发者为阳，后受者为阴，不特肤受，凡事皆然。如师之教是阳，弟子从教是阴。古之人如汉高，刚有未至，刻印之听，几败事。昭帝闻上官桀之谮，言光忠臣，可谓刚矣。高帝非纯阴者，故卒行子房之言。（《正蒙拾遗·有德篇》）

韩邦奇以道德修养为成就自身、昌盛后世之基础，曰：

士君子胸怀脱落而无所闭藏，资性淳懿而耻为机械，制行坦夷而不为隐怪。此居身昌后之道，希贤进德之基也。（《文林郎长寿县知县赠承德郎工部虞衡清吏司主事赵先生墓表》）

韩邦奇以儒家传统之人格为楷模，其高度评价文王，以为其"至德"者也。其解张载"舜之孝，汤、武之武，虽顺逆不同，其为不幸均矣"曰：

舜不欲有孝之名，汤、武不欲有武之名。张子深知舜、汤、武之心哉！然舜之不幸不可免者，汤、武之不幸犹可免也，乃不幸中之不幸。此汤所以惭而义士所以非也。文王，其至德也欤！（《正蒙拾遗·作者篇》）

韩邦奇论有道者之气象，以孔孟为归。孟子曰："吾善养浩然之气"，韩邦

奇对此"浩然之气"境界,亦极为认同,认为后世之所不及:

> 石曼卿诗曰:"乐意相关禽对语,幽香不断树交花。"于浩然之气,似无干涉。如"天心水面,云淡风轻"之类,不过闲适自然耳。究其极,亦只曾点舞雩之气。象颜子之"欲罢不能"、孟子之"配义与道",其清虚切实之分自见。此等言语,正如释氏之偈言,术家之隐语,如曰"草上露华偏在尾,花中香气总宜心",曰"不用时时扫,何处有尘埃"之类,孔、孟及三代以上儒者,必不肯为此说。(《苑洛先生语录》卷二)

又论宋儒之气象所见,不如子贡:

> 先正谓:"'光风霁月',不足于形容有道者气象。必如孟子所谓'睟面盎背',然后可以形容有道者之气象。"然犹不如子贡所谓"夫子温良恭俭让"。(《苑洛先生语录》卷一)

邦奇以"乐"为儒家人格最高境界。其论孔、颜之乐,曰:

> 孔子乐在其中,颜子不改其乐。程子言:"所乐何事?"乐乃四情之一,更有何事? 不亦乐乎! 朋来而乐也;乐以忘忧,理得而乐也。于"乐"字上无所增益,若为贫而忧,是改其乐也。(《苑洛先生语录》卷一)

韩邦奇对儒家之"乐"有较为丰富的论述,认为"乐"之根柢,在于能"不役于物",其《乐休园诗序》是一篇论"乐"的好文字,兹录之如下:

> 夫乐者,情之一也,无往而不在;乐休者,休之乐,乐之一也。夫乐者,情之正,动以天,自足于己,而不累于物者也,何假于园与诗哉! 夫园与诗,适以寄此乐,言此情而已,乐固不在乎是也。
>
> 嗟夫! 情既炽而物是役,世之人知乐之真者,鲜矣! 夫苟得是乐之真也,则虽无是园与是诗,亦乐也;夫苟不得是乐之真也,则是园与是诗,丧志而逐物,忧之媒也。夫乐,无往而不在者也;忧,不出其位者也。时行则行,所以儆戒尽瘁者,皆乐也;时止则止,所以省身勤家者,皆乐也。古之贤圣,所以忧勤惕励,无时豫怠者,防此乐之或丧耳。夫苟既休矣,谓荣名利达之所不系,遂乃轩然自得,快然自娱,徜徉于山水花木词翰之间,置生事世故于不闻,此众人之所谓"乐"。而君子之所甚忧者也,其如真乐,何哉? 如吾仇子,则知乐之真而不役于物者也。何以言之? 观仇子之家范可知矣。观仇子之

家范,则其所以忧勤惕励者,可考也;而所以处乎休者,可考也。然则仇子之乐,岂真在于园与诗哉?

第四节 处事之方

养心、养德之功夫在我,非由外铄也。然人处世间,与物相交接,情态纷杂,非仅由道德可以成事,故需明权而知变也。邦奇处事之道,多出于儒家之道德准则,然亦援《易》理,以变通为方也。此由邦奇之交友、理政、教化处可以见之。

一、交友

韩邦奇不唯以儒家之道德准则,作为自我修养之标准,亦以之作为交友之标准。其下诏狱之时,与徐文华(字东岩)诗词酬唱,相互勉励。《北司狱中联句序》记其事曰:

> 君子以同道为朋,诚若东岩之云哉!夫古之人不轻于定交,亦不轻于绝交,惟其终之,不可以轻绝,故其始不轻定交于可绝之人。若其本同而末异,违忠孝之节,触贪残之禁,怀谗诡之奸。"友",以义合者也,请终绝之,何恤朱穆之贞孤!其一言一行,出入小德之中,将由涓涓以成江海,虽在千里,勿忘箴规,亦不得为苏章之矫激,"友"之时义大矣哉!昔管、华并学,齐名海内,夫何未几,一则秉服道德,为天下高士;一则躬亲恶逆,为千古罪人,一念之萌远矣。又尝见古今豪杰之士,一为时所弃斥,遂荒唐旷达,寄情于神仙曲蘖之间,自以为迥出风尘之外,而不知已落风尘之下矣,此尤今日责善之切务也。

"君子以同道为朋","'友',以义合者也"。所谓朋友,并非止交于私情私利,而应以道义为准则也。"违忠孝之节,触贪残之禁,怀谗诡之奸"者,非友也。故"古之人不轻于定交,亦不轻于绝交,惟其终之不可以轻绝,故其始不轻定交于可绝之人。"韩邦奇又批评寄情于神仙之隐逸之士,以其远道而"落风尘之下矣",不为所取。在《贺太守吴公初辰序》中,韩邦奇又曰:

> 苑洛子曰:施之厚则感之深,感之深则形于言,言不足以尽其情也,则宣之于文。自夫群分类聚之情,见人之所施者异,而其所感者

亦不同。故德同道合、弹冠结绶,则谓之"朋",是为君子之施感。淫比曲附,二天三窟,则谓之"党",是为小人之施感。朋进而邦则荣怀,党进而邦则杌陧。"泰"之初九曰:"拔茅茹,以其汇",初九方进,而二九即随之,世之所以泰也。"否"之初六亦曰:"拔茅茹,以其汇",初六方进,而二六即随之,世之所以否也。始而一人之公私,终而一国一世之隆替,感施时义亦大矣!

二、理政

邦奇身处当时权宦当政之际,得之于《易》,可谓深矣。其曰:"他书只悬空说个道理,惟《易》则日用之间,事事物物皆有个处分,学者不可不读。"(《苑洛集》卷十八)其解《易》曰:

> 一部《易经》,当以一"正"字为主。当看"时"字、"才"字。坤时若不可为。若有直、方、大之才,亦可为,若六四,则"括囊"而已。
> (《苑洛集》卷十八)

韩邦奇以为人处于世间,以"金和而玉节"为完整之人格。其解张载"金和而玉节之则不过,知运而贞一之则不流。所以可久可大,肖天地而不离也"曰:

> 金可从可革,无定体;玉清洁坚凝,一碎而不可再完。不金和则异物;不玉节则徇物,金和而玉节之,则不过矣。智不运则不能应变趋时,不贞一则为权谋术数,贞一则行权时措皆合乎道,故不流。天覆地载,大也;悠久无疆,久也。(《正蒙拾遗·至当篇》)

韩邦奇极为看重在世间之权变,其对张载"前知其变,有道术以通之"一语极为赞赏,论之曰:

> "变""通"二字,此君子立身抚世之大权,济事成功之妙用。事虽可为,时不可为,亦不为;事虽不可为,时可为,则为之。如复国仇、讨强逆,此事之可为者,时力不能则宜止。越之于吴,其仇耻岂可忘之?勾践既已返国,事吴甚谨,进西施、献巨木,十年来无或怠,岂忘吴哉?俟时力既可,而吴亡矣。如高贵乡公忿司马昭之逆,奋然率众讨之,昭岂不当讨,时力不可也,遂至身亡国灭。弟之杀兄,事之不可为路人知之,周公诛管叔,盖不如此,管叔亦且死而周之社稷灭矣。使杀周公而周可安,周公宁死而管叔不可诛也。不独如此

大事。虽日用之间,固有可为而不可为、不可为而可为者,君子当精于义,处事每如此,安有败事! 是以可以措诸民也。他书惟以义行之,而成败非所计。《易》则图万全。何以能之? 几在事前也。如杀身成仁,此大好事。而"过涉灭顶",以凶字与之。凶者,不顺理也。如文天祥之死宋,可谓杀身成仁,不顺理在何处? 非死之时不顺理。度宗以前,是何时也,天祥不为俭德之避,乃出而显名,此时已不顺理矣。到那为相时,只得死。此而不死,爱身负国,扬雄之徒耳。使天祥于理宗之末,知祸乱之必至,埋名而处,如荷蓧耦耕之徒,宋室既亡,岂无十亩种瓜田哉! 而万全可保矣。故曰:"有道术以通之。""道""术"二字,下得极好。(《苑洛集》卷十八)

"'变''通'二字,此君子立身抚世之大权,济事成功之妙用。事虽可为,时不可为,亦不为;事虽不可为,时可为,则为之。"时之义,大矣哉! 韩邦奇认为:"夫《易》者,见几趋时,审力合道,以求万全,乃圣人之妙用,义命不足言也。"又说:

《易》曰:"分阴分阳,迭用柔刚。"只此二句,抚世酬物之大权,经纶勘定之妙用,尽之矣。虽黄石经,亦有所遗。分阳者,以大临小,五霸是也;分阴者,以小事大,勾践事吴是也。迭用柔刚者,随时消详,乘势发机之用也。君子握此,安有败事! (《苑洛集》卷十八)

外虽积险,苟处之心亨不疑,则虽难必济。人处险中,方寸先自乱,处之无道,难。何以济? 心亨不动,无所疑惧,则所以谋脱其难者,周悉万全,有不济乎![①] 又有义命当吉、当凶、当否、当亨者[②],圣人不使避凶趋吉,一以贞胜而不顾。如"大人否,亨。有陨自天。过涉灭顶,凶,无咎。""损:益龟不克,违及其命,乱也。"之类,三者情异,不可不察。此节非《易》之本旨。夫《易》者,见几趋时,审力合道,以求万全,乃圣人之妙用,义命不足言也。横渠以"吉""凶"二字,恐学者既不见几矣。及当其时,乃为偷生脱死、趋利避害之谋,故示之以此,以为未尽《易》者之防。《易》近《老子》,稍走作了,便是奸邪,"过涉灭顶,凶"。此杀身成仁之事,凶不顺理也。汉之龚

---

① 《苑洛先生语录》此句作"岂有不济乎!"
② 《苑洛先生语录》此句"又有义命"上有"横渠曰"三字。

胜、宋之文天祥,足以当之。方王氏、贾似道擅权之时,成、哀、理、度衰乱之际,便当见几审力,敛其德操,以见坚冰,使人视之如佣夫仆类,如此莽又安能以禄位加之?宋之倾危,亦无与于己也。既不能,然胜之声名已著,天祥名位俱隆,及莽征宋亡,此时而不死,岂儒者哉!天祥当时不屡图兴复,隐处林泉,如何不可也。位登宰辅,国灭而全身,无是理也。为二子者,当如熏膏之翁,可也。庶僚百官,国灭而全身,可乎?不当为兴复之图乎?若有昭烈孔明之才,不敛其德,可也,图兴复亦可也,执一而论,又非《易》矣。(《苑洛集》卷十八)

就《周易》六十四卦而言,韩邦奇极为重视坤卦,以为立身不可不效法于坤。其解释之曰:

坤至柔而动也刚,乃积大势成而然也。先至柔而后动可刚。若直以刚动如何?何必先柔?皆为坤也,力有所不足。若五伯之盛,直以乾道临之,何必先柔?当玩一"坤"字。汉高可以当之,时未可也,力未能也,鸿门之谢,汉中之往,垂首而行;及其可为也,定三秦、平燕齐、灭楚于垓下,何刚如之?用《易》君子,幸勿轻率以祸人之家国也哉!故曰:"积大势成。"(《苑洛集》卷十八)

坤先迷不知所从,故失道。后能顺听,则得其常矣。坤亦不是小物,上配乎天。坤以阴柔而握乾符,故先迷而失道,后能听言纳谏,信任元臣,乃得其常。此节商之太甲可以当之。(《苑洛集》卷十八)

坤之五,幼冲之主,有柔中之德。如汉之昭帝、周之成王,可以当之。然得二之辅,周公、霍光是也,故元吉。(《苑洛集》卷十八)

隋承南北朝之乱,至隋季则坤阴已极,时当来复,险难甚矣!唐太宗有黄裳之德,振而起之,成太平一统之业。李密、王世充辈何人?而纷纷若此,徒自杀其身而已。然则当如之何?不有六四乎?"括囊"如四皓,可也。学者察此,则于《易》也,思过半矣。(《苑洛集》卷十八)

韩邦奇处事,多紧贴当时政局处境,而以《周易》之"大畜""睽卦"教人,而其弟子最著者"韩门二杨"亦受之。杨爵卒,杨继盛为之撰祭文(见《杨忠介集》附录卷四),曰:

> 方公之北上也,我韩师翁尝以"大畜""睽卦"教之矣,既而公用"大畜",弃"睽卦"而不用,岂非忠贞刚直之气,积于中而不可忍,故于师训有所不暇顾耶?……方师翁归致,与盛相别也,亦尝以教公者教之矣,既而亦违背师训,弃"睽卦"不用,已致于此。岂韩门之顽徒,乃国家之直臣耶!盛责宰相书内云……岂公之所为所见,乃先得我心之同然耶?要亦同得师翁,不负天子,不负所学之教,而不敢忘也。呜呼,世有旷百世而相感者,每歔欷而不可禁,况与公同韩氏之门又同此愚直之心!忧怀如海,孰为知音……时人有称"韩门二杨"者,顾浅陋,何敢一与公并称……公之完名高节,已不负师翁之教,而盛尚留此侥幸不死之身,若宇宙赘疣,于公深有愧焉……行将纳此再生之身于朝廷,从公于九泉之下……

由是可知,邦奇身处当时权宦当政之际,得之于《易》,可谓深矣。其解"大畜"卦曰:

> 健极则难畜,畜极则当变而不畜。故"畜极而通"一句,总承上二句来。譬以堤障水,到那水满时,堤固不能障水,亦自溢。是所以畜之者,与为所畜者皆极矣,故通。二阳同类,岂相畜,俱进重三,三随上而进,"良马"只指三说,"艰贞舆卫",四字平说,然艰贞乃所以行舆卫之道也。"舆"是致用之具,治平之法是也。"卫"是自防之术,如左右近幸,指吾为非,及奸人缘法作弊,险小之人求吾之失而致谮,皆思所以防之者如何。舆,乃治之法;卫,乃法之防。须有了如此本事,方可居官,如"良马之逐"也。"利有攸往",即"良马之逐"也。所以艰贞习闲者,只是为三。过刚进锐来,非为九不可防也。(《苑洛集》卷十九)

韩邦奇强调:"健极则难畜,畜极则当变而不畜。"此则等待时机,积蓄力量也。其于"大畜卦"又极为重视"艰贞舆卫"四字,认为"艰贞乃所以行舆卫之道也","舆是致用之具,治平之法是也","卫是自防之术","舆,乃治之法;卫,乃法之防。须有了如此本事,方可居官"。即是主张不仅要有治国之法,还要有能防治奸邪、保护自身之道。须如此,大志方可行,大事方可成。

邦奇又主张"睽卦"之道,其释《周易》"睽卦",曰:

> 天之所命为性,心之所怀为志。"性"字、"志"字当分晓,"归"是"之子于归"之归,指女子之嫁而言也。"中女","少女"归至夫

家,各不同爱。

"遇主于巷"与"纳约自牖"不同。"牖"是就其所明而通之,"巷"是君臣之情不通,不听其言,正道不得行,由他道而往,期欲君心改悟而已。如张良招四皓以安惠帝是也。

此爻象占通不在本爻取,只在承乘有应之爻取义。因处于二阳之间,故有"曳掣"之象。又从睽上取上九猜狠之象。"睽"字从卦来,"天劓"即猜狠之假象,非猜狠之外,又有"髡劓"也。"髡劓"皆刑,"髡"是割其发,"劓"是割其鼻,因上九阳刚为正应,故有有终之占,使非阳刚正应,则终不得合矣。(《苑洛集》卷二十)

此卦即是强调,心怀忠君报国之志,然身处君臣之情不通之时,为君者不听其言,正道不得行,故应由他道而往,期欲君心改悟而已,如张良招四皓以安惠帝是也。不应直道而行,徒灭其身而无济于事,此权变之道也。

韩邦奇认为:"君臣之际,其可畏哉!大臣之责,危疑之际,其难处哉!"他多次赞美周公,以之为全德之臣:

《狼跋》,美周公不失其圣。君臣之际,其可畏哉!大臣之责,危疑之际,其难处哉!夫以周公之圣,遭谗而退,召公、太公,身居宰辅,责寄安危,又与周公皆开国功臣,所遭如此,二年之间,曾无一言为之营救申明,必待成王自悟而后迎周公归,有若权位相轧,危而不扶者,何也?此其所以为召公、太公,此周公所以得迎归,此周家所以八百年之灵长也。当成王之疑未释,苟轻率言之,言未必从,王若疑其朋比,则周公之身,或不可保,并二公不安其位矣。二公岂为己位之不安哉?二公又去,则周之社稷何倚焉?况以成王之贤,得二公之佐,天下亦可安宁,故持久以需之。《易》:"需于穴,出于血。"此之谓也。若浅识狭度,一有为名洁己,避嫌之意,国家之事去矣。

周公之居东,亦二公之志也。使周公不去而周可安,公亦不避擅权贪位之嫌。苟焉为肥遯之谋,惟其不去也。

内既主疑臣危,外则流言易入,不终朝而祸乱作矣。此周公所以引而去也。蔡子曰:"公岂自为身计哉!亦尽其忠诚而已矣。"得周公之心矣。此岂小丈夫之所见哉!① (《苑洛集》卷十八)

---

① 《苑洛先生语录》此句下有"此岂小丈夫之所见哉!"一句。

韩邦奇亦看到官场险恶,做事困难,故而提出处置大事、议论大事之纲要,以为为政者之箴诫:

> 凡处大事,不可视之以易,不可惮其为难。未就不可沮,已成不可骄。于人当谦,于己当虚,于机当决,于图当密。慎此八者,必有事焉,勿助长也。(《苑洛先生语录》卷一)

> 凡议大事,杂之以万人之哗,压之以万钧之重,定见定力,不摇如山。辞不可过激,色不可少厉,气当平舒,切戒冷笑。如此则事可行而人不嫉矣。(《苑洛先生语录》卷一)

三、教化

韩邦奇极为重视教化之事,其《苑洛集》中,有墓表、纪传、序文等多篇,皆以表彰风德,昌明世教。而其理,则主之以天人感应、福德相召之说也。韩邦奇曰:"臣闻之:'天人之际,相为流通。感应之机,有如桴鼓。故和气致祥,乖气致异,人事所召,天道弗僭。'此固必然之理也。"(《苑洛集》卷十四,《地方灾异自陈不职严纠庶官以图消弭事》)他认为,人能秉儒家之德而行,必然能感动天地,获得福寿。其《苑洛集》有文数篇,俱阐发此中道理,引导世人向善从德。如《〈南渠存稿〉序》曰:

> 呜呼!长江天荡之险,大风舟覆,漂流数十里,凿身而出,无一溺死者,异矣哉!闻之传纪,古之人有蒙大难而不死者,必天地鬼神有以相之。天地鬼神,夫岂有私于人哉?必其人有大德行,足以感天地、动鬼神,而后获其应然。必使之遭此者,盖将显君子之善,申佑命之公,以为下士劝也。尝稽公之履,察公之安,清操峻节,忠言惠政,行己立朝,足以式士类而范官常。是变也,当死生大故之时,乃能从容就命,不忘拯同难之细人。即此亦可以征其所养,可谓盛德君子矣。岂可谓"适而遭、幸而脱"哉!

"天地鬼神,夫岂有私于人哉?必其人有大德,行足以感天地、动鬼神,而后获其应然。"反之,人即使聪明绝顶,然无德亦不得善终:

> 古有恒言:"探数原者,鬼忌;泄天机者,神嫉。"由汉以来,京、翼、李、郭之流,皆能察兆知先,洞照今古,祯祥妖孽,毛发莫逃,然卒不能自有其身。严君平、邵尧夫,盖能将之以德,则鬼神之道,自我出矣。(《苑洛集》卷七,《赠中大夫光禄寺卿马公墓表》)

夫有德者,天必佑之。不唯佑其脱于险难,亦庇护其长寿终年。《贺封考功郎中思竹钱公七十序》(《苑洛集》卷二)曰:

> 夫人,固贵于寿矣。寿而匪福者,累福矣。福而匪德者,辱。故人有年寿、有福寿、有德寿。惟德则尚寿也。箕子演畴,用昭福极,首之以寿,而曰"贫极"、曰"疾极"、曰"忧极",斯不亦累矣乎!累,奚以寿? 申之以"富""康""宁",而曰"恶极"、曰"弱极",斯不亦辱矣乎? 辱,奚以寿? 故以攸好德终焉。夫苟好德,则其寿千万世未已也。

《贺鲁府典宝封征仕郎刑科给事中王公八十序》(《苑洛集》卷二)又阐发其意,曰:

> 夫寿者,天人相待者也。基于天,成于人。天者一而人者二,是故天笃者寿,德格者寿,和迎者寿。夫或弗既其天者,人伐之也,或自胜其天者,人致之也。二者未尽矣。是故古人原诸天,谓"命禀于初,非人所移",盖清纯钟其气,凝定毓其质,则沴戾弗侵,寿自享矣。然强德笃义,天乃自成,千人共指,真懿必晰。盖严恭寅畏,坚实精明,则血气循辅,精神内固,上可以夺神功、改天定,下可以保命原、奉初有,孔子所谓"大德者,寿也",语有之:"和乐丕应,导迎善气者寿。"盖受之天者完,履之德者盛矣。苟拂逆日因于心,忧虞时衡诸志,所谓大者,或为之摇焉。是故往无弗利,动无所忤,优游豫悦,岁月自供。盖人之迎者,又所以为天之助也。斯三者,一系之天,一系之己,一系之遇。是故兼有之,难矣。

"天笃者寿,德格者寿,和迎者寿。""强德笃义,天乃自成",年寿之高,资乎于德义也。《贺汪母太宜人七十序》(《苑洛集》卷二)曰:

> 夫寿者得之于天,全之于人。《传》曰:"命禀于有生之初,非今所能移。"言天道也。又曰:"敬,则坚实精明者寿;和,则怡悦豫乐者寿。"言人道也。天阴阳刚柔,杂糅絪缊,固有修短之不齐,率其固有,完其本真,不自绝于天者,宁几人哉!

韩邦奇认为,有德行善,不仅天佑之而使之永享天年,长守富贵,且能福泽后代,利益家族。其《王氏世德记》(《苑洛集》卷三)曰:"善必积而后大,泽必衍而后长,古今世家名族类则然矣。"《贺沈母太宜人八十序》(《苑洛集》卷二)又曰:"山蕴粹而玉生,玉既孕而山润。前人之善,庆必垂于后;后人之善,福亦延于前。斯物理之自然,天道之必至。吾于是征之沈氏世德云。"不特如此,德风之化,亦有益于国家也。其作《送判府欧公北归序》(《苑洛集》卷二),以为此有益于风化世教:

> 越惟辛卯之春,吾侯敷政,甫及六月,庶事浚明,兆民忻戴,既竭在公之忠,思展庭闱之孝。于是迎公于梓里,就养于花封。维公子虽贵显,不忘庭训,吾见其慈也;维侯承欢朝夕,养以大邦,吾见其孝也。由是基履之贞,标准斯建,绍闻是衣,敷锡无疆,吾邑之民尽懿,则于天衷仪典,刑于神会。孰不为父,咸兴慈焉;孰不为子,咸兴孝焉。夫岂但一人之庆、一家之荣而已哉?是不必考声教于弦歌,求阜厚于仓积,而侯之治亦有征矣。昔昭明之化,原于家庭,鸣鸠之教,本之父子,则吾邑之民,不言而化、不令而行者,是盖风火之机,动于咸孚之下;和平之休,速于山泽之感,自弗能已矣。《传》曰:"不出家而成教于国",公及侯之谓欤!载惟诸君子于公齿毛遐隔,非芝兰之交,势分相悬,无瓜葛之附,而瞻恋之怀油然不忍者,岂非沐侯之德深,感侯之德至而然欤?古之人饮泉思脉,见玉怀山,凡吾人四境晏然,五品不斁者,孰非侯之泽、公之教哉?故公之来也,吾人仰之,公之去也,吾人思之。

韩邦奇提倡在公竭忠,居家思孝,以忠孝为儒家传统之人格。居家如何孝亲?韩邦奇《思萱堂记》(《苑洛集》卷三)曰:

> 情有所感弗能已,则有思;思之甚而无所泄,则必有所寄。古今之人,或为之碑,或为之台,或为之观,皆所以寄其情而泄其思也。然情之真,思之笃,有弗可以物释,弗可以理慰,弗可以命喻,则惟亲耳。此仁人孝子,穷天终地而罔有所极者也。……夫父母之于子,无所不用其情;则子于父母,当无不致其思。节饮食,谨动息,履薄图全,思其疾之忧也;澄心志,励操行,博施于礼,爱思不亏,体以遗辱也;勤俭立其本,辑睦达其用,思以用宏家贲也;树功名,阐经济,用光佑启,思所以显扬也。慎此四者,可以为子矣。否则虽呕心而出,子道何加焉?孟子有曰:"大孝终身慕父母。"

"节饮食,谨动息,履薄图全";"澄心志,励操行,博施于礼,爱思不亏";"勤俭立其本,辑睦达其用";"树功名,阐经济,用光佑启","慎此四者,可以为子矣"。此是居家之孝,为子之业也。将之推之于人臣士子,则为"忠"

"义"也。韩邦奇提倡为臣之忠，为士之义，其曰：

> 人臣以进言为忠，士以勇退为义。忠者，臣之大节；义者，士之美行。言矣，无补于当时；退矣，不关于世教，斯亦泛言苟退耳，复何足以为忠为义哉！（《苑洛集》卷二，《赠大方伯松崖方公致仕序》）

韩邦奇以为修身养德之事，不仅关乎须眉丈夫，亦与女子妇人有关。其在《苑洛集》中，多提倡妇德，以贞洁为美。《刘烈女祠堂记》（《苑洛集》卷三）曰：

> 嗟夫！西周之迹熄而郑卫之风行。麀聚之羞，间阎相望；鸡鸣之想，风雨犹存。故再醮之妇，厘装以自悦；五姤之女，冶容以媚人。烈女虽绿蘽之倾，惟阳是尚。而芳梅之陨于春，未知乃能舍生取义，杀身成仁，抑又何所为欤！且其就死之际，详择所托，虽化圣大贤之从容，无以加此。彼烈夫志士之感慨者，未足论也。非所谓得死非难，处死为难者乎！昔五泉大夫将采拾烈女之事入于县志，执其《传》而泣曰："斯人也，所谓建诸天地而不悖，质诸鬼神而无疑，百世以俟圣人而不惑者也。"呜呼斯言也！尽之矣夫！其高标峻节、绝操清风，使君子兴悲方之至理，则千百世而下可征矣。夫仲尼临河伤类而悲，燕士适越见似而喜，烈女之行尚矣。邰侯、王侯、纪侯、陈侯，秉彝好德之心，兴贤翊正之志，亦不足称欤！

韩邦奇认为，"家之正固，在于女之贞"，一个家族之风气端正、根基稳固，在于其家眷之贞节也。《仇氏安贞堂记》（《苑洛集》卷三）曰：

> 《易·坤传》曰："安贞之吉，应地无疆。""安"，顺也；"贞"，正也。顺而正，妇之道也，地道也，坤道也。仇氏名堂之义，盖取诸此。……夫贞又固也，固者，所以永终者也。考之于《易》：《渐》之"女归"，则正始之贞。《家人》之"无攸遂"，则从夫之贞。恒之"从一"，则终身之贞。察夫是三者，而女德备矣。又《家人》上九曰："有孚威如，终吉。"朱子曰："正家，久远之道也。"然则家之正固，在于女之贞，而所以为之则者，主家者也。

女德之重，系于家室。于是邦奇作《郭宜人贞节传》（《苑洛集》卷八）《韩氏三世贞节传》（《苑洛集》卷八），以彰懿德之美。《郭宜人贞节传》曰：

> 慨夫淳风既漓，季世日偷，苦节殊劳，视为身外，蒙垢偷逸，厚诬性命。虽章缝之士，且志图乎肤敏！刻簪珥之人，能操存于恒一，斯

亦不足尚乎?……吾友王端溪曰:"《易》所谓'贞夫一者',其斯人欤?"夫古之制,莫先范女师。女师立而男女正,万化出矣。

《韩氏三世贞节传》曰:

> 慷慨杀身易,从容就义难。四五十年间,春花秋月,夜雨鸡鸣,非铁石肝肠,金玉操履,其能堪乎!我祖母当易箦之时,发死不同穴之命,则五十年来兢业自持可知矣,然尚处顺境也。雷氏则当其逆,然有子可依;许氏则无子矣,更何所为乎?《诗》曰:"人之秉彝,好是懿德。"信矣夫!

又不以卑微取人,作《烈女小桂传》(《苑洛集》卷八)曰:

> 小桂姓刘氏,伶籍也。誓愿从良,每伶氏问聘,辄涕泣不食。既长,复有伶氏来问,父母纳其聘,择日将归。小桂知不能已,大哭服毒死。父母怒其不为家长财,卷之席弃之中野,群犬啖之。赞曰:小桂之节,顾不异哉!出自伶族,其烈如此!秋蝉之出于螝螂,莲华之出于污泥,古之圣贤不系于世累,尚矣!孔子曰:"志士不忘在沟壑,勇士不忘丧其元。"小桂无有之?呜呼烈哉!

韩邦奇提倡儒家之礼制,提倡"惟贤者则敬神":

> 夫有司之职,治民、事神二者而已。然惟贤者则敬神,否则自绝于神,何敬之有?故贤者惟恐神之不灵,不肖者惟恐其灵也。贤者洁己爱民,弗得于人,将求之神,是故惟恐神之弗灵,无以鉴己之诚;不肖者黩货虐民,外欺乎人,必忌乎神,是惟恐神之灵,以烛彼之隐,然神之灵不可昧也。(《苑洛集》卷三,《重修城隍庙记》)

基于礼敬之心,韩邦奇主张废淫鬼之祠,兴修书院,以利地方礼教,其《河中书院记》(《苑洛集》卷三)曰:

> 河中书院者,故东岳祠也。世人言:"五岳皆有神,独泰山神主地下死人。人之死者,皆隶泰山,不与他岳比。"故其祠遍天下。蒲有祠,在州东三里所,州人率以岁六月歌舞为会以乐神。云:"为其死者之父母亲戚解脱即弗乐神,神且苦其死者之父母亲戚"云。九川吕子云:"礼教不兴而惟鬼之务,有司者之过也。今夫泰山,非蒲人所可私事也。古者礼德则祀,食功则祀,然制无僭神,而享无淫鬼也。"夫击钟鼓、酹牲醴,群巫在前,三老在后,使其妇人女子群集而奔走焉,此天下之弊俗也。夫鲁有杏坛弦歌之声,至汉不辍,何则?

教化行而礼让之俗可作也。语曰："弗琢弗光，弗阐弗明。"言教化之行，自上倡之也。故导则易流，嘘则易蒸，势使之然也。孟子曰："经正则庶民兴，庶民兴斯无邪慝矣，吾将正其经焉。"吕子毁其祠以为河中书院，生徒入院而习业者几百余人。吕子曰："今夫学者，群居而相议也，穷志而竭思，月月而程之，卒岁而计功，凡以为道也。"舜之告禹曰："人心惟危，道心惟微，惟精惟一，允执厥中。"道之至也。夫蒲，舜之居也。故度德而较功，莫舜若也。清如殷伯夷、叔齐，大如文中子王通，正如文清公薛瑄，善人如黄霸诸子，皆于德莫可贬少，而功及于蒲者也。吕子遂即书院为祠，以祀舜以下。吕子者，尝为吏科都给事中，举劾无所避忌，而留中不出，人所不及知者尚多。至于甲戌之疏，指陈时事，略尽尤非人所敢言。

韩邦奇提倡儒家之义利观，提倡"正谊不谋利，明道不计功"，以奖励有益于世教：

夫劝而后有为，非君子之志也。非劝而有为，亦非君子之志也。君子者，正谊不谋利，明道不计功。是故观其所由，而君子之情见。赏罚无章，是非不明，仪物不备，是故君子不可以虚拘。故庆赏者，鼓豪杰之心，纳天下于善，二帝、三王之所以不废者也。是故车服庸，功懋赏，勤者励而怠者兴矣。（《苑洛集》卷二，《赠邑侯王君奖励序》）

韩邦奇认为："天下之道二，义与利之间也。天下尚义则治，尚利则乱。"（《苑洛集》卷九，《策问》）又明乎义利之辩，提倡仁义。《国子生西河赵子墓表》（《苑洛集》卷七）曰：

圣贤岂鲍瓜哉？傅说之版筑，胶鬲之鱼盐，何其屑屑也！古之人，惟求得其本心，初不拘于形迹。生民之业，无问崇卑，无必清浊，介在义利之间耳。庠序之中，诵习之际，宁无义利之分耶？市廛之上，货殖之际，宁无义利之分耶？非法无言也，非法无行也，隐于干禄，藉以沽名，是诵习之际，利在其中矣，非其义也，非其道也。一介不以与人，一介不以取人，是货殖之际，义在其中矣。利义之别，亦心而已矣。

《叶母还金传》（《苑洛集》卷八）曰：

利者，人所同欲；金，又利之重者也。世衰道微，士多怀利。岂惟后世,昔荣夷公好利,则成周时已然矣。岂惟成周,三苗泯泯棼棼,富者以货夺法,虽唐虞时固已然矣。岂惟唐虞,黄帝时蚩尤始倡争端,以残其众,而利源以兴。载观斯世,固有高才雄辩谈笑而挥天下之事,亦或博洽修文,胸富五车之书,手操班、扬之笔,至于棼泯之利,顾恋恋焉,弗能引而决之,以贾祸媒败者,众矣!故见利思义,古今所难也。

韩邦奇又以儒家思想砥砺风气,表彰实际力行,批判虚名惑世:

世固有不言而能行,无名而抱实,外朴而中华者,不可忽也。医士张乾沟者,其近似乎!世亦有高谈奇论,以炫其能,阳秘阴露,以神其术,使病家视之如造化有生覆之功,考其用则杀人者非挺与刃也,又张之罪人矣。……汉人曰:"为治不在多言,顾力行如何耳。"又曰:"万石君家,不言而躬行,此之谓也。"然后知天下之事,自有真,岂惟医哉!(《苑洛集》卷二,《赠张乾沟序》)

表彰能践行儒家之道德者为"笃行之士",批评世间奸邪之徒:

昔三代盛时,德艺兼用。下及两汉,犹存一二。廉叔度以家仆存主孤,遂举民牧,治行称平,民安颂作,传列青史,名垂千古,艺何有焉!近代专较文艺,是故笃行之士,泯没遁世矣。闻公事亲孝,养生送死,罔不以礼。哭母终而丧明,勤父疾而伤生。其处兄弟之间,尤为恭友,析产自取其薄,饶沃归于兄弟。抚育族孤,有室成业。至于捐粟以济岁凶,煮粥以活饿殍,则又行义施于乡党者也。若公者,得不谓之笃行之士哉?俾寄之百里之命,即无赫奕之声,其视世之取高科、司郡邑,贪黩肆贼,机械巧中,诱恶倾善,欺上毒下,荡然无复廉耻者,远矣!然竟泯没遁世焉。(《苑洛集》卷七,《清轩处士富平纪公墓表》)

第五节　政务大略

韩邦奇一生凡为官50余年,早年仕于吏部、谪于平阳、巡于江浙,中年平叛于大同,任使于河南、山东、四川,晚年主事于南京,治河道,领兵部,其间于政事皆有心得,而尤为重视人才擢拔,边关防务。此取其政事、人才、边务之论以见之。

一、政事

(一)论治道

韩邦奇认为,政事"为治无二道。治身、治人、治家、治国,一而已矣"。其《赠户部副郎李君之南都序》(《苑洛集》卷二)曰:

夫古之君子,所遇有尊卑,为治无二道。治身、治人、治家、治国,一而已矣。而况于旧与新乎!可以治同者,弗可以治部乎?君之治同也,儒以饰吏,庶务彬彬,有艺道焉。剖决酬答,案无停积,得果义焉。临民发政,上交下接,缓急适宜,圆通无窒,识达理焉。夫艺而流则文,果而流则忽,达而流则随,实以济文曰"艺",详以济忽曰"果",介以济随曰"达"。昔孔子论门弟子曰:"由也果,赐也达,求也艺,于从政乎何有?"君能酌而用之,同之治也何难乎!今夫骥未驰而知其致千里者,惟伯乐为然,已致千里,虽常人亦知其为骥也。验旧征新,可以治同,弗可以治部乎?且州守之职,百责所萃,崇五教,典三礼,若百工,作人才,理钱谷,诘刑名,治甲兵,诸曹之政,无不总之。但所治广狭之不同。户属之任,钱谷一事耳。可以治同,弗可以治部乎?虽然治道虽同,而规模条贯或异,其用故不一也。龙泉之利不可施之以凿石,百斤之杵不可用之以剥雀,所司不同也。守有君道焉。伸缩予夺,抑扬高下,随接而应,皆由乎己。宏大阔略,皆其用也。部属之分,有臣道焉,上有司徒,亚有左右大夫,轻重若毫厘,长短若分寸,多寡若合勺,皆取裁于堂官,无得而专焉。以君之才无施,不可也。

韩邦奇任政,以儒家之"仁""义""智""礼"为归依。其曰:

示恩以纵盗,非仁也。捐财以给奸,非义也。设机以顾贤,非智也;足恭以媚上,非礼也。(《苑洛先生语录》卷一)

为治之道,在于平。不用刑而人畏,不施德而人爱,则平矣。(《苑洛集》卷十八)

韩邦奇认为:"为国任怨者,臣之忠。忘一身利害者,士之节。"(《苑洛集》卷八,《资善大夫都察院右都御史赠工部尚书陈公传》)。官场之风气,为士林风气所尚。其又曰:"廉者,士之大闲也。簠簋一污,周公才美,不足观也已。世之人,假借贵观颜色以耀闾里,受赇惟来以渎知厚者,众矣。"(《苑洛集》卷八,《嘉议大夫总督漕运兼巡抚淮扬等处地方都察院左副都御史西溪屈公传》)故为官,不能不正风气也。其《赠掌教王君九载考绩序》(《苑洛集》卷二)又云:

> 士风之不振也久矣!夫司政者,治官也;司教者,儒官也,是风化之由也。官义则士习从之,官利则士习亦从之。官者,又士之由也,今历数十年以来,环数千里之地,吾未见夫言义之官。言且不闻,而况有为之者乎!治官、教官之弊也久矣!而司教者为尤甚。始则官坏其士,终则士坏其官,官士相寻,风化益坏。昔余德辉以为弊端谬种,不可不亟拯而力救之。朝议为之太息,识者以为名言。作而振之,弗在贞一君子乎?

韩邦奇曾任职吏部,又曾任平阳府判而治狱,对刑法之事,极为重视。韩邦奇上《慎刑狱以光新政事》(《苑洛集》卷十三),其中言:

> 臣闻:"刑者,人主治天下之大防,而天下治忽所由系。"《书》称:"尧舜之治至于四方风动,其究归于皋陶象刑之功。"故刑者,人主之所当重慎而不可忽者也。国家法古制刑,内则总之三法司,外则总之提刑按察司。后又特差监察御史审录、都御史巡抚,且皆付以纠察之寄,其法详且尽矣。至于锦衣卫之设,盖以待夫隐罪极恶,天子非时震怒特遣下之,非以为常者也。然其制列圣相承,止行于畿内。至正德二年以来,权奸相继用事,假此报复私仇,中伤善类,用张淫威,迫胁海内,官校纷纷而出,所在有如豺虎。破家亡身者,郡邑相望,天下汹汹,几至大乱。使非圣明,继世中兴,革而正之,天下未可知也。

韩邦奇曰:"臣惟以人动天,惟刑为甚速,天下典刑之官,惟大理寺为甚要。昔之人,所以一妇衔冤遂致大旱,而廷尉称为天下之平也,称斯职者,必得仁明平正之人而后可。"(《苑洛集》卷十七,《自陈不职乞赐罢黜以消天变事》)他认为,刑官之职,大要有五:清、公、明、勤、仁。其《大理左寺题名记》(《苑洛集》卷三)曰:

> 大理,古廷尉刑官也。昔《周书》训刑,大要有五:曰清、曰公、曰明、曰勤、曰仁。此五者,刑之则而名由以成者也。是故奉禄而讫富,清也,则有清名;循法而弗挠,公也,则有公名;微暧情伪之必烛,

明也,则有明名;剖断无滞以由慰,勤也,则有勤名;匪削以入弗纵以出,仁也,则有仁名。否则获贪名焉,否则获私名焉,否则获昏名焉,否则获怠名焉,否则获惨刻之名焉。善哉! 名之题乎,惧哉! 名之题乎,诸君子于名也,宜无所苟矣。是故忘名而名者,名之上者也;为名而名者,名之次者也,伪于中而希名于外焉。名亦末,如之何已? 诸君子于名也,宜有所择矣。《经》曰:"人无水监,当于民监。"张释之、于定国贤名,至今焉;张汤、杜周厉名,至今焉。诚如是也。千百世之久,史为之碑,而人心之公为之记。虽无是石若文焉,可也。诸君子其图名于碑之外乎?

(二)论君臣

君臣关系,为古代政治之大要。君臣之间,重在信任。韩邦奇认为,天心、圣主、名臣、国家、万民,一以贯之,而其间以君臣为纲纪也。其《寿特进少师大学士严公七十序》(《苑洛集》卷二)曰:

> 惟上天笃寿名臣,惟名臣克享天心,惟圣主笃任名臣,惟名臣克堪主德。惟天最难谌,非至平通彻三极而无间,天曾不私寿之。周公,人臣之极也,尚曰:"天休滋至,惟时二人弗堪。"天心岂易享耶? 惟圣主最难遇。圣主者,不世出也,而又备高天下之德,纵高天下之才,富高天下之学,人臣者非其器冠朝臣而绝百工,何以克堪其任使哉! 自昔继世之主,莫盛于成、康,非召公永笃棐三朝之寿,何以成刑措不用之化? 非毕公永弼亮四世之寿,何以成道洽政治之休? 有周八百年之祚,自此基焉。天寿之,主任之,臣成之也。然则名臣之寿,将以寿国家,寿万民。岂一身之庆,一人之祥哉!

"惟圣主最难遇。圣主者,不世出也,而又备高天下之德,纵高天下之才,富高天下之学,人臣者非其器冠朝臣而绝百工,何以克堪其任使哉!"韩邦奇看到君臣之相交极为困难,故极为强调为君之"温厚":

> "蓼萧裳华","有誉处兮",皆谓君接己温厚,而下情可伸。人主之尊,如天威严之下,谁敢尽其情? 惟人主降辞色以诱之,则下情始得伸。上下之情既通,则谗毁不敢入。彼奸人虽好倾挤谗谮,然交情密笃,彼亦不敢进其邪。惟其情意远绝,诬不能明,彼方得乘机而入。故下情通则谗毁不得入,谗毁不行,君臣孚信,上下交而德业

成,令闻广誉,施及万世矣。(《苑洛集》卷十八)

韩邦奇认为,为人臣者,"辅弼重任,非全才君子,孰能与于斯哉!"其主张为人臣者,不可恃"一偏之长",当为"全德之器",其《赠龙湖张公简命礼部尚书兼文渊阁大学士序》(《苑洛集》卷二)曰:

> 天下之重,天子主之,辅弼之臣佐理之。辅弼者,经纶寅亮,式百僚,熙帝载,怀万国,镇四夷,旁迤奔驰,弘济艰难,百责攸萃,任至大也,古今皆崇重之,而我国家尤极其选,非才猷超众,品闻望振一时,莫得与焉。
>
> 夫辅弼之任,诚重矣,然上有三接之宠,则下必有十朋之益,而位极百僚之首,则必才极天下之全。古之人固有戡定削平、勋盖一世者,顾有悔于乾;又其有清修峻节,名高千古者,乃括囊于坤。此一偏之长,而非全德之器。惟乾之九二,普施于利,见其德文明也;惟坤之六二,不习无不利,其德直方大也。迤衡于乾,弘济于坤,乾、坤大用,非全才君子,孰能与于斯哉! 乾,易为也而悔;坤,难为也而利,才之全与不全故耳。辅弼重任,非全才君子,孰能与于斯哉!
>
> 《毕命》曰:"惟公懋德,克勤细物,迤衡弘济,以副经纶寅亮之位,以成奋庸富有之业。"非公,孰能与于斯哉! 夫难致者位,难有者才,难际者时。载观今古,虽大圣大贤,终身不遇,位不能以必得也;贤人钟间气而生,如麟凤之不常出,才非可以常有也。虽宅俊之贤,居可效之位,克由绎之,以尽其能,而后可成,用协丞式之治,时不易逢也。公际乾道大明之盛时,受知圣主,简擢元辅,以康济之全才,居辅弼之重位,可谓古今极难得者矣。其将明扬天下之士,禽受敷施,使小大各得其位,共效用于明时,永保奔驰之休,而无艰难之虞,上以酬圣主之知遇,下以答天下之仰望,固公之责也。《书》曰:"四海之内,咸仰朕德,时乃风。"又曰:"敢对扬天子之休命。"答:"其师。"以是为公望,且以为公贺。故曰:"非为公也,为天下贺也。"

韩邦奇认为:"古之大臣负康济之才者,必于其难而见之。""尝观古之人,当其穷也,坐视浩叹,不能自溢于常法之外。既制于时,又参之已,则吾之所司,十已去其四五矣。忿积习之颓,而无巽人之渐,人孰能堪,不几于用罔耶! 此难之益难也。"(《苑洛集》卷一,《送大司徒松泉夏公之南都序》)然而何人方能克艰济难? 其曰:

> 《书》曰："若游大川,会其难也。"《易》曰："利艰贞,济难之道也。"稽之古昔,事有所穷则经画之难,时有所扼则展布之难,人习于纵则振起之难。非名德君子,曷以济之!(《苑洛集》卷二,《送大司徒松泉夏公之南都序》)

(三)论官制

韩邦奇曾任职于吏部考功司,对官员之考绩,极为重视。他认为如果忽视对官员之考绩,则升迁无序,弊端丛生,天下难治。在《见闻考随录》中,韩邦奇举当时政事而言之:

> 官不久任,虽欲言治,皆苟而已。百弊皆生于不久任,百利皆生于久任,非可以言说尽也。不必上考古制,我高皇之法:三年一考,六年二考,九年三考。然后考功司付文选司,因其考语之高下,或平除、或升一级、或升二级。间有紧急用人,功业显著,六年以后亦得超升。若不再考而升者,考功必诘之文选,何所凭据而知其贤乎?弘治以前,皆遵行之。旧事:按察司官,惟按察使升布政副佥,鲜有升布政司者。惟风力不著之人,间以升之副使。李隆升参政,见邸报,泣曰:"我何负于其职而升此官乎?"遂致仕去。布政司官亦鲜升按察司者。至正德中,止因躁进无耻之士干求权幸而图速化,吏部以其年资尚浅,无可奈何,或以佥事升参议,或以参议升副使,而祖宗之成法坏矣。嘉靖初,凡正德中弊政,小大皆厘正之,此系政之最大者,不循其旧,是祖宗百年之成法顾不能守,而正德中一时之弊,乃守之而不失。以耳目之所见闻者,朝邑知县刘道立,成化十八年以进士除授,中间两次考满并缘事之日。至弘治五年、十年,余方行取为御史。继道立者苏盘,弘治五年以举人除授,至弘治十五年、二十年余考满去,盘又循良吏也。当是时,上下相安,盗贼不生,地方无扰,果园菜圃不设墙垣,不设防守,仓库充盈,间阎殷殖,犹可想见其气象也。自弘治十五年至今四十余年,知县十五余人,即今环数百邑,库无百金之积,村落之中,在室如悬磬,催科之人昼夜号叫,鸡犬亦不得宁也。(《苑洛集》卷十九,《见闻考随录》(二))

同卷,又举事例而言当时选拔制度之弊:

> 天下之安危,在斯民;斯民之利病,在县令。最要,官也。当今

之县令，与前代不同。汉、唐、宋之县令，一体视之，惟以贤否为高下，今则分为二途。进士除者，虽横行逆施，上之人必曲为回护。举贡除者，一有过失，即斥去。至于接见称谓之间，亦大不同。进士官但能举职，即得大典；举贡官虽竭尽心力，亦不能得。间有得之者，亦是通变趋时之士，岂惟上人，虽下民视之，必有轻重。进士官自少至老，官至公卿；举贡官鲜有十年者，至方面官者绝少。自非有志之士，独立不惧，自知日暮途远，必为私家之计矣。此虽非祖宗立法之意，其势坚不可破，决不能一。即使二途并用，年岁亦不可齐，进士中式年未二十即授官，举人虽二十中式，坐监历事听选，三十以后方得选官；岁贡虽二十补廪，五十方得贡出，六十以上方得选官。前程能有几何？不有以变通之，如天下斯民何？莫若多取进士，每科千名，乡试量其地方加之或三之一或四之一或五之一，庶乎无偏无党，而治可成矣。（《苑洛集》卷十九，《见闻考随录》（二））

对于当时官员考绩制度，韩邦奇虽然肯定其有一定之必要性，然亦认为此为"中人"而设，至于茂才异等之人，则不俟考焉。其《赠南考功正郎沱村史子考绩序》（《苑洛集》卷二）曰：

> 南部考功郎中史子，三年考绩入觐。史子先为监察御史，巡按湖广，正法度、忤权贵，外调者几年，今稍迁至郎中。史子为人直而不激，廉而不耀，正而不谅，外和内刚，乐易而能执，宦游所至，风裁昭闻，秉德治行，表表在人耳目。官箴士修，无弗与也，又焉用考哉！《经》言："考绩，其为中人而立乎！"必率作而后举，必稽察而后见，中人也。夫其无待而兴声，实见于世，上下信之，远迩扬之，若史子俦者焉。用考哉？圣人不得已而立此考法，激中人也。古之人，立德立言，光垂于百世，士且然矣。而况于有位者乎？后世且然矣，而况于当时者乎？使虞廷当时皆如五臣，焉用考哉！于如伯鲧傋功，如共工异若，傋不足凭也。而考法立焉，俾人畏而警，慕而勉，成中人也。我国家辨官论材，上稽唐虞三代之制，损益裁度用集大成，三年初考，六年再考，九年察其繁简，咨其高下，视其身言，进陟有差，亦以待中人也。若夫茂才异等，则又不俟再考，迪简而超迁焉。如吾史子又焉用考哉？

官场之中，谪迁乃为常事。然邦奇之志，不必以一己之升迁贬谪为意，当效法先儒,以治民为先也。此正若范仲淹《岳阳楼记》所谓"先天下之忧而忧,后天下之乐而乐"之意也。其《赠孙子子鱼谪南川序》(《苑洛集》卷二)因好友孙子鱼谪南川而为之作,正是贯明此意。而其文雅辞达,堪称序文之上乘者,兹录而见之:

> 孙子子鱼谪南川,将行。苑洛子携樊子恕夫、孟子汝熙、赵子子春、赵子汝完、弟汝度子、汝聪子、汝翼子往饯焉。主宾既洽,樽俎毕陈,汝聪子曰:"清商初发,星河在天,征车不可留矣。"苑洛子曰:"时哉!觞之。"汝翼子曰:"临长河而出涕,望霸陵而销魂。悲莫悲于生离者矣。"苑洛子曰:"情哉!觞之。"汝度子曰:"辽海之车既驾,而子安之雅丽斯陈;衡州之役既行,而嘉州之清新继出。吾有诗,以壮子鱼之行矣!"苑洛子曰:"文哉!觞之。"汝完子曰:"感牛山而起舞,临阳关而三迭。吾将歌以侑觞矣!"苑洛子曰:"壮哉!觞之。"子鱼避席而言曰:"金罍已过,玉山将颓,鲸也不胜德,酌矣!鲸也不佞,弗若于时,弗徇于人,志远而程阻,心劳而寡与,情发于既醉,感生于长别。悲夫!"于是樊子振袂而言曰:"吾闻子鱼之治洪洞也,夙兴而夜寐,可谓勤矣;薄敛而节用,可谓廉矣;泽施而仁博,可谓惠矣。兹行也,何以昭黜陟而示惩劝哉?孟子曰:'有是哉?千章之木风不停,自洁之士毁常至。'孟轲见沮于臧仓,子路见诉于伯寮,势也,命也,乌足异哉!"赵子曰:"有是哉!好恶,情也;邪正,类也。吾闻宪官之按山西也,龙湫子、端溪子、白阁子,世之所谓贤人君子也,而宪官皆论劾之;王参政、李金事,举世之所共弃者也,而宪官皆荐扬之。情也,类也。子鱼之劾,其如情类,何哉?"子鱼捧觞再拜曰:"诸君子之爱我,各尽其情矣,至矣,极矣。其将何以命我哉?"于是樊子师锡苑洛子曰:"是惟苑洛先生哉!"苑洛子曰:"聪明生于疢疾,生全出于忧患。困穷拂欎,玉汝于成。南川虽小,有民人焉,有社稷焉。冉求之足民,言游之礼乐,孰非可师者?《诗》曰:'他山之石,可以攻玉。'子鱼之谓乎?"于是子鱼翻然喜,惕然警,充然若有所得,曰:"谨受教矣。"在座者,执友郭君景华,请书之于卷。苑洛子曰:"可。"子鱼名鲸,同进士出身。

二、人才

邦奇先后历任 50 年,守边关,治河道,主兵部,极为重视人才之甄选擢拔。其曰："经天下之政存乎法，行天下之法存乎人。故为治者，不患法之不修，而患人之未得。吾见法具而不得其人者，有矣，未见得其人而法有不举者也。"（《苑洛集》卷九，《策问》）故而极为重视人才之培养、选拔与使用。

韩邦奇认为，人才与世道关系密切，其《梁园寓稿序》（《苑洛集》卷一）论之曰：

> 山林多隐逸之士，田野多废闲之才，下僚多宏硕之器，此世乱之征也。载观往古有道之时，圉数千里之远，农商工贾之外无余人。间有一二，则舆车之老，或罪戾之夫也。……
>
> 昔箕子有言："五事曰圣，俊民用章，国乃平康；五事曰狂，俊民用微，国乃不宁。"元至正间，非无鹰扬豹变之人，以供壮猷熙绩之用。当其时，上忨下慢，畴败伦斁，昼夜颎颎，斁同罔功。志功名者，播弃而不录；志道德者，珍修以自藏。于是主势日孤，国脉日绝，群雄并起，而天下大乱矣。我太祖高皇帝，以圣武之德，承神天之运，光复华夏，垂创绪业，成汤、武吊伐之功，致尧、舜平协之治，凡资以为耳目股肱之用者，彬彬济济，景附云从，多先元之遗贤也。夫天下之治忽，系乎贤；贤才之出处，观乎德。古之善谋国者，干干翼翼，自周图终，崇玉铉金鼎之爱，保护而重惜之，孰肯为渊以驱鱼，为丛以驱雀哉！是故汉有二杰焉。萧何者，秦之邑吏也；韩信者，楚之亡将也。

其《见闻考随录》（二）又举苏秦之例，以见人才与天下事业之关系：

> 苏秦亦识天下之势，不幸而不遇，急于富贵而为合从，非其本见也。初学既成，知周室易兴，说周显王，显王不能用。次知天下惟秦强，可辅之霸，而说秦惠王，惠王不能用。然后说六国使合从，非其本心也，卒之杀身。使显王用之，则周之威令可复振；秦惠用之，则秦可霸而身可全。

人才关乎世道，然如何评价选拔人才？韩邦奇认为："近世评品人物，类以肤敏为高下。历观前古，兴衰拨乱，类非脂韦智巧之人所能堪。"（《苑洛集》卷七，《叔祖考武清县知县墓表》）而"华木千叶者，多不实；灵驹千里者，多难牧。天地有憾，造化靡齐，人亦莫得而诘也。"（《苑洛集》卷七，《堂弟县学生韩汝聪墓表》），故其言及选拔人才，首先注重人才之"贤"与"德"。其《北畿乡试同年叙齿录序》（《苑洛集》卷一）论人才，当以"厚"为本。其曰：

宋儒有言:"士以忠厚为本。"厚者,万善之基,百行之首也。是故厚于国者,臣之忠者也;厚于家者,子之孝者也。是录也,诸君子朋友之厚者也。朋友且厚矣,而况于国乎,况于家乎!然则诸君子为忠为孝,即是录而尽之矣。忠与孝,万善百行尽之矣。

韩邦奇又从"才"与"度"方面论人才之高者,其《历官表奏序》(《苑洛集》卷一)曰:

惟古昔名臣硕辅,际圣王、遭明时也,登名鼎彝,垂光汗简,其发之也宏,必其蓄之也富。然考其大要,惟二焉:有高天下之才曰"相才",有高天下之度曰"相度"。夫大臣之责,万几攸代,天下之重,一身任之,非才高天下,何以能胜?非度高天下,何以能容?然度在人情,尤为所难。辛甘燥湿,欲其调剂;黮闇污浊,欲其茹纳,非包荒之量,忍巽之坚,其何以济!昔有宋之命相也,非才俯一世,名冠一时者,不得预其选。自今观之,有高下之不同者,非其才之不足,盖度之未恢也。

韩邦奇认为,人才之选拔,要"才而知要":

故曰:"人存则政举。"言得才也,所恶于智者,为其凿言,不知要也。广陵之盗,人莫能治,天下以为难,张纲一至而平之。鲧之才,虽虞廷诸臣,亦皆推让,而卒汩陈其五行,是岂才之不足哉!《易》曰:"易简,而天下之理得矣。"然则治平之道,易简而已矣。易简者,才而知要之谓也。(《苑洛集》卷三,《朝邑县大庆关创建戍城记》)

韩邦奇主张人才之使用,不必拘泥于年龄之老少,而应本之于道,随其贤、才而用之。此主要见于其《苑洛集》卷九策试之问答,由此可见邦奇人才之卓见也。策试问曰:

问:论士者以年少则精敏也,而新进者多浮薄;年迈则老成也,而耄期者多倦勤。然考之于古,有中兴汉室而为云台之冠者,有保障江东而成赤壁之功者,有定策隆中而谈笑以却曹兵者,有决策澶渊而博谑以退辽师者。或扣虱而谈当世之务,或建节而负克敌之志,或拜御史而人为之胆落,或任招讨而贼为之胆寒,是皆年少者也,而建立乃如此,浮薄果足为年少累乎?有起自渭滨而成伐商之功者,有赘力既愆而止伐郑之举者,有使秦而十数言存郑者,有击先零以万三百余人屯田者。或以狄仁杰之荐而复唐于周,或贺阳城之谏而名重天下，或以鞶铄示勇而天子称叹，或以相业显名而敌使动容，是皆年迈者也。而勋名乃如此，倦勤果足为年迈累乎？将用之于年迈者耶？一言成天书之误者，非年少之人也，抑用之于年少者耶？附会新法之行者，非年迈之人也。二者何居而后可？其明言之，毋隐。

韩邦奇自为拟答，曰：

> 君子之建功也，必本于道。人主之用人也，不拘其迹。夫天下之事，未尝不以得人而兴，不得人而废。天下之士，未尝不以知道为贤，不知道为不肖。然士之于道也有浅深，而见于功业有大小，彼黯黯焉，不知道为何物者，适足以败天下之事，以自偾而已矣。
>
> 人主者，操天下之衡以权天下之士，亦惟举其贤者而进之，取其不肖者而退之。使进之而拘其迹，则进贤之路不广；退之而拘其迹，则退不肖之法不严。路不广则君子或滞于不用，法不严则小人或幸于苟容，是故少而贤也，吾进之；少而不肖也，吾退之；老而贤也，吾进之；老而不肖也，吾退之。吾知有道而已矣。年之老少吾何计哉？
>
> 古者登崇俊良，与之共政。摧折镇定，付之以爪牙之权，咨议论思，委之以腹心之寄。虽以武王之圣，穆公之贤，汉唐而下诸君之英武，亦必资于太公、蹇叔之流，或有以兴创业中兴之烈，或有以成治内捍外之功。当是时也，择贤而用之，随才而使之，初何尝论其年之老少乎？且新法之行，举天下称其不便而始终附会之者，曾布也。人将曰："年少者之所为也。"是岂年少之病哉？人自病耳。今以一人而尽疑天下之年少者，不犹因噎以废食者乎？天书之误，举朝廷知其不可而一言赞成之者，杜镐也。人将曰："年迈者之所为也。"是岂年迈之病哉？人自病耳。今以一人而尽疑天下之年迈者，不犹因刵而废屦者乎？
>
> 以年少者而言之，孝平不造，西汉之鼎已移于巨君之手矣，邓仲华杖策以从光武，数言之间而天下之大计以定，其为云台之冠，不亦宜哉！献生不辰，东汉之鹿已掎于孟德之手矣，周公瑾决策以赞孙权，一炬之火而江东之大势以张，其成赤壁之功，不亦奇哉！老瞒之下江陵也，战檄一示而群臣失色，张昭辈已倡迎降之议，合孙吴之势而却之者，亮之所以为人龙也。契丹之寇澶渊也，边书一告而中外

震骇,钦若辈已建出幸之策,得高琼之助而退之者,准之所以为锁钥也。桓温既入关中,王景略留心江左,扪虱而谈当世之务,可谓三秦豪杰之才矣,惜温之不见知。金人既陷中原,岳鹏举唾手云燕,建节而负克敌之志,可谓南渡精忠之将矣,惜桧之不见容。温造为御史而劾李佑,佑为之胆落,其风力可嘉也;韩琦任招讨而镇西夏,贼为之胆寒,其威名可畏也,数君子者,皆年少之人也。而建立乃如此,岂奸谀皆如布者哉?

以年迈者而言之,周武怒商受之虐,为伐商之举,得太公以为辅,卒成四海永清之功。牧野洋洋之颂,至今尚昭昭也。秦穆信杞子之言,为侵郑之谋,忽蹇叔而不听,卒获三帅被囚之耻。良士番番之戒,至今尚耿耿也。赵充国以万三百余人而屯田,其智将之流矣。当是时先零倡乱于先,罕开胁从于后,汉之边鄙,盖扰扰也,卒之罕开既服而先零亦降,充国之功,不亦多乎!烛之武以十数言而存郑,其辩士之流矣,当是时晋军于函陵,秦军于泛,南郑之社稷,盖岌岌也,卒之秦伯既悦而晋侯亦解之,武之功不亦茂乎!天后革唐之号,自立为帝,罪莫大焉,廷诛佞幸而复唐于周者,张柬之也。阳城论列延龄,营救陆贽,罪莫测焉,廷拜言官而名重天下者,张万福也。马援以矍铄示勇,而天子称叹,其心可谓壮矣。文彦博以相业显名,而敌使动容,其仪可以象矣。数君子者,皆年迈之人也,而勋名乃如此,岂昏庸皆如镐者哉?

为今之计者,少不必拘也,少而如布之奸谀则斥之,如孔明诸人则用之;老不必拘也,老而如镐之昏庸则去之,如太公诸人则进之。进而用之者,皆贤也;斥而去之者,皆不肖也。年之老少,吾不得而知之也。

嗟夫!天下之事功,未有不本于道者也。事功而不本于道,是功利私智而已。然求人才于三代之上,道纯而功亦隆,求人才于三代之下,则亦随其分之所得而为功之所著耳。太公不可尚矣!孔明可兴礼乐,盖天民之未粹者,其余诸君子或得其一偏而全体之未窥,或资之暗合而造诣之未尽,故亦能因事而有成,随事而辄效也。其下如布如镐者,得免于王诛亦幸矣,何道之足云哉!

韩邦奇极为重视人才之培养,多次上疏荐举人才,而以"习""养"为人才造就之大要。其《见闻考随录》曰：

> 人才可惜，造就之难，点污之易。《易》之鼎以"金铉""玉铉"象之。"金铉""玉铉"，人所宝爱而珍护之。人能爱才如爱铉，其爱国之忠深矣。古人九载黜陟幽明，今制三年考察，其法已密。在外抚按，事竣复有旌劾，是又不时考察矣。其所劾固有贪残之辈，中间或小过、或诖误、或谮谤、或语言不合、趋承未至，以致黜退。我国家以科目取士，中其选者，皆俊乂之器，才识不大相远，但习与不习耳。习之于累年，弃之于一旦，以壮年有用之才，终身闲废，深可惜也。夫旌异之典，以待茂才异等，论劾者，以处元凶巨恶，不可待考察之期者。今所劾者，果不可待考察之期乎？圣人制刑，多加宽恤，惟鼎爻"覆公𫗧，其刑剭"，以其蔽九二之贤也。"剭"，族刑也，不少假借圣人之意，深矣。①（《苑洛集》卷十九，《见闻考随录》（二））

其《举贤才以裨治道事》（《苑洛集》卷十六）曰：

> 臣惟我国家以科目取士，天下贤才尽在网罗之中。登其选者，莫非俊乂之士，高下相去，实为不远，惟在习与不习耳。夫人才固为难得，而造就尤为难成。习之于累年而弃之于一旦，诚为可惜。

《荐举地方贤才事》（《苑洛集》卷十五）又表其意：

> 臣惟人才之生也固有数，其习养而成也尤难得。大抵人之材质，不甚相远，惟习与养耳。习养则达，习养之久则成。夫习养于数十年之久，而废之于一旦，诚为可惜。此古人所以有"人惟求旧"之说也。臣于所属地方得三人焉，是皆习之于历任而养之于累年，大可以康济一时，次可以浚明庶政，而不可久弃者也。

韩邦奇对教化极为重视，而以儒官为教化之由。其曰："司教者，儒官也，是风化之由也。"（《苑洛集》卷二，《赠掌教王君九载考绩序》），故极为重视地方教育官员之选拔也。其《举荐文学官员以备擢用事》（《苑洛集》卷十六）曰：

> 臣惟天下之治系教化，而教化之原在贤才。今之提学，实主教之官也。苟得其人则贤才成而教化立，治岂有不成者乎！

韩邦奇认为，天子能不拘一格以选才，执事能秉持公明以选才，诸士子能

---

① 《苑洛先生语录》"深矣"上有"亦"字。

自惧求以自副,则人才可得而尽其用也。其《顺天府乡试录序》(《苑洛集》卷一)曰:

> 祖宗之初,司文衡者,不惟其官,惟其人耳。其后乃一切皆用儒官,取人之途既狭,而欲收得人之效,顾不难哉!……
>
> 臣惟我皇上,以非常之主,龙飞特起,而于文衡之司,今特用以非常之选者,此无他,冀得夫非常之才耳。责望之深,付托之重,凡我诸执事,其不自惧以求自副乎?此无他,其道惟公与明耳。公则取之有其本,而不才者不得以乱真;明则照之有其具,而不才者不能以乱真。明,非臣等所敢知也,是惟孜孜于公,以求自尽而免折覆之咎焉。由是而求之,非常之才,其庶可得乎!夫圣天子垂情如此,诸执事戒慎如此,凡以为诸士子也。诸士子其亦知所自惧,求以自副乎!此无他,以非常之事业自期待耳。今观诸士子之所陈,郁郁乎,愧愧乎,非道莫言也。究义理皆斯道之精微,条事物皆斯道之殊散,论政治皆斯道之显发。即是而观之,诸士子其能建非常之事业,以自奋者乎!此无他,行是言也,勿庸违焉耳。惟时诸执事不负其职,而有以答圣天子之休,诸士子不负其言,而有以慰诸执事之望矣。此无他,惟我圣天子非常之德,覆冒如天地,浸渍如江河,如臣等一草一木之微,孰不自尽其生生之化乎!《经》曰:"元首起哉,股肱喜哉。"又曰:"帝光天之下,万邦黎献,共惟帝臣。"其惟今休与!诸执事、诸士子其非常之遭际何如也,其非常之荣幸何如也!凡我诸执事,其勖之!凡我诸士子,其勖之!

韩邦奇着意于人才之访求致纳,认为人才延揽不可强留,而应顺其自然。其曰:

> 《易》"比"不追其去,求其比也。而反不追其去,何也?盖求士之道,不惟招之可以来士,虽其去不留,亦可以来士。若士既入其国,不听其去,则士皆谓去就不得,自遂入其国不合而不得去,士皆惧而不来矣。《中庸》"治国平天下"曰:"嘉善而矜不能,正。"欲致善者而用之也。(《苑洛集》卷十八)

韩邦奇爱惜人才。如何爱惜人才?张载言:"以知人为难,故不轻去未彰之罪。"(《正蒙·作者篇》)韩邦奇曰:"此千古大臣,爱惜人才,养明养度之法。"(《正蒙拾遗·作者篇》)故其举荐人才,多以此为法。其《公荐举以备任用事》(《苑洛集》卷十五)曰：

　　嘉靖十五年十一月二十五日，臣郭某、臣李某、臣夏某，钦蒙皇上召见于文华殿西室，荷蒙圣明，品题文武官员，每以人才不足任用为叹。臣惟天生一世之才，自足一世之用。除见任外，即今文武大小官员，充军为民、冠带闲住及致仕去任者，有所犯或情轻律重者，有误犯罪谴者，有因考察所司误听人言，或平生鲠介不能奉承致人左道者，原所劾者，后虽自觉其非，亦无可奈何矣。况又有吏部题："准严例，不许奏辩。"所以考察黜退，有才者不得复用，亏枉者不敢辩理，至于大礼大狱，被黜之人大赦，在所不原。仰见皇上恶恶之严，垂戒之远，但其中有专主者，有附和者，有佐贰及属官不得已而随从者，谴谪日久，自新无路。情重者固难轻宥，若果出不得已，才识可用者，亦许从公推举。如蒙圣明开天地再造之恩，将臣所奏前项事情乞敕府部九卿科道等官及南京各衙门并各处巡抚巡按，各举所知，备开来历，不拘名数，或奏闻于上，或咨送该部类总，奏请简用。皇上求贤之心庶不负矣。

《举将才以裨边务事》(《苑洛集》卷十三)曰：

　　臣自到镇以来，即以将才为事，留心访察，似得其真。然臣又以为干城之将不可以二卵弃，蹄啮之马乃能致千里。故取其所长而略其所短，恕其既往而责其将来，则人皆有可用之才。苟以一事而弃其平生，以一时而摈于没齿，斯下无全人，而临事有才难之叹矣。臣镇所属武臣，其谋勇著闻，才力通敏而罪过无累者，臣固举之；其虽因事罢闲而谋勇足称、才力有为者，一并奏闻，以候圣明采择焉。

韩邦奇认为，人才之使用，以称职为要。其曰：

　　夫登山者不必至其巅，但峰峦翠抱，有花有竹，有松有柏，可息可亭，即胜地也。涉泉者不必至其源，但潴汇清深，有荷有菱，有虾有鱼，可舟可钓，即佳境也。登仕版者，位无崇卑，克宅为贤；职无小大，就列为称。(《苑洛集》卷七，《大中大夫陕西布政司右参政北涧王公墓表》)

三、边务

韩邦奇曰："夫国之大事在兵，而边兵为尤大。边务者，在今时尤当急，为处画而不可顷刻忘者也。"(《苑洛集》卷一,《刻〈关西奏议〉序》)故其论著之中,于边务甚为切切,论述颇多,大略言之,有边防、兵法、边储、马政以及选将用兵等内容。

(一)边防

邦奇边防思想之概要,见于嘉靖七年顺天府乡试"策问"三(《苑洛集》卷九)。兹录而见之。

问:天下之大势,在外则边陲,在内则郡邑。边陲所以御外侮,郡邑所以安内治也。今边陲之上,军士怯怠矣,纪纲陵迟矣,帑藏空虚矣,其何以御外乎?郡邑之中,风俗颓败矣,盗贼窃发矣,生民困瘁矣,安在其安内乎?致是者,厥咎何由也?今所以处之者,何道也?遐想古之人,教步兵于泽潞者,天下推勇;诛乱将于朔方者,诸镇奉法;屯要害、浚沟渠而兴屯田者,羌夷降败,是皆名将也。得是人而用之,军气可振,帑藏可足,纪纲可伸欤?守蜀郡者,治崇礼义;长朝歌者,人称神明;劝农桑、重牧养而禁奢侈者,郡有蓄积,是皆良吏也。得是人而用之,民生可苏,盗贼可息,风俗可淳欤?古人未尝借才于异代,今天下文武之士,岁进几千人,独无是人出于其间欤?抑或有之而莫之用欤?此天下剥肤之弊,而庙堂之所欲闻者也。诸士子其纵言之,主司者为之达。

邦奇自为之解答,曰:

有致弊之源,有拯弊之道。然欲拯其弊,当先究其源,拯弊而不究其源,是犹医者之治病,苟不究乎病源之所在,抑何以施治疗之法哉?生也恭承明问,而有以知前日致弊之源,今日拯弊之道矣。

天下之道二,义与利之间也。天下尚义则治,尚利则乱。前日之致弊者,利也;今日拯弊之道,亦有义而已矣。仰我圣天子在上,日勤圣学,总揽乾纲,备二帝三王之德,则固宜有太和雍熙之治也。而天下之弊,如执事所言种种者,何哉?在边陲,帅臣格之也;在郡县,有司格之也。自正德十六年间,权奸相继用事,政以贿成,我祖宗以来,生养安全之道,礼义廉耻之教,纲纪法度之制,扫荡无几。外而边陲之将,内而郡县之吏,陟者以利而超迁,黜者以利而幸免,而将与吏多不得其人矣。将既不得其人,则边陲之上,军士不得不怯怠，帑藏不得不空虚，纪纲不得不陵迟也；吏既不得其人，则郡县之内，生民不得不困瘁，盗贼不得不窃发，风俗不得不颓败也。是前日所以致是弊者，无他，利而已矣。

知前日所以致弊之源，则今日所以拯弊之道可得而言矣。盖尝闻之："士有百善，惟廉为最。士有百恶，惟贪为最。"盖廉则众欲皆伏，而达之于政，自无不善；贪则众欲皆起，而达之于政，自不能善。廉者，义之大也；贪者，不义之大也。是故今日之所急者，义而已矣。必也绝请托之私，重苞苴之禁，公铨选之法，明黜陟之典，则前日之私既足以驱天下于利，而今日之公独不足以驱天下于义乎？诚使边陲之将，郡县之吏，皆忘一身之私，秉为国之公，则前日之弊将不革而自除焉。不然则操演虽勤，徒足以为观听之具；转输虽多，徒足以长侵渔之奸；诛戮虽严，徒足以激凶顽之怒矣。边陲何自而理哉？蠲赈虽频，徒足以资里书之欺；捕诘虽急，徒足以贻地方之扰；教戒虽切，徒足以为文具之虚矣。郡县何自而治哉？遐想古人，李抱真之帅泽潞也，教习步兵而天下推勇；郭子仪之至朔方也，按诛乱将而诸镇奉法；赵充国屯要害、浚沟渠而兴屯田，于是羌夷降败，是皆名将也。得是人而布之边陲之上，如李抱真焉，何患乎军士之不振？如郭子仪焉，何患乎纪纲之不伸？如赵充国焉，何患乎帑藏之不足？今武举之选，世袭之胄多矣。其中独无是人欤？文翁之守蜀郡也，建立学校而治崇礼义；虞诩之长朝歌也，诱擒盗贼而人称神明；龚遂劝农桑、重牧养而禁奢侈，于是郡有蓄积。是皆良吏也，得是人而布于郡县之中，如文翁焉，何患乎风俗之不淳？如虞诩焉，何患乎盗贼之不息？如龚遂焉，何患乎民生之不安？今科目之举，畿藩之贡多矣，其中独无是人欤？

《易》曰："蛊。先甲三日，后甲三日。"夫天下之势，在外则边陲，在内则郡县。今边陲之上，郡县之内，其弊如此，可谓蛊之极矣。然则今日治蛊之责，能无劳于圣天子之心乎？"先甲后甲"，治蛊之道也。程子曰："治蛊者，先究其所以然，则知救之之道；后虑其所将然，则知备之之方。"善救则前弊可革，善备则后利可久。今日拯弊之要，无踰于此者矣。虽然，窃又尝究理乱之势，推盛衰之迹，乃既为今日忧，而又为今日喜。《书》曰："天闷毖我，成功所然。"则今日圣天子承先朝之大弊,虽不能不厪宵旰之忧,而其所以弘中兴之业,永万世之誉者,亦岂不在于是乎?是故商道不衰,无以成高宗之名;周道不衰,无以见宣王之绩。今天下行将太平矣,明明天子,令闻不已,敢为今日诵。谨对。

于《见闻考随录》中,韩邦奇又详考古今边务之别,以为改革之论。其曰:

汉、唐、宋三代,与我国家防边之法不同。汉、唐、宋防之之法密,我国家防之之法疏。其故何也?汉高帝当匈奴,冒顿盖振古豪杰,平东北诸国,独霸塞外,控弦四十万,高帝惮之。天下既定,乘百战之威,自将至平城被围。非陈平之计,几至败亡,故其防之也极其详。四百年间,君臣上下,日夕讲求,非战斗则和亲,未尝一日忘。唐太宗当匈奴、突厥之强,至于称臣请兵以取天下,故其防之之法亦甚详。宋则当辽、金、元之强,自朝廷以及闾阎所事者,岁币戍兵也。我国家当元之甚弱,盖元自太祖入中华、世祖一统宇内一百五十年来,元人化为中国人,视中国人为尤弱,而兵之一事为尤弱。盖中国腹里,武事虽弛,犹有备边之兵。元则中外一统,虽边备,亦无矣。况当时凡百苦役,皆汉人力办,元人骄惰尤甚。是以我太祖既平群盗,命徐达北定中原,元人即北遁,未尝向南发一矢。我兵复穷追,至不敢相见。又值我文皇之英武,三犁其庭,敌人破胆远遁。盖以平日屋居谷食之人,一旦身无居,腹无食,救死之不暇,虽寻常之兵临之,亦不能支,况我百战之兵乎?是以防边之兵,较前代为疏,盖前代当敌之强,我国家当敌之弱。今我承平二百年,人不知兵;而彼生养教习亦二百年,复其故性若之何?而守株以待乎?可忧也。

(《苑洛集》卷十八,《见闻考随录》(一))

关于此意,韩邦奇《刻〈关西奏议〉序》亦重发之。韩邦奇认为:"奇谋胜算不在高远,切于时务即是奇胜。盖事切于时务,即有益于国家,有益于生民。"其曰:

奇谋胜算不在高远,切于时务即是奇胜。盖事切于时务,即有益于国家,有益于生民。如诸葛孔明高卧南阳之时,熟观天下之势,曹操据有中原,挟天子以令诸侯;孙权据有江东,任贤使能,基业已固,俱不可图。独蜀汉之地未得,豪杰据守,可以立基。故一见昭烈,即以为言而终身事业。虽志决身歼,以图兴复,不过若此而已矣。以高远言之,诛曹、孙篡弑窃据之罪,克复汉家天下,岂不光明俊伟? 然势决不可行也。故司马徽云:"识时务者呼为俊杰。"且目以为"卧龙",盖为此也。(《苑洛集》卷十八,《见闻考随录》(一))

以邦奇之意,当时边事,需大改革,其曰:

> 今之边事不大改革,军威必不能振。所谓改革者,无他,修复祖宗之故,酌以汉、唐之法而行之耳。今议者皆曰"任将考其说",皆坏将之道也。古之任将者,筑坛推毂,君命不受,故将得以行其志。今岂无将,特不用耳。所谓用者,非与之官也,尽其用也。今将之在军,叱喝而奴隶视者十余辈,奴颜婢气,一人欠谨而讥斥至矣。汉、唐以来,边将非一人,上下几千年,考之载籍,何曾遣一使至军查勘哉! 此明白而易见者,我祖宗朝亦罕有之。近者每一交锋,即遣一使,而使者又不晓国体军机,务在罗织其罪,必去之以自尊崇,安有才难之惜? 使为将者惴惴焉,手足无措,避罪之不暇,安能自奋扬哉! 至于人才剥落,临时无措,则出之囹圄之中,譬之伤弓之鸟,见矢而惊,宁能饮啄于洲渚之中哉! 即使子牙遇此时,彼惟卒钓于渭滨耳。强而付之,将亦莫如之何也已。(《苑洛集》卷十八,《见闻考随录》(一))

韩邦奇举陕西防边之法,略见边防之策,高下不同:

> 陕西防边之法,考唐三城守之于河外,上策也。盖守之于河外,则险在我而易为力守之,于河南则险在虏而难为功也。修夹道之墙时,出精兵以搜套,中策也。其下策,来则浪战,去则坐守而已。(《苑洛集》卷十八,《见闻考随录》(一))

韩邦奇又以"固边""修边""攻边""御边"为例,以述其边防思想。兹录其文以见之。

(1) 固边

> 西北之大边六,宣府最为紧要,额兵十二万。其次大同,额兵八万。其余各镇,其兵俱少。于是临边一带界山,自山海至居庸、紫荆、雁门、宁武、宁化,自岢岚、保德、偏关,直抵黄河岸,自北南视,如千仞崇垣,拔地而起,固天所以限中外也。中古始守以险外以为藩篱,居庸、紫荆之外,有宣府、雁门;宁武之外,有大同。我国家又设老营堡,居庸、紫荆、雁门、宁武皆设兵将。宁化以西,乃略而不备。

秦时城址犹在,若考其地而设兵,如雁门等处,敌必不能长驱而入矣。若止从老营堡修至宁武,亦不为甚费。今敌入中国,惟老营堡地方乃一大空阙。异时,敌妄兴异志,以侵内地,惟此涂为便。既过老营地方,而宁化、岢岚等处无守,则天门、忻口、玄岗、阳方之险,不足恃矣。偏关之城,昔在山麓下,若敌乘山而攻,旦夕可破,移于城西,筑以甬道,长不过二里,即至山巅上。阔二丈、高三丈,两面环以女墙,设数铺房,敌至以兵守之,金汤之固矣。(《苑洛集》卷十八,《见闻考随录》(一))

(2)修边

韩邦奇曰:"夫城垣固地方重务,在今日尤所当先。"(《苑洛集》卷三,《郃阳增修城学记》。郃阳,今陕西合阳)其于《见闻考随录》论修边之法,曰:

今天下大计,御敌之策,虽募百万之师,费亿万之财,亦无益于当时,其切务惟在于修边。然今之言修边者,每以宣、大为说,则失策甚矣。盖宣、大之边,不惟不能修,而亦不必修。何谓不能修?宣、大大边广千余里,力岂易办?纵修之,亦不能遍守。然决不必修也。何谓不必修?盖中外之界限,本在宁武至山海关一带界山,宣、大在险之外,而镇城又在外之边,与敌共处一地,不守险而守之险外,以镇城而置之极边,此古今英豪之深意。且宣、大之设,以天下之钱粮,选天下之兵将守之者,非为宣、大之地计,为屏蔽天下也。今宣府弹九之地,总兵有正兵、副总兵,有奇兵、游击,有游兵。五路有参将,四十二城堡皆设兵将。大同总兵、副将、游击,同三路有三参将、十七城堡。若望以屏蔽天下,次择名将而畀之。若只保守宣、大地方,中人可以守之,半其兵将可以当之,又何必以修边为哉?所谓不必修也。今边之宜修者,山西、真定、顺天也。力既易成,险亦可守,枢机在此。山西之边,自雁门以东,其险可恃。此惟有一二步卒牵引窃入,敌骑决不可长驱。但有人守之,即不可越,所谓"一人当关,千夫莫敌"者也。惟雁门以西则夷险不一,其地虽二百余里,然不须修者多。其山险处不必修,平漫接修之十不二三,其土山平漫者,可斩削。当自偏关、宣武旧墙接修之。其真定、顺天一带,山口可塞者塞,可筑者筑,居庸最险,潮河以随时修整,不甚费力,则天下之事毕矣。宣、大二镇各城,既有高城深池、坚甲利兵,其余民间私建小堡,一一归并,敌入则坚壁清野,又重兵以拒之,彼无所掠,五日则自遁矣。候其归乏,则邀而击之,且可获功,何必修边为哉?此修边之说也。(《苑洛集》卷十八,《见闻考随录》(一))

(3)攻边

用兵之要,"攻"与"守"二者而已。守则如前,攻则我当先发,若彼既入侵,是简其精兵而来,不可以与之争锋,惟当固守。如前我边防备,乃选将练兵,候彼数十万驻牧我边近地,牛羊老小帐房俱在,彼必以我兵素不出攻,不为之备,吾乃帅师攻之。然必为万全不可败之势,方可言攻。吾察各阵为兵火一营,且攻且守,虽彼百万之众,四面攻围,亦不碍吾之进退,可取必胜。攻吾前则吾前冲之,攻吾后则吾后冲之,前后左右,无不如意,进退攻守,皆由于我。虽围吾十匝,则吾益得志。兵火营大略以大车厢后为阳门板,三孔安炮,仍以牌遮其口,画为虎头形,厢两头横安二炮,厢后者扎营用之,厢两头者,行则用之,但用多带火药粮草,每用火药手五人,挽车者十人,如东面兵至,中军扯起青单号,带第一炮,放双号,带第二炮,放三号,带第三炮,放三炮既毕,一炮可装起矣。西南北各如其制,若四面齐来,则四面炮齐放。此札驻时制也,若吾欲回军,则徐徐行之,既围之固,则攻其前,若彼围其左右,则用横厢炮,后则如常制,且行且攻,彼必远遁,岂敢近吾,彼败则出,吾营中军以击斩之。此乃决不败之阵也,都城四面平旷,最宜用此阵。若于潮河川、卢沟桥左近为此营,则敌必不敢近,而吾可得志,大抵用兵之法,要知地。故曰:"地生量,量生数,数生称,称生胜。"每营止可用三千,多则五千,然多多益善,攻守之具,无事之时不可不讲,不可不备,临渴掘井,卒然未善,此攻边之说也。(《苑洛集》卷十八,《见闻考随录》(一))

(4)御边

当今御边之法,较之前代为疏,为不专。昔汉时,高帝当匈奴强盛之时,又以冒顿之枭雄,是以备之者甚详。云中、上谷、北地、朔方、辽东西、北平、渔阳、金城、上郡,皆止各一太守,专兵专钱谷,专刑专举辟,且久任。但责以地方不失中,小胜小负俱不计,赏罚亦不加,是以边臣得尽力尽谋。今一总兵而不与之赏罚之权,监之以巡抚、巡按、守巡郎中,一有胜负,则府通判、卫经历皆得监制之。唐朝以一监军而军功不成,况监军数辈者乎?今之巡抚甚为无谓,既无调兵之权,又无临阵之责,凡一切战伐进退,俱不干预,若何而受彼之赏,受彼之罪哉?唐之初兴,有资于敌,称臣突厥,亦当敌强盛之时。宋则不须言矣。是以当时朝廷之上,日夕所图惟者,惟边计耳。我朝当敌之极衰,当我太祖之圣神,又值我成祖之英武,中国强盛未有如今日者。夫强则畏,弱则忽。陟羊肠者不蹶,而或仆于平原;临深渊者不陷,而或倾于行潦。畏与忽,使之然也。况今我当承平日久,彼当教习之余,我弱而彼强矣。是岂可以寻常视之哉?今当仿汉唐制而行之,各边巡抚皆去之,其巡按不必预边事。管粮官听总兵官节制,府州、县官,俱听总兵节制。如巡抚之体,小小胜负不必行勘,但令地方无事耳。国家之制,止是来则备之,去则守境而不追,所以监之巡抚,察之巡按,钱粮刑名皆不得预,举辟潜移于巡抚,止是防边将之肆也。在今时,则当变而通之,况此各官之设,起自近代,亦非太祖、成祖之法也。天下之事,必知之明、论之定,而后可经理以守之。若贸贸然随事设论,日见其烦扰,而终无分寸之益。今日之定论,修边是也,山西真定、顺天是也。边兵不可常调,一则钱粮供给不敷,一则以劳待逸。此犹较可仍恐有意外之虞。古人所谓"不戢则自焚"矣。(《苑洛集》卷十八,《见闻考随录(一)》)

(二)兵法

韩邦奇认为:"将者,三军司命,地方安危系焉。""事无定体,惟变是趋。治有先机,因时而动。"(《苑洛集》卷十六,《慎重边疆以保安地方事》)其对用兵之法,颇有心得。而其要者,在于嘉靖七年顺天府乡试之"策问"二(《苑洛集》卷九)。兹录而见之。

问:威天下在于兵,而主兵者在于将。吴子有言:"三军之众,百万之师,张设轻重,在于一人。"将固不可以不知兵矣。尝即一二兵法而观之:"途有所不由也",不由靖、渑者,成七国之功;由壶头者,致五溪之败。"城有所不攻也",不攻华费者,完兵而深入;攻郓郡者,众溃而走死。"君命有所不受也",叱吴使之说者,成霸越之功;拒长史之谋者,舍格天之业。"士卒当如爱子也",与士卒分劳苦者,著绩于河西;不恤士卒饥寒者,见杀于安阳。数,将于兵法合之则成,违之则败,是固然矣,然有可疑者。争北山而败,高陵不可向也,或以麇马鞍山而取胜;以卒神而胜,妖术似可用也,或以用六甲而致败。临泜水而退舍,全军宜矣,何退舍洞水者卒至丧师?日夜行三百里,败走宜矣,何日夜行二百里者卒至成功?是又于兵法也,或同合而成败顿殊,或同违而胜负特异。然则为将者,将无事于兵法乎?其或兵法之变,有非可以常法拘乎?文事武备,皆诸士子分内事也。毋曰:"吾儒生,未学于军旅。"

邦奇自为之解答,曰:

对:有用兵之常,有用兵之变。常者,固兵法也;变者,亦兵法也。自其常而观之,合乎兵法者,知兵法者也。自其变而观之,合乎兵法者,固知兵法者也;不合乎兵法者,亦知兵法者也。夫兵者,随机应变,因敌制胜者也,何常形之有哉?昔赵括能读父书,奢不能难;岳飞好野战,不用古法,盖飞知变而括不知变也。观乎此则可以答明问矣。

夫威天下在于兵,而主兵者在于将。三军之众,百万之师,张设轻重,在于一人,为将者固不可不知兵。用兵之妙,存乎一心,微乎微乎,应形于无穷,而谈兵者又不可不知变也。崤、渑,诚不可由也。亚夫于是竟走蓝田,所谓"途有所不由"者,而马援之困败,盖不知壶头之不可由矣。华费,诚不可攻也。曹公所以深入徐州,所谓"城有所不攻"者,而沈攸之之走死,盖不知郢郡之不可攻矣。越王许吴王之成,范蠡不从其命,乃叱王孙雄之请,而遂成霸越之功;董卓挟汉帝之命,皇甫嵩欲赴其召,乃忽梁衍之谋,而竟就匹夫之谅,"将在外,君命有所不受",蠡则知之,而嵩不知也。吴起亲裹赢粮,与士卒分劳苦,守河西而拒强秦之兵;宋义置酒大会,不恤士卒之冻馁,留安阳而致项羽之诛,"爱士卒当如爱子",起则知之,而义不知也。数,将者其于兵法合之则成,违之则败。所谓合之者,知兵法者也;不合者,不知兵法者也。兵法之常也,高陵不可向也,赵奢先拒北山,秦师争山不得,秦师大败;刘备先据马鞍山,陆逊四面麇之,汉师大败。盖逊以乘胜之兵麇备已败之兵,是得夫激水之疾可以漂石之意,若秦师大败则两军相敌,未有胜负者也,岂可概论乎?祥疑,所当禁也。田单令一卒为神以破燕者,田单智勇之将,乘忿怒之军,志复宗国,是得夫能愚士卒耳目之意;若郭京之败,则市井无赖,原不知兵者也,岂可以同语乎?阳处父退舍于泜水,此合"令半济而击之"之法;苻坚驻军于涧水,挥兵使却,亦合此法也,退不可止而大败者,盖坚军无纪律耳,是岂知"法令孰严"之旨哉?魏武日夜行三百里,逐先主于当阳,正犯"百里争利则擒"之法;唐太宗日夜行二百里,追宋金刚于雀鼠谷,亦犯此法也,遂破金刚而大捷者,盖金刚已败沮耳。是岂非"其疾如风"之旨哉?所谓合之者,固知兵法者也,不合者,亦知兵法者也。兵法之变也,即是而观之,则常者固常也,而变者亦常也。孙子有言:"声不过五,五声之变,不可胜听也;色不过五,五色之变,不可胜视也。兵不过奇正,奇正之变,不可胜穷也。""变"之一字,其用兵之最要者乎!

抑又有说焉。兵,凶器也,黩之则危。然昔有周当成康之时,四方无虞,九夷通道矣。召公告以张皇六师,周公告以诘尔戎兵,二公岂导君以威武者哉?盖人主于天下无事之时,多留心于仪文制度之间,以为藻饰太平之具;至于兵之一事,往往视为不急之务,言之者以为不祥,为之者以为多事。及天下卒然有变,则茫然无以为应。奸人贼子得以肆其滔天之恶,而天下遂至于大乱。唐玄宗之时,何等全胜之天下也,安禄山渔阳一鼓,而诸镇瓦解,乘舆播越矣。今天下万国乂治,百蛮款塞,庶职奉法,文章礼乐,闾巷彬彬,而愚生之虑,以为所因循而不振者,兵与将耳。此亦或执事未发之意也,敢僭言之。谨对。

(三) 边储

韩邦奇认为:"兵食足而边防有备,守御严而敌患潜消矣。"(《苑洛集》卷十六,《慎重边疆以保安地方事》)"粮多则兵自强,士饱则气自倍。苟粮乏而士馁,则虽孙、吴之智,无以施其谋;贲、获之勇,不能致其力。故粮者,三军之司命。而凡行师者,必以为急者也。"(《苑洛集》卷十三,《预处边储以济缺乏以备急用事》)然当时明朝积弊已久,边务弛费,粮饷严重不足,韩邦奇因之感叹曰:

今儒生谈兵,动曰赏罚。今提兵者,手无一破钱,赏何所施?

(《苑洛集》卷十九,《见闻考随录》(二))

当今所最急者,宗室禄米不足也,边军粮料不足也。以宗室言之:国初宗室少,即今宗室多,盖有百倍于昔者而粮额如故,谓之曰"少",诚无所处矣。以边军言之:国初军马多,即今军马少,不过十之六七。国初粮料于正额外犹有余数,即今正额之外无所减,若之何而不足也?弘治以前,仓廪露积,未闻告乏。今乃往往告饥,若谓水旱灾伤,及小民之逋欠。国初以来,岂无水旱灾伤及逋欠者乎?况边税又不在捐免之例,是必有其故矣。(《苑洛集》卷十九,《见闻考随录》(二))

边储为边防大事,系乎国家安危,军民生死。故不得不甚为重视也。对此,邦奇于正德八年山西乡试中有"策问"(《苑洛集》卷九),以明其理。兹录如下:

问:昔先王经国子民,必先食货而重戎兵。肆我列圣,法古制治,以食货言之,既有边储矣,复有京运存留之设,食宜无不足也,而何仓廪每至于空乏?既有岁办矣,复有丁佣货榷之例,货宜无不足也,而何帑藏每至于匮竭?稽之于古,二十税一,取民何轻也,乃有海内庶富之治;课役皆免,赋民何宽也,乃有斗米三钱之效。今自山西所急言之:边已云储而督并之使屡遣乎廷臣;禄已云班而告乏之疏累陈于藩室,厥咎何由乎?所以充足之者,抑有道乎?夫令有缓急而物有重轻,岁有凶穰而谷有贵贱,食所当平也;币重则民不堪,币轻则民亦患,货所当权也。二者古人已有定制矣,而可行于今乎?三年耕必有一年之积,九年耕有三年之积,足食之道也。千乘之国,藏镪百万;万乘之国,藏镪千万,足货之道也。二者当今亦略施行矣,其有合于古乎?以戎兵言之:内有五府也,又设卫所以分属之,综理周矣;外有司卫也,又设将臣以总率之,经略备矣。稽之于古,府兵之制不为不善,何以致藩镇之祸?衙厢之制不为不密,何以有金人之变?今自近日之事言之,饥民啸聚,流劫郡县,尝调京军以捕御矣。而飘忽震荡,过无坚城,卒赖边军以剿之。京军抑不足恃耶?套众骄纵,侵窃边关,尝有边军以屯戍矣,而凭陵斥突,阵无勇将,复调京军以捍之,边军又不足恃耶?其弊安在乎?所以振扬之者,抑有道乎?夫渑池弄兵,置而不捕,较之捕盗朝歌以安民者,孰得?得是人而用之,盗可弭乎? 备敌数岁,戢兵不战,比之两炬,疑敌一战而取胜者,孰优? 得是人而用之,边可备乎? 夫识时务者在俊杰。数者,时务之大者也。诸士子其详言之,毋以俊杰为嫌而自让。

邦奇自为之解答,曰:

有足国之大本,有强国之大本。食货者,足国之道也,而其本在于节用。戎兵者,强国之道也,而其本在于安民。用既节则国不期足而自足,民既安则国不期强而自强。苟务国之足而不本于节用,吾知所入者不能给其所出,虽头会箕敛,民力愈竭而用益不足矣。务国之强而不本于安民,吾知本既先拨而戎狄乘之,良民善众亦且化而为大盗矣。孔子曰:"节用而爱人",请以是并为明问复。

盖尝闻之:《洪范》先食货于"八政",故知有天下者,不可无财用;《周官》列司马于六卿,故知有天下者,不可无戎兵。昔者先王因地制贡则壤成赋,料丁起役而食货兴矣。我国家之制,既有边储矣,复有京运存留之设;既有岁办矣,复有丁佣货榷之例,其综理之详,虽夏后之贡,成周之彻,何以加焉。若是者,食宜无不足也,货宜无不充也。今自山西所急而言之:督并之使屡下于边陲,告乏之疏累陈于藩室。噫! 有由然哉? 输于边者有常数,而客兵调集,每至若林之多;供乎禄者有定额,而天潢繁衍,乃有螽斯之盛。况夫穷民之逋欠,灾伤之蠲除,豪右窃揽代之权,贪夫肆侵渔之利,其欲粟陈而不可食,贯朽而不可校,不亦难哉! 为今之计者,宜何如耶? 粟之贵贱,所当平也。贵则减价以粜之,贱则增价以籴之,是亦古人备荒之一策也。币之轻重,所当权也。币轻则母权子而行,币重则子权母而行,是亦古人救时之一法也。今之存积,即先王积余之意,修其废焉。非常之用,宁不足充乎? 今之预备,即先王藏镪之意,举其坠焉,不时之需,宁不足给乎? 夫然后时检校以阅其实,严刑罚以禁其奸,其庶乎食货之可足矣。虽然,究其本而言之,不有节用者乎? 无名之赏赐有度,不急之土木不兴,非时之游观有节,无益之冗赘不设,如是而已耳。先王威诸侯、平邦国、除盗贼而戎兵兴矣。

我国家之制,内有五府也,又设卫所以分属之;外有司卫也,又设将臣以总率之。其经略之备,虽商之赫业,周之诘扬,莫有过焉。若此者,蛮夷宜率服也,盗贼宜屏息也。今自近日之事而言之:饥民啸聚,流劫郡县,尝调京军以捕御之,乃至飘忽震荡,过无坚城,而剿之者卒赖边军焉。是郡县之变,京军既不足恃矣。套众骄纵,侵窃边关,尝有边军以屯戍之,乃至斥突凭陵,阵无勇将,而御之者又调京军焉。是边关之变,边军亦不足恃矣。噫!有由然哉?武弁以甲胄为耻而慕文墨,军士以工贾为业而恶战斗,况夫坐作进退之未习,而卒不知兵;敹毂锻砺之未第,而兵无完器。精锐或隐于权门,老弱多充于部伍,其欲摧锋陷敌,折馘执俘,不亦难哉!为今之计者,宜何如耶?选将以主兵,阅卒以实伍,而兵之本以立;简器以利用,演阵以教战,而兵之用以备。治渤海如龚遂,长朝歌如虞诩,必求是人而任以捕盗之责;备北边如李牧,守云中如廉范,必择是人而付以备边之任。夫然后鼓之以庆赏,震之以刑威,庶乎戎兵可振矣。虽然,究其本而言之,不有安民者乎?生之而不伤,厚之而不困,扶之而不危,节其力而不尽,如是而已耳。

稽之于古,度官禄、量国用以征其租,出口钱、计算钱以课其丁,或至三十税一者,汉之取民可谓宽矣,而文景乃有海内庶富之效。田有租、家有调、丁有佣,既以为经常之制,量事宜、度灾变、差老少,又以为减除之权,或至课役皆免者,唐之取民可谓轻矣,而太宗乃有斗米三钱之效,此汉、唐食货之大略也。府兵之制不为不善,而卒致藩镇之祸者,府兵之制坏而彍骑之兵兴,彍骑之兵变而藩镇之权重,至其末年,朝廷行姑息之政,强将拥不制之兵,而唐亡矣。衙厢之兵不为不密,而卒致金人之变者,藩镇之权释而兵始弱,保甲之法行而民始困,至其末年,主之以非人,用之以妖术,而宋危矣。此唐、宋戎兵之大略也。或始焉粗备而仅致小康,或终焉不戢而卒成大祸,汉、唐、宋之所以为汉、唐、宋也。曷足以为当时法而执事陈哉!

(四)马政

韩邦奇认为:"防边御敌,截杀追袭,莫要于骑兵。"(《苑洛集》卷十三,《乞给马匹以实营伍事》)故其言及边务,则于马政极为重视也。其正德八年山西乡试之"策问",即详谈马政之法。兹录如下:

问:《书》曰:"今惟淫舍牿牛马",《诗》曰:"驷騵彭彭,肆伐大商",征伐之资,于马也尚矣。其制始于黄帝,备于周官;汉、唐、宋各有其法,而我国家尤为详悉。内有太仆寺矣,而府、州、县设佐吏以专领之;外有行太仆矣,而苑马寺设监苑以分领之。互市有茶马也,分蕃有围长也,设官何其备欤!既有见马以给军,又有寄马以给民;既责之以牧养,而又责之以孳息,印烙以防之也,考课以验之也,立法何其详欤?若是者,宜马之蕃盛也夫!何一遇小警,马即告乏,出帑藏之钱,遣市马之使,所谓见马寄马者,何在乎?《经》有之:"学古入官,议事以制。"是准今者,必酌乎古。今举古人一二事,试与诸士子商榷之。

一马复三卒,内郡之制也。令民自畜马,边塞之制也。至于封君而下,以次出马,官给牝马,归息什一,不有坠于先烈乎?府兵既立,给钱而市之;府兵既变,给马而用之。至于一缣一马,息士十万,别色为群,望如云锦,不有裨于国家乎?曰官马,曰户马,曰戎马,法亦善矣。及保马之法行而天下之民困,当是时也,首倡其议而力称不便者,谁欤?骐骥蛮镳,犹犹息整居之祸;龙骊骇白,匈奴肆平城之围,马之关于成败亦重矣。然则蕃育之有官,岁时之有祭,宜也。今欲使在内者有有骊有黄之多,在外者有既佶且闲之盛,其道安在?将酌古法而行之欤?抑我国家法已详备,今莫若修其废坠欤?二者何居?

邦奇自为之解答,曰:

经天下之政存乎法,行天下之法存乎人。故为治者,不患法之不修,而患人之未得。吾见法具而不得其人者,有矣,未见得其人而法有不举者也。马政之制,国朝之经画已备,特承平日久,怠于吏而玩于民,法固未尝有敝也。敝之者,人也。今能一振而作之,其所以经天下者,沛乎有余裕焉。苟徒是古非今,役役于纷更改革之劳,而不知修复之道,其为为治之累,岂小小哉!孔子曰:"文武之政,布在方策。"其人存则其政举,其人亡则其政息,不我欺也。请因明问而复之。

武王之伐商也,有"骊骐彭彭"之诗;鲁侯之征淮夷也,有"淫舍牛马"之誓,则马之用于征伐也尚矣。犹犹整居焦获矣,而宣王成薄伐之功者,以骐骥蛮镳之盛;高帝威加海内矣,而匈奴肆平城之围者,以龙骊骇白之多,则马之系于成败也大矣。此历代以来所以考成分，属有蕃育之官，祈休报，赐有岁时之祭也。以其官而言之，其厩有未央、承华、骑骆、骑马、路轮、大厩之异。其官有三令、四令丞、五监长之殊，而掌之于太仆者，汉制也。其署有六闲、八坊、四十八监之类，其官有主簿、直司、围官、牧尉、排马、群头之属，而领之于太仆者，唐制也。至于骐骥有院，天驷有监，天厩有坊，既置群牧司，又置群牧。使此在内监牧之法，自河北至许州，已有十八监，两河、陕西有都总管处，复置一监。太原、交城又复置马监，既委群牧司，又委守倅，兼领此在外监牧之法，又非有宋之制乎？以其祭而言之，春祭马祖，夏则祭先牧，秋祭马社，冬则祭马步者，周礼也。牲用少牢，地用大泽，四祭之礼，同积柴以燔坎地，以埋四神之礼异者，隋礼也。至于筮日致斋于未祭之先，瘗埋燎柴于既祭之后，又非开元礼乎？

肆惟我国家列圣相承，立经陈纪，参之于往昔之规，断之以聪明之独，其设官不为不备矣，其立法不为不详矣，是宜马之蕃盛也。迩者青、蜀之贼一兴，边关之寇少警，厩既竭乏，马则玄黄，朝廷遣市马之使，帑藏出市马之钱，遂使闾阎之下，槽枥为之一空，价值为之腾涌，此无他，良以我国家长治久安，百五十年以来，天下雍容于礼乐文章之化，熙皞于富寿安乐之天，官虽备也，世平则易玩；法虽详也，岁久则易湮。其欲在内者，有有黄有骊之多，在外者，有既佶且闲之盛，不亦难哉！策曰："准今者必酌乎古。"将酌古法而行之欤？抑我国家，法已详备，今莫若修其废坠欤？嗟夫！泥古者不通，遵先王者无过。今举古人一二事而言之。

劝民养马，有一匹者，复卒三人。盖居闲则免三人之算，有事则当三人之卒，此内郡然也。纵民畜牧，官不为禁，或致马千匹，或致马数千，此边塞然也。是非汉制乎！当给马者，官与其直市之，每匹钱二万五千，刺史折断果毅，岁周察不任战者，鬻之以其钱，更市不足则府供之，此给钱以市也。府兵渐坏，兵贫难致，乃给以监牧之马，此给马以用也。是非唐制乎！至于有宋之时，有曰"官马畜于监牧者也"，曰"民马散于编户者也"，曰"戍马市于边郡者也"，此皆古人之法，执事所欲参酌以行之者，而愚生直以为不可也。是何也？盖彼法之善者，当今既以采而用之矣。其不宜于时者，则又不可行也。载考当时之制，内有太仆寺矣，而府州县设佐吏以专领之；外有行太仆矣,而苑马寺设监苑以分领之。互市有茶马也,分蕃有围长也,其设官也拟之汉、唐、宋,岂不为尤密乎?今亦取其贤者而任之,取其不肖者而退之耳。既有见马以给军,而又有寄马以给民;既责之以牧养,而又责之以孳息,印烙以防之也,考课以验之也。其立法也,视之汉、唐、宋,岂不为尤密乎?今亦摘其弊而祛之,举其坠而兴之耳。

呜呼!祖宗之法,至精至备,行之天下而无弊,传之万世而可法,今马政之未举者,则亦讲求之未明,修复之未至耳。岂可不责之人而惟法之是咎,不究乎今而惟古之是图哉!夫以我祖宗精备之法,适我圣天子大有为之日,硕俊简布于朝廷,群能分列于外服,竭蹇蹇之忠,秉明明之节,司太仆者宁无张万岁其人耶?司苑马者宁无王毛仲其人耶?诚一振举于萎苶之余,划剔乎奸微之弊,则一缣一马,云锦成群,亦何难致之有哉?若夫孝武,上自封君,以次出马,官给牝马,归息什一;至安石,信曾孝宽之言,忽文彦博之议,卒行保马之法,而为天下之害,则汉、宋之弊政,不敢屑屑为执事陈也。虽然,涤肠续骨,医者之技虽妙,不如不疾之为愈;焦头烂额,救者之功固多,不如不焚之为贵。与其畜马以为用,不如无事而不用马也。《书》曰:"归马于华山之阳。"此又愚生言外之望也。不知执事以为何如?

第六节　经艺概论

韩邦奇贯彻张载关学宗风,一以笃实为归。其造化之实,性道之微,于前面一、二节可见之矣;其道德践履、处世为政之实,于前面三、四节可见之矣。然韩邦奇非仅以道学名世也,其继承张载关学崇实之宗旨,将之落实于治经著文,凡易学、乐学、书学、礼学乃至于文学,皆有卓见,以发先圣之微,以切当世之用也。

一、易学

邦奇40岁著《正蒙拾遗》,其对易学之兴趣,终其一生,乐此不疲。其《正蒙拾遗·大易篇》阐明张子易学之微,而后又著《周易》说解,解说大易经义,嘱门人王赐绂、外孙张士荣编纂《易占经纬》专阐占筮之法,自著《卦爻三变》以明卦变之理,又著《易林推用》以阐大易之用,其易学之精义,大备而切于实用也。

(一)疏解张子易说

韩邦奇对张载易学思想之继承,主要体现在对张载《正蒙·大易篇》之解释中。关于此篇,韩邦奇曰:

看张子之《易》,当别着一眼看。若拘于平日之见闻,安能得其意!(《正蒙拾遗·大易篇》)

由此可见,邦奇认为张载之《易》,不同于他人,故不得拘于平日见闻,而"当别着看一眼"。然张载之《易》,与他人不同者何在?邦奇如何解说张载易学之独见?约略而言之,大略有三:

1. 直接揭示张载本旨

张载之学,以《易》为宗。邦奇认为,他人之解,多出于对《易》之误解,而以张子为正也。其曰:

宋儒于《中庸》解人道则是,于《易大传》解天道乃谓:"阴阳迭运者,气;其理则谓之道"则非。孔子本指矣,若然是以寂然不动者为道矣。(《正蒙拾遗·太和篇》)

又曰:

宋儒于《中庸》解天道,以四时日月错行代明为天道亦是,而独于解《易》则非者,盖于"形而上谓之道"一句,未分晓耳。《易》谓"形而上"者,非为"气而上"者也。且凡"之谓"字,是直指,且有晓示群非之义。若曰众论非道,一阴一阳之谓道也。岂可解作二义!(《正蒙拾遗·太和篇》)

"宋儒于《中庸》解人道则是","于《中庸》解天道,以四时日月错行代明为天道亦是";然其"于《易大传》解天道乃谓:'阴阳迭运者,气;其理则谓之道'则非","而独于解《易》则非者,盖于'形而上谓之道'一句,未分晓耳。"由此可见,邦奇认为张载以外之其他"宋儒",其本于《中庸》解释人道、天道是正确的,然其从《易》解天道则误矣。韩邦奇认为:"自孔子而下,知'道'者,惟横渠一人。""横渠灼见道体之妙"(《正蒙拾遗·太和篇》)。其对于张载易学之独见,则为之详解,以揭示其义也。

邦奇解说张载易学之见,其特点之一,便是对张载简略之言,予以详细说解,使其语意更为明确也。如张载概括《易》之特点,曰:"大易不言'有无',言'有无',诸子之陋也。"(《正蒙·大易篇》)韩邦奇释之曰:

> 太极,未尝无也。所谓"无"者,万有之未发也;所谓"有"者,有是体而无形也;"未尝无之谓体",太极也。如此,则诸子之陋,不待言而自见矣。(《正蒙拾遗·大易篇》)

张载曰:"艮为小石,坚难入也;为径路,通或寡也。"(《正蒙·大易篇》)韩邦奇释之曰:

> 坚难入,当见几知止。汉儒所谓"使桓生行死,归于诸君,何有哉!"晋儒所谓"余尝恐其溺于深渊而余波及我,况可褰裳而就之?"可谓得艮之旨矣。旁蹊曲径,躁进患得者之为,稍知学者,必不肯由,故通或寡也。举此一节,以该万应。

张载曰:"坤先迷不知所从,故失道,后能听顺,则得其常矣。"(《正蒙·大易篇》)韩邦奇释之曰:

> 坤亦不是小物,上配乎天。坤以阴柔而握乾符,故先迷而失道,后能听言纳谏,信任元臣,乃得其常。此节商之太甲可以当之。

张载曰:"外虽积险,苟处之心亨不疑,则虽难必济。"(《正蒙·大易篇》)韩邦奇释之曰:

> 人处险中,方寸先自乱,处之无道,难何以济?心亨不动,无所疑惧,则所以谋脱其难者,周悉万全,有不济乎!

张载曰:"静之动也,无休息之期,故地雷为卦,言反又言复,终则有始,循环无穷。人指其化而裁之尔。深,其反也;几,其复也;故曰'反复其道',又曰'出入无疾'。"(《正蒙·大易篇》)韩邦奇释之曰:

> 静之动也,言静而复动,动而复静,犹言一动一静也。深者,阳之藏,静之极,仲月之中也。几者,阳之复,动之初至日也。盖"贞下起元"之义。反复其道,盖如此。

张载曰:"显,其聚也;隐,其散也。显且隐,幽明所以存乎象;聚且散,推荡所以妙乎神。"(《正蒙·大易篇》)韩邦奇释之曰:

> 阴阳之气,聚而为显,万有之生也。阴阳之气,散而为隐,万有之死也。一幽一明,形而可见,故曰"象"。一推一荡,是造化之妙,为万有之所以聚散者,孰得而见之?故曰"神"。隐显在物上,聚散

在造化上言。

以上数例，皆立于张载之言，而广为扩充，其旨意在于使张载之所言，其意更为明确也。

邦奇解说张载易学之见，其特点之二，乃是揭示张载之言立意本旨或解释对象，并杂取其语中之词，为之详说。如张载曰："九四以阳居阴，故曰'在渊'，能不忘于'跃'，乃可免于咎，非为邪也，终于义也。"（《正蒙·大易篇》）韩邦奇释之曰：

> 横渠之意，以阳为刚明之资，以阴为气欲之累。言九四虽为气欲之累，然资本刚明，必欲跃而出，不为气欲所拘。所以"无咎"亦说得好。龙本非池中物，何尝忘飞？一得云雨则飞，出于渊，向于天矣。"终于义"解"非为邪"一句。

又如，张载曰："然爻有攻取爱恶，本情素动，因生吉凶悔吝而不可变者，乃所谓'吉凶以情迁'者也。"（《正蒙·大易篇》）韩邦奇释之曰：

> 《系辞》"爱恶相攻而吉凶生，远近相攻而悔吝生"，横渠杂取四字而互言之。爻之情，本有攻取爱恶而寓夫吉凶悔吝，圣人本情系辞，因蓍求卦，以生吉凶悔吝之占。夫有是爻，则有是占，一定而不可易者也。然可易者，人也。故曰："以情迁也"。

再如张载曰："'井渫而不食'，强施行恻且不售，作《易》者之叹欤！"（《正蒙·大易篇》）韩邦奇释之曰：

> 此节止释"井渫不食"一句。"强施行恻且不售"，正是释"井渫不食"之意。"强施"是汲汲欲济时，若"井渫"可汲也。行人皆伤其拯世之志未用，而尚不得用，若"不食"也。作《易》者叹之，慨贤人之在野也。"强施"一句，从夫子《小象》一"求"字来。虽求不用，未遇其主也，下文求王，明则用矣。

再如张载曰："辞各指其所之，圣人之情也；指之以趋时尽利，顺性命之理，臻三极之道也。能从之则不陷于凶悔矣，所谓'变动'，以利言者也。"（《正蒙·大易篇》）韩邦奇释之曰：

> 辞是卦爻辞，各指其所之，如乾初九之辞则示人以"勿用"，此圣人之情见乎辞者也。是示人以若遇初九而勿用，则可不至于凶悔，所谓趋时尽利也。如此则所行皆合乎义，故曰"顺性命之理，臻三极之道也"。人能以卦爻所示之占辞而行之，则合乎性命三极，何凶悔

之有？"从之"，即趋时意。"不至于凶悔"，即尽利意。但上自圣人示人言，下自人从圣人所示言也。变动以蓍卦，言如十有八变而成卦，卦爻有动而占其辞，辞各指其所之，至不陷于凶悔矣。是解"变动以利言"一句。

以上数例中，如"'终于义'解'非为邪'一句"，"此节止释'井渫不食'一句"，"是解'变动以利言'一句"等，重在明确张载言说所对应《易传》之辞；而"故曰：'以情迁也'"，"故曰'顺性命之理，臻三极之道也'"等，则重在说明张载所言之根据、原因何在。总而言之，皆在揭示张载立意本旨，明确解释对象也。

邦奇解说张载易学之见，其特点之三，乃是承接张载之说，多以卦爻之变予以解说。张载曰："易一物而合三才。"（《正蒙·大易篇》）大易虽是一物，然兼天、地、人而并言也。邦奇认同之，而曰："'易'字，理与书皆然。"（《正蒙拾遗·大易篇》）周易六十四卦，而以乾坤为门户，张载于乾坤二卦特为重之，曰："阴阳、刚柔、仁义之本立，而后知趋时应变，故'乾坤毁则无以见易'。"韩邦奇释之曰：

乾、坤，止是个九六二爻而已。分而言之，为阴阳、仁义、刚柔。有此乾、坤，则有此阴阳上二爻、仁义中二爻、刚柔下二爻。六爻具，则六十四卦三百八十二爻、四千九十六卦二万余爻，生天下之务，随时应变，不出乎此。此以卜筮言，不特是也。君子之治天下，虽万几百责，亦不过用舍、刑宥、赏罚、育正、轻重、大小、缓急之类，二端而已。苟乾、坤毁，易何自而主哉？

"乾、坤毁则无以见易"，一部《易》，此句尽之。若正言之，乾、坤立而易道成。乾只是个九，坤只是个六，易道九变而八，六变而七，因变而占，天下之变应之不穷，然亦惟时焉而已。

大易以六爻之变动展现天地之间阴阳、刚柔、仁义、性命之理。故张载曰："六爻各尽利而动，所以顺阴阳、刚柔、仁义、性命之理也，故曰：'六爻之动，三极之道也。'"（《正蒙·大易篇》）韩邦奇释之曰：

"六爻各尽利而动"，则一卦可变六十四卦，四千九十六卦具，天下之能事毕矣。天地人之理，有外于此哉！如乾，则一爻变者五，二爻变者十五，三爻变者二十，四爻变者十五，五爻变者五，六爻变者一，并本卦，六十四卦。余六十三卦，此皆然。共四千九十六卦。凡看《正蒙》如此类者,须细玩《易经》及《朱子启蒙》,方得通尽。当玩一"利"字。

张载曰:"二君共一民,一民事二君,上与下皆小人之道也;一君而体二民,二民而宗一君,上与下皆君子之道也。"(《正蒙·大易篇》)韩邦奇释之曰:

> 乾、坤,大父母。震、坎、艮,一君二民。凡卦,阳多者六十一。巽、离、兑,二君一民。凡卦,阴多者六十一。既有天地则有阴阳,有阴阳必有治乱,理之不能无也。此自生民以来,所以一治一乱,反复相寻,虽圣人弗能使之长治也。

张载曰:"极数知来,前知也。"(《正蒙·大易篇》)韩邦奇释之曰:

> "数"是六、七、八、九,"极"是十有八变以尽而成卦。卦既成,有六爻不变者,占本卦象辞;有一爻变者,占本卦本变爻;有二爻变者,占本卦变爻,以下爻为主;有三爻变者,在前十卦占本卦变爻辞,在后十卦占之卦变爻辞,从其两;有四爻变者,占之卦变爻辞,主上二爻。吉凶适,主上爻。有五爻变者,占之卦变爻辞,从其三。六爻变,乾、坤占二用,余占之卦象辞,则吉凶皆可前知矣。三变一爻,十八变一卦,四千九十六卦,七万三千七百八十二变,故曰"极其数"。此数添一个,减一个,皆不成三才。

据以上数例观之,韩邦奇对张载易学之疏解,极为重视从卦爻之变动上立言。其曰:"乾坤止是个九六二爻而已。……有此乾坤,则有此阴阳上二爻、仁义中二爻、刚柔下二爻。六爻具,则六十四卦三百八十二爻、四千九十六卦二万余爻,生天下之务,随时应变,不出乎此。"又曰:"六爻各尽利而动,则一卦可变六十四卦,四千九十六卦具,天下之能事毕矣。天地人之理,有外于此哉!如乾,则一爻变者五,二爻变者十五,三爻变者二十,四爻变者十五,五爻变者五,六爻变者一,并本卦,六十四卦。余六十三卦,此皆然。共四千九十六卦。"此是从爻变上立言。又曰:"凡卦,阳多者六十一。巽、离、兑,二君一民。凡卦,阴多者六十一。"此是从爻数上立言。又曰:"卦既成,有六爻不变者,占本卦象辞;有一爻变者,占本卦本变爻;有二爻变者,占本卦变爻,以下爻为主;有三爻变者,在前十卦占本卦变爻辞,在后十卦占之卦变爻辞,从其两;有四爻变者,占之卦变爻辞,主上二爻。吉凶适,主上爻。有五爻变者,占之卦变爻辞,从其三。六爻变,乾、坤占二用,余占之卦象辞,则吉凶皆可前知矣。"此又是从占断上立言。由此可见邦奇之《易》,"明于数学"也。

邦奇解说张载易学之见,其特点之四,乃是概括张载立意本旨,并结合史事,予以评价阐发。如张载曰:"'坤至柔而动也刚',乃积大势成而然也。"(《正蒙·大易篇》)韩邦奇释之曰:

> 先至柔而后动可刚。若直以刚动如何?何必先柔?盖为坤也,力有所不足。若五伯之盛,直以乾道临之,何必先柔?当玩一"坤"字。汉高可以当之,时未可也,力未能也,鸿门之谢,汉中之往,垂首而行;及其可为也,定三秦、平燕齐、灭楚于垓下,何刚如之!用《易》君子,幸勿轻率,以祸人之家国也哉。故曰:"积大势成。"

再如,张载曰:

> 又有义命,当吉当凶、当否当亨者,圣人不使避凶趋吉,一以贞胜而不顾,如"大人否亨""有陨自天""过涉灭顶,凶,无咎""损益,龟不克违"及"其命乱也"之类。三者情异,不可不察。

韩邦奇释之曰:

> 此节非《易》之本旨。夫《易》者,见几趋时,审力合道,以求万全,乃圣人之妙用,义命不足言也。横渠以"吉""凶"二字,恐学者既不见几矣。及当其时,乃为偷生脱死、趋利避害之谋,故示之以此,以为未尽《易》者之防。《易》近《老子》,稍走作了,便是奸邪。隋承南北朝之乱,至隋季则坤阴已极,时当来复,险难甚矣。唐太宗有黄裳之德,振而起之,成太平一统之业。李密、王世充辈何人,而纷纷若此?徒自杀其身而已。然则当如之何?不有六四乎?"括囊"如四皓,可也。学者察此,则于《易》也,思过半矣。
>
> "过涉灭顶,凶",此杀身成仁之事,"凶",不顺理也。汉之龚遂、宋之文天祥,足以当之。方王氏、贾似道擅权之时,成、哀、理、度衰乱之际,便当见几审力,敛其德操,以见坚冰,使人视之如佣夫仆类,如此莽又安能以禄位加之?宋之倾危,亦无与于己也。既不能,然遂之声名已著,天祥名位俱隆,及莽征宋亡,此时而不死,岂儒者哉!天祥当时不屡图兴复,隐处林泉,如何不可也。位登宰辅,国灭而全身,无是理也。为二子者,当如熏膏之翁,可也。庶僚百官,国灭而全身,可乎?不当为兴复之图乎?若有昭烈孔明之才,不敛其德,可也,图兴复亦可也,执一而论,又非《易》矣。

2. 辨明张子解易与朱子不同

邦奇早年易学,多出于朱子。所本者,朱子之《启蒙意见》《周易本义》也。且朱子易说为当时所盛行,科举所必取,故邦奇解说张载易说,多与朱子《周易本义》对观。

如张载曰:"成性则跻圣而位天德,乾九二,正位于内卦之中,有君德矣,而非上治也。九五言上治者,言乎天之德,圣人之性,故舍曰'君'而谓之'天',见大人德与位之,皆造也。"(《正蒙·大易篇》)韩邦奇释之曰:

> 九二虽未得位,君德已备。如孟子所谓"大人之事备矣"。九五则居上临下矣,与《本义》不同。不曰"君德"而曰"天德",见有是德,又能是天子之位也。不曰"天位"而曰"天德",见居是位者而又有君民之德也。"位天德"一句,横渠之意亦与《本义》不同,而横渠为密。

又如,张载曰:"大而得易简之理,当成位乎天地之中,时舍而不受命,乾九二有焉。及夫化而圣矣,造而位天德矣,则富贵不足以言之。"(《正蒙·大易篇》)韩邦奇释之曰:

> 横渠之意,言二之德与位皆未至。德则大而已,位则时舍也。五之德与位皆至,德则圣矣,位则天位矣。"富贵不足以言之",又发明夫子位天德之意。"天德"即"天位",但圣人不以位为乐,故曰"天德"。此节论二五与《本义》不同,然《本义》为"当大"字,从"可大"来。

再如,张载曰:"六二以阴居阴,独无累于四。"(《正蒙·大易篇》)韩邦奇释之曰:

> 张子之意,盖无取于四爻,与《本义》不同。四,居大臣之位,其志大行,故无所疑畏,而群阴附之,淫朋邪党,逸豫纵恣。二,才美,独此一人未附四之牢笼,欲收之为门下屡矣,而二独不染,故曰"介于石,不终日,贞吉"。

张载曰:"上巽施之,下悦承之,其中必有感化而出者焉,孚者覆乳之象,有必生之理。"(《正蒙·大易篇》)韩邦奇释之曰:

> 上巽以施下,即悦而从者,何也? 其中必有感化之道。其道何也? 覆育之恩而已。以恩感人,人岂不从? 与《本义》不同。《本义》以为信,横渠以为恩惠。

张载曰:"'变化进退之象'云者,进退之动也微,必验之于变化之著,故察进退之理为难,察变化之象为易。"(《正蒙·大易篇》)韩邦奇释之曰:

> 此与《本义》不同。《本义》变化在著上说,进退在造化上说。张子则皆在造化上说。云造化消长之几,泛而论之实难于言,即其变化之象而言,则节序之一寒一暑,动物之一死一生,植物之一开一落,而进退之妙,呈象于变化之中矣。《本义》言揲蓍求卦,老阴变为阳,是柔变而趋于刚,老阳化为阴,是刚变而趋于柔。柔变而刚,是十月阴极而阳生也;刚化为柔,是五月阳极而阴生也。

3. 辨明张子解易与孔子角度不同

古人之解易,多取孔子之《象传》《文言》等以为例,然后人之解释,未必与之相合也。张载解易,多有自得,故邦奇不得不为之立辩,而阐其立意角度之别也。张载《正蒙·大易篇》曰:"六爻拟议,各正性命,故乾德旁通,不失太和而利且贞也。"韩邦奇释之曰:

> 《象传》以造化言,又一意也。张子以六爻言。六爻各随分而尽,初之勿用,虽未用,理亦当。六则亢,然本龙德,非为恶者,乃为善而不能逊出。君子而圭角太露者,故止得悔而已。虽曰未善,然当乾之时,大治之时也,故得元亨,而利且贞。可见凡事虽善,而当出之逊。若行,行自得径直而行,事虽善而有悔。夫惟乾之时,故旦有悔。若非乾之时,则海岭刑诛所不免矣。岂止悔而已乎!

又如张载曰:"至健而易,至顺而简,故其险不可阶而升、勉而至。仲尼犹天,'九五:飞龙在天',其致一也。"韩邦奇释之曰:

> 他险皆可阶而升,天之至险至阻,不可阶而升,必如龙之飞而后能升。仲尼至健而易,至简而顺,德备乾坤,大而化之,犹天之不可阶而升也。夫子其龙乎!子贡曰:"夫子之不可及也,犹天之不可阶而升也。"张子解《易》,正如夫子之《象传》《文言》,各为一义。

(二)解说《周易》经文

韩邦奇对《周易》经文之解说,主要集中于其《苑洛集》卷二十、卷二十一中。据本著第一章考论,韩邦奇所著易学著作,尚有《易说》(冯从吾所述)、《周易本义详说》。然目前二书不存,《苑洛集》卷二十、卷二十一中载录有韩邦奇对《周易》六十四卦分别逐个地完整解释,解释的内容涉及卦辞、爻辞以及《易传》。其内容凡两万余字,由此可见韩邦奇易学思想的梗概。因邦奇易学思想之实用,多见于前处世部分,故此处略取其《苑洛集》所载易说,以见其解易之特点。

1. 贯通辞、象

韩邦奇解释《易经》《易传》的特点之一,是紧紧把握住《易经》经文与卦象的内在联系,以"象""辞"为结合点,结合时、位、德的特点以及乘、承、比、应等关系,力求《易经》卦象与卦辞的内在统一。如解释坎卦,韩邦奇说:

> 初六以阴柔居重险之下,阴柔既非济险之才,又居重阴之下,则其势又难于自免。其象则为习坎,而入于坎窞矣。自习坎而入于坎窞也。以六三言之,入于坎窞,不言习坎,例之可见。窞者,坎中之小穴,乃险中之险,可见是险中又险,无可出之理矣。凡言坎者,犹有可济之理,入于坎窞,终无可出之理矣。

再如解释大壮卦:

> 是于卦体上取了"羊"之象,六五上取了"丧"之象。盖卦体为壮,如羊也。六五不能壮,是丧羊也。

再如解释睽卦:

> 此爻象占通不在本爻取,只在承乘有应之爻取义。因处于二阳之间,故有"曳掣"之象。又从睽上取上九,猜狠之象,"睽"字从卦来,"天刖"即猜狠之假象,非猜狠之外,又有"髡劓"也。"髡劓"皆刑,"髡"是割其发,"劓"是割其鼻,因上九阳刚为正应,故有有终之占,使非阳刚,正应则终不得合矣。

2. 统一经、传

韩邦奇解释《易经》《易传》的特点之二,是紧紧把握住《易经》经文中重点的关键词,并结合《易传》内容而展开不同层面的思想诠释。其基本的范例,是对《易经·乾卦》卦辞的解释。韩邦奇说:

> "乾,元、亨、利、贞。""乾"字是伏羲的卦,"元、亨、利、贞"是文王系的辞。乾卦中有个大通至正的道理,故文王系以"元、亨、利、贞"之辞。有四样解说,各不相关。其一,以卜筮言,上古所传,朱子之《本义》是也。其二,"大哉乾元""云行雨施""乾道变化"三节,是说"乾"字是天。"元""亨"是春夏生长物,"利""贞"是秋冬收藏物。如曰"乾,元、亨、利、贞"者,天以春夏秋冬生长收藏万物之谓

也。此以造化解也。其三,"大明终始""首出庶物"二节,是说"乾"字是圣人之德,"元""亨"是圣人得位,"利""贞"是成天下之治。如曰"乾,元、亨、利、贞"者,以圣人之德,在天子之位,成天下之治之谓也,此以圣人功业解也。其四,"元者,善之长也""君子体仁长人""君子行此四德"三节,是说乾是健,元亨利贞是仁义礼智,如曰"乾,元、亨、利、贞"者,君子以健而行仁义礼智之谓也,此又以君子之学解也。其他仿此。

3. 以史解易

韩邦奇解释《易经》《易传》的特点之三,是在对《易经》《易传》经文解释的基础上,紧密结合历史上的典型人物和案例,以史证《易》,以事明理,从而丰富了易学的内容,达到了易学和史学的相互贯通。此种方式贯穿于韩氏对《易经》经文解释的始终,体现了韩邦奇易学解释的重要特点。如释《乾卦·文言》"龙德而隐",韩邦奇曰:

龙德而隐,是有圣人之德而隐,若伊、吕之徒,圣人乐则行之。是他本欲见是之人今不见,是而"无闷",如巢、许之徒,彼自忘世矣,不必言无闷也。若林和靖、四皓,隐士耳,非"龙德而隐"也。

又如论坤卦"直、方、大,不习无不利",韩邦奇曰:

《易》道固当因时,也要论自家材器。坤之时,本不可为也,有"直、方、大"之德,亦可为也。商山四皓,是"六四"之材,只可隐处。若不自量而出,如郦生之徒,杀身必矣。萧何、张良,有"直、方、大"之用也。

再如解释屯卦,韩邦奇说:

当屯之时,既有济屯之才,如何又不遽进?理势当如此也。彼秦、隋之乱,极矣。陈胜、李密之徒,既无亨屯之才,又不知未可遽进之义,时未可而攸往,适足以杀身,为真主之驱除。汉高祖、唐太宗,负济屯之才,知其未可攸往也,方且潜龙于芒砀、晋阳之间,待时而动,天下一矣。时乎!时乎!读《易》君子尚其玩之,此兴亡之几也。

凡此种种,在韩邦奇对《易经》《易传》的解释中数量颇多,特点鲜明。由此可见,韩邦奇易学的另一特点,即以史解易,力求史学与易学的贯通。

(三)专阐卜筮之法

《易占经纬》乃韩邦奇"专阐卜筮之法"之书。是书4卷,为韩邦奇67岁时,命其弟子王赐绂、外孙张士荣依意编撰而成。其书前列《卦变图》《易占图》《焦氏易林占图》《易彖爻辞》,正文分为4卷,以三百八十四变为经,四千九十六变为纬,分别取《易》爻辞与《易林》附之。占则以孔子占变为主。王赐绂《〈易占经纬〉序》曰:

> ……甲辰……先生以占变语绂,且命以三百八十四变为经,四千九十六变为纬。经者,《易》爻辞;纬取《易林》以附之,占则一以孔子占变为主。且曰:"《易》用变爻皆九六,不变则七八也。《易》无七八之爻,何自而占?且与孔子之旨违焉。"绂乃与窗友张子士荣次第成编。

在《焦氏易林占图》中,韩邦奇提出:"《易学启蒙》四千九十六变,是本《焦氏易林》。盖自上古相传之筮法也。""成卦、考占、筮仪与《启蒙》同,但占变不同耳。""序以卦变为先后,自然之数也。"故其创立《卦变图》,展示了六十四卦的任何一卦,可以通过一至六个不同数、不同组合的、有规律的爻变变化出另一卦。其图如下:

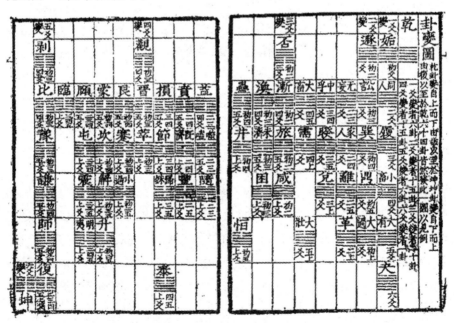

由此图,可见韩邦奇卦变的规则是:"乾卦变自上而下,由姤以至于坤;坤卦变自下而上,由复以至于乾,六十四卦皆然。"以乾卦☰为例:

一是一爻变,依次为初、二、三、四、五、上爻,变出姤☰、同人☰、履☰、小畜☰、大有☰、夬☰6卦；

二是二爻变，依次为初二爻、初三爻、初四爻、初五爻、初上爻、二三爻、二四爻、二五爻、二上爻、三四爻、三五爻、三上爻、四五爻、四上爻、五上爻，变出遁☰、讼☰、巽☰、鼎☰、大过☰、无妄☰、家人☰、离☰、革☰、中孚☰、睽☰、兑☰、大畜☰、需☰、大壮☰15卦；

三是三爻变，依次为初二三爻、初二四爻、初二五爻、初二上爻、初三四爻、初三五爻、初三上爻、初四五爻、初四上爻、初五上爻、二三四爻、二三五爻、二三上爻、二四五爻、二四上爻、二五上爻、三四五爻、三四上爻、三五上爻、四五上爻，变出否☰、渐☰、旅☰、咸☰、涣☰、未济☰、困☰、蛊☰、井☰、恒☰、益☰、噬嗑☰、随☰、贲☰、既济☰、丰☰、损☰、节☰、归妹☰、泰☰20卦；

四是四爻变，依次为初二三四爻、初二三五爻、初二三上爻、初二四五爻、初二四上爻、初二五上爻、初三四五爻、初三四上爻、初三五上爻、初四五上爻、二三四五爻、二三四上爻、二三五上爻、二四五上爻、三四五上爻，变出观☰、晋☰、萃☰、艮☰、蹇☰、小过☰、蒙☰、坎☰、解☰、升☰、颐☰、屯☰、震☰、明夷☰、临☰15卦；

五是五爻变，依次为初二三四五爻、初二三四上爻、初二三五上爻、初二四五上爻、初三四五上爻、二三四五上爻，变出剥☰、比☰、豫☰、谦☰、师☰、复☰6卦；

六是六爻变，即初二三四五上爻皆变，变出坤☰卦。

如是，"一爻变者六卦，二爻变者十五卦，三爻变者二十卦，四爻变者十五卦，五爻变者六卦，六爻变者一卦。"

韩邦奇认为，"夫周易，为卜筮而作也，是故尚其占焉"，又曰："神天下之用，存乎动。宰天下之动，存乎一。非变则莫能施。是故《易》尚变。"（《易林推用》）而"易之数，老变而少不变，是故观变焉。易之爻惟九六，无七八之爻也，是故占变焉"，故而他反对朱熹提倡的"占不变爻"和"三爻占象"的思想，创立《易占图》和《焦氏易林占图》（见下页），提出应以《易经》中相应变卦的爻辞和《易林》中相应的繇辞为准占断的原则，这就在"变"的原则下统一了卜筮中"占"和"断"的矛盾问题。

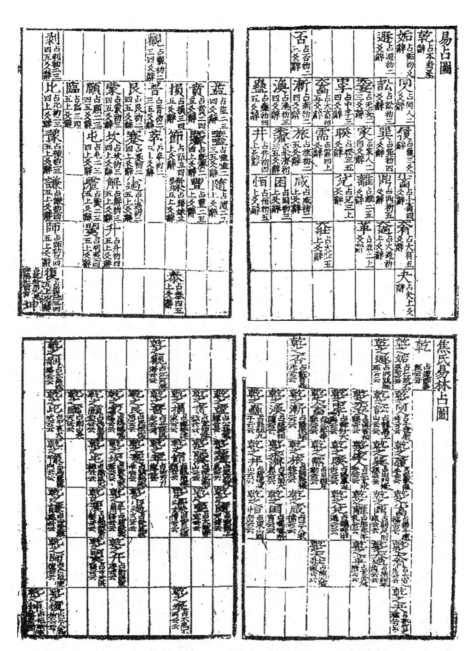

然后,韩邦奇按照自己确定的卦变顺序,胪列了《易象爻辞》,并分别列出每一卦变与《易经》《易林》的相应占断依据。如是周易六十四卦,可相互贯通演变,为 $64 \times 64 = 4096$ 卦。发例以见之:

卦变	《易经》占断依据及《易林》文	
乾	【经】占本卦象辞	【纬】道陟多阪,胡言连蹇。译喑且聋,莫使道通。请遏不行,求事无功。
乾之姤	【经】占姤初爻	【纬】仁政不暴,凤凰来舍。四时顺节,民安其处。
乾之同人	【经】占同人二爻	【纬】子号索哺,母行求食。反见空巢,訾我长息。
乾之履	【经】占履三爻	【纬】空拳握手,委地更起。富饶丰衍,快乐无已。
乾之小畜	【经】占小畜四爻	【纬】据斗运枢,顺天无忧。所行造德,与乐并居。
乾之大有	【经】占大有五爻	【纬】上帝之生,福佑日成。修德行惠,乐且安宁。
乾之夬	【经】占夬上爻	【纬】孤竹之墟,失妇亡夫。伤于蒺藜,不见少妻,东郭堂姜,武氏以亡。
乾之遁	【经】占遁初二爻	【纬】眴鸡无距,与鹊交斗。翅折目盲,为鸠所伤。
乾之讼	【经】占讼初三爻	【纬】龙马上山,绝无水泉。喉焦唇干,舌不能言。
乾之巽	【经】占巽初四爻	【纬】出门逢恶,与祸为怨。更相击刺,伤我手端。
乾之鼎	【经】占鼎初五爻	【纬】弱足刖跟,不利出门。市贾无赢,折亡为患。
乾之大过	【经】占大过初上爻	【纬】桀跖并处,人民愁苦。拥兵荷粮,战于齐鲁。
……		

(四)略论卦爻三变

另外,于《易占经纬》之附录中,韩邦奇提出"卦爻三变说"和"易林推用之法"。关于"卦爻三变",其弟子张思静《卦爻三变序》云:

伏羲之卦自一而二,二而三,三而四,四而五,五而六,成六十四矣。孔子三而三之,则亦六十四矣。先生画二图而合之。夫生卦之序,士子之常谈也;至于伏羲一加之,孔子三加之,生序先后,无不吻合,则发自先生也,此一变也。

夫子三而三之,相荡为六十四,士子之常谈也;以八卦三爻各三变,各为八卦,为六十四,则发自先生也,此第二变也。

一卦尽六爻之变,为四千九十六卦,此士子之常谈也;以六画之上再加六画,即与四千九十六变合且以制用者,则发自先生也,此第三变也。呜呼!尽之矣!

由是可见韩邦奇《卦爻三变》之主旨,在于谋求伏羲变卦法和孔子变卦法的统一。再取《卦爻三变》原文以详细论之。

第一卦变

韩邦奇曰:

> 伏羲画卦加一而至六,夫子相荡自三而加三,亦为六。至宋,邵子复明伏羲之本旨,然自一而二,自二而三,自三而四,自四而五,自五而六,其六十四卦之生序,与夫子三上加三,无一而不同。先圣后圣,其义一也。故取二家,合而为一,以便读者之观览。

此是略论二变卦法之渊源及基本方法。伏羲—邵雍生卦之法,以一爻之上叠加一爻而至于六,爻爻成卦;孔子生卦法,于八卦之上叠加八卦,每卦六爻,亦成六爻卦,故两者方法不同而生成之卦皆同也。故韩邦奇曰:"先圣后圣,其义一也。"韩邦奇又曰:

> 其生异,其成同;其本同,其末异。此羲、孔之画也。

又曰:

> 此篇以八卦为经,六十四卦为纬,六十四卦为经,四千九十六卦为纬。自八卦以上,其本同也。自八卦以下,其末异也。三而四,四而五,五而六,自三而即六,其生异也。自乾而坤,六十四卦之序无不同,其成同也。

此是概述两种变卦法之特点。"其本同,其末异",指八卦以上自太极、两仪、四象、八卦,皆相同,而八卦以下,伏羲—邵雍为爻逐一叠加,三而四,四而五,五而六;孔子则为八卦相重,故不同也。"其生异,其成同",指八卦而下,生成之方法不同,而生成之六十四卦,顺序井然,无一不相合,故其成同也。然而孔子为何立八卦相荡之法? 韩邦奇曰:

> 伏羲画卦之序,当时人皆知之。至于卦画止于六,人盖不知。故夫子立相荡之法,三倍而为六,阴阳、仁义、刚柔,天地人之体用备矣,过此则义无取矣,此画止于六也。

孔子立相荡之意,在于解释易卦中含阴阳、仁义、刚柔,如此则"天地人之体用备矣,过此则义无取矣,此画止于六也"。如是则揭示先圣立法之用意,羲、孔之法不同,立意一也。此即张思静所谓"夫生卦之序,士子之常谈也,至于伏羲一加之,孔子三加之,生序先后,无不吻合,则发自先生也,此一变也。"邦奇《卦爻三变》之第一卦变,即其于《启蒙意见·原卦画》(见前章第三节

《启蒙意见》)所述之卦变也。然此卦变之后,则又推陈出新,复为再创也。

第二卦变

韩邦奇曰:

> 夫子于八卦上各加八卦,成六十四卦,只是倍其三。今于八卦各三爻尽其变,每一卦可变八卦,亦成六十四卦。如:乾一爻变者三,二爻变者三,三爻变者一,并本卦为八。各加乾卦之上,为八卦。余七卦准此。此因夫子相荡、生卦之序而于卦变得之也。

孔子八卦成六十四卦之法,乃是在八卦上各加八卦而成之;韩邦奇则提出八卦之三爻尽其变,复可变出八卦,变出之八卦叠加于原卦之上,如是则亦可得六十四卦也。如乾卦☰:

☰此乾之本卦,自小成乾卦而来。

☱☲☴乾卦一爻变者三,自小成乾卦而来。

☳☵☶乾卦二爻变者三,自小成乾卦而来。

☷乾卦三爻变者一,自小成乾卦而来。

此乾卦变为八卦,与相荡者合。即乾上加八卦也。余七卦准此。韩邦奇曰:"统而言之,一爻变者亦六,二爻变者亦十五,三爻变者亦二十,四爻变者亦十五,五爻变者亦六,六爻变者亦一。与《启蒙》卦变相同。"此即张思静所谓"夫子三而三之,相荡为六十四,士子之常谈也,以八卦三爻各三变,各为八卦,为六十四,则发自先生也,此第二变也。"

第三卦变

韩邦奇曰:

> 于六十四卦上各加六十四卦,为四千九十六卦。焦氏一卦变六十四卦,各有卦辞,其名称亦各不同。朱子卦变则是每卦自一爻至六爻之变为六十四卦,然止占三百八十四爻、六十四象,用不如焦氏之密。然朱子变爻,实本于焦氏卦变来。焦氏之卦变,圣人复起,不能易矣,盖得羲、文之本旨。焦氏于卦变得四千九十六,今则于每卦上加六十四卦,得四千九十六卦,此因焦、朱卦爻之变,而于相荡得之也。

汉焦赣禀卦变之法,以一卦变出六十四卦,则六十四卦衍为四千九十六卦也。宋朱熹之卦变,"则是每卦自一爻至六爻之变为六十四卦,然止占三百八十四爻、六十四象"。韩邦奇认为:"焦氏之卦变,圣人复起,不能易矣,盖得羲、文之本旨。"朱熹之变占,"不如焦氏之密",故因循之而用孔子相荡之法,于六十四卦之上,各叠加一卦,复有四千九十六卦也。如乾卦☰,可叠出☰乾之乾、☰乾之姤、☰乾之同人等十二爻构成之卦六十四个,如是六十四卦各相荡,则可叠出十二爻卦四千九十六个。韩邦奇曰:"此即乾坤二卦之变,以见四千九十六卦之实。然乾之六十四卦,即乾六十四变也,而生卦之数在其中。坤之六十四卦,即八卦上各加八卦而生六十四卦,而卦变之数在其中。互见之也。"为何要如此推演?邦奇曰:

> 八卦小成矣,倍之为六十四。及六十四卦大成矣,倍之得四千九十六,不倍则何以致用?此自然之数,非圣人有意而为之。三者,三才也;六者,六德也。六者,体也;十二者,用也。阴阳、仁义、刚柔,是谓六德。

成十二爻之卦,目的是为致其用也。韩邦奇认为,自三才而六德,六德者,阴阳、仁义、刚柔也,是为体也;十二者,用也。"此自然之数,非圣人有意而为之。"此即张思静所谓:"一卦尽六爻之变,为四千九十六卦,此士子之常谈也,以六画之上再加六画,即与四千九十六变合且以制用者,则发自先生也,此第三变也。"

(五)推演易林之用

韩邦奇易学应用性著作,最要者为《易林推用》一书。其书附于《易占经纬》篇末,《〈易林推用〉序》则见于《苑洛集》卷一,其文曰:

> 五星连珠,日月合璧,所谓"七曜"齐元之法,数之始也。三百六十五日四分日之一,一岁,天运之全数也。微秘不尽,余数也。三百四十八,一岁,月运之数也;三百六十者,六甲相乘六甲之全数也。月甲之数,非造化之正,而圣人兼取之者,乾坤之大用也。今夫端阳之日,非五气之五日也,诸家之术,用之必验。六甲非气之全,自古纪数必用者,乾坤之用不可遗也。数虽万变不齐,然实不过于三元,再倍而六,得全日。三百六十六,虽曰日之所余,历不能齐,于全日无损焉。圣人倚数于此矣。是数也,以天运为体,以月运纪年,以甲子纪日,岁余三时,四余益一,支干起于两,上元之首,三百六十年,一运之始,推自坎中焉。直日之爻,千岁可坐而致矣。为京氏之学

者,此其阶也。

由此可见,此书乃韩邦奇本之易学以阐述历法之作。其书虽篇幅短小,然内容含量极大,凡两气、五行、二十四节气、三百六十日之变化流行,尽于是矣。今择其要,略为说解。

邦奇易林之用,本于气论。其曰:

> 盈天地之间者,气也,象也,不越乎消长耳。消者,受其克也;长者,受其生也。天地不能逃,而况于人乎!

"气"是天地万物之本质存在。"气"之变化,在于消长。而消长之因,在于生克。邦奇曰:

> 五行生,则造化发育之功具,而十数由之生。此数所以止于十也。天机至此而尽泄矣。宜乎!万物莫逃于数也。万物生于数,而数本于五行。
>
> 水克火,土以制之,则水不能害;火生土,土以泄之,则生意微;金遇木为仇,木遇火为恩,土胜则水不能侵,两土一木,木反为恩。火得水而既济,金得火而成从革之功。木得金而削栋梁之才。水得土而生物,生克制泄恩仇,胜者,吉凶平也。

生克者,木、金、水、火、土五气之生克也。五行之气,与十天干、十二地支相与配属,此即传世之"六十甲子"也。即邦奇所云:

> 甲子金,乙丑金,丙寅火,丁卯火,戊辰木,己巳木,庚午土,辛未土,壬申金,癸酉金,甲戌火,乙亥火,丙子水,丁丑水,戊寅土,己卯土,庚辰金,辛巳金,壬午木,癸未木,甲申水,乙酉水,丙戌土,丁亥土,戊子火,己丑火,庚寅木,辛卯木,壬辰水,癸巳水,甲午金,乙未金,丙申火,丁酉火,戊戌木,己亥木,庚子土,辛丑土,壬寅金,癸卯金,甲辰火,乙巳火,丙午水,丁未水,戊申土,己酉土,庚戌金,辛亥金,壬子木,癸丑木,甲寅水,乙卯水,丙辰土,丁巳土,戊午火,己未火,庚申木,辛酉木,壬戌水,癸亥水。

韩邦奇认为,一年四季,寒暑变化,本身为气之消长。其间虽有余气,然当以三百六十为自然之数。其曰:

> 一甲者,六甲之数备矣。三百六十者,六甲之合数也。五行之生气,犹父也。五行之成质,犹母也。一三五七九者,犹男也;二四六八十者,犹女也。

>　　岁本三百六十五日三时，止用三百六十者，六甲相乘，余日置闰，非有增益也，自然之数也，就朔也。张子曰："闰余生于朔，不尽周天之数。"不易之论也。

一年之内，本为三百六十五日三时，然只用三百六十者，以就朔也。故三百六十，为六甲相乘，乃自然之数也。又曰：

>　　三百六十者，天盘之定位乎！至皆定于子。三百六十者，爻之数也，不足者，若右转也。此与历法不同。历法：日行恰好，天行过一度。直爻岁少六爻。天盘运转，当恰好处。

三百六十之所以为自然之数，并非出于人为，而在于日圆周运动，其度数为三百六十度，每日过一度，故一年当亦三百六十日为正也。而《易》，正是圣人模拟自然运行而作：

>　　《易》者，圣人先天之用也，天安得而违之？

>　　天，无心也，无思也；《易》，无心也，无思也；筮，无心也，无思也。圣人后天而奉天时，故神而应也。

>　　暑极则一阴生，寒极则一阳生。老不得变也。体天地之撰，发天地之秘者，《易》。而蓍者，传《易》之精者也。《京房传》曰："阴极则阳来，阴消则阳长，衰则推，盛则战。"《易》上六："龙战于野，其血玄黄。""玄"，天之色也，"黄"，地之色也，于是阴变而为阳，坤转而为复矣。故曰："玄黄"。

"蓍者，传《易》之精者也。"故《易》之爻变，亦与天地准。然《易》爻与三百六十如何相配？邦奇曰：

>　　三百六十者，六甲相乘，自然之数也。去震、兑、坎、离二至二分之爻，为三百六十，亦自然之数也。夫岂人为之私哉？

《大易》六十四卦，为三百八十四爻，其中震、兑、坎、离四卦二十四爻当春分、秋分、夏至、冬至，余则为三百六十也，亦为自然之数。故以之配一年三百六十日。配备之法，起于复也。韩邦奇曰：

>　　一阳来复，其一岁之首乎！周之建子，其得天元之正乎！

>　　上元甲子，历纪之始也，其起元之首乎！起于坎中，终于坎中，一岁之常也。每岁过六爻，天体天运之自然也。一岁六，至十岁六十，六十岁三百六十，复于坎中起元，至三元则无余分矣。知圣人神道设教，则知圣人先天而天弗违。

依据此论,邦奇绘制岁气运行横图与圆图,以示一岁之中节气变化,今取其义,结合相关论述,制表见示如下:

属	卦	爻						注
		初	二	三	四	五	上	
坎之属	坎							乾之九爻、坎之六爻为二十三气,即小雪。
	讼	初十癸卯	十一甲辰	十二乙巳	十三丙午	十四丁未	十五戊申	
	震	十六己酉	十七庚戌	十八辛亥	十九壬子	二十癸丑	廿一甲寅	坎之十五爻为二十四气,即大雪。
	解	廿二乙卯	廿三丙辰	廿四丁巳	廿五戊午	廿六己未	廿七庚申	
	涣	廿八辛酉	廿九壬戌	三十癸亥	初一甲子	初二乙丑	初三丙寅	
	未济	初四丁卯	初五戊辰	初六己巳	初七庚午	初八辛未	初九壬申	坎之中后十五爻为初气,即冬至。
	师	初十癸酉	十一甲戌	十二乙亥	十三丙子	十四丁丑	十五戊寅	
	困	十六己卯	十七庚辰	十八辛巳	十九壬午	二十癸未	廿一甲申	坎之六爻、艮之九爻为二气,即小寒。
艮之属	艮	廿二乙酉	廿三丙戌	廿四丁亥	廿五戊子	廿六己丑	廿七庚寅	
	遁	廿八辛卯	廿九壬辰	三十癸巳	初一甲午	初二乙未	初三丙申	
	蹇	初四丁酉	初五戊戌	初六己亥	初七庚子	初八辛丑	初九壬寅	艮之十五爻为三气,即大寒。
	小过	初十癸卯	十一甲辰	十二乙巳	十三丙午	十四丁未	十五戊申	
	渐	十六己酉	十七庚戌	十八辛亥	十九壬子	二十癸丑	廿一甲寅	艮之十五爻为四气,即立春。
	旅	廿二乙卯	廿三丙辰	廿四丁巳	廿五戊午	廿六己未	廿七庚申	
	谦	廿八辛酉	廿九壬戌	三十癸亥	初一甲子	初二乙丑	初三丙寅	
	咸	初四丁卯	初五戊辰	初六己巳	初七庚午	初八辛未	初九壬申	

续表

属	卦	爻						注
		初	二	三	四	五	上	
震之属	震							艮之九爻、震之六爻为五气，即雨水。
	无妄	初十癸酉	十一甲戌	十二乙亥	十三丙子	十四丁丑	十五戊寅	
	屯	十六己卯	十七庚辰	十八辛巳	十九壬午	二十癸未	廿一甲申	震之十五爻为六气，即惊蛰。
	颐	廿二乙酉	廿三丙戌	廿四丁亥	廿五戊子	廿六己丑	廿七庚寅	
	益	廿八辛卯	廿九壬辰	三十癸巳	初一甲午	初二乙未	初三丙申	
	噬嗑	初四丁酉	初五戊戌	初六己亥	初七庚子	初八辛丑	初九壬寅	震之十五爻为七气，即春分。
	复	初十癸卯	十一甲辰	十二乙巳	十三丙午	十四丁未	十五戊申	
	随	十六己酉	十七庚戌	十八辛亥	十九壬子	二十癸丑	廿一甲寅	震之六爻、巽之九爻为八气，即清明。
巽之属	巽	廿二乙卯	廿三丙辰	廿四丁巳	廿五戊午	廿六己未	廿七庚申	
	姤	廿八辛酉	廿九壬戌	三十癸亥	初一甲子	初二乙丑	初三丙寅	
	井	初四丁卯	初五戊辰	初六己巳	初七庚午	初八辛未	初九壬申	巽之十五爻为九气，即谷雨。
	蛊	初十癸酉	十一甲戌	十二乙亥	十三丙子	十四丁丑	十五戊寅	
	恒	十六己卯	十七庚辰	十八辛巳	十九壬午	二十癸未	廿一甲申	
	鼎	廿二乙酉	廿三丙戌	廿四丁亥	廿五戊子	廿六己丑	廿七庚寅	巽之十五爻为十气，即立夏。
	升	廿八辛卯	廿九壬辰	三十癸巳	初一甲午	初二乙未	初三丙申	
	大过	初四丁酉	初五戊戌	初六己亥	初七庚子	初八辛丑	初九壬寅	

续表

属	卦	爻						注
		初	二	三	四	五	上	
离之属	离 同人	初十癸卯	十一甲辰	十二乙巳	十三丙午	十四丁未	十五戊申	巽之九爻、离之六爻为十一气,即小满。
	既济	十六己酉	十七庚戌	十八辛亥	十九壬子	二十癸丑	廿一甲寅	离之十五爻为十二气,即芒种。
	贲	廿二乙卯	廿三丙辰	廿四丁巳	廿五戊午	廿六己未	廿七庚申	
	家人	廿八辛酉	廿九壬戌	三十癸亥	初一甲子	初二乙丑	初三丙寅	离之十五爻为十三气,即夏至。
	丰	初四丁卯	初五戊辰	初六己巳	初七庚午	初八辛未	初九壬申	
	明夷	初十癸酉	十一甲戌	十二乙亥	十三丙子	十四丁丑	十五戊寅	
	革	十六己卯	十七庚辰	十八辛巳	十九壬午	二十癸未	廿一甲申	离之六爻、坤之九爻为十四气,即小暑。
坤之属	坤	廿二乙酉	廿三丙戌	廿四丁亥	廿五戊子	廿六己丑	廿七庚寅	
	否	廿八辛卯	廿九壬辰	三十癸巳	初一甲午	初二乙未	初三丙申	
	比	初四丁酉	初五戊戌	初六己亥	初七庚子	初八辛丑	初九壬寅	坤之十五爻为十五气,即大暑。
	剥	初十癸卯	十一甲辰	十二乙巳	十三丙午	十四丁未	十五戊申	
	观	十六己酉	十七庚戌	十八辛亥	十九壬子	二十癸丑	廿一甲寅	坤之十五爻为十六气,即立秋。
	豫	廿二乙卯	廿三丙辰	廿四丁巳	廿五戊午	廿六己未	廿七庚申	
	晋	廿八辛酉	廿九壬戌	三十癸亥	初一甲子	初二乙丑	初三丙寅	坤之九爻、兑之六爻为十七气,即处暑。
	萃	初四丁卯	初五戊辰	初六己巳	初七庚午	初八辛未	初九壬申	

续表

属	卦	爻						注
		初	二	三	四	五	上	
兑之属	兑							
	履	初十癸酉	十一甲戌	十二乙亥	十三丙子	十四丁丑	十五戊寅	
	节	十六己卯	十七庚辰	十八辛巳	十九壬午	二十癸未	廿一甲申	兑之十五爻为十八气,即白露。
	损	廿二乙酉	廿三丙戌	廿四丁亥	廿五戊子	廿六己丑	廿七庚寅	
	中孚	廿八辛卯	廿九壬辰	三十癸巳	初一甲午	初二乙未	初三丙申	
	归妹	初四丁酉	初五戊戌	初六己亥	初七庚子	初八辛丑	初九壬寅	兑之十五爻为十九气,即秋分。
	睽	初十癸卯	十一甲辰	十二乙巳	十三丙午	十四丁未	十五戊申	
	临	十六己酉	十七庚戌	十八辛亥	十九壬子	二十癸丑	廿一甲寅	兑之六爻、乾之九爻为二十气,即寒露。
乾之属	乾	廿二乙卯	廿三丙辰	廿四丁巳	廿五戊午	廿六己未	廿七庚申	
	需	廿八辛酉	廿九壬戌	三十癸亥	初一甲子	初二乙丑	初三丙寅	
	大畜	初四丁卯	初五戊辰	初六己巳	初七庚午	初八辛未	初九壬申	乾之十五爻为二十一气,即霜降。
	大壮	初十癸酉	十一甲戌	十二乙亥	十三丙子	十四丁丑	十五戊寅	
	小畜	十六己卯	十七庚辰	十八辛巳	十九壬午	二十癸未	廿一甲申	乾之十五爻为二十二气,即立冬。
	大有	廿二乙卯	廿三丙戌	廿四丁亥	廿五戊子	廿六己丑	廿七庚寅	
	泰	廿八辛卯	廿九壬辰	三十癸巳	初一甲午	初二乙未	初三丙申	乾之九爻、坎之六爻为二十三气,即小雪。
	夬	初四丁酉	初五戊戌	初六己亥	初七庚子	初八辛丑	初九壬寅	

邦奇以卦爻配历法节气,则"直爻之用,有太极、阴阳、五行、万物之象焉。自本而枝,自一而万者也,广矣,变矣,神矣"。由此可见,邦奇之易学,止于实

用耳。

作为韩邦奇的三部重要易学著作,《易占经纬》在"易尚变"的原则下摒弃朱熹提倡的"占不变爻"和"三爻占象"的思想,而以"变"为统一的原则,提出应以《易经》中相应变卦的爻辞和《易林》中相应的繇辞为准占断,实现了《易经》和《易林》的统一和一致;"卦爻三变说"依据《启蒙意见》提出的"其本同,其末异;其生异,其成同"的观点,由太极、两仪、四象、八卦推演至十二爻卦,实现了先天与后天、八卦与六十四卦、六十四卦与四千九十六卦、汉代焦赣之《易》和朱子之《易》的贯通;"易林推用之法"则实现了易卦与阴阳、五行、干支以及二十四节气、三百六十日的统一。结合《洪范图解》提出的"九畴"亦与大衍之数相合等思想,可见韩邦奇易学主旨,在于以"变"为原则而求"通"。就此而言,韩邦奇不可不谓为明代易学史上的博洽通家。

二、乐学

韩邦奇早年即究心于乐,著有《律吕直解》;中年留心于礼乐,于正德八年山西乡试,即出一策而问也;晚年亦遂志于乐,著有《苑洛志乐》一书。

(一)律吕策问

正德八年山西乡试,韩邦奇命题五策,其中之一,即为声律之论也。此可看作韩邦奇中年乐学思想之发展。其策曰:

> 问:黄钟为万事根本,乐由之而作焉。古乐之亡久矣!兹欲复云门之和,继伶伦之妙,舍黄钟何以哉!黄钟定而十二律得矣。汉、唐而下,制作纷纷,卒未有得其术者。今举其要而摘其疑,与诸士子商之。
>
> 微若声,若之何?吹而和也。细若气,若之何?候而应也。天地之数,十而已,黄钟之实,何以用九?黄钟之数,九而已,黄钟之长,何以用十?管员而分方,何以容之?律正而有变,何以通之?子为黄钟之管,寅、辰、午、申、戌为寸、分、厘、毫、丝之数,子、寅、辰为阳是矣,午、申、戌何以属之阳哉?亥为黄钟之实,酉、未、巳、卯、丑为寸、分、厘、毫、丝之法,亥、酉、未为阴是矣,巳、卯、丑何以属之阴哉?十一律皆得黄钟之数,而成者又有三分损益,何欤?十一律皆次黄钟之序,而间者又有隔八相生,何欤?调有六十,乘五而得者

> 也,可详言乎? 声有八十四,乘七而得者也,可指陈乎? 载观前古,
> 治定功成,而礼乐作焉。我列圣相承,百五十年,大礼与天地同节,
> 大乐与天地同和,诸士子于律吕之学,讲之有素矣。其详言之,
> 毋略。

概邦奇所问,以黄钟为十二律之本也。"黄钟定而十二律得矣。"然"古乐之亡久矣!""汉、唐而下,制作纷纷,卒未有得其术者。"故邦奇摘其疑而问之。言:天地之数十而黄钟之实何以用九? 黄钟之数九而其长何以用十? 又问三分损益、隔八相生及六十调、八十四声之理,以期"治定功成,而礼乐作焉。"对此,韩邦奇自为解答,先曰:

> 圣人先得元声而制器数,学者当察器数而求元声。夫得元声而
> 制器数,上达之妙,圣人之神也。察器数而求元声,下学之功,学者
> 之事也。上达不可以顿悟,下学亦可以驯致,及其成功则一也。圣
> 人往矣,欲求元声而不于器数,正犹孟子之论,圣神而不于善信,圣
> 神何自而入哉? 请因明问而答之。

> 天下之事,习则熟,熟则精,精则神,神则上达矣。云门之音既
> 绝舍器数,则何所持循哉? 为荒唐之说者曰:"欲兴古乐,必先得元
> 声,不必屑屑于器数之末。"是未能真积自得而窥元声之涯者也。昔
> 者圣人不能以一身周天下之用,故制为器数以教万世,使升高者之
> 有阶梯。孔子闻《韶》于齐,当其时夔击而搏拊者,非皆夔伦也,而其
> 美如此,器数存故也。律吕之学,历代诸儒各有论著,而是非颇谬于
> 圣人。惟汉之班固颇执其枢,而宋之蔡氏为得其宗。即二子之见,
> 律吕可得而言矣。

此承接《律吕直解》之论,而以元声与器数两相倚矣。《律吕直解》中,邦奇认为,"君子不为荒唐之虚言,究心制作之实用","不为无益之空言,必究制作之实用"。此处邦奇重在指出"学者当察器数而求元声"。《苑洛集》之《〈律吕直解〉序》略述两汉以下诸儒律吕之论,而以班固为正。并下及宋蔡元定,认为"蔡西山氏上宗班固,斟酌马迁以下诸儒论议,著为《律吕新书》,亦略明备矣";此处则概言之"律吕之学,历代诸儒各有论著,而是非颇谬于圣人。惟汉之班固颇执其枢,而宋之蔡氏为得其宗。"其语详略不同,意则一也。如是,邦奇取班固及蔡氏之说,而论律吕之原。

其一,论"律以和声"。

声有五也，必以律而和之。假令黄钟为宫，则太簇为商、姑洗为角、林钟为徵、南吕为羽；大吕为宫，则夹钟为商、仲吕为角、夷则为徵、无射为羽，其他律吕，亦皆以次而和也。

其二，论"律以候气"。

气有十二也，必以律而候之。假令冬至则黄钟应气升伍分一厘三毫，大寒则大吕应气升三分七厘六毫，其他律吕亦皆以时而候也。

其三，论"黄钟之体用"。

天地之数十而黄钟之实用九者，约体之十以为九，使损益无奇零之积，乃黄钟之用数也。黄钟之数九而黄钟之长用十者，分用之九以为十，使乘积得九九之实，乃黄钟之体数也。

其四，论"管员而分方"及"律正而有变"。

平置十二分，均而方之，规而员之，有余不足各四而为全分者一，规外四余不用，而得方分者九，此非管员而分方之说乎？

仲吕之实，以三分之不尽二算，以变律之六，而得六三之数，因六三之积而乘仲吕之实，此非律正而有变之说乎？

其五，论"黄钟之管"及"黄钟之实"。

子一者，黄钟之律也；其寅九，则黄钟之寸数；辰八十一，则黄钟之分数；午七百二十九，则黄钟之厘数；申六千五百六十一，则黄钟之毫数；戌五万九千四十九，则黄钟之丝数，此以一为一者也。

亥，一十七万七千一百四十七者，黄钟之实也；其酉，一万九千六百八十三，为黄钟之寸法；未，二千一百八十七，为黄钟之分法；巳，二百四十三，为黄钟之厘法；卯，二十七，为黄钟之毫法；丑三，为黄钟之丝法，此以三为一者也。

午、申、戌，本阴辰而曰阳者，岂非以蕤宾、夷则、无射三阳律在位邪？巳、卯、丑，本阳辰而曰阴者，岂非以林钟、南吕、应钟三阴律在位邪？

其六，论"三分损益"与"隔八相生"。

黄钟一分为九寸，林钟得九之六，太簇得九之八，南吕得九之五十分寸之三，姑洗得九之七十分寸之一，应钟、蕤宾得全厘，大吕、夷则得全毫，夹钟、无射得全丝，而仲吕则得九之六，有五分八厘三毫四丝六忽。此十一律之生，专主黄钟而言者也。

至于黄钟损一而得林钟,林钟益一而得太簇,太簇损一而得南吕,南吕益一而得姑洗,姑洗损一而得应钟,应钟益一而得蕤宾,蕤宾损一而得大吕,大吕益一而得夷则,夷则损一而得夹钟,夹钟益一而得无射,无射损一而得仲吕,非以十二律互相生而言之者乎?黄钟而大吕,大吕而太簇,太簇而夹钟,夹钟而姑洗,姑洗而仲吕,仲吕而蕤宾,蕤宾而林钟,林钟而夷则,夷则而南吕,南吕而无射,无射而应钟,此以阴阳长短之序而言之者也。

主于黄钟,隔八下生林钟,林钟隔八上生太簇,太簇隔八下生南吕,南吕隔八上生姑洗,姑洗隔八下生应钟,应钟隔八上生蕤宾,蕤宾隔八下生大吕,大吕隔八上生夷则,夷则隔八下生夹钟,夹钟隔八上生无射,无射隔八下生仲吕,非以十二律相生之序而言之者乎?

其七,论"六十调"及"八十四声"。

六十调者,十二律尽五声,五声各得十二律。以律之十二乘声之五,共六十调,所谓乘五而得者如此。八十四声者,十二律尽七声,七声各得十二律,以律之十二乘声之七,共八十四声,所谓乘七而得者如此。

最后,邦奇概括之曰:

呜呼!乐者所以象功而昭德也,尧钦明而时雍则奏《大章》,舜重华而风动则作《大韶》,苟徒极声容之盛而无和乐之实,则"乐云乐云,钟鼓云乎哉",亦圣人所不取也。我列圣相承,礼法制而教化修,三纲正而九畴叙,百姓太和,万物咸若,八风之气宣而天下之情平矣。猗欤盛哉!

由此可见邦奇作乐之意,在于"制礼"也。关于此,清人阎若璩于《尚书古文疏证》中亦提到:

吾友王弘撰无异,述其乡先生韩恭简之言,告予:"天下不治由圣人不生,圣人不生由元气不复,元气不复由大乐不作。大乐作则元气复,元气复则圣人生,圣人生则天下治。"予服为一代伟论。因谓功成作乐,大乐不作亦由天下不治,天下治则大乐作,四者如环无端,此上古之世长治而不卒衰也,盛哉!①

王弘撰(1622—1702),陕西华阴人,字无异,一字文修,号太华山史。其博学工书,在理学、史学、易学及诗词古文创作等方面成就极高,得到了时儒顾炎武、傅山等人的称许,顾炎武称其为"关中声气之领袖"。其所言邦奇曰"天下不治由圣人不生,圣人不生由元气不复,元气不复由大乐不作。大乐作则元气复,元气复则圣人生,圣人生则天下治"虽不见于《苑洛志乐》一书,然王弘撰上据韩邦奇不远,且又博学,其论当有所据。王弘撰之转述,表明韩邦奇有将乐律之学与天下之治联系在一起的思想。

(二)《苑洛志乐》

韩邦奇晚年亦遂志于乐,著有《苑洛志乐》,是书乃邦奇最重要之乐学著作,始刊刻于明嘉靖二十七年(戊申 1548)韩邦奇年 70 岁时,是韩邦奇一生乐律学思想的总结。其前两卷为《律吕直解》,第三卷而下则有起调、乐器、乐舞、瑟谱、乐史等,内容极为广泛。关于韩邦奇著述该书之由,其门人杨继盛《苑洛先生志乐序》曰:

> 先生自做秀才时,便抱古乐散亡之忧。……于是有《直解》之作。然作用之实,未之悉也。自是苦心精思,或脱悟于载籍之旧,或神会于心得之精,或见是于群非之中,若天有以启其衷者,终而观其深矣,于是有《志乐》之作。曰"志"云者,先生自谦之辞也,非徒"志"而已也。

由是可见,《苑洛志乐》一书,乃是韩邦奇自作《律吕直解》之后,继续究心于乐,以求"作用之实"之作。关于是书编纂之由,韩邦奇《〈苑洛志乐〉序》曰:

> 古乐之亡久矣。《周礼》失其真,《乐记》遗其制,去籍于诸侯之僭,残坏于秦火之焚,汉儒附会于其前,诸家纷纭于其后。上诬天文,下诬地理,中诬人事,配五行、四时、八卦、四隅、十二辰,此通彼滞,小就大遗,零星破碎,补凑牵合,取其一庶或可用,会其同则见难行。卒皆人为之私夫?岂天然之妙,于人心固已戾矣,又何暇论雅

---

① 阎若璩著:《古文尚书疏证》卷五(下),影印文渊阁《四库全书》本,第 66 册,第 38 页。

与淫、古与今哉？

……顾兹薄艺，亦惟可以措之行事，美其观听，不失乎乐之情焉耳！若夫究其功用，极感通之妙，探其本原，继夔伦之志，以承古人之绝学，以备一时之制作，则有子有言："以俟君子"云。

杨继盛言：先生"自是苦心精思，或脱悟于载籍之旧，或神会于心得之精，或见是于群非之中，若天有以启其衷者，终而观其深矣"，概有张载仰思俯读、苦心极力之象。观其书之内容，大略可知也。若依其编次，《苑洛志乐》主要内容则包括：

（1）声律类。主要见于卷一、卷二、卷十八、卷十九。卷一为邦奇乐学思想之精要。卷二则本之以蔡元定《律吕新书》之上卷《律吕本原》，以翔实的记述和详细的解说图相配合，对中国明代以前的乐律做出了归纳、解说、注解。卷十八、卷十九则全录蔡元定《律吕新书》之下卷《律吕正辨》（其文与今本《律吕正辨》稍有不同）。

（2）乐调类。主要见于卷三至卷八。其中：卷三、卷四为起调，卷五、卷六为乐仪，卷七为《云门》《咸池》《大章》《大夏》《大韶》《大濩》之调，卷八为周乐之调。尤其对周代宫廷所用之乐考证甚详。韩邦奇以周乐为历代王朝之正，故为之补缺改编，以为正礼之用。

（3）乐器类。主要见于卷九、卷十，对钟、鼓、琴、瑟等乐器绘有平面解析图，并对其历史渊源、音律以及相对应的乐歌均有详尽记载。

（4）舞蹈类。见载于卷十一至卷十四，绘有大量舞图。以舞蹈图解的方式说明了历代有所争议的铎舞、拂舞等舞蹈的表现形式，对中国舞蹈史的研究有着重要的参考价值。

（5）瑟谱类。卷十五、卷十六、卷十七均为瑟谱，以律吕字谱结合文字说明来记录乐谱，这对于中国音乐史学研究中乐谱的发展研究也有着重要的文献价值。

（6）乐史类。见载于卷二十，历述上古至明代音乐之创制及其制度，于古代音乐史研究颇具价值。

宋时陈旸之《乐书》，乃我国现存古代第一部音乐百科全书著作。韩邦奇《苑洛志乐》一书，虽不如是书内容博大，然亦是"取乐之切要者，考证删定，著之于篇"，对古代之乐律、古乐器、乐曲、乐舞，以文字记述与图解配合的方式做详尽的归纳、解说、注解，并且对音律有着独特的见解。故就此书内容而言,非止于律吕而已,其于古代之乐学,皆有考论也。故今人刘忠《韩邦奇之〈恭简公志乐〉述评》谓:"《恭简公志乐》是韩邦奇对中国明代以前包括其所生活的明代中期音乐的考证删定之作。"①此甚当也。

关于是书编纂之宗旨,韩邦奇《〈苑洛志乐〉序》曰:

> 是编也,一以质实为体,敷施为用,谐声为止,中律为的,凡宫商之相应,正变之相接,全半之相济,阴阳之相宜,如星之丽天,如风之行水,如织贝之经纬乎文绮,虽万象错列而各有条理,皆取诸造化之自然而不敢附之以己意,期于宣人情而承诗歌耳。虽不必屑屑乎考天文、察地理、稽人事,配五行、四时、八卦、四隅、十二辰,自有所符契焉。考之古人制作之极,用之圜丘而天神降,用之方泽而地示出,用之宗庙而祖考格,用之朝廷而庶尹谐,用之房中而宫闱睦。此无他,顺其自然,发乎人心,宫商、正变、全半、阴阳中节而已矣。

关于邦奇乐学之主要创见,其门人杨继盛曾作《〈苑洛志乐〉序》(《杨忠愍公文集》卷二),曰:

> 是故律生声、钟生律,马迁著之矣;而律经声纬之递变,体十用九之明示,则未之及也。围九分、积八十一分,班固著之矣,而管员分方、旋宫环转、乘除规圜之图,则未之及也。六十调、八十四声,蔡子著之矣,而起调则例及正变全半子倍之交用,调均首末长短相生之互见,则又未及之也。六变、八变、九变之用,周礼载之矣,而以黄钟祀天神,以蕤宾祭地祇,以太簇享人鬼,一造化之自然,以黄钟一均之备,布之于朝廷宫闱,实古今之绝唱,则又有出于制礼之外者也。宏纲细目,一节万变,信手拈来,触处皆合,乐之为道,尽于是矣。《志》云乎哉!其于先儒、世儒之图论,备录不遗者,是固先生与善之心然?亦欲学者考见得失焉。

根据以上所述,则韩邦奇乐学之主要创见,乃于前人论述之基础上,"一以质实为体,敷施为用,谐声为止,中律为的",以达到"宫商之相应,正变之相接,全半之相济,阴阳之相宜","皆取诸造化之自然而不敢附之以己意,期于宣人情而承诗歌耳。虽不必屑屑乎考天文、察地理、稽人事,配五行、四时、八

---

① 刘忠著:《韩邦奇之〈恭简公志乐〉述评》,《黄钟(武汉音乐学院学报)》,2010年第3期。

卦、四隅、十二辰,自有所符契焉。考之古人制作之极,用之圜丘而天神降,用之方泽而地示出,用之宗庙而祖考格,用之朝廷而庶尹谐,用之房中而宫闱睦,此无他,顺其自然,发乎人心,宫商、正变、全半、阴阳中节而已矣。"

亦如杨继盛所言,"而律经声纬之递变,体十用九之明示","而管员分方、旋宫环转、乘除规圆之图","而起调则例及正变全半子倍之交用,调均首末长短相生之互见","而以黄钟祀天神,以蕤宾祭地祇,以太簇享人鬼",如是则"一造化之自然,以黄钟一均之备,布之于朝廷宫闱,实古今之绝唱,则又有出于制礼之外者也"。兹据以上所论,略述邦奇之乐学论述精要。

(三)乐学择要

韩邦奇《〈苑洛志乐〉序》曰:

夫乐,生于心者也,有是心而无所寄,宣其意于言,言成章为诗,而犹未足以尽其意也,而歌咏之,歌咏之而犹未足以尽其意也,而被之声容,是之谓"乐"。乐无诗,非乐也,亦无乐也。

由是观之,邦奇以为乐之"生于心者也",人内心之思想情感,自然流露,宣表为言,成章为诗,进而歌咏之,进而被之声容,是之谓"乐"。邦奇又曰:"'发于声音,形于动静',只此二句,尽乎乐矣,声容备矣。"(《苑洛集》卷二十二)此可谓邦奇关于"乐"之根本看法。邦奇乐学之创制,于《苑洛志乐》则可见矣,又于《苑洛集》之《见闻考随录》评历代乐学之得失,述自己之乐学见解,其评《乐记》,曰:

《乐记》:"感于物故形于声,声相应故生变,变成方谓之音。"本于《虞书》"言志"数句来,但变其文耳。"变",是清浊高下。《乐记》一篇好文字。古今有两篇好文字,《易大传》《乐记》是也,万世莫及。其次则《孙武子十三篇》、郭景纯《葬经》。

其评当时乐论,曰:

江西《律吕一策》,所论皆正。但谓"黄钟无十",非也。黄钟,万事根本。乐之黄钟无十,如分寸尺丈引钥合升斗斛铢两斤钧石,岂无十哉!《新书》十数,总论黄钟,非止乐之黄钟也。策谓《新书》不当言体数,《新书》何尝言体数?《直解》言之耳。以此知其学得之于《直解》。

李文察谓:"律生五声",不如言:"律和五声"。此说良是。人之声自有五，但以律正之而可调。然作"和"字，又不如孟子言"正"字尤好。

出主、降神、参神、初、亚、终献、饮福、彻馔、送神，为"九献"。

论五声及其正变，曰：

《乐书》云："钟以相生击之。"击宫则及徵，次商，次羽，次角。应宫者，为徵。初不拘于定位也。

声所以有二变，只为黄钟之角不能接下调大吕之宫，故有二变。夹钟以黄钟为羽，又用黄钟之羽，故曰"羽之羽"。周乐起调终调，零星补凑可疑，然其节奏亦合，倡和亦妙，周变九六，八甚牵合，难通。

声之有七，自然之数，非圣人以理推排也。先儒或谓当用二变，或谓不当用二变，皆臆说也。

凡声至七，生则过律。一自其长短之序，无一毫之紊。如黄钟至七声，尽为蕤宾，蕤宾实生大吕，少一不得，多一不得，十二律皆然。

论十二律，曰：

奏黄钟，一均之备。至蕤宾七声，下生大吕。故大吕起一均，则黄钟为商矣，此左旋也。又，歌大吕五生为仲吕，一均之备。虽右转，然左转隔五而为太簇。起调皆天然也，岂人为之私哉！

律吕之"全"，与"正"不同。"全"是十二律长短之数，"正"是十二律三分损益，隔八相生之正数。如黄钟九寸，正也；三分损一，隔八下生林钟，六寸为正；林钟三分益一，隔八上生太簇，八寸为正；太簇三分损一，隔八下生南吕，五寸三分为正；南吕三分益一，隔八上生姑洗，七寸一分为正；姑洗三分损一，隔八下生应钟，四寸六分有奇为正，应钟三分益一，隔八上生蕤宾，六寸二分有奇为正，皆全也。蕤宾三分损一，隔八下生大吕，四寸一分有奇为正，非全也；大吕三分益一，隔八上生夷则，五寸五分有奇为正；夷则三分损一，隔八下生夹钟，三寸六分有奇为正，非全也。夹钟三分益一，隔八上生无射，四寸八分有奇为正；无射三分损一，隔八下生仲吕，三寸二分有奇为正，非全也。"正"若何而非"全"？大吕为黄钟之次，十二月之管，若止用正数，其管短甚，何以为用？必倍其正数，方可为黄钟之次，此亦非圣人以意倍之也，自然之数也。盖黄钟七音既毕为蕤宾,蕤宾生大吕以起宫,自然之妙如此。必倍之而后谓之"全",夹钟、仲吕仿此。所谓"在阳倍之"是也。

惟黄钟一均皆用正,不用半。七声回宫亦用正。十二律回宫亦用正。

黄钟为宫,天下之君也。十一律为宫,列国之君也。故黄钟不为他律役。

人之声,有得黄钟者,有得应钟者,于中皆有宫商角徵羽,人声高下不外乎十二律。

论器数,曰:

中声者,固为难晓,然必自下学始,器数是也。真积力久,岂终不可得哉!盖久则精,精则神,凡事皆然。先儒类慕中声之妙,驰心高远,谓不必屑屑于器数之末,既不从事于下学,安能上达哉!正犹孟子之论"圣神"。然必自善信始也。夫能抚琴,然后可以得琴之妙;能鼓瑟,然后可以得瑟之妙。然抚琴难,鼓瑟易,而近古反不达瑟者,以不传也,以易也,故不传。必能吹排箫,然后得排箫之妙;必能吹笙笛,然后得笙笛之妙。然笙笛难而排箫易,近古反不达排箫者,以不传也,以易也,故不传。钟磬则惟制造之难耳。

论乐器与律吕之关系,曰:

管声有不协者。或二孔取一声,或三孔取一声,或四孔取一声,此乐家之用变也。

瑟隔十二弦应。备乐须用五十弦。此制瑟之初,所以五十弦也。今以六阴律,折马后二十七弦足矣。今以六弦应者,后世简便之法也。排箫亦以十二管应,今隔八应者,以相生之次也。徵无定,在应宫者为徵,短者倡而长者和,以长律为准。

瑟弦隔六应自然之序,不可易也。古人以中弦不用,前十二弦为十二律之正声,后十二弦为十二律之应声,当作两架。调第十三弦之声,即第六弦之声也。瑟马自不能齐一。

瑟,古人常用。琴,则用之者少。如由之瑟、曾点鼓瑟,孔子取瑟而歌,三见于《论语》。

宫动而徵应,商动而羽应,角动而变宫应,变徵动而七声尽,复回宫。天然之数也。

宫、徵各当其位,惟琴之九徽为然。三弦跌半徽者,待变徵也。七弦为大吕,天然之妙,已著于桑梓之上,不待伶伦而后成也。

若七声回宫,第一弦、中弦不用,至二十七弦折马后为变宫,十二律足矣。备乐须用三十七弦,除头三弦、中弦不用。宋时蜀人撅得三十六管,玉笙上之正于此瑟合。古人重乐器,得美玉皆为笙磬箫笛。

徽律接商律,反宫律而用之,以应律为准。如琴九徽一弦为宫,四弦为徵,若以徵接商,则以五弦为徵,不敢以下陵上也。

琴七弦内备变宫、变徵。正调入散音,十一调为宫,则各其徽为十二宫声,商角徵羽皆然,为管各用其孔也。

声七、律十二。每律声,钟声各十二,准十二律。今止用一均七,而以五为哑。古钟磬每架十二张。文收掘地,得大乐古钟十二是也。愚意作七架,或九变、或八、或六、或七、或五,各取用之。

钟十二,磬十二。今止用七,余五不用。七者,黄钟一均之备。宫、商、角、徵、羽、变宫、变徵也。是止七声,何八十四声之有?是且不成一调,何六十调之有?

琴徽十三,置一为黄钟,半清声在首,其余十二徽自尾起。黄钟一、黄钟二、大吕以至应钟,各按其徽,则每一弦皆为十二律,是七声役过。十二律各有七声,所以旋宫有八十四,声调有六十,瑟则随柱取声,如今之筝。

黄帝命伶伦铸十二钟。单穆公曰:"十二辰之钟也。"周十二镈,随月用律。编钟十二,长短随其律,口阔则同。

特磬十二,有长短,有厚薄,长而薄则声浊,短而厚则声清。

九奏在琴,散音一,下徽二,中二,上二,泛音上一,下一。

由以上可见,《苑洛志乐》对古代音乐之文献整理、史料考证等工作,极具参考价值。另,《苑洛志乐》卷二十有自上古至明朝乐史、乐制之详细考论,堪称一部《中国音乐通史》,颇为珍贵。惜乎笔者拙于音律,难以晓乎其详,故暂志于斯,以俟博雅君子正学焉。

(四)重要评述

关于《苑洛志乐》一书之主要特点,古人论述颇多。韩邦奇门人杨继盛

《苑洛先生志乐序》曰：

宏纲细目，一节万变，信手拈来，触处皆合，乐之为道，尽于是矣。《志》云乎哉！其于先儒、世儒之图论，备录不遗者，是固先生与善之心然？亦欲学者考见得失焉。自方其始刻之日，九鹤飞舞先生之庭者，以为是书感通所致。观仰秣出听之说，则鹤之来舞也，固实而其得之正也。此非其明验矣乎！昔人谓黄帝制律吕与伏羲画卦、大禹叙畴同功，然卦畴得程朱数子而始著，律吕得先生是书而始明，则其功当不在数子下。岂曰"小补"云乎？呜呼！太和在成化宇宙间，故先生所由生；太和在弘治宇宙间，故是书所由始；太和在嘉靖宇宙间，故是书所由成。则其作，诚不偶然也。后之有志于乐者，苟能讲求而举行之，则太和将在万世之宇宙，而先生之功，至是为益大矣。然不苦心以求之，何以知是书之正？不得其说而精之，又何以知盛之言不为阿私也哉？噫！盛不敏，虽学之而未能也。讲求之责，深有望于同志君子云。

邦奇门人王宏《〈志乐〉序》曰：

《志乐》者何？大司马苑洛先生所作也。夫乐，所以宣天地之和，通阴阳之变，平人心之感，省民物之风，罔不有理寓焉。慨自先王遗响，日就泯没，世儒沿袭，莫或穷原，古乐所由沦缺。先生博物不穷，志复古雅，乃稽诸典籍，验以气候，竭其心思，积以岁月，依永谐声，因变成方，协律吕以和阴阳，适声音以类万物，而天地八方之音以定真，有以会声气之元，继伯夔之绝响矣。

清代大荔人上官有仪《重刊〈志乐〉序》曰：

《志乐》云者，固谓"有志愿学"云尔。今传后非所望也。然诗言志，歌永言，声依永，律和声，八音克谐，神人以和，则乐实生于志，而一人之志，即千万人之志，一时之志，即千万年之志也。故有志者作于前，继志者述于后，所以大合。同，同调也。夫古乐，往矣。三代而降，历汉及唐以至于今，先儒诸君子分门异派，乐几成讼。惟西山蔡子季通，因八八为伍之说，定为《律吕新书》，而吾邑大司马苑洛韩先生，苦志焦思，搜罗古今，抉爬精奥，其大旨虽与《新书》相为表里，而斟酌损益，变化疏通，自成一家言。其所《志》者，洵可以信今而传后也。

清乾隆年间同州知府乔光烈《重刊〈苑洛志乐〉序》曰：

> 窃叹苑洛当明中叶，安边境，立功名，其志无所不伸，讵意殚思竭虑，远绍旁搜，更在五音六律之间，慨自中声莫辨，古乐之沦亡也久矣。汉、宋诸儒，纷纷聚讼，其损益相生之法，非不各阐其精，往往凭以臆说，所以数千百年，迄无定论。苑洛自幼抱残守缺，博极群书，肆力于审音候气，按调谐声，补《周礼》《乐记》所未备，参班、马、京、郑之异同，而取裁于蔡氏《新书》，微者显之，其理深，其数著，晚年成为完书，卷以二十，元音昭矣。

《四库全书总目·经部·乐类》之"提要"对该书评价说：

> 是书首取《律吕新书》为之《直解》，凡二卷。……第三卷以下乃为邦奇所自著，其于律吕之原，较明人所得为密，而亦不免于好奇。如《云门》《咸池》《大章》《大夏》《大韶》《大濩》六乐名，虽见于《周官》，而音调节奏，汉以来无能传者。邦奇乃各为之谱……虽其说多本前人，然决择颇允。又若考定度量、权衡、乐器、乐舞、乐曲之类，皆能本经据史，具见学术，与不知而妄作者，究有径庭。史称邦奇性嗜学，自诸经、子、史及天文、地理、乐律、术数、兵法之书，无不通究。所撰《志乐》尤为世所珍，亦有以焉。

如上所云，《四库全书总目提要》认为，韩邦奇之《苑洛志乐》，对于律吕之本原，与明人相较，颇为严密，然而也具有好奇之特征。其举例而言之，如《云门》《咸池》《大章》《大夏》《大韶》《大濩》为西周之雅乐，其名虽见载于《周官》，然其音调节奏，汉以下则无有能传之者。而邦奇禀前人之说，乃为之谱。"虽其说多本前人，然决择颇允，又若考定度量、权衡、乐器、乐舞、乐曲之类，皆能本经据史，具见学术，与不知而妄作者，究有径庭。"如此之评鉴，可谓相当之高。今世而下，邦奇乐学之研究，成果极为罕见，然对邦奇之《苑洛志乐》，评价亦甚高。如今人张振涛《笙管音位的乐律学研究》说："明人韩邦奇《苑洛志乐》，是目前所能看到的中国文人最早记载17管笙各苗音高、谱字及其相和指法的文献。虽然记述中免不了前后矛盾且简略不详，但这也是弥足珍贵的材料了。"[①]故刘忠《韩邦奇之〈恭简公志乐〉述评》认为："《恭简公志

[①] 张振涛著：《笙管音位的乐律学研究》，济南：山东文艺出版社，2002年版，第303页。

乐》是韩邦奇对中国明代以前包括其所生活的明代中期音乐的考证删定之作。从其内容来看主要包括：乐律、乐器、乐谱、乐舞、舞图等内容。是对前人音乐理论的总结。""因此，对韩邦奇及其《恭简公志乐》的研究，无论是在文献整理方面，还是在音乐史料的校正、准确性方面，都具有十分积极的意义。"[1]

三、书学

韩邦奇晚年关于《尚书》之研究无多，所存者，即《苑洛集》卷二十二中对于蔡沈《洪范皇极》筮法之说明也。此内容大略同于第三章《推阐朱蔡》之第四节《洪范图解》中所述，然较为完整系统，兹摘录如下，以备学者研习参考。

《洪范》占法事类，以棋子定。棋子全为事类，而设详见下。

先将事类写定，或一阳、或二阳、或三阳、或一阴、或二阴、或三阴、杂阴、杂阳。或水、或火、或金、木、土。

先看断词。

或大数、或小数。

次蓍数。

次看筮得之画。或一阳、或二阳、或三阳、或一阴、或二阴、或三阴、或水、或火、或金、木、土，与事类合不合。再看纯阴、纯阳、杂阴、杂阳。

次甲子。

后看当时年、月、日、时。或一阳、或二阳、或三阳，或一、二、三阴，或水、火、金、木、土，与事类合不合，再看纯阴、纯阳、杂阴、杂阳。

蓍定三阴、三阳、杂阴、杂阳。

纲奇，目一为一阳，目二为二阳，目三为三阳。纲偶，目一、二、三，俱为阴，主纲。纲奇偶合，目数一为七为阳，二为八为阴，三为九为阳。虽多一阳数，然所合亦多，所对亦多，吉凶无偏阳，固有余理也。九固多，一阳也。一、三为杂阳，二为杂阴，主目。

棋定三阳、三阴、杂阴、杂阳。

---

[1] 刘忠著：《韩邦奇之〈恭简公志乐〉述评》，《黄钟（武汉音乐学院学报）》，2010年第3期。

如阳画,一、一为一阳,二、二为二阳,三、三为三阳。如一二、一三、二一、二三、三一、三二。为阳者九。

如阴画,一、一为一阴,二、二为二阴,三、三为三阴。如一、二为二阴,一、三为三阴,二、一为一阴,二、三为三阴,三、一为一阴,三、二为二阴。为阴者九。

如阴阳二画:一之一、一之二、一之三、二之一、二之二、二之三、三之一、三之二、三之三,谓之杂阴杂阳,或纲阳而目阴,或纲阴而目阳。凡为纯阴纯阳者九,杂阴杂阳者九。纲阳目阴为杂阳,纲阴目阳为杂阴。

甲子定三阴、三阳。

《本极》有图。

蓍定五行。

一纲一目,其揲下数:一、六为水,二、七为火,三、八为木,四、九为金,中五为土。

事类定五行。

一纲一目,其棋子排下。数一、六为水,二、七为火,三、八为木,四、九为金。中五为土。

甲子定五行。

《本极》有图。

定事类。

如筮者欲年上占,排定棋子,年是三阳,则此事即属三阳,余仿此。看年上数是一或六,即为水。余仿此。月日时随人。

五行,上下取,阴阳之数首目取,数东西取。

定吉凶。

一以揲下画占大数小数。

一以棋子掷下,杂取其八,自上而下者二,自西而东者四。筮者北面,故自西而东,其画上下皆阳为纯阳,上下皆阴为纯阴,上阳下阴、上阴下阳为杂阴杂阳。上分阴阳,下主一二三数。如一一阳画是一阳,一二阳画是二阳,一三阳画是三阳,如三一阴画是一阴,三二阴画是二阴,三三阴画是三阴,余仿此。如上一阳画下一阴画、上一阴画下一阳画,为杂阴杂阳,此事类分阴阳也。棋画上下为一、六为水,四、九为火,二、七为金,三、八为木,五为土,此事类分五行也。

一以揲下数与事类棋画看。如事类是一阳,数亦一阳,大吉。二阳、三阳,次吉。事类是一阳,数是一阴,大凶。二阴、三阴,次凶。如事类杂阴杂阳,数亦杂阴杂阳,或纯阴纯阳,皆不相对、不相合,通为杂论,吉凶参半。如事类是火,数是木,为生,大吉。土为相,次吉。水为克,大凶。金为贼,次凶。水生木,木生火,火生土,土生金,金生水,水克火,火克金,金克木,木克土,土克水。我生者为相,我克者为贼。

一以甲子阴阳五行与事类看。阴阳看合与不合。五行看生相克贼。

一看大数。各以所占事定吉凶,曰:"正吉,不正则凶矣。"曰:"静吉,动则凶矣。"无吉凶并行者。在人消详。

一断法有三,名为三,其实七。古人占卜,皆用三,二吉一凶断以吉,二凶一吉断以凶。三吉,大吉;三凶,大凶,词一也。数分阴阳,五行一也。甲子分阴阳,五行一也。共三。(自注:数分阴阳,五行纯杂者三,甲子分阴阳,五行纯杂者三)

正数者,天地之正气也,其吉凶也确。间数者,天地之间气也,其吉凶也杂。

纯阴纯阳为正,杂阴杂阳为间。如事类"三阳,数亦三阳,大吉。数三阴,大凶"之类。故曰:"确如。"事类杂阴杂阳,数亦杂阴杂阳,或纯阴纯阳,不相合。未见吉。不相对,未见凶。纵使事类相对相合,而本数阴阳已差参矣。吉凶未定,故曰"杂"。

象以偶为用者也,有应则吉;数以奇为用者也,有对则凶。

易卦阴与阳正应则吉;范数阴与阳相对则凶。相对即是正应。甲子阳干阳支为纯阳,阴干阴支为纯阴,阳干阴支、阴干阳支为杂。此以纯杂合与不合为吉凶,非以阴阳论。

事类甲子数纯阴纯阳、杂阴杂阳,在三阳三阴数里。如数棋——阳画是纯阳,就是一阳。甲子如甲为一阳,就是纯阳。乙、巳为三阳,就是杂阳。大抵此占主蓍与棋子二事。合事类,即是合棋子。

四、礼学

邦奇曾有礼之论述,然今已亡。其所存论者,见《正蒙拾遗·王禘篇》之注解。如张载曰:

> "礼不王不禘",则知诸侯岁阙一祭,不禘明矣。周以祠为春,禴为夏,宗庙岁六享,则二享四祭明矣。诸侯不禘,其四享与!夏特一祫,王制谓"祔则不禘,禘则不尝",以见时祀之数耳。

邦奇释之曰:

> 五年一禘,王者追祭太祖之所自出于太庙,而以太祖配之也。三年太祫,合七庙祧庙之主于太祖之庙而祀之。四时各祭,合七庙之主于太祖之庙而祀之,四时各祭于七庙,而各祀之,皆天子之制也。

张载言:

> "庶子不祭祖,明其宗也","不祭祢,明其宗也"。

邦奇释之曰:

> 《礼书》经秦火之后,汉儒集成已未可尽信。况三代之时,与今时异,宜三代之礼,嫡庶之分甚严者。当时诸侯、卿大夫皆世官,不得不严,正如今之武职,岂敢分毫违越!若通天下而论,庶子不祭祖、不祭祢,设使祢无嫡子,又无叔伯,则二世皆绝不祭,仁人孝子何以自处?仁人君子之为政,亦何忍?如此安可泥古而不酌之今哉!

张载言:

> "铺筵设同几",疑左右几一云。交鬼神异于人,故夫妇而同几,求之或于室,或于祊也。

邦奇释之曰:

> 此二段事,"同几"言神位,"室祊"言祀神之所。《书》:"成王殁,设五席,兼设平生之坐。"先儒谓:"知神之在此乎,在彼乎?"故兼设。亦或"室"或"祊"之意也。

张载言:

> 天子因"生"以赐姓,诸侯以"字"为谥。盖以"尊统上,卑统下"之义。(此《正蒙》原句,《正蒙拾遗》引作"尊统上,卑统下"。)

邦奇释之曰:

> 天子尊，故统乎上者；诸侯卑，故统乎下者。上谓诸侯，下谓大夫，生是一方，谥是一人。

以上四条，又重出于《苑洛集》之《见闻考随录》也，然其引张载之语，与邦奇之注混同矣。此概邦奇之礼学，于张载亦有所继承之略证也。于《见闻考随录》中，邦奇又有数条论礼，其一曰：

> 七庙之礼，决不可行止。以《尚书》七世之庙，可以观德之文。所谓"七世之庙"，非七座庙也。《礼》经诸侯去其籍，又遭秦火之焚，汉儒附会而成，至宋儒既不以身体，又不以理察，又不以时日计度，遂议定以为不刊之典。今大祭之礼，一行须一二时。若七庙，毕一庙而复一庙，出一庙而入一庙，一日之间亦不能周。是君臣上下，终日不食，则奔走登拜之劳，腹又无食，精神疲倦，岂能堪乎！若祭一二庙而食，亦无是理也。况古礼繁多，今礼简少，不过十之二，一日之间，安能周乎？若分日而祭古，又无是礼也。

由此可见韩邦奇并非泥古不化，而主张随时有变也。又有数条论祭礼之事项，曰：

> 凡祭，割烹为要。诗书称"馨香之气"，盖鬼神无形，惟气而已。闻馨香之气，即是享之。礼失求之于野。今天下之人，皆言鬼神为闻其气而已，是也。古礼割烹于庙门之外，取其近于神位而馨香之气未散，今徒有体荐而不馈食，神何所享乎？古礼有馈食而无体荐者，未有有体荐而无馈食者。

> 祭祀用尸，其义精深。尸不能行也，而易以土木之像，像又不能行也，而易之画影。二者犹有用尸之义。至宋儒谓"影像与祖考无干"，专用木主，不知数寸之木与祖考有何相干也？古人木主之设，盖以古人用尸，皆以子弟为之。高曾祖考无以分别，故用主以识之。今不用尸而独用主，正如今之乡饮，主介宾僎之帖，独有帖而无人也。

> 古祭礼无所考，其节奏之详，惟士虞礼、少牢馈食诸章。今礼之所无者，迎尸、送尸、九饭、告饱献宾、献众宾、献兄弟、献众兄弟、献祝、献佐食数节，诸章亦不载。旅酬之礼，岂旅酬天子之礼欤！

> 古之坐，即今之跪。仪礼所载，凡祭主至神位赞者，曰"坐"是也。

总观以上内容,可见邦奇所论,皆在祭祀之礼也。此或邦奇所重欤?存之待考。

五、文学

邦奇生活之时代,文学复古求新之风,正风起云涌,其特为卓者,即关中以为代表之七子也。邦奇与当时关中文士多有交往(见第二章第三节《交游》),其文学主张,亦与之大类,主张切于时务,关乎经世也。邦奇所作之诗词曲文,如前之数章节已有择录也,兹择取其文论之要,以略见其文学主张大概。其《陕西奏议序》曰:

> 夫言不切于时务,不关于经世,则虽富如相如,奇如子云,徒为君子嗤。吾病夫建议者,泛言蔓说,虚谈迂论,檄牒纷纷,罔裨实用,遂使胥吏目为通行,诸司挥而弗视,誊录者执笔称苦,依准者惜纸浩叹。滑稽之士摘其浮谬之甚者以为话柄,则亦何贵于言哉!

上一段文,虽是邦奇就奏议而发论,然亦可见其为文之主张,在于实用耳。在《〈泽州志〉序》中,邦奇就"志"这一体裁,再次阐述其"贵实"的文学主张:

> 夫志,纪也,纪其实也,是故志贵实而已矣。天下类有作焉,实则鲜矣。其何以征乎?是故采风者憾焉。自吾朝邑言之,副都御史李公以乡举,兴方一统志之作也。诸生华以进士之称,纂修者弗能正也。北洛大川,冒漆、沮之名,相去远矣。申、屠、思、恭,四贤之大节,遗而不录。怀丙之琐细,胡取乎?夫进士登科,录可考也,川源地理之显著者也。四贤之事,《唐史》所载甚明也,《一统志》,馆阁名臣所述也。如斯而已矣,他何望焉?故实者鲜矣。是集也,其足以征乎?王子,论笃博雅君子也。其必有以考实矣,是故可以托诸木矣。

基于"贵实"的文学主张,邦奇极为重视医学之作,其在《苑洛集》中谆谆教言:"其他文字皆可著作,惟医药之书不可轻为一字,苟一字不当,杀人多矣。其罪与杀一家非死罪三人者等,学者可不慎哉!"此可看作邦奇文贵求实之一具体体现。

邦奇不仅重视纪实之文,亦重视论理之文。在论文上,邦奇极为推崇春秋秦汉之文,引领士人习之,其《论式序》则就此一观点阐发之:

"论",文之一体也,自春秋迄于今代有作焉。春秋、秦汉之文,富而丽,雄而健,渊宏而博大,波澜转折,变化无端,入口脍炙,掷地金声,莫之尚矣。魏晋之文,介乎汉唐之间。至唐,则去春秋、秦汉固十倍矣,而况于宋乎,而况于宋之衰乎?国家中场,以论取士。士之文优者,刻之以式士子,而士子式焉曰"程文"。成化以前,类春秋、秦汉体也;弘治间,则效唐而专于韩、柳,或效宋则亦专于欧、苏。嘉靖初年以来,一二文衡之士,效衰宋之体,刻之录。同考之士,见其非时旧格也,而未见秦汉之大,妄以古文批注之,穷乡僻邑之士,以为真古文也而效之。夫衰宋之文,枯涩萎弱,已不足观,而效之为程文者,已不及矣。而士子又未见衰宋之文也,止模程文而效之,又不及矣。文之衰亦至此乎!

夫论,议也,辩也。譬之人焉,秦汉之文若仪、秦在六国之堂,指譬晓告,纵横驰骋,言切利害,事析毫厘,听者拱笋,人莫得而难之。衰宋之文,正如痴人献说于项籍、张飞之前,叱咤顾盼之下,惴惴焉。略达乎己意,而气已索然销沮矣。其为高下可知也。因取自春秋以及唐宋论之平正体裁,类今举业者十数篇,为吾家子弟式。夫取法乎上,仅得其中,诸子弟其知所从事云。

在邦奇看来,"春秋、秦汉之文,富而丽,雄而健,渊宏而博大,波澜转折,变化无端,入口脍炙,掷地金声,莫之尚矣。"然自兹而下,文风渐落,以至于衰也,"魏晋之文,介乎汉唐之间。至唐,则去春秋、秦汉固十倍矣,而况于宋乎,而况于宋之衰乎?"当时考试作文,"效衰宋之体","夫衰宋之文,枯涩萎弱,已不足观,而效之为程文者,已不及矣。而士子又未见衰宋之文也,止模程文而效之,又不及矣。文之衰亦至此乎!"故而邦奇倡议,学文应效古,故其取"自春秋以及唐宋论之平正体裁,类今举业者十数篇,为吾家子弟式。"

邦奇对传记类之文体,亦极为重视,其曰:"施之厚则感之深,感之深则形于言,言不足以尽其情也,则宣之于文。"(《苑洛集》卷一,《贺太守吴公初辰序》)文章,非仅以记事、志史、论理也,且以抒发心意,表达情感也。邦奇弟韩邦靖卒,邦奇为之挥泪作传,且以为不能尽其意,表其情,谓其友樊子恕夫曰:"世安有司马迁(欲其作传)、关汉卿(欲其作记)之笔乎?能为吾写吾思吾弟、痛吾弟之情,吾当以此身终世报之!"韩邦奇特别重视亲人之传,认为"传以显扬为孝之大者",是前人道德品行的记载,有益于后人之继承也。在其

《苑洛集》中,韩邦奇作有《湖广高窾巡检司巡检赠文林郎山西襄陵县知县尚公墓表》,借其地理之学,阐发传记之本意,为此类传中上乘之作也,由此可见邦奇对传记类文学之主张及造诣,兹录之如下:

> 北条之水有长河,西合于昆仑,东分为九河,九曲圜乎华夷。北之水,惟河为大也。南条之水有长江,上连乎洞庭,下会于彭蠡,一水限乎南北。南之水,惟江为大也。人见河之大则仰思星宿之海,人见江之大则仰思岷阳之泉。纳汉沔,受兰宾,万流奔趋,溯流而源,汪洋澎湃可知矣。使河非星海,则行潦耳,将朝盈而夕涸;使江非岷泉,则雨集耳,将秋泽而春干。安能其大若是乎?传以显扬为孝之大者,非以其子之贤可以盖前人之过愆,非以其子之贵可以荣前人之封号。潜德幽行,前人冥冥之仁,因是而可征也。
>
> 古之人,三公奕世、杨氏放雀之仁著矣,九卿显名、于氏治狱之仁著矣。公虽殁矣,公之嗣子,若兰若薰若芳,联翩仕籍,而薰以进士为部属,芳以乡举为县令,二君才名济济,异日崇阶大拜,未可量也。非公阴德之隆,何以致是?夫阴者,人不得而知也,若显德著闻,或以名彰,或以位贵,或以禄富,身积其德,身受其报,非阴也。必蓄德盈缶,泯然无闻于终世,然后不尽之福,衍及后人,而前之善始著焉。公位不过下士,禄不过代耕,名不过见知于闾里,使非二君,亦旷野萧然一荒冢耳。故观公者,当观于昆仑、九河、洞庭、彭蠡,以溯于星宿之海、岷阳之泉可也。若公居官而守官箴,居乡而笃乡谊,居家而肃家政,如状之所列,人之所知者,特沱、潜既道、滩、汜支流耳,不足以尽公也。《易》曰:"积善之家,必有余庆。"盖以子孙之庆,归前人之善焉。

邦奇作文之观点,大抵同于当时关陇作家。然对于诗作,邦奇则有不同于他人之观点,此主要见于邦奇《书可泉诗集后》(胡缵宗《鸟鼠山人集》)一文,其曰:

> 诗以调也,匪意也,匪辞也。《苤苢》之辞淡,《狡童》之意近,而文王之化彰,郑国之淫见矣。草蛇灰线,闻其声不见其形,睹其迹不见其实,其于言意之表者乎?是故得意者忘言,得调者忘意。其次尚意,其下焉者尚辞。尚辞而诗亡矣,由汉魏而下可征焉。可泉诗其调卓矣,铿乎宫商之间,后世其必传也夫!

在为胡缵宗诗集所作此一跋文中,邦奇明确提出"诗以调也,匪意也,匪辞也"的观点,他认为诗歌之作,应以音律为上,其次尚意,其下尚辞。这种观点,当与韩邦奇精究乐律之学有关,值得文学研究中关注重视。

略 结

余既作《韩邦奇评传》,略以《生平考述》《理学精蕴》分上、下两篇,因史事而究思想,由思想而阐史事,其间《行年概略》《生事分述》可见邦奇之生平行年、著述授学、交游友人及后世述评研究;《推阐朱蔡》《返归横渠》可知邦奇学术思想之主要建树、发展脉络及最后归宿。概而言之,则其人格气象、学术思想之大端,略可见矣。今则总撮其要,回应卷首,结为一题:即将邦奇归之于张载关学明代之传,其何所据也?

前则余言:关学,非关中学术之统概也,实关中理学之承续也。关学之名,出自明少墟先生冯从吾,关学之编,亦自少墟先生始也。然关学之实,则渊源有自也。周孔之绍,及于汉唐,此关中儒学之大端,关中理学之滥觞也。自宋儒学复兴,张子横渠造道关中,此关学之实成也。然张载有通究天人之意,岂有别立门户之心?意谓若此,恐非张子之本心也。关学之实既起,关学之名后立。若夫人之有生,而后立名也。关学之立名,后学以别洛、濂、闽之源流不同也。少墟著编立名之意,亦非以自居,概以承其学统、绍其光大为志也。若拘泥于门户而较是非,则离横渠之心、少墟之意亦远矣。

学问之传承,若江河之流布,有源有流,有传有变,其主流不变者,一也,所谓"万变不离其宗"者也。关学之宗者何?人则张载其人也,学则张载之学也,地则关中之地也。因其学而尊其人,因其人而重其地。邦奇,关中之士也,所宗者,张载也。其言:"自孔子而下,知'道'者,惟横渠一人。"又数曰:"横渠灼见道体之妙""横渠真见造化之实""横渠灼见性命之真",评价之高,远迈古人,于周敦颐、朱熹二子,则无不有所訾议,故横渠之于邦奇,非宋儒周、朱诸子之所能比也。

邦奇不惟服膺张子,于关学之宗风,又能承续且为之阐扬光大。关学之宗风,以余陋见,大略有三:笃学而尚古,探虚而切实,守礼而崇义。其所现者,人格气象、学术渊源、思想承续也。兹举三者以明之。

一则人格气象。张载之人格,以传记史事论之,可言之处甚多,其幼年丧父,扶柩关中横渠;少年喜谈兵,预收河洮之地;得遇范文正公,遂以《中庸》为依。后又出入佛老,终之返归儒门。先后持教礼部,校书崇文,讲正学于武功,试井田于长安,化风俗于洛川,然不外好学不倦、探赜索隐、勤于著述、躬行实践、孝悌为本、崇尚节义诸项,凡此邦奇亦可见矣。邦奇自幼秉承家范,兄弟父子相为感召,好学不息,勤于著述,入仕则劲节自持,不媚权贵;在吏部能仗义执言,在平阳能秉公执法,在大同能亲躬塞外,整顿边务,在南京能尽心国事,擢拔贤良;凡里居者五,事父母尽之以孝,处兄弟尽之以悌,乡里称之楷模,为之旌表。又能不辍著述,教学诲人不倦,风化世教,表铭诗文是作。与张子之入礼部,宰宜川,隐太白,事体虽异,风范则一,故邦奇之为人,可谓不禀传张子乎?

二则学术渊源。张载之学术,源于儒家。"其学以《易》为宗,以《中庸》为礼,以孔孟为法。"①凡此之论,就之以邦奇,亦相合也。张载之学,初自驳杂中来;邦奇早年受学于家,出入朱蔡,亦泛滥辞章也。张载自受教范公而归于儒;邦奇自诏狱之后而返之于横渠,皆得其正也。张载之学,取之于《易》甚多,不仅著有《横渠易说》,其《正蒙》亦多出于《易》;邦奇亦著有《启蒙意见》《易占经纬》《卦爻三变》《易林推用》诸书,且注解《周易》经传,传述张子易说。张载重《中庸》而法孔孟,邦奇之修养论,亦多取自《中庸》《孟子》,其"养心"说、"养夜气"之说可以为证也。孔梦周公,孟道尧舜,邦奇则以周公为全德之臣,孔孟为人道典范。横渠、苑洛,虽先后不同,然皆出于儒门而无异也。

三则思想承续。张载之思想特点,可以"穷神化,一天人,立达本,斥异学"②概之,邦奇亦如是也。张载著《正蒙》以阐其要;邦奇则作《正蒙拾遗》以明其理,先后相承,如一端也。张载穷究天道,贯通天人,主张"天人合一";邦奇则推阐而明言之"天人万物,本一体也"。张载言:"知太虚即气则无无",邦奇则曰:"太虚无极,本非空寂。"张载言:"太虚无形,气之本体";邦奇则进之曰:"天地万物,本同一气"也。张载究天体之运行,邦奇则考造化之实际。张载言:"性即天道也",邦奇则曰:"性道一物也。"张载言"太虚""太极""太和";邦奇则为之辩义,清除流行之偏见误解。张载捍卫儒家而批评佛老,邦奇亦批评佛老并及禅流仙道。张载著《东铭》《西铭》二铭以括其义,邦奇亦结其要而传其精。故邦奇不可不谓张子之承续,关学之干城也。

---

①冯从吾撰,陈俊民、徐兴海点校,《关学编》,北京:中华书局,1987年版,第3页。
②冯从吾撰,陈俊民、徐兴海点校,《关学编》,北京:中华书局,1987年版,第3页。

夫海纳百川,有容乃大。江河之流,非一源而单线,实主流而通汇也。江汉之所以能成其大,非仅取之于其源头也,实多取之于诸流也。邦奇学承张载,主流也,然亦与时俱化,兼容百家。朱蔡《尚书》《禹贡》《洪范》之学,出于张载之后,邦奇兼取之也;汉代焦氏之《易》,邦奇取之也。乐学,张载之论略也,邦奇则详为考述,以成志乐。此横渠则为横渠,邦奇则为邦奇也。然邦奇之求通,与张子之意,一也。其所特出者,亦有助于张载关学之扩容也。故邦奇,非仅能为张载述其学者,亦能为张载光其大者也。

参考文献

一、古籍文献

（一）文集类

(1) [明]韩邦奇.禹贡详略[M].陕西省图书馆藏明刻本.
(2) [明]韩邦奇.性理三解[M].清乾隆十六年朝邑刻本.
(3) [明]韩邦奇.性理三解[M].清嘉庆七年朝邑刻本.
(4) [明]韩邦奇.启蒙意见[M].影印文渊阁四库全书本.
(5) [明]韩邦奇.洪范图解[M].四库存目丛书影印明正德十六年刻本.
(6) [明]韩邦奇.洪范图解[M].影印文渊阁四库全书本.
(7) [明]韩邦奇.易占经纬[M].四库存目丛书影印明嘉靖二十七年金城刻本.
(8) [明]韩邦奇.律吕直解[M].明正德十六年刻本.
(9) [明]韩邦奇.苑洛志乐[M].影印文渊阁四库全书本.
(10) [明]韩邦奇.(重刻)恭简公志乐[M].关中裕德堂藏版,清嘉庆十一年刻本.
(11) [明]韩邦奇.乐律举要[M].见:丛书集成:初编.王云五,主编.北京:商务印书馆,1937.
(12) [明]韩邦奇.苑洛集[M].影印文渊阁四库全书本.
(13) [明]韩邦奇.韩苑洛集[M].清嘉庆七年朝邑刻本.
(14) [明]韩邦奇.韩苑洛集[M].清道光八年朝邑刻本.
(15) [明]韩邦奇.苑洛集[M].见:中国西北文献丛书:第六辑,西北文学文献:第三卷.兰州古籍书店,1990.
(16) [明]韩邦奇.苑洛先生语录[M].四库存目丛书影印上海图书馆藏明嘉靖白璧刻本.
(17) [宋]张载著,章锡琛点校.张载集[M].北京:中华书局,1978.
(18) [宋]程颢、程颐著,王孝鱼点校.二程集[M].北京:中华书局,2004.
(19) [宋]朱熹.周易本义[M].朱子全书:第1册.上海:上海古籍出版社,合肥:安徽教育出版社,2002.

(20) [宋]朱熹.易学启蒙[M].朱子全书:第1册.上海:上海古籍出版社,合肥:安徽教育出版社,2002.

(21) [宋]朱熹.太极图说解[M].朱子全书:第13册.上海:上海古籍出版社,合肥:安徽教育出版社,2002.

(22) [宋]朱熹.朱子语类[M].朱子全书:第14—18册.上海:上海古籍出版社,合肥:安徽教育出版社,2002.

(23) [宋]朱熹.四书章句集注[M].北京:中华书局,1983.

(24) [宋]朱熹.朱子文集[M].台北:德富文教基金会,2000.

(25) [宋]蔡元定.律吕新书[M].影印文渊阁四库全书本.

(26) [宋]蔡沈.洪范皇极内篇[M].影印文渊阁四库全书本.

(27) [明]韩邦靖.韩五泉诗[M].明嘉靖十九年樊得仁刻本.

(28) [明]王云凤著,[清]雷学淇辑.虎谷集[M].清嘉庆二十一年刻本.

(29) [明]王廷相著,王孝鱼点校.王廷相集[M].北京:中华书局,1989.

(30) [明]王廷相.王氏家藏集[M].台北:伟文图书出版有限公司,1976.

(31) [明]吕柟.泾野先生文集[M].嘉靖三十四年于德昌刻本.

(32) [明]吕柟.张子抄释[M].见:丛书集成:初编.王云五,主编.北京:商务印书馆,1936.

(33) [明]王九思.渼陂集[M].续修四库全书本.

(34) [明]杨爵.杨忠介集[M].见:四库明人文集丛刊.上海:上海古籍出版社,1993.

(35) [明]杨继盛.杨忠愍集[M].影印文渊阁四库全书本.

(36) [明]唐龙.唐渔石集[M].明嘉靖十一年王惟贤刻本.

(37) [明]黄瓒.雪洲集[M].明嘉靖九年徽郡黄长寿刻本.

(38) [明]胡松.胡庄肃公文集[M].明万历十三年胡梗刻本.

(39) [明]李攀龙著,包敬第点校.沧溟先生集[M].上海:上海古籍出版社,1992.

(40) [明]孟洋.孟有涯集[M].济南:齐鲁书社影印四库全书存目丛书刻本,1997.

(41) [明]欧阳德.欧阳南野文集[M].四库全书存目丛书本.

(42) [明]王维桢.王槐野先生存笥稿[M].明万历七年尹应元、徐学礼刊本.

(43) [明]胡缵宗.鸟鼠山人集[M].明嘉靖三十三年鸟鼠山房刻本.

(44) [明]马理.谿田文集[M].济南:齐鲁书社影印四库全书存目丛书刻本,1997.

(45) [明]蔡瑷.浈滨蔡先生文集[M].清光绪四年刻本.

(46) [明]戴冠.戴氏集[M].明嘉靖二十七年刻本.

(47) [明]李开先著,路工辑校.李开先集[M].北京:中华书局,1959.

(48) [明]冯从吾.少墟集[M].影印文渊阁四库全书本.

(49) [明]冯从吾.冯恭定公全书[M].兰州:兰州古籍书店影印.1990.

（50）[明]冯从吾著,陈俊民、徐兴海点校.关学编(附续编)[M].北京:中华书局,1987.

（51）[明]冯梦龙著,栾保群、吕宗力校注.智囊全集[M].北京:中华书局,2007.

（52）[清]顾炎武著,周苏平、陈国庆点注.日知录[M].兰州:甘肃民族出版社,1997.

（53）[清]阎若璩.古文尚书疏证[M].影印文渊阁四库全书本.

（54）[清]李元春编.关中道脉四种书[M].道光十年朝邑蒙天麻荫堂刊本.

（55）张骥.关学宗传[M].陕西教育图书社排印本,1921.

（二）史志类

(1) [明]胡广.明实录[M].影印江苏国学图书馆传抄本,1930.

(2) [明]张溶等纂修.明世宗实录[M].台北:"中央研究院"历史语言研究所校印本,1962.

(3) [明]李贤等.大明一统志[M].西安:三秦出版社影印明天顺五年司礼监原刻本,1990.

(4) [明]焦竑.国朝献征录[M].明万历四十四年刻本.

(5) [明]雷礼.国朝列卿纪[M].续修四库全书本.

(6) [明]张一英修,[明]马朴纂.同州志[M].明天启五年刻本.

(7) [明]王道修,[明]韩邦靖纂.朝邑县志[M].清乾隆五十一年刻本.

(8) [明]郭实修,[明]王学谟纂.续朝邑县志[M].清康熙五十一年据明万历十二年纂修本刊刻.

(9) [明]陈善等修.杭州府志[M].台北:成文出版社影印明万历七年刊本,1983.

(10) [明]吕昌期修.严州府志[M].台北:成文出版社影印清顺治七年重刻本,1983.

(11) [明]谈迁撰,张宗祥校注.国榷[M].北京:中华书局,1958.

(12) [明]蒋一葵.尧山堂外纪[M].续修四库全书本.

(13) [明]朱国祯撰,缪宏点校.涌幢小品[M].北京:文化艺术出版社,1998.

(14) [明]焦竑.玉堂丛语[M].北京:中华书局,1981.

(15) [明]许相卿.云村集[M].见:四库明人文集丛刊.上海:上海古籍出版社,1993.

(16) [明]田汝成.西湖游览志余[M].见:中国历代风俗史料丛刊.北京:东方出版社,2012.

(17) [清]群臣编撰.大清一统志[M].文渊阁四库全书本.

(18) [清]刘於义修,[清]沈青崖纂.陕西通志[M].影印文渊阁四库全书本.

(19) [清]嵇曾筠、李卫等修,[清]沈翼机、傅王露等纂.浙江通志[M].上海:上海古籍出版社,1991.

(20) [清]李思继等修,[清]蒋湘南纂.同州府志[M],清咸丰二年刻本.

(21)[清]吴六鳌主修,[清]胡文铨纂.富平县志[M].清乾隆四十三年刻本.
(22)[清]张廷玉等.明史[M].北京:中华书局,1997.
(23)[清]黄宗羲.明儒学案[M].北京:中华书局,1985.
(24)[清]沈佳编.明儒言行录[M].影印文渊阁四库全书本.
(25)[清]永瑢等编.四库全书总目[M].北京:中华书局,1981.
(26)[清]朱彝尊.经义考[M].影印文渊阁四库全书本.
(27)陕西省地方志编纂委员会编.陕西省志第七十一卷:著述志(上册).西安:三秦出版社,2000.

二、今人论著

(一)论著类

(1)葛荣晋编.中国实学思想史[M].北京:首都师范大学出版社,1994.
(2)张振涛.笙管音位的乐律学研究[M].济南:山东文艺出版社,2002.
(3)金宁芬.明代中叶北曲家年谱[M].北京:中国大百科全书出版社,2012.
(4)李书增等.中国明代哲学[M].郑州:河南人民出版社,2002.
(5)葛荣晋.中国实学文化导论[M].北京:中共中央党校出版社,2003.
(6)潘雨廷.读易提要[M].上海:上海古籍出版社,2003.
(7)蔡尚思.中国礼教思想史[M].上海:上海古籍出版社,2006.
(8)郭彧.易图讲座[M].北京:华夏出版社,2007.
(9)赵义山.明清散曲史[M].北京:人民出版社,2007.
(10)张岱年主编.中国唯物论史[M].郑州:河南人民出版社,1994.
(11)陈俊民.张载哲学思想及关学学派[M].北京:人民出版社,1986.
(12)侯外庐、邱汉生、张岂之主编.宋明理学史[M].北京:人民出版社,1987.
(13)葛荣晋.王廷相和明代气学[M].北京:中华书局,1990.
(14)葛荣晋等主编.张载关学与实学[M].西安:西安地图出版社,2000.
(15)赵吉惠、刘学智主编.张载关学与南冥学研究[M].北京:社会科学文献出版社,2004.
(16)姜国柱.张载的哲学思想[M].沈阳:辽宁人民出版社,1982.
(17)丁为祥.虚气相即——张载哲学体系及其定位[M].北京:人民出版社,2000.
(18)刘学智.儒道哲学阐释[M].北京:中华书局,2002.
(19)林乐昌.正蒙合校集释[M].北京:中华书局,2012.
(20)章晓丹.韩邦奇哲学思想研究[M].西安:陕西人民出版社,2011.

(二) 索引类

(1) 翁连溪编校.中国古籍善本总目[M].台北:线装书局,2005.

(2) 〔日〕山根幸夫原编辑,大化书局改编.明代地方志传记索引(上、下册)[M].台北:大化书局,1986.

(3) "国立中央图书馆"编.明人传记资料索引[M].台北:"国立中央图书馆",1965.

(4) 朱保炯、谢沛霖编.明清进士题名碑录索引[M].上海:上海古籍出版社,1979.

三、学术论文

(一) 期刊论文

(1) 葛荣晋.韩邦奇哲学思想初探[J].孔子研究,1988(1).

(2) 孟健平.韩氏二兄弟及屈安人的故事[J].陕西档案,1998(1).

(3) 翁泓文.韩邦奇之"本体论"研究[J].台湾观光学报,2005(3).

(4) 翁泓文.韩邦奇"元气"与"形气"之论述[J].台湾观光学报,2005(3).

(5) 章晓丹、白俐.形而上之谓道气而上之谓性——韩邦奇哲学思想新探[J].西北大学学报(哲社版),2010(5).

(6) 刘忠.韩邦奇之《恭简公志乐》述评[J].黄钟(武汉音乐学院学报),2010(3).

(7) 吕妙芬.明清之际的关学与张载思想的复兴——地域与跨地域因素的省思[J].见:中国哲学与文化第七辑:明清儒学研究.刘笑敢,主编.桂林:广西师范大学出版社,2010.

(8) 魏冬.韩邦奇著作版本存佚考略[J].西藏民族学院学报,2013(5).

(9) 魏冬.韩邦奇的学术历程及其关学归宿[J].唐都学刊,2013(3).

(10) 魏冬.韩邦奇对张载"性道"论的继承与推阐[J].唐都学刊,2014(1).

(11) 严安政.朝邑二韩:其人其诗[J].渭南师范学院学报,2008(1).

(12) 灏峰.人文启蒙:明代的关学之重[J].美文,2008(7).

(13) 魏冬.《西铭》的现代价值意蕴[J].光明日报(理论版),2008-1-14.

(14) 魏冬.本体歧义与虚气相争:张载哲学本体论研究刍议——兼论中国哲学本体论研究的基本定位[J].西藏民族学院学报,2008(2).

(15) 魏冬.横渠虚气辩——"虚气相争"之根源及其解决[J].宝鸡文理学院学报,2008(2).

(二)学位论文

(1)周喜存.韩邦奇及其《苑洛集》研究:[学位论文].西安:西北大学中国古典文献学专业2007级硕士论文.

(2)章晓丹.韩邦奇哲学思想研究:[学位论文].西安:陕西师范大学中国哲学专业2008级博士论文.

(3)师海军.明中期关陇作家群研究:[学位论文].西安:西北大学中国古代文学专业2010级博士论文.

图书在版编目(CIP)数据

韩邦奇评传/魏冬著．—西安：西北大学出版社，
2014.12

(关学文库/刘学智，方光华主编)

ISBN 978-7-5604-3539-8

Ⅰ.①韩…　Ⅱ.①魏…　Ⅲ.①韩邦奇（1479—1556）
—评传　Ⅳ.①B248.99

中国版本图书馆CIP数据核字(2014)第313470号

出 品 人	徐　晔　马　来
篆　　刻	路毓贤
出版统筹	张　萍　何惠昂

韩邦奇评传　魏　冬　著

责任编辑	何惠昂　　　装帧设计　泽　海
版式统筹	刘　争
出版发行	西北大学出版社
地　　址	西安市太白北路229号　　邮　编　710069
网　　址	http://nwupress.nwu.edu.cn　　E - mail　xdpress@nwu.edu.cn
电　　话	029-88303593　88302590
经　　销	全国新华书店
印　　装	陕西向阳印务有限公司
开　　本	720毫米×1020毫米　1/16
印　　张	23.75
字　　数	360千字
版　　次	2015年1月第1版　2016年3月第2次印刷
书　　号	ISBN 978-7-5604-3539-8
定　　价	48.00元